岡部毅史著

汲古叢書146

魏晋南北朝官人身分制研究

汲古書院

前　言

本書は中国古代、具体的には魏晋南北朝期における官人身分制の成立と展開、その歴史的意義について考察するものである。本書でいう官人身分とは、国家より付与される位階・官職などを根拠として、官人としての俸禄や服色、及び罪を犯した際の実刑免除といった諸特権を享受することが可能となる身分を指す。一般に歴史学における概念としての身分は、国家による法的な立場によって定められた人々の階層と定義される。かかる身分は通常生まれながらにして決定しているいわば一次的な身分と称すべきものであるが、それに対して官人身分は必ずしもそのような生得的な身分ではない、いわば二次的な身分として位置づけられる。そのためこれまでの身分制に関する研究では、生得的な身分である奴婢、そしてその奴婢と関連する良賤制が論点の中心におかれたのに対して、官人身分が検討課題としてとりあげられることは皆無であった。

ところでその官人身分は、中国前近代の官僚機構においては原則として九品官制に秩序づけられる官品ないし位階として具現化する。とくに唐代において、整然と序列化された職事官と散官を中心に構成された位階制度は明確に律令に規定され、以後の中国における位階秩序の基本となっただけでなく、古代東アジア諸国家にも影響を与え、諸国の位階制度構築の際の重要な模範となったのである。そのため、隋唐期は位階制度の重要な画期と認識されて内外の多くの研究者の注目を集め、官僚制研究の一環として一定の蓄積があることは、贅言する必要はないだろう。

しかしながら、そのような隋唐時代の位階に関する研究状況に対して、九品官制が中国前近代官制史上はじめて出現し、顕著な発展をみせた魏晋南北朝時代は、唐代でひとつの完成をみた位階制度の形成期であるという点できわめて重要な時代であるにも関わらず、その位階制度を官人身分の表現形態としてとりあげる研究は乏しく、なお考察の余地を多分に残している。もとより、位階制度の面においては科挙成立の前代史として、官僚の「流品」の別すなわち流内官・流外官という身分的な二大区分の形成過程の解明を目的としつつ、結果的に当該時代の官吏登用のあり方および貴族制的な官制の運営をつまびらかにした宮崎市定氏の『九品官人法の研究』がある。該書は古典とも称されるべき研究であるが、九品官制の特質と官人身分のありかたについて、とくに当該時代を特徴づけるいわゆる貴族制との関係を論じた部分においては後学がふまえるべき貴重な指摘が数多くなされており、公刊より半世紀を経た現在でもなお重要な研究である。また、近年の『品位与職位——秦漢魏晋南北朝官階制度研究——』などに代表される、閻歩克氏の精力的な位階制度に関する研究は極めて精緻かつ大胆に、中国前近代の官僚機構における官僚の等級（氏の用語にしたがうならば官階）の意義について、ときに位階制度の時代ごとの特徴の抽出を主眼に、また一方では位階制度の通史的叙述によって詳説したものであり、今後の位階制度研究においてまず参照されるべき成果である。

しかしながら、それでもなお、主として両氏に代表される位階制度に関わる先行研究には、解明されるべき問題が残されている。それは官人身分の形成、より具体的に言えば、九品官制において官品による官人の身分表示の成立が、長きにわたる前近代中国の官僚機構の歴史において、なぜこの時期であったのか、という問題である。一般に魏晋南北朝時代はいわゆる貴族制の時代として、中央の官界においては世襲的に高位高官を占有し、郷里社会においては豪族として地域を支配した貴族層が、当該時代の政治・社会・文化の領域においてイニシアティブを握った時代として、その評価には程度の差こそあれ、認識が共有されている。そのような貴族制の時代と規定される当該時代の特性と、九品官制がはじめて成立したことに示される官人身分制の萌芽は、一体いかなる関係にあるのか。従来の研究では、官職に付与された等級でありながら、一方で官人としての身分表示の機能も備えた官品と、その官品付与の前提となるべき郷品の成立の前後関係などの検討を通じ、官品成立の契機が郷里社会における秩序ないし評価に由来することなどが指摘されている。ただし、かかる官品にまつわる重要な指摘も、官人身分の成立との関係から論じられることはけっして多くはなかった。

一方で、律令に規定される支配体制の一環として、唐代では職務を担当する職事官、位階を表示する散官、そして国家からの栄誉や功績を示す爵位・勲官などによる整然とした官職構成のもとに、主として散官、時に職事官などによって官人の身分、いわゆる「本品」が表示されることとなる。このような官職によって官人の身分たる本品を表示する方法の創始は、前近代中国における官制上の一つの画期に数えることができよう。しかしながら、そのことを単に中国史上の官僚制度の進展とのみとらえてしまっては、当該時代、そして中国史全体を専制国家体制の強化という面でのみ理解することに終始してしまうのではなかろうか。加えて、唐代の律令的支配体制を中国古代における国家支配の一つの到達点として把握することについては、そのこと自体は一面では正当であるにせよ、それを過剰に評価することは、唐代という「結論」を既定のものとして位置づけることにより、魏晋南北朝史自体の独自性、および官人身分成立の歴史的意義が見失われることが懸念される。かかる問題の克服をはかるため、本書では官人身分の成立と形成過程の解明とともに、位階制度を生み出した魏晋南北朝という時代の特性、とくに社会における評価との関連性にも留意しつつ考察することによって、官人身分の歴史的意義をあきらかにしたいと考える。

本書では右の問題について、序章において官人身分とその表現形態である位階、散官に関する先行研究をまとめることから、問題の所在の明確化をはかる。そして序章での学説整理をふまえ、上編では「魏晋南北朝期における官人身分の成立と展開」という編名のもとに、魏晋南北朝期において官人身分の表示を担った官品、官資などの機能およびその特質について、主として官僚機構内における意義を中心に考察する。さらに下編では「魏晋南北朝期における官人身分制の諸相」と題して、官人身分の発展とそれを特徴づける諸側面について、官職・位階の社会的評価といった非官僚制的要素を中心に検討する。これらのいわば国家的側面と社会的側面の二方向から複合的に分析することにより、当時の官人身分形成と発展の実態を、より立体的に把握することが可能になるはずである。加えて、位階制度形成における魏晋南北朝期の重要性をあきらかにすることは、古代東アジア世界、とくに日本律令制下における官位制の形成過程を考察するうえでも意義を有する。何故なら、従来の日本古代の官位制研究は、唐代の位階制度を一つの完成形態とみなしがちであったため、唐代以前から模範とされる典章・制度を備えた「先進国」であった魏晋南北朝諸国家のそれについて注目することが少なかったからである。もとよりその理由は、中国ではさておき、日本では魏晋南北朝期の位階制度に関する研究が専著としてまとめられることがなかったことも一因にあろう。本書における考察は、かかる日本古代史における位階制度の問題点について再考をうながすことも企図している。

そのほか、とくに本書が意を払ったのは以下の点である。従来の唐代の諸制度の成立過程に関する研究は、律令の継承関係などに代表される、唐代の制度の淵源が南北朝、より具体的には北齊か北周および南朝、あるいは魏晋の「旧制」といった制度継承の面が比較的重視されてきたように感じられる。もとよりそのような視角からの考察によってもたらされた成果は少なくないし、実際にそのような「継承」があったことも事実であろう。このようなこれまでの分析の傾向に対して、本書では南北朝のいずれの制度が継承されたのかという表面的な問題の検討に終始するのではなく、南北両朝が同時に存在し、そのこと自体が相互の政権のあり方・制度に影響を与えたことによって双方が固有の特性を備えるにいたり、その結果が総合的に隋唐的律令体制の完成に影響を与えたものと想定する。かかる想定を実践する方法として、本書では魏晋、そして南北両朝の歴史的展開をふまえ、当該時代における官人身分の成立過程について、それに関する各問題を相互比較的に考察することから、その全体像の総合的な把握につとめることとしたい。

目　次

魏晋南北朝官人身分制研究

序章　官人身分制と魏晋南北朝史研究——本書の課題——

第一節　官人身分の概念とその理解——官人身分と位階制度——

本書は中国古代、具体的には魏晋南北朝期における官人身分制の成立と展開、その歴史的意義を考察するものである。最初に、本書で論じる官人身分の概念について説明しておきたい。一般に歴史学における概念としての身分とは、階級とともに国家ないし社会において階層的に編成される個人の区分として認識されている。とくに中国古代においては、たとえば堀敏一氏は古代中国の身分制を論じたその著書において、身分を「国家の支配体制において、法によって設定され規定されて固定した社会地位を指している」と定義し、また、尾形勇氏は、西嶋定生氏の研究によりつつ古代中国における身分を「共同体の規律もしくは国家権力によって維持され、その共同体・国家の性格が変化しないかぎりその存続が期待される社会的・政治的範疇」とし、一方の階級を「生産関係において、生産手段に対する所有と非所有との相違に起因して形成される労働力の搾取者と非搾取者を示し、富の帰属を実現させるために成立した支配・被支配の関係を示す経済的範疇」と説明する。さらに渡辺信一郎氏は、「身分は、前近代社会における生産諸関係、社会的分業・生業、社会的諸集団などの社会的諸関係のなかで生み出され、諸人格に対する制約や付与される特権として現れ」るものとし、「官僚制に基づく制度国家が早期に発達した……中国古代専制国家の身分体系は、国家身分の体系として現れる」という。これらの代表的な先行研究の見解をふまえ、本書では古代中国における身分と階級を、身分とは国家による法的な立場によって定義・設定された人々の階層、階級とはそのような身分の成立の基盤となる社会的な集団と定義する。(4) 近年ではこのような上下関係を基準とする図式で階級と身分、とくに身分を理解する方法への批判もあるが、それでもヒエラルキー的身分理解は現在でも一定の重要性をもつものと考える。ただし本書では、両者の概念規定とその有効性、とくに階級については直接考察の対象とするものではないため、これ以上立ち入らない。

本書が分析の対象とするのは、古代中国において国家的な区分として表出する身分である。古代中国における身分は、基本的に良賤制という良民・賤民という二大区分から構成される身分制度がつとに知られている。良賤制については、中国古代における身分制研究の中心的な問題、とくにいわゆる歴史の発展段階説における奴隷制との関係を中心に、中国史の固有性を表現する要素として研究が進められてきた。堀敏一氏はその著書『中国古代の身分制』において、日本における中国古代の身分制研究の発展を、法制史的・制度史的研究を第一段階、経済史的研究ないし生産関係・社会構成に関わる研究を第二段階、身分と階級との関係という問題提起を含む最近（とはいえ一九八七年時点）の段階の研究、という三段階に区分し、研究史を整理されている。(5) 氏のいう「最近」とは同書が刊行された一九八七年の時点を指し、現在ではおよそ三十年前のことであるから、現在まで含めることには躊躇せざるを得ない面もある。ことに近年の中国古代史における身分制に関する研究動向として、張家山漢簡「二年律令」などの出土資料の増加にともない、爵制や刑罰などを対象とする研究で、その進展が顕著な領域も見受けられる。また、現在の研究動向としては良賤制を含め身分制における諸問題を個別に追求することも少なくない。しかしながら、それらの個別的な研究成果をふまえて身分制の構造ないし全体像そのものを総合的に論じる姿勢は、現今なお見出しにくいように感じられる。よって堀氏の定義する身分制研究の三段階の発展という図式を踏襲し、現在の身分制研究の段階は引き続き第三段階の「問題提起」を継承する段階、もしくは資料の増加などにともなう実証研究の細分化という第四の段階として区分することができよう。

ところで、良賤制における良賤の区分によって示される身分の相違は一般に生得的、すなわち生まれながらの特性として認識されている。そのため、身分とはすなわち生得的な地位と定義する見解も時に見受けられる(6)。だが、身分の語義をより幅広く解釈するならば、本書で考察の対象とする官人身分もそのなかに含まれうる。いわゆる官人身分とは、国家より付与される位階・官職などの基準を根拠に、官人としての俸禄や服色、土地所有といった諸特権を享受することが可能となる身分であり、原則として国家への功績（官人としての勤務成績など）によって積み重ねられ、それを基準として下位より上位に進められる地位である。

かかる官人身分は良賤制における「良」身分の一部を構成するものの、良賤制に規定される身分とは異なり、生まれながらにして無条件に官人としての地位が決定しているわけではないため(7)、生得的な身分を一次的な身分とするならば、いわば二次的な身分と称すべきものである。そのため、官僚制研究の分野での言及はある程度存するとはいえ、当時の身分制に関わる研究の面からは、良賤制に関わる問題に比して従来等閑視されることが多く、研究の俎上にあげられることは少なかった。とくに中国古代史では、のちに紹介する堀敏一氏による良賤制と官人身分成立の関係、とくに官人身分の成立を良賤制とともに社会内部における良民身分の階層化に理由を求める重要な指摘もあったものの、おおむね低調であったといってよい(8)。官人身分の意義が注目されるようになったのは、むしろ中国古代史ではなく日本古代史、とくに律令制導入前後における古代日本の支配構造の特質と国家との関係においてであった。そこで、本書では身分制度における官人身分の重要性が初めて提起された日本古代史での官人身分に関する言説からとりあげることとしたい。

日本古代のみならず、前近代中国を含めた官僚制、とくに位階制度に関する言説は、たとえば伊藤東涯『制度通』などの制度沿革を述べたものまでを含めると、もとより古くから存在する。しかしながら位階を備えた官人の身分的側面について、単なる考証にとどまらずにその歴史学的な面から考察したものは戦後からといってよい。ただし、位階制度の実態について詳説するものについては別途必要に応じて言及することとし、ここでは位階によって示される官人身分の歴史的意義を対象とする研究にとどめておく。

最初にとりあげるべきは、石母田正氏の所説である。氏は「古代の身分秩序」において、律令体制、すなわち律令によって規定される社会体制下における身分秩序として、王臣・百官人・公民・品部・雑戸・賤民からなる身分秩序と、律令制以前のカバネ（姓）による身分秩序の二つの身分秩序の存在を提示したうえで、前者を律令体制と不可分の身分であり、律令国家における地位・特権・名誉・諸負担との関連を法的に明確にした社会集団と、後者を律令国家以前にその起源をもつ異質な身分秩序と定義される。そして「律令体制の身分体系の特徴は、せまい意味での律令制的身分秩序と、カバネによる伝統的な身分秩序という二つの系列の統一として存在しているところにあるのだから、それを全体としてとらえることがまず必要となってくる」として、とくに前者の律令制的諸身分の特徴を国家的な身分秩序であること、その身分標識は位階によって示され、それによって良人身分は国家の官職を独占し課役を免除された有位の官人身分と、無位の公民・雑色人とに大別されるという(9)。

さらに氏は、前近代における支配階級の存在形態を二重の形態として説明される。すなわち、律令国家においては、その一つは機構や制度を媒介とする結合であり、もう一つは人格的・身分的従属関係を媒介とする結集であり、前者を国家の官職体系と官僚制の秩序、後者を位階で結ばれた君主と臣下の関係であったとし、「国家という一個の機構をつくるためには、それを専有し運転すべき人間を、あらかじめ特殊な集団として組織し、秩序づけておくこと、伝統的な君臣関係を新しい一個の制度として確立することが前提となっており、したがって冠位または位階の制が、国家機構とは独立に、より重要な意義を付されてきたのも、その理由からであった」として、位階とそれによって規定される官人身分の意義を説明されている。[10]

かかる石母田氏の律令制的支配階級における二重性、及びそれに含まれる位階に関する言及は、現在にいたるまで官人身分の理解に大きな影響を与えているように思われる。石母田氏の理解を端的にいえば、位階とは律令の規定に基づきつつも、行政機構としての上下の統属関係とは別の次元で、かつ「伝統的な君臣関係」（そこには社会的な身分としての側面もあろう）を超越したところに形成される身分秩序の基準であり、それによって定められるのが官人身分ということになろう。

このような石母田氏の官人身分制を含めた官僚制理解に対し、吉川真司氏は律令官僚制の構造を、律令官人秩序と律令官司秩序の有機的関連という図式からとらえ、次のように述べている。「律令官人秩序の基本は、天皇と個々の官人の〈君恩――奉仕〉の関係である。直接に天皇と関係しない事項（例えば家司補任など）でも、実はこの君臣秩序の一環を形成している。天皇が全ての官人の頂点に立ち、天皇との関係で個々の官人の位階と待遇が決定される。一方の律令官司秩序とは、律令国家の通常行政を執行する「太政官を頂点とする諸官司がそれぞれ職権を分与され、全体として樹枝状の統属関係を保ちつつ遂行され」ているが、そのような律令官司組織を律する階統制秩序を指す。この二つの秩序の中心に存在したのが律令国家の天皇であり、それを統治する最高権力者としての「二つの顔」をもっていたとされる。さらに吉川氏は石母田氏の「支配階級の結集の二重の形態」理解に対して、「統治機構の問題（統治形態論）を支配階級の編成の問題（階級論）に埋没・解消」させるものとして批判しつつも、石母田氏のいう「国家の官職体系と官僚制の秩序」が吉川氏の提唱する官司秩序に、「位階で結ばれた君主と臣下の関係」が同じく官人秩序に近いものとし、その方向で「石母田氏の官僚制論の優れた部分を」継承したいという。[11]

右のごとく、吉川氏は自ら設定した概念である律令官人秩序の本質を、位階を紐帯として取り結ばれる天皇と臣下の君臣関係に求められている。ただし、氏は一方で律令官人秩序を天皇――個人の関係を中心におきながら、五位以上からなる「マヘツキミ」という前代以来の支配集団と天皇という関係も備えていたことを強調されている。とくに「天皇――官人集団による階級支配」という図式から官人秩序、本書で考察する官人身分を理解しようとされる氏の姿勢は極めて興味深い。ただ、氏が考える天皇と官人「集団」という関係の図式を、中国古代の皇帝と官人「集団」（その存在の是非を含め）の関係に置き換えて、歴史的な由来を全く異にする中国古代における社会と国家の理解にそのまま沿用することは当然無理があることは言うまでもない。本書では、現在の日本の律令的支配体制理解にこのような視点が提示されていることを、ひとまず参考にとどめておく。

石母田・吉川両氏だけでなく、日本史研究者にとっては日本古代の律令に基盤を置く支配体制、とくに日本がその導入に際して参考としたはずの隋唐ないしそれ以前の南北朝期における統治機構は、古代日本以上に国家による個別人身的支配を強く志向し、かつ機能的に統治を実行してきた体制として理解されているように見受けられる。唐代の官制機構を例に、その構造についてごく簡単にふれておきたい。中央においては三省六部・九寺五監などを中心とする中央省庁から、地方では州県及び都督府を基本とする官府から構成されるが、末端の職掌人まで含めるとおよそ三七万人の官（うち九品以上に属する所謂流内官は約一八万人。ただしあくまでも開元年間における定員に基づく人数）によって運営されていた。このような官府において、職務を担当する官職がいわゆる職事官である。その職事官を含め、唐代における官人の肩書（官銜とも称される）は大別して散官、勲官、爵位の四種の官から構成され、いずれの官も一品から九品の官品によって秩序づけられていた。[12]勲官は当初軍功獲得者に付与されるために設けられた官職であったが次第に濫発されるようになり、のちに農民・兵卒までが保持するまでになる。爵位は古く周代に源流を有し、皇族ないし功績の大きな臣下に付与された称号である。[13] そして最後に紹介する散官が、唐代において官人の位階表示に特化して設定された官職である。では、このような唐代官僚機構およびそれを構成する官人は先学においてどのように認識されているのか。そこで、日本古代国家の模範となった唐代官僚機構についてのもっとも代表的な概説である、池田温氏の官人身分に関する所説を紹介したい。[14]

しばしば指摘されることであるが、日本古代史の研究では「律令制」という国家的法制に基づく体制が、一つの時代性を示すタームとして使用されることが一般的であるのに対し、中国前近代、とくに宋代以前においては律と令が併存した時代がきわめて長く、一つの時代としてみとめることは有効な方法であるとは言いがたい。そのような理由により、中国史に「律令制」を根拠とする特定の時代を設定することは、場合によっては律令の存在を一つの歴史的な区切りとして評価する日本史の認識を、中国古代史に強制しかねない危険も存する。とはいえ、そのような前提を冷静にふまえつつ、日本と中国との比較史という観点から、「開皇〜開元の約百六十年間における官制・兵制・税制等の国制の諸要項に特徴ある共通制が認められるならば、ここに中国史上の典型的「律令制」時代を措定する事は、研究の現状からみて肯定されるであろう」[15]として、池田氏は隋唐王朝の支配機構を典型的「律令制」国家とみなしたうえで、その特徴を概説されている。

池田氏の所説のなかで、官人身分についてとくに注目されるのは、氏が「身分官人制」なる一項を設け、令の規定からうかがわれるその特質を指摘する一節である。氏は「令の巻頭に先ず官品令がおかれるのは、当代の支配機構が何よりも身分によって序列づけられた身分官人制を基礎とする事を雄弁に物語る」[16]と述べ、さらにその官品に対応した官人の諸権益の特徴を、①「官品に対応して規定される諸条項が、職官の本来要請する職務内容と関わる合理的範囲を逸脱し生活全般をおおう程広汎な事。これこそ律令官人制が近代官僚制と異なる所以」、②品官内に顕著な三品と四品、五品と六品の間に存する階層的差違の存在、③「形式的な品階秩序が全体をおおいながら現実には職事官を特に重視し、散官・爵を一段下におく事。……この点はいかに身分官人制とはいえ、職事の機能が中核であった事情を物語る」という三点に集約された（数字は筆者）[17]。

氏の指摘される、隋唐律令官制における身分制的側面はきわめて簡にして要を得たものである。①の官品によって規定される生活上の諸条項についていえば、例えば衣服・住居および葬祭の内容・刑罰の適用などが該当するが、これらは官人としての職務の遂行とは直接に関わるものではなく、たとえ形式的には現在の官僚制に類似する側面があるにせよ、前近代固有の身分制的な性格をも備えるものであった。そしてそれは同時に、当時の官人が儒教的理念に基づく支配階層である「士大夫」として位置づけられ、それに相当する身分上の優遇を得ていた明白な証でもあった[18]。また、②の九品官制上の三品・四品間及び五品・六品間にみられる待遇の差についても、同様に当時の官人身分を周代に根ざすと観念される儒教的支配階層たる公卿・大夫・士という身分の区分をその等級になぞらえたためである。さらに、これらの官人身分に由来する権益（の一部）は、けっして職事官在任中だけにとどまるものではない。たとえば当時の官人は、その経歴してきた「歴任の官」が罪を犯した際に現任官のみならずその罪を減じる特権の担保にもなっていたのであるが[19]、このことは官人としての地位が職務とは異なる身分としての次元で意義を有していた事実を示すものである。この点についても、池田氏は別の論文で、「たとえ実職（職事）につかなくても官品をもつかぎり官人と変わりなかった」と述べており、その身分的特質を指摘されている[20]。

このように唐代の官人身分の備えていた歴史的意義について、とくに現代の官僚との比較から池田氏がその重要性を指摘されていることは注意すべきである。ただ、池田氏の当該論文の目的が唐代国家の律令制的支配機構としての概説にあるため、それが身分的形態をとるにいたった形成過程についての説明が、どうしても十分ではないように感じられる。つまり、唐代の官人機構がもつ身分的形態の重要性よりも、行政機構としての側面を重視する傾向にあることは否めないのである。そのことは、「律令官制を客観的にみれば、門閥貴族制から絶対王制的官僚制への媒介という歴史的役割を果したといえるであろう(21)」という氏の言葉からもうかがわれるのであるが、それは氏が貴族制の影響下の古代的官僚制から宋代以降の君主独裁制下の官僚制への転換というパラダイム、ことに後者への仲介を果したことに唐代律令官制の歴史的意義を求められているためであろう。

ただしここで注意したいのは、池田氏が律令官制の意義を行政機構としての発達におきながらも、一方でそれが前代の貴族制の影響下によって形成されたと想定されている点である。実は律令体制と貴族制を関係づける視点は、次に紹介する堀敏一氏の見解にも共通するものである。ここまで官人身分の概念と理解について、日本古代及び唐代律令官制における官人身分を中心として、それに関する先行研究を紹介してきたが、ここで節をあらため、唐代以前の魏晋南北朝期の官人身分制に関する言説を紹介することとしたい。

第二節　魏晋南北朝史研究と官人身分制

池田氏の所説が、律令に規定された支配機構としての唐代国家における官僚機構の身分制的特質から官人身分を説明するものであったのに対して、官人身分制についてより直截に身分制の見地から、池田氏と同じく律令制、及び貴族制との関係をふまえつつ、魏晋南北朝期におけるその成立過程と意義について、より積極的に評価されたのが堀敏一氏である。池田氏が中国古代における律令に代表される時代を隋から唐中期とされたのに対し、堀氏は刑法としての律と行政法規としての令の分立が西晋の泰始律令であり、以後の南北朝を経て隋唐がその完備された時代としたうえで、「この過程は他方における官僚制の整備、国家権力と人民支配の強化に関係あるとおもわれるので、貴族制社会が強力な国家権力のもとに再編されてくる北朝・隋唐の段階を、とくに「律令制社会」とよぶことが許されてよいであろう[22]」と述べられ、貴族制と律令制の展開を一つに結びつける視座をはじめて提示された。さらに氏は、「最近では律令制という体質は本来貴族制社会に内在するのではないかとも考えている。……律と令とがともに体系的な法典として並立するにいたるのが西晋なのであるから、今回は西晋以後隋唐までを、一貫して律令制によって特徴づけることが可能であると考える[23]」として、より幅広いスパンで中国の「律令制」を想定し、貴族制との関連を説かれている。氏は一方で良賤制をはじめとする古代における身分制についても多くの研究を残されているが、貴族制とその身分制との関連についても、次のような興味深い言及をされている。

良民・奴婢身分制の確立は、魏晋の際の貴族制の成立、換言すれば、士・庶の身分制および士人内の品級制の成立と関連し、ともに社会の身分的序列を法的・制度的に固定して、秩序の維持をはかろうとするものであったと考えられる[24]。

右の堀氏の言葉は、国家的身分制である良賤制の展開とともに良民のなかの身分階層の確定も、同時に律令制の進展を背景に規定化されるということを想定するもので、きわめて示唆に富む見解といえよう。氏のいわれる「士・庶の身分制および士人内の品級制」とはおそらく社会的な身分の序列を指すものと思われるが、それが位階に基づく官人身分を念頭におくものであることは、次の氏の言葉からも察することができる。

ところで近代以前の社会においては、支配の体制は一般に身分制という形をとってあらわれるのであるが、しからば右のような支配体制はどのような身分制をともなったであろうか。さきに律令制下における官僚制の発展にふれた際に、それが近代官僚制とちがうのは、官品に最もよくしめされる官人間の身分的序列にあることを指摘した。この官人身分制は、国家の統治機構を実際に動かす官職にあるものだけに適用されるのではなく、官人のなかには実職をもたないいわゆる散官にだけ任ずるものも相当数にのぼったのではないかとおもわれるのであり、さらに本来なら庶民であるもののなかにまでひろく官位を与えて、官人身分制的秩序のなかに包摂しようとした。……官人身分制がこのように庶民のなかにまで浸透してきたのは、個別人身的支配の進展にともなって、国家が個別的に把握した民衆を、階層的に秩序づける必要があったからであろう。[25]

氏のかかる発言からは、良民編成の過程における官人身分の形成に歴史的意義を与えようとする姿勢がうかがわれるのであるが、換言すれば、それは良賤制の成立の過程において、良民内の身分階層化と同時に良賤制を補完するものとして官人身分を位置づけるとともに、また官人身分の成立の背景に貴族制の意義を求めるものとみることができよう。ここに、官人身分の成立を単に官僚制の発展の結果とみるだけでなく、それを郷里社会における有力者としての貴族層の影響を想定することから、貴族制の存在を積極的に中国古代の官人身分制に位置づけようとする視角が堀氏によってはじめて開かれたのである。[26]ただし、堀氏自身は右の発言以降、この問題に関する具体的・実証的な分析をおこなうことはなかった。

堀氏による律令制の展開と身分制・貴族制の関連という問題について、具体的に西晋の泰始律令を例にとり、律令に規定される身分の実態を考察されたのが中村圭爾氏である。氏は泰始律令にみえる身分構成として、①品官・流外・百姓・士卒百工・奴婢衣食客という具体的・階梯的な序列と、②吏と民という抽象的・単純な序列の二つの身分の序列の存在を指摘し、①は社会の現実的な存在を法的制度的に規定したものであり、②は社会内部の支配被支配の関係にある士庶を捨象し、政治的な支配被支配体制へと編成したものとし、さらにこのような異質な身分秩序が律令内に併存したことを晋南朝律令の歴史的性格の一部として理解しながらも、「政治的体制と社会の身分秩序との関係でいえば、後者が前者を規定する途を拓いたといえる反面、前者が後者を克服しようとした側面を認めざるを得ない」と結論されている。[27]

右の中村氏の考察は、簡潔に言えば、律令において規定される身分のあり方について、国家的身分編成の志向と社会的な階層のあり方を相互規定的な関係と認識するものであり、今後の研究にふまえられるべき成果として位置づけることができよう。では、ここで問題とする官人身分について、氏はどのように考えられているのであろうか。いうまでもなく、官人身分は中村氏のいう①の身分構成にふくまれるわけであるが、氏は九品官制における官人身分秩序と特権が九等の階梯的形態をとることの意味について、「品官以上の官人総体が、一律の特権集団としての連帯感や集団意識をもつことを妨げ、この特権集団のなかに一種の階層性、ないしは分断的関係をもちこむことになったのではないかと推測させる。それはかれらに特権を賦与する立場にある皇帝からする個々の官人への統御をより容易にしたであろうし、官人の皇帝に対する臣従をより迎合的かつ従順なものにしたのではなかろうか[28]」と想像されている。しかしながら、かかる氏の推測にはなお疑問が残る。九品官制の設定が氏のいわれるように、上、すなわち国家からの強制によるものであったとすると、それが社会的な身分階層がもちこまれたものとみても、あくまでもその成立の契機としての意味しかもちえなかったということにならないか。また、かりにそれが西晋泰始律令制定の時点であったとすると、その後の隋唐における律令制の完成にいたるまで、国家の人民編成、とくに官人身分の構成のあり方に大局的な変化は存在しなかったということになる。もちろん、九品官制の構造自体はその後も大きな変化はなかったことに加え、身分、この場合は国家によって規定される官人身分であるため、国家としてはより安定的な身分秩序の維持を志向するはずであるから、氏の言われるような理解が呈示されるのも当然かもしれない。しかしながら、九品官制の成立をその面でのみ理解すると、少なくとも身分制という観点からは静的な魏晋南北朝史像を印象づけることになるのではなかろうか。そもそも氏は官品秩序の性格、とくにそれを規定する隋唐律令制における皇帝権力について、「皇帝権力は超越的・専制的なすがたをとれず、むしろ律令制に一定程度規定された支配者として存在せざるをえなくなっているのである」として、律令制を皇帝権力のあり方まで規制しうる歴史的存在としてもみとめられているのである。(29) 官品に基づく官品秩序がその律令制に包括されるものであり、またそれ以上に律令制の根幹であることはいうまでもないだろう。この律令制とそれに規定される官人身分に関する点において、中村氏の指摘はなお構造的な把握としての面が強いように思われてならない。ただ、一方で中村氏は、魏晋南北朝史を特徴づける要素である貴族制を考察するに際し、皇帝権力と郷党社会を対置して貴族制研究を進めるための媒介項として身分をとりあげ、分析の視座としての身分を重視されており、除名や士庶の区別などの当時の官人身分に深く関わる問題についてもきわめて多くの傾聴すべき指摘をされている。(30) だが、魏晋南北朝から隋唐という、より幅広いスパンでの官人身分の歴史的展開という観点においては、なお考察の余地が残されているように思われるのである。それは氏の考察の対象が主として晋南朝を対象とし、北朝を直接取りあげていないことも理由の一つにあげられよう。

以上、官人身分に関する現在までの主要な研究について、その特徴と成果および傾向について確認した。概して言えば、官人身分とは社会的身分構造を一定のレベルで反映しつつも、考課などの国家独自の官制の基準で秩序づけられ、国家の支配階層として表現される身分とその秩序として理解することができる。このようにみていくと、残された問題は隋唐律令体制における九品官制と官人身分の関係、ひいてはその形成過程の解明とその意義づけの如何に存することが予測されよう。そこで本書において問題解明の糸口として注目するのは、唐代の散官制度の存在である。散官とは唐代において官人の官界における身分（散位ないし本品とも称される）を表示することを目的に設けられた官職であり、特定の実務もなく、また定員もないことを特徴とする。よってその機能である身分表示という面において、散官は唐代における官人身分を象徴する官職として位置づけられよう。そして九品官制の創始された曹魏から唐までの散官の形成過程を追うことにより、官人身分の成立とその意義があきらかになるものと思われるのである。次節では、唐代にいたる魏晋南北朝期の散官に関する現時点での成果とその歴史的位置づけに関する先行研究を紹介したうえで、問題の所在の明確化をはかりたい。

第三節　魏晋南北朝における位階制度研究の現状と課題

（一）　唐代の散官・位階研究をめぐって

最初に唐代の散官の起源についてごく簡単に説明しておく。そもそも散官の「散」とは、「冗散」ないし「閑散」などと熟されるように、定まっていない、ないし制約を受けないといった状態を指す語であり、文字通り特定の定員と職務のない官職を唐代以前では散官と称していた。その淵源は漢代における無員の官にして人材のプール、すなわち「儲才の官」として設けられた郎官にあるとされている。

そのような定員なき無員の官たる郎官のほかに、当初は一定の定員を定められていたはずの光禄大夫などの諸「大夫」、及び将軍号といった官職が魏晋南北朝期において濫発された結果、それらの散官化（当初の意味での）した官職を実務と定員を備えた官職とは別に、身分表示のための官職として官品上に序列化し、設定されたのが唐代における文武の散官とするのが現在の通説的な理解である。(31)ちなみに唐代においてもその当初においては、職事官を持たぬ六品以下の文武の散官が吏部・兵部に番上して所定の雑用をつとめたのちに職事官選考の参加資格を得られる規定があったが、かかる「儲才」の官としての側面に人材プールとしての散官固有の意義を求めようとする池田温氏の見解もある。(32) 本書では位階としての唐代散官の形成過程を考察するという主旨に即し、「唐代の散官」と称した場合は位階としてのそれの意味で用い、唐代以前の用例の場合は、とくに区別しないかぎり本来の無員の官職の意味で用いることとする。

唐代の散官に関する研究は、本邦、そして中国・台湾をふくめ、九〇年代から今世紀初頭にかけて専論及び専著が発表され、注目をあつめつつある。とはいえ、八〇年代以前は官人身分に関する研究と同様皆無といっていい状況にあった。その一因は、比較的先行研究の蓄積が多いとされる唐代政治制度史の領域においても、先の池田温氏による位置づけにみられるように、散官が実際に職務をになう官職ではないため、重視されることが少なかったことにも求められよう。

それでも、近年における散官に対する注目が見受けられるようになってきたことは、一つには唐代の官制研究では、少なくとも従来の文献を中心とした方法が一つの到達点に達しつつあること、そして近年発見と整理の伸長が著しい墓誌銘などの出土資料が研究の材料として加わったことから、それをふくめて官僚機構のあり方をより総合的に把握せんとする傾向があり、官制研究もその一環にあるためと思われる。ここで従来の研究によって得られた散官によって示される官人としての権益ないし意義について、簡潔に整理しておく。

唐代の官僚が帯びる官界上の地位すなわち本品は、最初に流内官に叙される際（いわゆる出身・起家などと称される）より、原則として散官によって表示され、実務を担う職事官（の官品）が本品に相当する場合は職事官によって表示されていた。『旧唐書』巻四二・職官志一に、

およそ九品已上の職事、みな散位を帯びる。これを本品という。職事はすなわち才に随《したが》いて録用し、或いは閑よ

り劇に入り、或いは高きを去りて卑しきに就き、遷徙出入、參差　定まらず。散位はすなわち一切門蔭を以て品を結び、しかるのちに勞考もて進敍す。武德令、職事高き者は散官を解き、一階を缺きて至らざるを兼と爲し、職事卑しき者は散官を解かず。貞觀令、職事高き者を以て守と爲し、職事卑しき者を行と爲し、なお各々散位を帶びる。その一階を缺くは舊に依りて兼と爲し、階の當たる者とともにみな散官を解く。永徽以來、一階を缺く者、或いは兼と爲し、或いは散官を帶び、或いは守と爲し、參《まじ》えてこれを用う。その兩職事の者もまた兼と爲し、頗るあい錯亂す。〔原注〕その一階を缺くの兼は古念の反、その兩職事の兼は古恬の反。字　同じくして音　異なるのみ。〕咸亨二年（六七一）、始めて一切守と爲す。

凡九品已上職事、皆帶散位、謂之本品。職事則隨才錄用、或從閑入劇、或去高就卑、遷徙出入、參差不定。散位則一切以門蔭結品、然後勞考進敍。武德令、職事高者解散官、缺一階不至爲兼、職事卑者、不解散官。貞觀令、以職事高者爲守、職事卑者爲行、仍各帶散位。其缺一階、依舊爲兼、與當階者、皆解散官。永徽已來、缺一階者、或爲兼、或帶散官、或爲守、參而用之。其兩職事者亦爲兼、頗相錯亂。〔原注〕其缺一階之兼、古念反。其兩職事之兼、古恬反。字同音異耳。〕咸亨二年、始一切爲守。

とあり、武徳令では職事官が散官より高い場合は散官を解いて本品より一階低い時にはその職事官に「兼」を付し、職事官が散官より低い場合は散官を解かずにそのまま職事官が本品を表示することとし、貞観令では職事官が散官より高い場合は職事官に「守」を付し、逆に職事官が低い場合は「行」を付し、とくに一階及ばない場合は武徳令と同様に「兼」と称したが、高宗の咸亨二年（六七一）以降は本品より職事官が低い場合には一切「守」と称したとされている。

なお、官人に位階が付与されることを叙階と称するが、とくに出身の際の叙階の方法には当初封爵（有爵者及びその子）、親戚（皇帝の親族）、勲庸（勲官）、資蔭（官職保持者の子孫。いわゆる蔭位の制）、秀孝（いわゆる科挙）の五種類があり、出身後は官僚としての勤務評定、いわゆる考課によってその本品の進退が決せられた。前に引用した『旧唐書』の記載にあるように、職務を担当する職事官の叙任は官人の成績によって決定するため、時に閑職より劇職に、また高い官から低い官へ異動することもあり、職事官の上下動は不安定であったのに対し、散位すなわち本品は原則として門蔭によって決定し、その後に労考、すなわち勤務日数と成績を基準に安定的に進められた。このように、職務の等級と官人の地位を別個の官職として分離させることによってそれぞれを明示するようになった点に、唐代の位階制度の画期性が存したのである。(33)

さきに唐代官僚機構の身分的側面を説明する際に、原則として官品が基準となっていたことに言及した。身分的側面のみならず、官人としての諸待遇において官品が基準となる場合にどの官職が対象となるのか、或いは優先されるのかという点は、当然大きな問題となる。もとより一人の官人が複数種類の官職を帯びることはけっして珍しくなく、むしろそれが常態であった。官人の享受する権益は極めて多岐にわたり、加えて唐一代においても当然変化があったため、一言で説明することは困難である。とくに最も基本的な官職である散官・職事官のうち、職事官が基準となる権益としては、代表的なものとして俸禄や朝会での班位があげられる。俸禄はごく高位の散官（従一品の開府儀同三司と正二品の特進）以外は、職事官の官品が給付の基準とされ、朝位の序列も官品が同一の場合は職事官の官品が最優先され、次に文散官・武散官・勲官の順となっていた。(34)一方、散官が基準となる権益、ないし散官のみでも享受可能な権益としては、前者としては考課による黜陟および服章の如何が散官を基準とするものであり、後者としては徭役ないし刑罰の免除がそれに相当する。刑罰について言えば、先に少しふれたように官人が有する官職によって、除名・免官・免所居官等に相当する罪を犯した際に、罪の代償として官品を降格させるとともに一定期間の再任官を禁止するという制度である（いわゆる除免当贖法）。ただ、より正確を期すならば、散官が職事官に優先するというよりも、散官が官人の本品を表示する場合は散官が優先して罪の代償に当てられるというべきであろう。

以上みてきたように、唐代官僚制においては散官が基準となる、或いは散官によって享受しうる官人の権益が広範囲に及ぶことが理解されよう。ただし、それでもなお、散官が官僚としての実務を有さず、原則として俸禄も享受しえないという面から、前代以来のいわば「職事官中心主義」による散官への過小評価はなお大きいと言わねばならない。ただし、このような散官の軽視は、相応の史料的な裏づけがあることも理由としてある。唐代、とくに安史の乱以降の後半期における散官軽視の風潮を伝える著名な史料として、次の一文は紹介しておかねばなるまい。

謹みて按ずるに命秩の甲令に載せられる者、職事官あり、散官あり、勳官あり、爵號あり。類を以て分かれ、その流れ四ありと雖も、然れどもその務を掌りて俸を授かる者、ただ職事の一官に繫《かか》れり。以て才能を序《つい》じ、以て賢德を位し、これ所謂實利を施してこれを虚名に寓する者なり。その勳・散・爵號の三者は、繫る所大抵服色・資蔭に止まるのみ。……

謹按命秩之載于甲令者、有職事官焉、有散官焉、有勳官焉、有爵號焉。雖以類而分、其流有四、然其掌務而授俸者、唯繫於職事之一官。以序才能、以位賢德、此所謂施實利而寓之虚名者也。其勳・散・爵號三者、所繫大抵止於服色・資蔭而已。……

（『陸贄集』巻一四・又論進瓜果人擬官狀(35)）

この唐人である当時の宰相陸贄の言葉は、興元元年（七八四）二月、節度使李懐光を避けて徳宗が奉天から梁州に蒙塵した道中で瓜を献上した百姓に対して、徳宗が歓心を買うために「散試官」を賞せんとした際、陸贄がそれを諫めた奏状の一節である。この一節は、唐代官制における職事官・散官・勲官・爵位のあり方を端的に伝えるものとして、先学、ことに概説的な著述においてしばしば引用されてきた。たとえば、前述の池田温氏は当該史料より「真の官職は職事に限られその他はむしろ身分標識・栄典たる点に本質があったのである」とされ[36]、また礪波護氏も「（職事官・散官・勲官・爵号の）四つのうち職事官のみが実質的な意味をもっていた」と述べられている[37]。もとより唐代官制を行政機構としてその運用を担う官人のあり方を説明するという両氏の文脈においては、散官の位置づけが斯様に低くなってしまうのも、やむをえない面もある。ただし、近年の散官についての専論では、このような職事官に比重を置いた見解とは一線を画する考え方も見られる。例えば王徳権氏は、陸贄が唐代前期の体制が急速に変質した代宗・徳宗時期の人間であり、その奏状の述べるところが唐代前期の本来の姿を示すものなのか検討に値するとしたうえで、散官の機能がけっして服色・資蔭にとどまらないことを論証され[38]、また閻歩克氏も中唐以前においては「散階」は「虚名」ではなく明確な官人の「品位」であったことを指摘されている[39]。両氏に代表される、陸贄の言葉に対する再考の指摘は妥当であろう。少なくとも律令に規定される官制機構を国家運営の柱として運営したはずの唐代前半期における散官の意義を、この陸贄の言葉のみで判断するのは慎重であるべきである[40]。

一方、散官および位階制度の唐代後半期における実態については、唐代前半期の散官が後半期にどうなったのかという問題にとどまらず、北宋の元豊三年（一〇八〇）の官制改革以前まで、散官に代わり官人の位階表示および俸禄の基準を示す機能を担った寄禄官の成立過程を探る研究も現れ始めているが、そこでは散官が必ずしも有名無実化していなかったという指摘もされており、注目される[41]。要するに、たとえ散官がいわゆる律令官制の枠内において位階表示の機能を失い、有名無実化していたにせよ、何らかのかたちで官人の身分表示という機能そのものは必要であったはずであり、それが唐後半期の曲折を経て宋の寄禄官に結実したと考えるべきであろう。単に形骸化、ないし実質ではないといった言葉で散官を理解する段階は過ぎさったのである。さらに付言するならば、かりに陸贄が言うように、散官の意味が服色・資蔭を示すのみであったとしても、礼制の面において身分の差異を可視化する服色の重要性は一定の意義を備えるものであり、官人の再生産の大部分を占めるはずの資蔭の意義もそれ以上に大きいものであること、軽視すべきではないであろう。

以上、唐代の散官のあり方とそれに関連する研究動向についてみてきたが、節をあらためて唐代散官の成立過程、すなわち魏晋南北朝期の散官および位階制度に関する先行研究を中心にその所説を紹介するとともに、現時点で追究されるべき問題点の呈示をこころみたい。

（二）　魏晋南北朝期における位階制度成立過程の研究について

唐代における位階としての散官制度の成立過程について、最初にその大枠を示されたのは宮崎市定氏である。氏は唐代の武散官の起源として魏晋南北朝時代に主に軍功の報償として濫授された将軍号を、同じく文散官の起源に南朝の奉朝請等の定員の無い官、および北魏の中央に多く置かれた光禄大夫等の無員・員外の官をあげられている(42)。また、一方で氏は北周から隋にかけて軍功を表彰する制度として、散官と散実官の制度が発達したこと、そしてそれが唐の散官となったことを指摘されている。氏によると、散官は当初官僚予備員のプールのようなものであったが、その後単なる位階となり、実職の無い者でもそれを帯びれば官吏待遇を与えられるという性質に変化した。北周にいたって散官は戎秩とよばれるようになるが、これは武官の予備員という性格が強く、従来からの肩書にすぎない武散官とは相違する。そこで隋の文帝はこれを別系統として散実官と名づけた。これが煬帝期を経て唐の勲官となる。これとは別に、隋文帝期には文武の散官が置かれていたが、煬帝期に散実官および散官をひとまとめとした散職が設けられた。唐が興ると隋の文帝の官制を復活したが、散実官を勲官と改め、将軍号も復活させ、勲官・文散官・武散官の三系統をつくり、それがさらに整備されて一般に理解される位階としての散官となった(43)。

宮崎氏の理解する、北周から唐にいたる散官の成立過程をごく簡単に整理すると、右のようなものとなろう。ただ、散官形成に関する宮崎氏の見解は直接それを目的とする研究というよりも、漢末・曹魏から唐代にいたる九品官人法を軸とした貴族制の歴史的な展開を叙述する際に付言されたという印象が強い。また、主として官品上の諸将軍及び散官・戎秩の配置などからその位階化を想定したものであり、具体的な論証、たとえば南北朝期の将軍号などの官職が実際に位階として機能していたのか否かなどといった点の説明は十分とは言いがたい。そうでありながらも、秦漢南北朝期の無員の官から位階としての唐代散官への展開という図式をはじめて提言したことから、氏の研究は以後の散官研究における問題の所在を示した起点として位置づけられよう。

宮崎氏が文散官の起源とみなした、北魏における光禄大夫・金紫光禄大夫等の諸「光禄大夫」のあり方の具体的検討から、「光禄大夫」の位階表示の官への転化を考察されたのが窪添慶文氏である。氏の分析の結果をまとめると、以下のようなものとなろう。北魏の宣武帝期以降増加する「光禄大夫」の就官者には、加官として将軍号および他の官職と結びついて与えられる傾向がある。その両者の官品上の関係は、孝文帝から孝明帝期には「光禄大夫」が他の官職より一、二品高い位置にあったが、北魏末の混乱にかけて、将軍号とともに下位の官職とも結びつくようになる。また、一方で「光禄大夫」のような加官から実務の官という人事の遷転とは別に、加官から加官、実務の官から実務の官という昇進が並行して存在しており、実務のある官とは別に「散官」の枠組み内での遷転というかたちが成立していった。官僚体系のなかにおける地位の表徴としてのみ機能する「光禄大夫」はこのようにして生まれたと考えられる[44]。

窪添氏は具体的事例を精緻に分析することから、加官としての「光禄大夫」から散官としての「光禄大夫」の成立過程をこのように説明される。しかしながら、一般の実務のある官についてはさておき、氏も述べられているように、将軍号と「光禄大夫」がセットになっている状況は、そもそも当該時代の官人の官歴にとってなにを意味しているのであろうか。後述するように、北魏時代において通常位階として理解されている将軍号と「光禄大夫」の具体的関係や、散官の加官から位階へという変化の必然性はどこにあるのかといった点を含め、なお疑問として残されている。また、窪添氏は同じく北魏後期の人事遷転における将軍号の意味についても考察され、下位ないし上位の官品の官職への異動、あるいは同一官品内での異動の場合、一般の官職とは別に将軍号も同時に付与することによって官人の昇進を担保していたこと、ただし遷転後の官職が将軍号よりも上位にあれば、将軍号が不要とされていたことを述べるとともに、そのような北魏後期のあり方が、職事官が高いと散官が解かれ、逆に職事官が低いと散官をそのまま保持する方式であった唐武徳令での散官と職事官との関係に通じるものであったと想定されている(45)。

王徳権氏もまた、魏晋南北朝から唐代にかけての散官の具体的系譜、および散官の意義の変遷過程を考察されている。王氏も宮崎氏と同様、官人の本階を表示する官職としての散官の起源を南北朝時代の将軍号に求めるが、梁および北魏の将軍号はすでに「階官化」しており、とくに北魏末の史料に散見する「階」・「級」・「勲」などの語はすべて将軍号を指すが、その官人の「本階」となっていた将軍号は唐代の散官の有する官人の品階を示す機能の起源であるという。さらに散官形成の系譜について、王氏は次のように説明される。北魏の将軍号が濫授によって価値を失うと、北周で発生した戎秩（散実官）が、隋の文帝時代まで将軍号の品秩表示機能を継承する。この散実官と散官・散号将軍にかえて煬帝が設定した「散職」は、魏晋以来の尚武の習慣から文治政治への転換を目論むものであった。唐にいたり、高祖李淵は武徳令において職事官・勲官・散官・散号将軍を設定する。これは基本的に隋文帝の開皇の制度の延長であるが、正式に「勲官」という名称を採用して散実官と都督制度との関連を分離せしめ、府兵の統率体系から「栄誉性」の官職とする措置であった。次の太宗による貞観律令の制定によって、散官制度はおおむね完成にいたるが、それは正式な文武散官の設定、名称上の調整、およびいくつかの機能上の調整から確認される。機能上の調整とは、官人の本階を表示する官職としての散官の設定（開皇の制は散官ではなく散実官を本階表示に使用）、そしてそれにともなういわゆる守行制の導入による、「本品」としての散官の位置づけを指す。この散官制度の体系の完成は、貞観時代における君臣の努力の結果であるが、一方では官品を基準とする新体制を確立して貴族に対する官僚体制強化をはかるものであったという。(46)

右の王氏による考察は、宮崎氏の示された散官の系譜を、はじめて具体的に史料に即して論証をこころみたという点でたかく評価されよう。ただ、北魏の将軍号および隋の散実官についてはしばらくおくとしても、軍事と位階表示の関係についてはなお不明瞭なままで、一層の具体的な分析が必要とされる。

王徳権氏とほぼ時を同じくして、陳蘇鎮氏も西魏末から唐貞観にいたる散官と勲官の系譜を、当時の政治的状況に即して説明されている。氏は貞観年間の散官制度成立までの段階を、①西魏末年の宇文泰による官制改革、②北周建徳四年（五七五）の開府儀同大将軍以下の増置、③隋文帝による散実官の設置、④隋煬帝の散職設置、⑤唐高祖の武徳元年（六一八）、および同七年（六二四）の改革、⑥唐太宗の貞観一一年（六三七）の貞観律令の制定、という六段階に区分し、それぞれの時代の散官・勲官の品秩の変化からそれを散官と勲官のいずれを官人の本階とするかの闘争とみなし、散官を本階とする山東士族と勲官を本階とする関隴集団の対立の現れと考えたうえで、唐の太宗による最終的な散官制度の完成を、関隴集団が散官系列を自己の属する身分と門閥の標識に変えることによって、自らの社会的地位を高めようとする措置であったと結論される。(47)

南北朝から唐にかけての散官制度の変遷を、関隴集団と山東士族の対立という政治史的背景から説明しようとする陳氏の考察は、単に制度の変化を追うだけではなく政治的社会的情勢から散官制度の歴史的展開を分析するものとしてきわめて興味深い。しかしながら、西魏北周での戎秩（隋の散実官）が関隴集団の身分標識であったとする点はおくにせよ、それが隋、および唐初においても、実際にそのような特定の社会集団のみを対象とする官職であったのか否かという根本的な部分での論証を欠いているため、なお推論の域を越えるものではない。そもそも、位階ないし官人身分とは、社会内部における上下関係（当然ながら地域の相違も）を直接反映するものではなく、原則として国家への功績の多寡を基準として決定する身分であり、そのような位階の備える本質的な意義と、上述の陳氏による散官・勲官の形成過程がどのように関係するのかといった点については、残念ながら言及されていない。ちなみに、陳氏は南朝の梁の武帝による将軍号の改革についても考察を加え、改革以後の将軍号は就任者の貴賤を隔てる身分等級制度に発展させたものであり、「皇室貴族」の特権的地位を突出せしめ、士族と寒人との身分の差異を明確にするものであったことを述べられているが[48]、この陳氏の論考については第五章で具体的にとりあげて論ずることとしたい。

以上の窪添・王徳権・陳蘇鎮氏等による九〇年代初頭の研究をうけ、近年精力的に秦漢および魏晋南北朝から唐にいたる位階制度の系譜を考察されたのが閻歩克氏である。氏は西魏末年に成立した宇文泰による九命体制の創設を、将軍号によって示される官人の本階と官品の階（職事官の品階）が対応した、唐代の職事官・散官の並列体制のさきがけで、漢代の秩石制による「職位分等」を主とする方式から「品位分等」への転換と理解したうえで、かかる方式の変化は北魏後期に流行した将軍号と散官が同時に付与される「双授」の慣例に、直接の淵源が求められるという。その「双授」は文散官の濫授をもたらして散官の階官への変質を進めると同時に、本階である将軍号の序列が同時に与えられることにより、「拉動」、すなわち将軍が散官をひっぱることによって文散官を「本階化」と序列化に向かわせた[49]。かかる西魏北周で職事官・散官併置の前提となった「双授」は、東魏北齊では濫授の抑制によって文散官の本来有する性格を回復させることとなり、散官の階官への発展を阻害することとなったという[50]。さらに氏は北朝と対峙した南朝について、文官を重んじる政治的伝統によって散官と「双授」が制限されたために散官の階官化がはばまれたことに加え、その「文清武濁」、すなわち文官を清官とし武官を濁官とする士族政治の影響によって、軍事と「専制官僚制」を重んじる北朝に比べ南朝では階官制度が充分に発展しなかったと説かれている(51)。

以上、宮崎氏から閻歩克氏にいたる散官研究の主な論点とその成果を確認した。大枠としては、宮崎氏が提示される散官の系譜を具体的に後づけ、個別の散官、ないし特定の時代を対象に考察が深められたといってよかろう。その結果、いくつかの重要な成果が得られたことはたしかである。たとえば、隋煬帝によって設けられた散職が、単に散実官と散号将軍を廃止して文散官を発展させたものではなく、従来の散実官の名称を散職に変更したもので、逆に文散官の方を実質的に廃する措置であったことは、王徳権・陳蘇鎮両氏の考察によってはじめてあきらかにされたものであり、また、西魏北周において文散官と将軍号が一人の官人に同時に付与されることが多かったこと、そしてそれがともに唐の文武散官の起源となったとする閻歩克氏の指摘も、疑問とするところもあるものの(52)、基本的には首肯されるべき見解としてみとめることができよう。

しかしながら、そこにはなお位階の成立過程を考察する際にふまえるべき根本的、かつ重要な疑問点があるように思われる。この点について、先行研究の共通理解とされている部分と、そこに残されている問題を糸口に指摘することとしたい。それは前言の散官研究の視座に関する問題とも密接に関連するからである。

閻歩克氏に代表される先行研究の考察において、共通かつ基本的な理解としてみとめられていることとして、将軍号が南北朝期の「階」として機能していたとする理解があげられよう。それは以下の史料が根拠とされてきた。

宋・齊・梁・陳・後魏・北齊、諸て九品の散官はみな将軍を以て品秩と爲す。これを戎號を加えると謂う。

宋・齊・梁・陳・後魏・北齊、諸九品散官皆以將軍爲品秩、謂之加戎號。（『大唐六典』巻二・吏部郎中の条）

後魏及び梁、みな散號將軍を以てその本階を記し、隋より改めて開府儀同三司已下を用う。貞觀の年、また文武を分かち、入仕せし者みな散位を帶びる。これを本品と謂う。

後魏及梁、皆以散號將軍記其本階、自隋改用開府儀同三司已下。貞觀年、又分文武、入仕者皆帶散位、謂之本品。

（『旧唐書』巻四二・職官志一）[53]

これらの記事、とくに『旧唐書』の記載から、研究者によって若干の相違はあるものの[54]、南朝の梁陳時代、および北魏の将軍号は官人の本階、すなわち官人身分を表示する官職として機能していたという理解が不動の前提として存在し、そこから位階の発展を論ずることが先行研究の一般的な傾向であったといえよう[55]。しかしながら、『大唐六典』および『旧唐書』の記載は、それほどまで絶対的な信頼をおくに値する史料なのであろうか。両書の記載の史料的な来源についてはおくにせよ、その成立は南北朝期より数世紀レベルではるかに下るものであり、同時代史料とはいいがたい。その点を軽視して両書の記載を無批判に信頼し、位階の起源を論ずるのは、唐代以後の歴史的価値観ないし認識を南北朝という時代に無理やり押しつけることとなり、それが正しい魏晋南北朝史像をゆがめてしまうことにつながるのではないか。私はそのような懸念を払拭することができないのである。つまり、無条件に『旧唐書』の記載を信頼して当時の将軍号を階としてみとめる前に、極力魏晋南北朝期に近しい史料の具体的な分析から、階の原初的な形態とその特質を求める方向で研究が進められることが必要と考えるのである。すなわち、唐代の散官の成立過程という面にとどまらず、そもそも階とは一体何を意味し、その散官といかなる関係にあったのかという点からあらためて検証されなければならない。一般に「品階」として熟されて用いられるように、品、すなわち官品と階とは同じものであるという理解が通常なされてきたのであるが、そのような認識は、おそらく唐代における官品と位階がそのような対応関係にあることから生じたものであろう。よってそれを無批判に魏晋南北朝期の品と階のあり方にまで軽々しく沿用するべきではない。あくまでも、管見のかぎりではあるけれども、少なくとも当該時期において「品階」もしくは「散階」なる用語は史料上においてまったくみられないのである。この点は、品と階の実態と歴史的展開から、あらためて考察されなければならない。なお、この品と階の関係については、唐代と同様の「九品三〇階」という構造を備える北魏時代の「階」のあり方をめぐって諸説が呈示されており、宮崎市定氏は階を品と同一の基準という認識を示され、それが通説としてひろくみとめられている。(56) これに対して筆者は当時の「階」の用例のすべてが必ずしも九品官制の「品階」と対応関係になく、当初の意味である昇進の段階という側面が強いこと、北魏末期にかけて「階」が官職と一体化していく過程を展望した（本書第二章）。近年窪添慶文氏は北魏後期の階と品の関係について考察し、「四品以下では官品と官品の間隔を一階、官品内の上下の間隔を半階とし、三品以上では将軍号（群）の間隔を半階として、一階上昇する」という原則の存在を指摘し、筆者の「階」の見解に対して修正意見を呈示されている。(57) 本来であれば窪添氏の所説をふまえて考察すべきであるけれども、学説史として言説の前後関係を明示する必要があり、また著書としての自説の統一性をたもつため、原則として執筆時の現行のままとして発表時の見解をあらためた部分のみ訂正することとする。窪添氏におかれてはご了承いただきたい。

次に、『大唐六典』と『旧唐書』に共通してみられるところであるが、この官人の「品秩」、ないし「本階」が将軍号によって表されるという言葉の意味するところとその妥当性についてである。従来この点については魏晋南北朝の「軍事的割拠権力が強かったことを反映」する証拠、(58) あるいは軍事的な功績の表彰と官僚の昇進が当初より有する親近性(59)などの理由から説明されてきた。これらの説は一見すると説得的ではあるけれども、はたしてどこまで妥当なのであろうか。南北朝時代、とくに北魏後半期には、前代よりはるかに多くの地方官、そして地方官には及ばないものの、相当の中央官が将軍号を帯びていたことは否定しえない事実である。だが、『旧唐書』の記載をひとまず考慮の外におくならば、そのような将軍号の普遍的授与という事実だけが、ただちに将軍号が官人身分を示すことの論拠とはならないはずであり、位階として実際に機能していることの論証が必要とされよう。先学による将軍号の位階への発展の目安は、基本的には九品官制中における散官、ないし将軍号の配置が唐代の文武散官のように整然と配置されているかどうかという点におかれ、将軍号自体がそなえる機能からの論証はほとんどおこなわれてこなかったといってよい。

また、南北朝期に濫発された将軍号や文散官が唐代の位階としての散官の起源と目されるのは、もとよりそれが特定の職務と定員が無かったことによるわけであるが、そもそも定員がないことが位階へ変質するための必要条件であったとする今までの理解は正しいのであろうか。先に引用した『旧唐書』職官志にあるように、武徳令では職事官が散官より高く、本品を表示する場合は散官を解き、職事官が散官より低く、散官が本品を表示する場合はそのまま散官を保持し、貞観令では職事官と散官の官品の不一致が生じた場合、職事官に守ないし行を付するが、官品が一致する場合には散官が解かれた。つまり、武徳令・貞観令いずれにおいても状況によっては職事官によって官人の「本品」、すなわち位階が示されることがありえたわけである。このことは、職務のある官と位階の官が唐代以前における形成の段階を含め、当初より截然と区分されて設定されたのではなく、官品の存在とは別に位階としての官職が形成され、官品と一致するプロセスを経ていたことを想像させる。そもそも、当初明確な職務を備えていたはずの官職が、何らかの歴史的経緯を経て職務よりも「位階」としての意味に変質、もしくは別途備えるにいたることは現代の日本においても珍しいことではない。たとえば、本来特定の担当職務の責任者であるはずの課長・係長といった役職が、実際にはしばしば一定の「身分」とみなされること、あるいは時の政権与党内で国会議員としての当選回数に応じて国務大臣「ポスト」の候補者とみなされるなどといったことはよく耳にする話である。そもそも職務と位階の関係が中国前近代を通じてみてもけっして排他的に峻別できるものではないことは、唐後半期の階官化した職事官の存在を想起するならば明白である。今までとくに疑問を持たれることが少なかった、無員の官から位階へという唐代散官制度形成の図式は再考の必要があるということを、ここで指摘しておきたい。

この点に関して今ひとつ付言しておく。よく知られていることとして、日本の官位令では官位は独立した官人の肩書きすなわち位階となるが、唐の官品令では官品はあくまでも官職の等級であってそのままでは官人の肩書きとはならず、官品を付された散官（本品）が官人の位階を示す仕組みとなっていたが、このような日唐間における位階制度の差異について、宮崎市定氏は次のように述べている。

> さて位階、もしくは品階を正式の肩書に書きこむか否かによって、われわれは日中両国の官僚気質に相当顕著な差違が存在することを認めざるを得ない。位階もしくは品階は必然的に数字をその中に含むが、雅を尚ぶ中国の貴族社会では一目で分る数字で官職の等級を示されるような制度には堪えられぬのである。……然るに日本では事情が異なる。……何か分らぬ深奥な意味をもった官名だけで、それを一度官位令で探して見なくては上下の判別がつかぬようではまだるこい。一目で分らすには数字の等級が最も直截簡明だ。中国では決して数字を含まぬ勲官名まで日本ではこれを勲一等から勲十二等までの数字番号に書きかえてしまったのである。[60]

宮崎氏ならではの、いかにも軽妙洒脱にして含蓄に富んだ説明であり、また日唐彼我の発展段階の相違が官人の位階表示にも表れるというその指摘は、まことに傾聴に値する。しかしながら、こと唐代散官制度が官職名によって位階を表示する理由を、「雅を尚ぶ中国の貴族社会」という説明のみですませてしまうのは、いささか簡略にすぎよう。なにより、氏が『九品官人法の研究』において示された、貴族制によって代表される魏晋南北朝期の社会と国家、とりわけ官僚機構のあり方との関係が、残念ながらこの説明では十分に示されていない。曹魏にはじまり以後の中国諸王朝に継承された九品官制、そして短命に終わった梁代の十八班制と北周の九命制のいずれにおいても、官人身分そのものの基準は数値、すなわち序数であることが大原則であるが、その表現形態としてあえて官職の「名」が設定されていることには、古代東アジア諸政権における中国位階制度の独自性、ひいては貴族制を含めた魏晋南北朝時代特有の理由が存するに違いないはずであり、その確たる理由の説明なしに当該時代の位階制度の理解はありえない。本書はこの問題について、はじめて本格的な見解を示すものとなろう。

以上、『旧唐書』職官志の記載を中心に、従来の唐代位階制度の成立過程に関する先行研究の問題点について述べてきた。従来の諸研究には、唐代散官の起源を求めるという目的はあっても、それが官人身分の具体的表象であるということの意味を追求するという方向がきわめて希薄である。唐代における官人身分制を歴史的に、かつ正当に位置づけるためには、かかる問題意識のもとに魏晋南北朝期における位階としての散官の形成過程とその意義が考察されなければならないのである。

これらの点をふまえ、本書では上編において官人身分の本質的要素を中心に考察をこころみる。具体的には、官人身分の表示形態である官品、およびそれと密接に関わる階・資（官資）を考察の対象とする。官品は言うまでもなく官職の等級にして官人の身分を示す序列であり、階とは本来官人の昇進の段階を示す単位、資とは官職の名称を以て官人の地位を示す資格である。これらの官人身分の本質を構成する諸要素と、それが官職と一体化して唐代の散官にいたる過程を検討することから、魏晋南北朝期における官人身分の表現形態としての散官の成立過程を考察する。続く下編では、官人身分と散官・位階制度に関する周縁的問題を考察する。そこでとりあげるのは、これまで唐代散官の萌芽とみなされてきた南朝における将軍号の身分表示的側面、北魏前期における官品と官職とくに爵位の関係、官品秩序とは別の官職評価の基準である官の清濁の意義などの、位階制度と官人身分に関わる問題である。これらの問題を、魏晋、そして南北朝双方の実態について、つとめて両方の角度から検討することから、唐代にいたる位階制度の歴史的展開をより立体的に把握できると考えるからである。

注

（1）堀敏一「日本における中国古代身分制研究の動向と本書の構成」（同『中国古代の身分制』（汲古書院、一九八七年）三頁。

（2）尾形勇「身分と階級」（尾形勇責任編集『身分と共同体』（歴史学事典第一〇巻）弘文堂、二〇〇三年）五七四頁。

（3）渡辺信一郎「古代中国の支配と身分」（廣瀬和雄・仁藤敦史編『支配の古代史』学生社、二〇〇八年）一八六〜一八七頁。

（4）ただし、身分と階級を対比的に把握する方法に対する批判も存在する。山根清志「身分制の特質から見た唐王朝――良賤制支配の基調を中心に見た――」（『歴史評論』七二〇号、二〇一〇年）は、世良晃志郎氏が、上部構造たる国家（法制機構）と土台たる経済的基礎過程を機械的に分離する方法が身分と階級の理解問題の有する問題にも該当し、「「階級関係は身分関係の本質として存在し、身分関係は国家との関係において成立する階級関係の現象である」と説明してみても、ほとんど問題の解決にはならないであろう」（「現代歴史学とマルクシズム」（同『歴史学方法論の諸問題』二版所収、木鐸社、一九七五年、七一頁）として、かかる図式的理解を批判されていることを紹介されている。

（5）堀敏一「日本における中国古代身分制研究の動向と本書の構成」。

（6）小谷汪之氏は身分制を「身分すなわち生得的地位によって規定される社会関係」と定義している（小谷「身分制」（西川正雄ほか編『角川世界史辞典』角川書店、二〇〇一年）、九二二頁。また、水林彪氏は歴史学上の身分概念を「〈身分制社会―非（脱）身分制社会〉という対でいう場合の身分制社会を、諸個人が生得的に帰属するところの団体（たとえば家）によって社会的分業が編成されているような社会」として、制約をつけつつも同様に生得的な特質によって決定されるものと考えられている（水林彪「比較国制史・文明史論対話」（鈴木正幸ほか共編『比較国制史研究序説――文明化と近代化――』（柏書房、一九九二年）、四四頁）。

（7）いわゆる蔭位の制などの子孫に官人としての地位の継承を可能とする制度は、ひとまず除外する。

(8) 堀敏一「中国における律令制の展開」(井上光貞ほか編『日本律令国家と東アジア』(東アジア世界における日本古代史講座第六巻)、学生社、一九八二年)。
(9) 同「古代の身分秩序」(初出は一九六三年。『古代国家論』(石母田正著作集第四巻) 所収、岩波書店、一九八九年)。
(10) 石母田正「古代官僚制」(初出は一九七三年。『日本の古代国家』(石母田正著作集第三巻) 所収、岩波書店、一九八九年) 三四二～三四四頁。
(11) 吉川真司「律令官僚制の基本構造」(同『律令官僚制の研究』所収、塙書房、一九九八年)。
(12) ただし爵位は一品から五品、勲官は二品から七品までに配置され、必ずしも九品の各等級の全てにおかれたわけではない。
(13) これらの唐代の官制に関する日本での概説的文献として、次に紹介する池田温「中国律令と官人機構」(仁井田陞博士追悼論文集編集委員会編『前近代アジアの法と社会』(仁井田陞博士追悼論文集第一巻) 所収、勁草書房、一九六七年) のほか、同「律令官制の形成」(『東アジア世界の形成』Ⅱ (『岩波講座世界歴史』第五巻) 所収、岩波書店、一九七〇年)、礪波護「唐の官制と官職」(同著『唐代政治社会史研究』所収、同朋舎、一九八六年。初出は一九七五年)、氣賀澤保規「中国唐代の官職・位階とその周辺」(日向一雅編『王朝文学と官職・位階』(平安文学と隣接諸学四) 所収、竹林舎、二〇〇八年) などがある。
(14) 池田温「中国律令と官人機構」。
(15) 池田温「中国律令と官人機構」一五二頁。
(16) 池田温「中国律令と官人機構」一五五頁。
(17) 池田温「中国律令と官人機構」一六八頁。
(18) 渡辺信一郎氏は、唐代の流内九品以上の官人一万八千人を上級官人層と定義されたうえで、それらが「儒家的イデオロギーによって統一された集団をなし、主権を体現する皇帝を中核に政治的支配階級を構成し」たとして、そのような官人身分保持者を社会的生産関係における官人階級として理解されている。渡辺信一郎「中国古代専制国家と官人階級」(中村哲編『東アジア専制国家と社会・経済――比較史の視点から――』所収、青木書店、一九九三年) 五九頁。

(19)『唐律疏議』巻二名例律一七にみえる、いわゆる除免当贖法という官人に対する加刑上の特別規定には、職事官・散官・衛官及び勲官を有する官人が、それらの官職を以て刑の代替とし、なおかつ加えられる実刑がある場合、その官人が過去に拝した官職をそれに当てることがみとめられていた。除免当贖法については、滋賀秀三著（律令研究会編）『唐律疏議訳注篇』一（訳注日本日本律令五、東京堂、一九七九年）一〇五頁以下を参照のこと。

(20)池田温「律令官制の形成」二九六頁。また、官の清濁という魏晋南北朝隋唐期固有の貴族制的な官職評価の存在からも、池田氏はその身分制的な側面を紹介されている。池田温「律令官制の形成」二九八頁以下。

(21)池田温「中国律令と官人機構」一七一頁。

(22)堀敏一「総説」（『東アジア世界の形成』Ⅱ（『岩波講座世界歴史』第五巻・古代五）所収、岩波書店、一九七〇年）一〇頁。

(23)堀敏一「中国における律令制の展開」七三頁。

(24)堀敏一「身分制と中国古代社会」（初出は一九八〇年。同『中国古代史の視点』所収、汲古書院、一九九四年）二三二頁。

(25)堀敏一「中国における律令制の展開」九五頁。

(26)このような堀氏の発言は、散官とともに勲官が唐代の上級農民層にひろく授与されたことも念頭においたものである。なお、身分制にもとづく国家的な良民の編成における勲官の問題については、堀氏の所説以前に西嶋定生氏にも言及がある。氏は「なお最後に考慮すべき問題は、良賤制と郷里制との問題である。……あるいはまた良民身分に対して相当広範囲に与えられていたのではないかとも考えられる勲官の制度を、漢代の民爵に対応して検討することが可能であるかどうかという問題も、今後の課題であろう」と述べ、漢唐間における良賤制の展開を考えるうえで、漢代の民爵とともに唐代の勲官が手がかりとなりうることを指摘されている。西嶋定生「良賤制の性格と系譜」（同『中国古代国家と東アジア世界』所収、東京大学出版会、一九八三年。初出は一九七〇年史学会大会講演）一六九頁。なお、近年公刊された勲官に関する専著として、速水大『唐代勲官制度の研究』（汲古書院、二〇一五年）がある。同書についての筆者の見解については、拙稿「書評　速水大著『唐代勲官制度の研究』」（『唐代史研究』第一九号、二〇一六年）を参照のこと。

(27) 中村圭爾「晋南朝律令と諸身分構成」（初出は一九九五年。同『六朝政治社会史研究』所収、汲古書院、二〇一三年）三三二頁。

(28) 中村圭爾「晋南朝律令と諸身分構成」三三八頁。

(29) 中村圭爾「「品」的秩序の形成」（同『六朝貴族制研究』所収）八九頁。

(30) 中村圭爾「六朝貴族制研究に関する若干の問題」（同『六朝貴族制研究』所収）および「晋南朝における律令と身分制」（初出は一九八六年、同『六朝政治社会史研究』所収）などを参照のこと。

(31) 漢代の郎官については、厳耕望「秦漢郎吏制度考」（初出は一九五一年。『厳耕望史学論文集』巻上（厳耕望史学著作集所収、上海古籍出版社、二〇〇一年）、増淵龍夫「戦国官僚制の一性格」（初出は一九五五年。同『中国古代の社会と国家』新版所収、岩波書店、一九九六年）、李孔懐「漢代郎官述論」（『秦漢史論叢』第二輯、陝西人民出版社、一九八三年）、杉村伸二「漢初の郎官」（『史泉』九四号、二〇〇一年）などの研究がある。また、漢代における内朝官としての郎官・大夫および光禄勲については、米田健志「漢代の光禄勲――特に大夫を中心として――」（『東洋史研究』五七巻二号、一九九八年）、福永善隆「前漢における内朝の形成――郎官・大夫の変遷を中心として――」（『史学雑誌』一二〇編八号、二〇一一年）など、また漢唐間の特進を考察したものとして、藤井律之「特進の起源と変遷」（初出は二〇〇一年。同『魏晋南朝の遷官制度』所収、京都大学学術出版会、二〇一三年）がある。

(32) 池田温「中国律令と官人機構」一五九～一六四頁。

(33) このような官階における官人個人の身分を示す等級と官職自体の備える等級の関係について、その中国史上における歴史的展開から説明する概念として、閻歩克氏は前者を品位分等、後者を職位分等と命名したうえで、唐および宋代を品位分等による「階職分立制」の時代と位置づけている。閻歩克「品位与職位」（同『品位与職位――秦漢魏晋南北朝官階制度研究――』第一章、中華書局、二〇〇二年）。

(34) ただし時期および俸禄の種類によっては散官に給付されるケースもあった。唐代における散官と俸禄の関係については、黄清連「唐代散官試論」（『中央研究院歴史語言研究所集刊』第五八本第一分、一九八七年）、王徳権「唐代律令中的「散官」

与「散位」——従官人的待遇談起——」（『中国歴史学会史学集刊』第二一期、一九八九年）を参照のこと。

(35) 本書の引用は、王素点校『陸贄集』（中華書局、二〇〇六年）による。

(36) 池田温「中国律令と官人機構」一六五頁。

(37) 礪波護「唐の官制と官職」二二九頁。

(38) 王徳権「唐代律令中的「散官」与「散位」——従官人的待遇談起——」。

(39) 閻歩克「品位与職位」二二一頁。ただし閻氏の依拠する陸贄の言の引用は、『新唐書』巻一五七・陸贄伝からによる。

(40) さらに付言するならば、陸贄の趣旨としては、散官・勲官・爵よりも劣る「散試官」といえども、瓜の献上ごときの報償として官職を軽々しく授与するべきではないことを批判しているのであるが、その点が注目されることは少ない。ちなみにここで言及される散試官とは、李錦繡「唐代〝散試官〟考」（同『唐代制度史略論稿』所収、中国政法大学出版社、一九九八年、一九八頁）によると、唐代後半期に出現した新型の官制の一種で、散官の名称を用いた「虚銜」すなわち名目のみの官であるが、散官とは異なり、除免当贖法の対象や吏部の科目選への応募といった散官が有する機能を持たず、わずかに喪葬の待遇のみ同名の散官と同じ待遇を得ることができたという。氏の考察にしたがうならば、実職から乖離して「位階化」した職事官とともに、濫発に伴い一層本来の機能を喪失したいわば「散官化した散官」とでも称すべき官職であるように思われる。

(41) 唐後半期における散官および職事官の位階化については、張国剛「唐代階官与職事官的階官化」（初出は一九八九年。同『唐代政治制度研究論集』所収、文津出版社、一九九四年）、松浦典弘「唐代後半期の人事における幕職官の位置」（『古代文化』五〇巻一一号、一九九八年）などの研究が、同時期における散官の実際の運用については、陳文龍「唐後期散官的升遷——以文職為中心的討論——」（『中国中古史研究——中国中古史青年学者聯誼会会刊——』第三号、中華書局、二〇一三年）による分析がある。宋代の寄禄官の淵源と唐後半期の散官の形骸化については高橋徹「宋初寄禄官淵源考」（『呴沫集』七号、一九九二年）に考察がある。なお、小島浩之「日本における唐代官僚制研究——官制構造と昇進システム（System）を中心として——」（『中国史学』第二〇巻、二〇一〇年）は、高橋氏が指摘する散官の形骸化を否定し、唐後半期の散官研究の不十分さを指摘されたうえで、官制構造の枠組みの中で、職事官の濫官、散官の泛階、勲官や爵の濫授を総合的に検討する必要があることを主張する。

(42) 以上、宮崎市定『九品官人法の研究』（初出は一九五六年。宮崎市定全集第六巻、岩波書店、一九九二年。以下本書での引用はすべて全集版による）二五七～二五八頁、二〇〇頁、三三二頁を参照。

(43) 宮崎市定『九品官人法の研究』四〇七頁以下。

(44) 窪添慶文「北魏における「光禄大夫」」（初出は一九九二年。同『魏晋南北朝官僚制研究』所収、汲古書院、二〇〇三年）。

(45) 窪添慶文「北魏後期における将軍号」（『東洋学報』第九六巻第一号、二〇一四年）。

(46) 王徳権「試論唐代散官制度的成立過程」（中国唐代学会編輯委員会編『唐代文化研討会論文集』所収、文史哲出版社、一九九一年）。

(47) 陳蘇鎮「北周隋唐的散官与勳官」（初出は一九九一年。同『両漢魏晋南北朝史探幽』所収、北京大学出版社、二〇一三年）。

(48) 陳蘇鎮「南朝散号将軍制度考弁」（初出は一九八九年。同『両漢魏晋南北朝史探幽』所収）。

(49) 閻歩克「西魏北周散官双授制度述論」（初出は一九九八年。同『楽師与史官――伝統政治文化与政治制度論集――』所収、生活・読書・新知三聯書店、二〇〇一年）。

(50) 閻歩克「周齊軍階散官制度異同論」（初出は一九九八年。同『楽師与史官』所収）。

(51) 閻歩克「南北朝的散官発展与清濁異同」（『北京大学学報』哲学社会科学版二〇〇〇年第二期）。氏の散官に関連する主な論考および著作は極めて多いが、主だったものとして、漢代の秩石制を考察した「論漢代禄秩之従属于職位」（初出は一九九八年。同『楽師与史官』所収）、北魏時代の将軍号の階（軍階）と官品の階（官階）のパラレルな関係を論じる「北魏官階軍階弁」（『中国史学』第九巻、一九九九年）、隋代の散官の変遷を扱った「隋代文散官制度補論」（初出は一九九九年。同『楽師与史官』所収）などがある。これらの論考とともに魏晋南北朝隋唐にかけての位階制度に関する閻氏の論考を一書に編纂した著書に『品位与職位――秦漢魏晋南北朝官階制度研究――』（中華書局、二〇〇二年）が、秦漢時代の官人の身分秩序としての爵位と官位を中心に論じた『従爵本位到官本位――秦漢官僚品位結構研究――』（生活・読書・新知三聯書店、二〇〇九年）、通史的に中国全時代を対象に位階制度の特質を検討した『中国古代官階制度引論』（北京大学出版社、二〇一〇年）などがある。とくに本書の内容と密接に関連する『品位与職位』の構成とその内容については、本書付論の書評を参照されたい。

(52)　閻氏は同じ品位の将軍号と文散官が同時に与えられる多くの実例をあげ、それを自説の根拠として提示されているのであるが、その時期的な変化や結びつくとされる二官の官品上の差異がどのようにして一致していくのかといった点については、具体的には示されておられない。

(53)　これらの史料の他に、閻歩克氏は北朝期の将軍号が階官として用いられていたとする論拠として、「邊外小縣、所領不過百戸、而令長皆以将軍居之。」（『北史』巻四〇・甄琛伝）、「洛京・鄴都令史皆平揖郎、由来無拝。吏部郎選試高第及工書者奏補、皆加戎号」（『大唐六典』巻一・尚書都省・尚書都事の条所引楊楞伽『北齊鄴都故事』）といった資料から、当時の県の令長といった地方官から尚書の令史などにいたるまで、ひろく将軍号を有する者が存在したとして、将軍号が階官として機能していたとする（同「西魏北周軍号散官双授制度述論」（同『楽師与史官』所収）四四〇頁）。ただし後者の令史については、そのように解釈することはできない。閻氏は当該史料を引用される際に、「皆平揖郎、由来無拝。吏部郎選試高第及工書者奏補」とある部分を省略してかかる解釈を示されているが、省略部分をあわせて解するならば、尚書の都令史ではなく吏部郎（もちろん吏部郎が将軍号を有することも、前代の将軍号のあり方からみて特異であることは間違いないが）の選試高第なる者ないし書にたくみである者を上奏させて戎号すなわち将軍号を加えた、と読むべきであろう。

(54)　たとえば、王徳権氏は『大唐六典』の記事については、将軍号の階官化を伝えるものとしては時期的に早すぎるとして『旧唐書』の記載に信を置くのに対し、閻歩克氏は両史料を全面的に信頼し、論を進められている。王徳権「試論唐代散官制度的成立過程」及び閻歩克「西魏北周散官双授制度述論」を参照のこと。

(55)　高橋徹氏も、この『旧唐書』および『大唐六典』の記載を前提として、魏晋から隋唐の将軍号と散官の変遷を論じられている。高橋「南北朝の将軍号と唐代武散官」（『山形大学史学論集』一五号、一九九五年）。

(56)　宮崎市定「流外勲品と入流の問題」（『九品官人法の研究』第二編第五章）三三七頁。

(57) 窪添慶文「北魏後期における品と階」(『東方学』一三〇輯、二〇一五年)。
(58) 池田温「律令官制の形成」三一七頁。
(59) 閻歩克「南北朝的散官発展与清濁異同」七八頁。
(60) 宮崎市定「日本の官位令と唐の官品令」(初出は一九五九年。『日中交渉』(宮崎市定全集第二二巻)所収、岩波書店、一九九二年)二二四頁。

上編　魏晋南北朝期における官人身分の成立と展開

第一章　官人身分の成立と展開――晋南朝期の免官を手がかりに――

問題の所在

魏晋南北朝時代における官人身分の形成を考察するにあたり、最初に当該時代の免官なる処罰をその手がかりとしてとりあげたい。以下に詳述するように、免官は官人としての身分に直接影響をもたらす処罰であり、その対象となる官人身分のあり方を、晋南朝から唐へという官僚制運用の歴史的展開から説きあかすことは、官人身分の形成過程をあきらかにするうえで有効な視点たりうると思われるからである。

免官、そして本章で言及する免所居官とは、唐代にかぎれば滋賀秀三氏の定義があり、それによると唐律において除名・官当および贖とともに、いわゆる除免当贖法と一括して称される、流内の官品を有する者本人に対する科刑上の特例であり、同時に流内官としての犯罪行為に対する罰則規定である。換言すれば、支配階層たる官人に対して実刑の執行を回避せしめる一種の優遇措置として科される刑罰といえよう。除名・免官・免所居官は、その罰則規定における軽重の区分として、また主刑に対する従刑（付加刑）として位置づけられている[1]。

かかる唐律の分析を中心とした唐代免官の考察に対し、晋南朝の免官については、越智重明・中村圭爾両氏によって除名および白衣領職[2]との関連から言及され、免官が官人を庶人の身分まで落とし、郷品の剥奪までおよぶ処分であるのか否かを中心に考察がなされてきたが、現在のところ基本的に免官によって官人としての身分を否定することはない、という理解では一致をみている。[3] しかしながら、その否定されないとされる官人身分に免官が与える影響に関しては、越智氏は免官後に「免官時より低い官品あるいは官序（官人としての昇進コース）が低い官に就く」ことをにおわせてはいるものの、いまだ具体的説明に乏しいといわざるを得ず、中村氏にもとくに言及されるところはない。

ことに中村氏にあっては、魏晋時代に成立したとされる除名を分析するにあたり、社会的身分秩序たる「士―庶」と政治的身分秩序たる「吏―民」なる二種類の秩序を想定し、両者の拮抗のプロセスから除名という処罰の出現とその六朝史上における意義を説かれているのであるが、国家と社会それぞれの身分秩序の並列から当該時期の錯綜した身分構造を理解しようとする氏の考察は、図式的にみた場合一応は明解であるようにみえる。しかしながら、ここで問題とする官人身分の成立と展開という視座にたった場合、晋南朝間における社会内部における身分関係の変質と、それに連動して形成されるはずの、律令制に基づいて規定される官人身分の成立との関係を充分に視野にいれているとはいいがたい氏の立場からは、官人処罰、ひいては官人身分がどのような過程を経て唐代に完成したのかという問いに対して、充分な回答を得ることは難しいのではなかろうか。換言するならば、氏のえがく図式が、晋南朝をひとつの特性をもった時代としていささか図式化されすぎているがゆえに、官たることが律令を背景に独自の身分としてこの時期に成立し（氏の言葉にしたがえば「吏―民」の吏であるが）、唐代に散官としてひとつの制度的完成をみたことの必然性が薄れてしまう感はどうしても否めないのである。

免官は、もとより秦漢時代より存在する刑罰であったが、それはあくまで当時の官と庶という支配者と被支配者の構図に象徴されるように、単に官職から解任されると庶人となることを意味するにとどまるものであった。[4] だが、後述するように、この魏晋南北朝時代から免官は現に官にあるか否かを問わない、すなわち官位をもつことによって生じる身分を罪の対象とする処罰に変質する。かかる変化の背景に、免官されても庶人とはならない士という身分の成立を想定し、除名の存在を強調する中村氏の説はおそらく妥当であろう。しかしながら、氏のいわれる士人層の台頭という社会内部の変化を契機としながらも、本源的に齊民的支配を志向し、社会自身に制約を与えようとする国家と、階級の分化と対立を常に内包する社会との対峙の過程から、国家支配の枠組みである律令を根拠として官人身分が成立することもまた、中国史上無視しえない重要な画期と思われるのである。

一方の免所居官に関しては、主に法制史からの言及があり、古くは沈家本、近年では戴炎輝氏等のように、晋代における免所居官の成立と南北朝期の運用を考える見解、それに反対する佐立治人氏等の説が提示されているもの(5)の、免所居官の成立時期をふくめてその実態についてはいまだ検討の余地を残している。また、劉俊文氏は、免官と免所居官の分立は職事官・散官・衛官のグループと勲官のグループの二種の官制の存在を前提としており、その勲官の成立が唐代である以上、免所居官の成立は唐律にはじまるのであってけっして晋律にはさかのぼりえないとする(6)。厳密に考えた場合、それは正論である。しかしながら、唐律における免所居官成立の前提として、魏晋南北朝、とくに南北朝期における「免所居官」なる用語の頻用があるはずであり、その点の言及は劉氏にはない。このような当該時代を転機とする官人処罰の変化を考察することによって、それと密接に関連するはずの官僚制と官人身分の関係があきらかになると思われるのである。

本章では、最初に晋代および南北朝における「免所居官」と称される事例を再検討し、当時それが免官を意味していたことを確認したうえで、なぜ免官が免所居官と称されたのかをあきらかにすることから、晋南朝時代の免官の性格および官人身分の表現形態について考えたい。

第一節　免官と「免所居官」

（一）晋以前における「免所居官」

『太平御覧』巻六五一・刑法部一七・免官の条には、

晉律に曰く、免官は三歳刑に比す。その眞官無くして免に應《あた》る者、正刑もて召還するなり。

また曰く、罪ありて免官に應《あた》り、而して文武加官を有する者、みな居る所の職官を免ず。

また曰く、その免官の罪を犯さば、減を得ざるなり。

また曰く、その免官に當たる者、先に上す。〔〔原注〕免官は收治に應《あた》るを聽されざる者を謂うなり。〕

晉律曰、免官比三歳刑。其無眞官而應免者、正刑召還也。

又曰、有罪應免官而有文武加官者、皆免所居職官。

又曰、其犯免官之罪、不得減也。

又曰、其當免官者、先上。〔〔原注〕免官、謂不聽應收治者也。〕

という、一連の免官に関する泰始律佚文が残されている。この二番目の「又曰」の条を、戴炎輝氏は「わずかに職官のみを免じ、加官の方は免ぜられない」と解し、晋代における免所居官の存在を示す資料とされた。[7] しかし越智重明・佐立治人氏等は氏のよみ方に疑義を呈し、免官に処される官人の官職は、加官とともに現時点で任にある官職をすべて免じられる、と解釈されている。[8] ただ、越智氏は免所居官の存在までは否定されないのに対し、佐立氏は、晋律における免官は、唐律に規定されるような付加刑ではなく主刑であり、晋律の段階では「免所居官」（本章では特定の刑名である免所居官と区別するため、史料中のタームとしての免所居官は括弧書きで表記する）は「免官」を示す言葉で、「免官」の別名にすぎなかったのではなかろうか、と述べられている。[9]

氏は晋律が適用された晋代と南朝宋齊時代を一括し、このように推測されるのであるが、妥当な見解といえよう。ただ、上記の晋律に先行し、なおかつ先学が言及されない「免所居官」の用例が実は存在する。

（李）固すなわち廷尉の呉雄とともに上疏し、……すなわちまた光祿勳の劉宣と上言し、……帝その言を納れ、ここにおいて諸州に詔を下して守令以下を劾奏せしめ、政に乖枉ありて人を遇するに惠無き者、居る所の官を免ず。その姦穢重罪は、詔獄に收付す。

（李）固乃與廷尉呉雄上疏、……乃復與光祿勳劉宣上言、……帝納其言、於是下詔諸州劾奏守令以下、政有乖枉、遇人無惠者、免所居官。其姦穢重罪、收付詔獄。（『後漢書』列伝五三・李固伝）

右は後漢順帝期（一二五〜一四四）における詔の文章中の用例であるが、ここにいう「免所居官」とは、郡太守・県令等で、政務に誤り・不法があり民に思いやりがない者は免ずるという意味に解するべきで、唐律のごとき免所居官という刑罰とは思われない。この後漢時代の事例をふまえるならば、晋律にいう「免所居職官」とは、基本的に佐立氏にしたがい、職務に就いている官人の官職を免ずるものとして解しておきたい。

（二）　南北朝における「免所居官」

晋代以前では具体例に乏しい「免所居官」であるが、南北朝期になるとその事例は急激に増加し、ことに南朝にあっては一定の傾向をもって使用されるようになる。すなわち南朝では、「免所居官」のほとんどが、上奏に用いられる公文書たる奏弾文にあらわれるのである。[10] 本節では、従来まったく指摘されなかったこの点を中心に、南北朝期における奏弾文と「免所居官」、そして免官との関係を検証する。まずは南朝から。

晋南朝時代における奏弾文は、おおむね①序、②事件報告、③論告、④求刑の四段より構成されているが[11]、とくに南朝では最後の求刑の部分に「免所居官」をふくむ奏弾文がその多くを占めている。管見のかぎりでは、現存する南朝における奏弾文のうち末尾の求刑部分を残すものは三三例確認されるが、その中で「免所居官」、あるいは「免某所居官」と称する事例は二四例あり、実に三分の二を超えるのである[12]。以下にその具体的な事例をとりあげてみていこう。最もはやい事例である東晋極末の義熙一二年（四一六）宋国尚書僕射の王弘による謝霊運・王准之を弾劾する一文（『宋書』巻四二・王弘伝）には、

請うらくは見事を以て（謝）霊運の居る所の官を免じ、上臺　爵土を削り、大理に収付して治罪せよ。御史中丞都亭侯王准之、……請うらくは居る所の官を免じ、侯を以て散輩の中に還らしめよ。……高祖令して曰く、霊運は免官するのみ、餘は奏の如くせよと。……

請以見事免（謝）靈運所居官、上臺削爵土、收付大理治罪。御史中丞都亭侯王准之、……請免所居官、以侯還散輩中。……高祖令曰、靈運免官而已、餘如奏……。

とあり、南齊時代の黄門侍郎兼御史中丞の沈約による「奏弾王源」（『文選』巻四〇）には、

臣等參議するに、請うらくは見事を以て（王）源の居る所の官を免じ、禁錮すること終身、すなわち禁止に下して視事すること故の如し。源の官品　黄紙に應《あた》る。臣すなわち白簡を奉じ以て聞す。

臣等參議、請以見事免（王）源所居官、禁錮終身、輒下禁止視事如故。源官品應黄紙、臣輒奉白簡以聞。

とある。また、陳の太建五年（五七三）、御史中丞宗元饒の蔡景歴に対する奏弾文（『陳書』巻一六・蔡景歴伝）には、

臣等參議するに、見事を以て（蔡）景歴の居る所の官を免じ、鴻臚に下して爵土を削れ。謹みて白簡を奉じ以て

聞す。

臣等參議、以見事免（蔡）景歷所居官、下鴻臚削爵土。謹奉白簡以聞。

とある。これらの事例によれば、冒頭で御史中丞（場合によっては尚書左丞等）が単独、もしくは「議」の代表として、[13]見事（事件報告と論告）に基づき被弾劾者の「居る所の官」を免ずる旨を求める。続いて兼任および領職（帯帖する官）、あるいは爵位がある場合、それの処置の如何が述べられ、さらに廷尉の獄に送って治罪（犯罪の取り調べ）をおこなう旨が記される。この他、禁止（殿省への立入禁止）[14]など状況に応じて様々な特記事項が前後に付されることがあるが、基本的な求刑は南朝を通じてほぼこの形式を踏襲しているといっても過言ではない。晋代における奏弾文の体裁が、たとえば、

（傅）咸奏すらく、……請うらくは（王）戎等の官を免じよ。……

（傅）咸奏、……請免（王）戎等官。……

（『晋書』巻四七・傅玄伝附傅咸伝）

とある西晋の傅咸の奏弾や、厳密には奏弾文ではないが、

白衣領尚書左僕射孔安國 啓して云う、……安國また啓すらく、……請うらくは（范）泰・（劉）瑾の官を免じよ。

白衣領尚書左僕射孔安國啓云、……安國又啓、……請免（范）泰・（劉）瑾官。

（『宋書』巻一六・礼志三）

とある、義熙年間（四〇五～四一八）の孔安国の啓文等にみられるように、「請免某官」とされていたことと比べてみても大きな違いといえよう。[15]

これらの「免所居官」の意味について、佐立氏は先に引用した『宋書』王弘伝において謝霊運に対する処分が「免官」とも「免所居官」とも称されていることから、「免所居官」は「免官」の別名とする理解を示される。私も氏の説に異を唱えるつもりはないが、あえて疑念を呈するならば、この事例では求刑が免所居官で判決が免官であった可

能性も残るのではなかろうか。求刑部分の「免所居官」が通常免官を意味していたことの証拠としては、次の事例がより適当であろう。

『南齊書』巻三六・謝超宗伝によれば、南齊の武帝は謝超宗の「軽慢」なひととなりが我慢ならず、その罪を兼御史中丞袁彖に弾劾させたが、その奏弾文の内容があいまいなものであったために、武帝はさらに尚書左丞の王逡之をして奏弾せしめた。王逡之は、最初に謝超宗に対する奏弾文を作った治書侍御史の司馬侃と、それをうけてあらためて奏弾した袁彖の両名を弾劾したのであるが、その求刑には次のようにある。

……臣等參議するに、請うらくは見事を以て（袁）彖の居る所の官を免じ、兼御史中丞を解くべし。すなわち攝曹の舊に依りて禁止に下し視事すること故の如し。治書侍御史臣司馬侃、稟を承くるに由あると雖も、而れども初め疑執無く、また咎の及ぶに合せり。請うらくは杖督五十、奪勞百日とせんことを。令史は卑微にして申盡するに足らず。啓 可なれば奉行せよ。

……臣等參議、請以見事免（袁）彖所居官、解兼御史中丞、輒攝曹依舊下禁止視事如故。治書侍御史臣司馬侃雖承稟有由、而初無疑執、亦合及咎。請杖督五十、奪勞百日。令史卑微、不足申盡、啓可奉行。……

これに対し、武帝は、

（謝）超宗の舋 大逆に同じなるも、罪 誅すべからず。（袁）彖は情を匿《かく》し國を欺き、朋を愛し主を罔せり。事は極法に合するも、特に收治を原《ゆる》し、免官は案の如し、禁錮十年。

（謝）超宗舋同大逆、罪不容誅。彖匿情欺國、愛朋罔主、事合極法、特原收治、免官如案、禁錮十年。

との詔を下している。最終的に謝超宗は越州に徙されることとなったが、その途中の予章で自尽を賜ったために、その「免所居官」が免官か否かについては、本伝からはわからない。だが、もう一人の被告である袁彖については、武帝は袁象に対する「免所居官」を詔の文中であきらかに「免官は案のごとくせよ」と言いかえているのである。

かかる用例に基づくならば、「免所居官」＝免官であることはもはや疑いない。ただ、「免所居官」の用例が基本的に公文書である奏弾文中であることからみて、「免所居官」が免官の別名とみるよりも、むしろ免官の正式名称が「免所居官」であり、奏弾文以外の史料の地の文にみえる「免所居官」は省略されずにそのまま記載されたものとみなすべきであろう。

また、次節で詳説するように、免官の対象が現任官に限定されなかった点からすると、『後漢書』および晋律での、職務に就いている官職を免ずるという意味とも違いを生ずることとなる。ではなぜ南朝の免官は「免所居官」と称されるようになったのか。その分析に入る前に、ひとまず北朝の「免所居官」の用例について確認しておこう。

南朝に比してかなり少ないものの、北朝においても「免所居官」は確認される。とくに南朝との違いとしてあげられるのが、南朝ではみられなかった後漢期のような詔文中での用例が見受けられることである。『魏書』巻七上・高祖紀上・延興三年（四七三）二月癸丑の条には、

詔すらく、牧守令長は百姓を勧めて率い、時を失わしむることなかれ。同部の內、貧富は相通じよ。家に兼牛あらば、無き者に通借せよ。もし詔に従わざれば、一門の內、終身仕えせしめず。守宰 督察せざれば居る所の官を免ず。

詔牧守令長、勤率百姓、無令失時。同部之內、貧富相通。家有兼牛、通借無者、若不從詔、一門之內終身不仕。守宰不督察、免所居官。

とあり、同書巻七下・高祖紀下・太和一九年（四九五）六月己亥の条には、

詔すらく、北俗の語を以て朝廷に言うを得ず。もし違う者あらば、居る所の官を免ず。

詔不得以北俗之語言於朝廷、若有違者、免所居官。

とある。前者は郡太守・県令等の地方官に対し、管下の百姓を生業に従事せしめ、富者・貧者ともに助けあうよう指導し、その監督が十分でなければ「免所居官」に処す、という趣旨であり、後者は有名な朝廷における北族の語を禁止する詔である。前者は後漢順帝の詔とほぼ同じ用例で地方官を対象とし、後者の場合逆に在朝の朝参する官人を対象としているが、その意味するところはいずれも後漢および晋代と同様、職務に就いている官人の官職を免じることを意味し、晋以前の用例が当時も存在していたことを示している。(16)

だが、それにもまして注目すべきは、南朝に数多くみられる奏弾文中の「免所居官」も存在することである。(17)『魏書』巻六二・高道悦伝には、

……又奏、兼左僕射吏部尙書任城王澄、位總朝右、任屬戎機、兵使會否、曾不檢奏。尙書左丞公孫良、職維樞轄、蒙冒莫舉。請以見事免良等所居官。

……また奏するに、兼左僕射吏部尙書任城王澄、位は朝右を總べ、任は戎機を屬するに、兵をして會せしむや否やも曾て檢奏せず。尙書左丞公孫良、職はこれ樞轄なるも、蒙冒にして舉げるなし。請うらくは見事を以て良等の居る所の官を免じよ。

とあり、同書巻一六・河南王曜伝附元鑒伝には、

(元)鑒表曰、梁郡太守程靈虬、……請免所居官、以明刑憲。詔免靈虬郡、徵還京師、於是徐境肅然。

(元)鑒表して曰く、梁郡太守程靈虬、……請うらくは居る所の官を免じ、以て刑憲を明らかにせんことをと。詔して靈虬の郡を免じ、京師に徵還せしむ。ここに於いて徐境肅然たり。

とあり、同書巻一四・高涼王孤伝附元子思伝には、

（元子思）奏して曰く、……謹みて案ずるに、尚書郎中臣裴獻伯・王元旭等、……請うらくは見事を以て獻伯等の居る所の官を免じ、法科の處に付せよ。

（元子思）奏曰、……謹案尙書郎中臣裴獻伯・王元旭等、……請以見事免獻伯等所居官、付法科處。

とある。これらの「免所居官」が南朝と同様に免官を指しているとするると、北朝は漢晋以來の詔にみえる「免所居官」と、南朝的な意味である「免所居官」＝免官という二種の「免所居官」の並立期として理解されよう。[18]

問題は、かかる奏弾文中の「免所居官」が出現する時期である。先の高道悦の事例は北魏における奏弾文中の「免所居官」の初見であるが、この記事の直前に「車駕南征、徴兵秦雍、大期秋季閲集洛陽」とあるので時期的には洛陽遷都の前年、すなわち太和一七年（四九三）の頃であろう。この太和一七年こそ『職員令』二一巻の発布された年であり、北魏孝文帝の改革と何らかの関係があったことが予測される。

孝文帝による諸改革、就中官制面におけるその性格については、すでに多くの先学によって言及されている。たとえば、陳寅恪氏は隋唐における諸制度の淵源のひとつとして北魏・北齊の系譜をあげ、それが東晋から南齊までの南朝の制度を採用していることをはやくに指摘された。[19]一方宮崎市定氏は、太和一七年の職令自体は当時北魏でおこなわれていた制度をそのまままとめたもので、華化政策をかかげる孝文帝の理想はほとんど加えられなかったとされるが、宋齊から北魏へというベクトル自体はけっして否定するわけではなく、太和二三年職令の内容からむしろ南朝から北朝への流れを重視されている。[20]また、川合安氏は孝文帝の官制改革と南朝梁の天監の改革をとりあげ、岡崎文夫氏の提示する北魏から南朝への影響を想定する説と、先の南朝（宋齊）から北魏への影響を強調する宮崎氏の説の止揚をはかり、南北朝ほぼ時を同じく新設された太府の分析を中心に考察されるが、その中で太和一七年令の制定に深くたずさわった人物として劉宋の皇族劉昶と、同じ頃典章・制度の摂取を目的に、北魏から南朝に派遣された蔣少游の存在を指摘し、北魏の官僚制整備に対する南朝人の役割の大きさを主張される[21]。

ただ、少なくとも南朝前期の宋齊時代の諸制度が孝文帝にとってひとつの模範とみられていたことはほぼ共通の理解とみてよかろう。この点については、すでに陳寅恪氏が北齊の儀注の由来を述べる際に、それが北魏孝文帝によって南朝前期の文物制度を模倣し採用したものであり、その南朝前期に相当する東晋から南齊の制度は漢・魏・西晋の遺産を継承すると同時に江左において発展したものであることを強調されている[22]。また、今のところ現存する史料には五胡時代の「免所居官」が確認されず、南朝の「免所居官」が北魏のそれよりも約八〇年近くも先行すること、そして免官が官僚制と密接な関係を有する刑罰であることをふまえるならば、北魏の奏弾文における「免所居官」の出現もまた、太和一七年令前後の官制改革とほぼ軌を一にして官僚制の特質とともに南朝からもたらされたと推測されよう。もしそうならば、南朝における「免所居官」の出現はきわめて大きな意味をもっていたと考えなければならない。節をあらためよう[23]。

第二節　晋南朝の免官の特質

（一）　唐律における免官

晋南朝における免官の分析に入る前に、唐代における免官をふくめた除免当贖法を対象に、とくに処分以後の処遇を中心に官人処罰の特質を少しく確認しておきたい。『唐律疏議』巻三・名例律「諸犯姦盗略人及受財而不枉法」の条は、免官に該当する犯罪を列挙した後、「謂二官並免。爵及降所不至者、聴留」と注し、続けて疏議に、二官とは職事官・散官・衛官を一官と爲し、勳官を一官と爲す。この二官並びに免じ、三載の後、先品より二等を降して敍す。爵及び降所不至の者は、留まるを聴す。爵とは王及び公・侯・伯・子・男なり。降所不至の者とは、謂うこころ、二等以外の歴任の官これなり。もし降に會いて餘罪ある者は、官當減贖の法に従うを聴す。

二官爲職事官・散官・衛官爲一官、勳官爲一官。此二官並免、三載之後、降先品二等敍。爵及降所不至者、聴留。爵者、王及公侯伯子男。降所不至者、謂二等以外、歴任之官是也。若會降有餘罪者、聴從官當減贖法。

と記している。すなわち免官に該当する罪を犯した官人は、職事官・散官・衛官の一グループの官と勲官の双方を免ぜられ、三載（三度歳があらたまる）の後にはじめて以前の品階から二等下った官に叙せられることとなっていた。

以上が免官の場合であるが、免所居官では職事官以下のグループのうち最も高い一官を免じ（同書巻二・名例律「諸府号官称」の条）、兼ねて勲官を帯する場合であっても職事官等を有する場合はそれが優先的に免ぜられる対象となる。その再叙任は、官当とともに期年すなわち一年後に以前の品階より一等降る位置でなされる（同書巻三・名例律「諸除名者」の条）。

これらの除免当贖法で最も重い除名では、現在の官職・爵位だけでなく、起家以来の官職のすべて、すなわち歴任の官職までふくめて剝奪し、六載の後に選挙令の規定に基づいて再叙任されるのであるが（同書巻三・名例律「諸除名者」の条）、いずれの場合であっても一定期間の任官をみとめず、もとの官品から下げて再叙任させる、つまり官人としての身分を降格させるところに、除免当贖法の特質をうかがうことができよう。

このような、官人身分を罪刑の対象とする点に関して注目されるのは、たとえ処罰を加えられる際に官職に就いていなくても、過去に経歴として官職を保持していた場合、それもまた現任官と同様に機能することであろう。それを最も端的に示すのは次の「以理去官」の条（同書巻二・名例律）である。

諸て理を以て官を去るは、見任と同じ。〔注〕解くこと理に非ずと雖も、告身留むべき者は、また同じ。〕

……

疏議して曰く、……解くこと理に非ずとは、情を責め及び下考にして解官する者を謂う。或いは當免を經ると雖も、降所不至の者は、またこれ告身留むべき者なり。竝びに見任官の法に同じ。

諸以理去官、與見任同。〔注〕解雖非理、告身應留者、亦同。〕

疏議曰、解雖非理者、謂責情及下考解官者。或雖經當免降所不至者、亦是告身應留者。竝同見任官法。(24)

滋賀秀三氏がつとに指摘されているように、唐律にあっては辞令書たる告身こそが官人にとって官職を有することの証であり、告身を保持し続けているかぎり除免当贖法の適用範囲となりうる。(25)それは同時に唐代の官位が特権をともなった身分の指標であったことの証左に他ならない。

（二）　晋南朝の免官と唐の免官

ではそのような唐律の免官が有する特質は、晋南朝の免官にも備わっていたのであろうか。この問題について、①一定期間の再叙任の停止、および官位の降格、②免官の対象となる官職の二点を分析することから検証したい。

（1）　再叙任停止と官位の引き下げ

『太平御覧』巻六五一・刑法部一七・禁錮引『晋令』には、

晋令に曰く、免官を犯さば禁錮三年。

晋令曰、犯免官禁錮三年。

とある。禁錮とは仕官の禁止であるから、免官から再叙任までの期間は実質的に三年以上ということになり、唐律のそれと一致する。次に官位の降格の如何であるが、『通典』巻九〇・礼典五〇・齊縗三月に引かれる晋令には、

（晉）令を按ずるに、諸て官を去る者は故官の品に從《よ》る。その除名は例に従るを得ず。

按（晉）令、諸去官者從故官之品、其除名不得從例。

とあり、単に官を去った者は「故官の品」に依拠する身分を有し、除名された場合ではその「例によるを得」ず何らかの身分の降格をともなったことがうかがわれるが、免官については述べていない。しかし、ここで注目すべきは、次の『通典』巻八〇・礼典四〇・奔大葬に引かれる、晉の恵帝崩御時における司徒左長史江統の議の一節である。

……達官名問の特に通ぜし者、期を過ぎて到らざれば宜しく退免の法に依り、黄紙に注列し、三年にしてすなわち敍用するを得さしめよ。……

……達官名問特通者、過期不到、宜依退免法、注列黄紙、三年乃得敍用。……

大喪の際に赴かざる者のうち、「達官名問」の特に通ぜし者は「退免の法」に依拠して黄紙（吏部に保存される人事の記録か）にその旨を注記し、三年後に叙任を得さしめよ、と江統は述べているのであるが、「退免」とはおそらく退黜・免官の意であり、三年後に任官させる旨は右の晉令の免官規定と同じである。そこでこの史料から免官に何らかの降格がともなうことが推測できよう。事実、晉代、ことに西晉における免官を下された官人の官歴には、官位が降格されている例が少なからず見受けられる。二、三例をあげよう。○内の数字は官品を示す。

傅玄（『晉書』巻四七・同伝）

散騎常侍③駙馬都尉⑥→侍中③→免官→御史中丞④

何遵（同書巻三三・何曾伝附）

散騎黄門郎⑤→散騎常侍③→侍中③→大鴻臚③→免官→魏郡太守⑤→太僕卿③

竟陵王楙（同書巻三七・宗室・同伝）

大鴻臚③侍中③→免官→衛将軍②都督諸軍事②→免官→平東将軍③都督徐州諸軍事②→衛将軍②

ただし、竟陵王楙の最初の免官にみられるように、常に免官によって官位が下げられるとは必ずしもいいがたいのであるが、「退免法」なる規定が現に存在したところよりみて、おおむね官品の引き下げとして実行されていたと考えてよかろう。

（2）免官の対象となる官

『通典』巻九〇・礼典五〇・齊縗三月には、

穆帝崩じ、前の尚書郎曹耽等奔赴するに、みな齊縗を服す。治書侍御史喩希、表してその禮を失するを弾ず。博士孔恢等議して云う、……請うらくは見事を以て耽等の覆《ま》た除す所の官を免じよと。

穆帝崩、前尚書郎曹耽等奔赴、皆服齊縗。詔《ママ》書侍御史喩希表彈其失禮。博士孔恢等議云、……請以見事免耽等所覆除官。

とあり、『初学記』巻二五・屛風引『宋元嘉起居注』には、

（元嘉）十六年、御史中丞劉楨奏すらく、風聞にいう、前の廣州刺史韋朗、廣州において作る所の銀塗の漆屛風二十三牀、また綠沉屛風一牀。請うらくは見事を以て韋朗の前に居る所の官を追せよと。

（元嘉）十六年、御史中丞劉楨奏、風聞前廣川《ママ》刺史韋朗、於廣州所作銀塗漆屛風二十三牀、又綠沉屛風一牀、請以見事追韋朗前所居官。

とあり、[26]『宋書』巻五七・蔡廓伝附蔡興宗伝には、

（江夏王）義恭ここにおいて大いに怒り、上表して曰く、……前の新除呉郡太守（蔡）興宗、……詔して曰く、太宰の表かくのごとし。省みるに憮然を以てす。……便ち外に付して詳議すべしと。義恭因りて尚書令柳元景を

して奏せしめて曰く、……請うらくは興宗の新附の官を解き、事の御せらるるを須《ま》ちて廷尉の法獄に収付して治罪し、（袁）愍孫の居る所の官を免じよと。

（江夏王）義恭於是大怒、上表曰、……前新除呉郡太守（蔡）興宗、……詔曰、太宰表如此、省以憮然。……便可付外詳議。義恭因使尚書令柳元景奏曰、……請解興宗新附官、須事御收付廷尉法獄治罪、免（袁）愍孫所居官。

とあり、『太平御覧』巻六九三・服章部一〇・衫引『宋起居注』には、

泰始二年、御史中丞羊希奏すらく、山陰令の謝沈、親憂未だ除かれざるに、常に青絳の衲兩襠を著《き》る。請うらくは沈の前に居る所の官を免じよ。

太始《ママ》二年、御史丞《ママ》羊希奏、山陰令謝沈、親憂未除、常著青絳衲兩襠。請免沈前所居官也。

とある。前の弾劾された三者、すなわち曹躭・韋朗・蔡興宗等はいずれも肩書に「前」の一字が付されていることからわかるように、現職にないにもかかわらず免官の対象とされている。とくに曹躭の例は「覆《ま》た除す所の官」、すなわち尚書郎の次に拝すべき官職を免官とするよう求刑するものである。後者の謝沈の場合は親の服喪中であることから基本的に山陰県令は辞しているはずであるが、同様に免官を申し渡されている。以上はいずれも東晋南朝での事例であるが、『晋書』巻四四・華表伝附華廙伝には、

父疾篤くすなわち還り、なお遭喪の舊例は葬の訖《おわ》らば任に復するに、（華）廙は固辭して旨に迕《そむ》けり。初め、（華）表は賜客の鬲に在るあり、廙をして縣令の袁毅に因りて名を錄せしむるに、三客は各々代えるに奴を以てす。毅の貨賕を以て罪を致すに及び、獄辭迷謬にしてまた奴を以て客に代えるをあきらかにせず、ただ三奴を送りて廙に與えると言う。而して毅もまた盧氏の壻なり。また中書監荀勖 先に中子がために廙の女を求めるも、廙は許さず。恨みを爲し、因りて密かに帝に啓するに、袁毅の貨賕する者多く、罪を盡くすべからざるを以て、宜しく

最も親しき者一人を責めるべしとし、因りて廙を指してこれを當つ。また廙の違忤の咎あるによりて、遂に喪服中において廙の官を免じ、爵土を削る。

父疾篤輒還、仍遭喪舊例、葬訖復任、（華）廙固辭、迕旨。初、（華）表有賜客在鬲、使廙因縣令袁毅錄名、三客各代以奴。及毅以貨賕致罪、獄辭迷謬、不復顯以奴代客、直言送三奴與廙、而毅亦盧氏壻也。又中書監荀勖先爲中子求廙女、廙不許、爲恨、因密啓帝、以袁毅貨賕者多、不可盡罪、宜責最所親者一人、因指廙當之。又緣廙有違忤之咎、遂于喪服中免廙官、削爵土。

とあり、すでに西晋期においても服喪中で現職を離れているにもかかわらず、免官が下されているのである。[27]

これらの事例によるならば、晋南朝の免官の対象となる官職は、唐律と同様に歴任の官までふくまれたと考えられよう。つまり官人は、「諸去官者從故官之品」という前引晋令の規定よりうかがわれるように、官品に基づく政治的身分を官職から離れてからも保持していたと思われるのである。

ただし、同じ「免所居官」であっても、

請うらくは見事を以て（伏）暅の居る所の官を免じ、凡そすべての位任、一にみな削除せよ。

請以見事免（伏）暅所居官、凡諸位任、一皆削除。（『梁書』巻五三・良吏・伏暅伝）

とあるように、免官の対象となる歴任の官は罪の内容に対応して一定ではなく、唐律の免官規定とは異なっていたようである。この点は、晋南朝と唐代の相違するところとして注意しておく必要があろう。

第三節　晋南朝の免官と官資

前節では、晋南朝の免官には官位の降格と任官の禁止がともない、現職から離れていても処罰の対象となったことを確認した。免官による処分が、官人当人がその時点において獲得していた政治的身分にまでおよんでいるところから、そこには晋唐間の官人処罰の同質性を見いだすことができよう。

しかしながら第一節で述べたように、南朝期にいたって従来の免官が「免所居官」と称されるようになったことは動かしがたい事実である。かかる「免所居官」の出現には何らかの理由が存したはずであり、そこには晋と南朝の免官の差異が求められなければならないだろう。ただ、これまでの考察によれば官人処罰としての免官の本質に大きな変化がなかったと考えられる以上、「免所居官」の出現には他の要因、つまり昇進制度を中心とする当時の官僚制のあり方にその理由が求められよう。

晋代に関しては、先に推測したように、免官による降格処分は官職に付された官品の降格として具体化すると思われるが、実のところ南朝に入ってからは、官品とは別の基準がかわりに機能していたと考えられるのである。

魏晋時代以来の人事の基準となるべき官品秩序が崩れていくとともに、東晋南朝から次第に官の清濁に基づく班制が用いられるようになったことは、つとに先学によって指摘されている。(28) 官品がそのように変質し、官人の昇進がすでにそれに依拠しなくなっているとすると、その逆の降格、すなわち免官の場合においてもそれと無関係ではないはずである。次の陳太建年間（五六九～五八二）の宗元饒による奏弾文を参照されたい。

……謹みて案ずるに、鍾陵縣開國侯・合州刺史 臣（陳）褒、……臣等參議するに、請うらくは旨に依りて褒の應《まさ》に復《ま》た除せらるるべき官を免じよ。それ應《まさ》に禁錮および後選の本資を左降すること、ことごとく免官の法に依るべし。

……謹案鍾陵縣開國侯合州刺史臣（陳）褒、……臣等參議、請依旨免褒所應復除官、其應禁錮及後選左降本資、

悉依免官之法。　（『陳書』巻二九・宗元饒伝）

越智重明氏はこの奏弾文の「免裦所應復除官」を「（陳）裦のもっているすべての重ね除した官を免ずる」と解されているが[29]、当該箇所は訓読のように読み、取り調べに基づいて陳裦の合州刺史の次に拝する官職を免官の対象とすることを述べているとみるべきであろう。この奏弾文は現任官の免官を求めるものとはみなしがたいが、免官による本資の「左降」すなわち引き下げが、「法」によって明確に規定されていたという事実にこそ目を向けなければならない。「免官之法」とはおそらく陳律の規定と思われるが、陳代とそれ以前でとくに免官の執行に違いがあらわれないことからみて、その成立はさらにさかのぼるであろう。前節の考察によると、西晋期における免官による降格処分は官品の引き下げとして具体化すると考えられるのであるが、では、ここで宗元饒が降格すべきものとして言及する官人の本資、いわゆる官資とはいかなる機能を有していたのだろうか。

宮崎市定氏は「北朝の官制と選挙制度」で、官資とは「その（官人）個人の経歴によって後天的に取得した資格」であると定義されている[30]。また、中村圭爾氏は魏・西晋期における九品官制の運用を分析するうえで官資に言及されているが、資とは官人にとっての昇進経路でかつ官位の序列、人事進退の基準であって、具体的には特定された経歴官の累積によって表現されることを指摘する[31]。また、中村氏は南朝における官人の官歴を詳細に分析され、官資の積み重ねによって形成される、「官序」とよばれる昇進経路の固定化と分化、それにともなってあらわれる官職の身分標章的側面を強調されたうえで、この二点に貴族制的官制の特質が存在したと結論づけられている[32]。

両氏によって提示される官資の説明はきわめて要を得ており、一方の中村氏による、当時の人事運用における官品秩序の崩壊とそれにともなう固定化したいくつかの昇進コースの形成、および官職の身分表示的側面の指摘もおおむね首肯すべきであろう。しかしながら、そもそも宮崎氏による官資の定義が北魏のそれについてであることからもわかるように、人事における官資の存在自体は、魏晋、北朝、あるいは唐代における循資格の規定にも確認されるのであって、[33]決して南朝官僚制固有のものではない。また、中村氏は、その官歴の分析から察するに、官資を単独の官職で表現されるものとして考えられているようであるが、南朝における官資とは、実はそのような形態でのみ表されるものではなかった。結論から先にいえば、有するひとつの官職だけではなく、加官や兼任する官職、および帯帖すなわち領職とする官職をもふくめて、南朝における官資は表され、機能するのである。

『南齊書』巻三二・何戢伝には、

上（何）戢をして領選に轉せしめんと欲して尚書令褚淵に問い、戢の資の重きを以て常侍を加えんと欲す。淵曰く、宋の世の王球は侍中・中書令より單に吏部尚書となる。資は戢とあい似たり。頃おい選職は昔に方《くら》べやや輕きも、頓に常侍を加えるに容れず。聖旨　毎に蟬冕の宜しく多きに過ぎるべからざるをいうに、臣と王儉すでに左珥たり。もしまた戢に加うれば、すなわち八座にすなわち三貂あり。もし帖するに驍游を以てするも、また少なからざるなりと。すなわち戢を以て吏部尚書と爲し、驍騎将軍を加う。

上欲轉（何）戢領選、問尚書令褚淵、以戢資重欲加常侍。淵曰、宋世王球、從侍中・中書令單作吏部尚書、資與戢相似。頃選職方昔小輕、不容頓加常侍。聖旨毎以蟬冕不宜過多、臣與王儉既已左珥、若復加戢、則八座便有三貂。若帖以驍游、亦爲不少。乃以戢爲吏部尚書、加驍騎将軍。

とある。南齊の高帝が何戢を吏部尚書に就ける際、何戢の官資のバランスを考えて散騎常侍を加官として与えようとし、そのことを尚書令の褚淵に問うたところ、散騎常侍はむやみと与えられるべき官職ではなく、その代わりに驍騎将軍か游撃将軍を帯帖してもさして不適当ではないとの褚淵の回答をいれ、何戢を吏部尚書・驍騎将軍とした事例である。また、『宋書』巻五七・蔡廓伝附蔡興宗伝には前廃帝期のこととして、

時に薛安都　散騎常侍・征虜將軍・太子左率たり、殷恆は中庶子たり。（蔡）興宗は先に安都を選びて左衞將軍と爲し、常侍は故の如し。殷恆は黄門と爲りて校を領す。太宰（江夏王義恭）安都の多きを嫌い、單に左衞と爲さんと欲す。興宗曰く、率・衞はあい去ること唯阿の閒なり。かつすでに征虜を失わば、すなわち超越に非ず、また常侍を奪わば、頓に降貶とならん。もし安都は晩達の微人にしてもとより宜しく裁抑すべしと謂わば、名器をして輕んぜざらしめず、宜しく貫序あるべし。謹みて選體に依り、安都を私にするに非ずと。義恭曰く、もし宮官は宜しく超授を加えるべくんば、殷恆はすなわち侍中たるべし、なんぞ黄門たるのみならんや。興宗また曰く、中書・侍中はあい去ることまことに遠し。かつ安都は率となること十年、殷恆は中庶たること百日、今また校を領すれども、少なきとならざるなりと。

時薛安都爲散騎常侍・征虜將軍・太子左率、殷恆爲中庶子。（蔡）興宗先選安都爲左衞將軍、常侍如故。殷恆爲黄門、領校。太宰（江夏王義恭）嫌安都爲多、欲單爲左衞、興宗曰、率衞相去唯阿之閒。且已失征虜、非乃超越、復奪常侍、頓爲降貶。若謂安都晩達微人、本宜裁抑、令名器不輕、宜有貫序。謹依選體、非私安都。義恭曰、若宮官宜加超授者、殷恆便應侍中、那得爲黄門而已。興宗又曰、中庶・侍中、相去實遠。且安都作率十年、殷恆中庶百日、今又領校、不爲少也。

とある。直接官資に言及してはいないが、太子左衞率（梁十八班の一一班）・散騎常侍（同一二班）・征虜将軍から単に左衞将軍（同一二班）になるのでは降格になってしまうので加官の散騎常侍は必要であるということと、太子中庶子（同一一班）から黄門侍郎（同一〇班）・五営校尉（同七班）という人事がけっして左遷にはならないことはあきらかであり、しかもそれは「選體」すなわち人事の基準に沿うものであったのである。(34) 加官とは、本来の官職を有する官人に別の特定の職務に任ずる、もしくは報償として与える官であり、帯帖とは、白衣領職のように官職を失っている官人か、あるいは別の官職にある官人に、何らかの職務を執行させるために与える官として一般に理解されるが、これらの資料によるかぎりではとくに両者を区別している様子はうかがわれない。つまり南朝における加官・帯帖の官は、官職を以て官人の本資を表現する際、その調整をおこなうために付与される側面も多分に有していたのである。それは重さの違ういくつかの分銅を組み合わせ、軽重を測ることにもたとえられよう[35]。中村氏は、個別の人事における官品からの官資の独立性と、その晋泰始律令以来の内在性を重視されているけれども[36]、官人処罰の変質という角度からみるならば、その内在性もさることながら、南朝における官資の、官人身分の基準として位置づけられている側面こそ重視すべきである。

　官資がこのように複雑な形式によって表現されるものであったとすると、それに基づく南朝の免官は、どのようなかたちで具現化し、いかなる効果をもたらすのかということが問題となる。梁十八班制の班が官資の具体化したものと考えるならば、当時の免官は基本的には官職の班位の降格と加官の削除としてあらわれることになる。そして当時の免官の実例からも、このことは証されるのである。たとえば免官をふくんだ謝荘（『宋書』巻八五・同伝）の官歴は、

　司徒左長史⑫→侍中⑫→左衛将軍⑫→吏部尚書⑭→免官→都官尚書⑬→吏部尚書⑭

となっており、王質（『陳書』巻一八・同伝）では、

　司徒左長史⑫仁威将軍→免官→通直散騎常侍⑪→太府卿⑬→都官尚書⑬

となっている。○内は梁十八班制における班数であるが、おおむね班の下落がなされている。また、王寛（『南齊書』巻二七・王玄載伝附）の場合、

　散騎常侍⑫光禄大夫⑬領前軍将軍⑨→太常⑭→免官→光禄大夫⑬

となっており、班位の下落とともに帯帖の官の削除をともなう例としてみることができよう。また、官職によって示

される班位が官人の身分を表現する基準とされていたことは、次の史料からもうかがわれる。

（永明）六年（四八八）敕すらく、位いまだ黄門郎に登らざれば、女妓を畜《たくわ》うをえずと。（王）詡 射聲校尉の陰玄智と畜妓に坐して免官、禁錮十年たり。敕して特に詡の禁錮を原《ゆる》す。

（永明）六年、敕位未登黄門郎、不得畜女妓。（王）詡與射聲校尉陰玄智坐畜妓免官、禁錮十年。敕特原詡禁錮。

（『南齊書』巻四二・王晏伝附王詡伝）

この場合、黄門侍郎という特定の官に就くことが官歴上のひとつの関門として、また官人の権益の基準として位置づけられているのである。かかる官品に基づく秩序が相対的に低下していた南朝官僚機構の実状に鑑みるならば、南朝の「所居官」とは、『後漢書』及び晋律の用例のように具体的な職務や庁舎の意味ではけっしてなく、官人の身分を表示するための官職、そしてその官職によって表示される昇進コース上の地位を指しているものと想像されるのである。

以上の分析に基づくと、「免所居官」の出現に代表される晋南朝間の免官の変質は、大略次のように理解することができるだろう。

晋代より官人の身分を表示する基準であった官品は、免官の際の降格すべき対象として泰始律令に規定される諸権益とともに重要なメルクマールとして機能していた[37]。しかしその官品の枠内にあった官人の昇進が、官の清濁に起源をもつ班制を軸に運用されるにつれて、人事の基準としての官資は次第に重要性を増していく。かかる昇進システムの変化にともない、従来官品を降格する処罰とされてきた免官も、官資の降格を処罰の中心におくようになる。その官資が官品ではなく官職名によって表現されるため、免官の際には「居る所の官」と称して処罰の対象となる官人の官資を具体的に提示する必要があった[38]。つまり「免所居官」の「所居官」とは、南朝官僚制における人事基準の変質にともなってあらわれた、官人の政治的身分の表示を目的に成立した歴史的用語として位置づけられるのである。

一方の北魏においても、免官と官資の密接な関係は史料からうかがうことができる。『魏書』巻六九・裴延儁伝附裴仲規伝には、

（裴）仲規の父　郷にありて疾病たり。官を棄てて奔赴し、違制を以て免ぜらる。これ久しくして、中山王英　義陽を征するに、引きて統軍と爲し、奏して本資を復せり。

（裴）仲規父在郷疾病、棄官奔赴、以違制免。久之、中山王英征義陽、引爲統軍、奏復本資。

とあり、同書巻五六・崔弁伝附崔模伝には、

……太子家令に遷り、公事を以て免ぜらる。神龜中（五一八～五二〇）、詔して本資を復し、冠軍将軍・中散大夫に除せらる。

……遷太子家令、以公事免。神龜中、詔復本資、除冠軍将軍・中散大夫。

とあって、免官後に急遽再叙任される時に必要な「資」が足りない場合、このような詔、あるいは上奏に基づく裁可という特例によって資を復せしめる必要があった。それが通常の措置ではないことは、

……除名免官は、特に本資の品を復し、封は舊に依れ。

……除名免官者、特復本資品、封依舊。　（『魏書』巻一一・前廢帝紀・普泰元年（五三一）二月己巳の詔）

（天保）十年（五五九）十月、文宣崩ず。癸卯、太子　晉陽の宣德殿に帝位に卽き、大赦す。內外百官あまねく汎級を加え、亡官失爵は資品を復するを聽す。

（天保）十年十月、文宣崩。癸卯、太子卽帝位於晉陽宣德殿、大赦、內外百官普加汎級、亡官失爵、聽復資品。

（『北齊書』巻五・廢帝紀・天保一〇年（五五九））

という「資」の用例からも察せられるのであるが、それは上記のような南朝における官僚制運用の性格を継承したものと考えられるのである。[39]

結　語

本章をしめくくるにあたって、後漢から晋南朝の「免所居官」の語義の変遷と、唐律の免所居官との関係をまとめておきたい。

後漢の「免所居官」、および晋律の「免所居職官」とは、任務に就いているところの官職、すなわち現実に存在する官庁における職務からの解任を意味する。北魏の詔文中での用例もこの範疇にふくまれよう。それに対し、南朝奏弾文で免官の対象となる「居る所の官」とは、官職の名目によって表示される、官人の昇進過程上に位置する官、すなわち職務としてよりも官人の身分を示す官職としてみなされる。換言すれば、現任官から解任するという意味を多分に備えた従来の「免官」では、官人の地位の降格をはかる処罰に変質した当該時代の「免官」の真意を充分に表明することができないが故に、「免所居官」がとくに用いられるようになったと考えられるのである。このような「免所居官」の意味の変化からは、「居る所」と称される官職の「職」の側面から、位階たる「官」の側面へ比重が移りつつあるこの時代の傾向がうかがわれよう。

では、かかる経緯によって成立した「免所居官」と唐律の免所居官はどのような関係にあるのであろうか。唐律における免所居官の処分としての特徴は、勲官を処罰の対象として降格するか否かという点に求められる。唐代における官人の位階は、およそ九品已上の職事、みな散位を帯びる。これを本品という。……武徳令、職事高き者は散官を解き、一階を欠きて至らざるを兼と為し、職事卑しき者は散官を解かず。貞観令、職事高き者を以て守と為し、職事卑しき者を行と為し、なお各々散位を帯びる。その一階を欠くは舊に依りて兼と為し、階の當たる者とともにみな散官を解く。

凡九品已上職事、皆帶散位、謂之本品。……武徳令、職事高者解散官、缺一階不至爲兼、職事卑者不解散官。貞觀令、以職事高者爲守、職事卑者爲行、仍各帶散位。其缺一階、依舊爲兼、與當階者、皆解散官。……

（『旧唐書』巻四二・職官志一）

とあるように、散官、散官がない場合は職事官によって表されていたが、この二官を有さず勲官のみを保持する場合には勲官が「本品」とみなされ、免所居官では降格の対象となっていた。かかる唐律の規定をふまえるならば、免官・免所居官を定める際に、爵以外のすべての官職を一律に免じて降格する処罰に「免官」の語を用い、本階に相当する官職に特定して降格する処罰に南朝に由来する「免所居官」を用いたと考えられる。

もちろん、それは直接に南朝から唐に継承されたのではなく、あくまでも北魏を経由する間接的なものである。加えて、職事官と散官、すなわち職務と位階という明確な区分も南朝には存在しなかった以上、ふたつの「免所居官」を安易に結びつけるべきではないかもしれない。だが、右の『旧唐書』職官志にみえるように、唐代でも職事官によって位階が表示されることがありえたこと、そして前述したように、一般の官職、時にはそれと加官・帯帖の官の組み合わせから、南朝では官人の地位の表示がはかられたことをふまえるならば、そこにはやはり一定の共通性が求められるのである。(40)

注

（1）滋賀秀三著（律令研究会編）『唐律疏議訳注篇』一（訳注日本律令五、東京堂出版、一九七九年）一〇六頁。

（2）白衣領職とは、免官などに坐した官人が、「白衣」なる肩書で旧来の職務を担当する処罰の一種である。注（3）所掲越智・中村両氏の研究を参照。なお、近年の白衣領職に関する研究として、劉偉航・高茂兵「両晋南北朝「白衣領職」初探」（『西南大学学報』社会科学版三三巻三期、二〇〇七年）、夏志剛「中国古代独特的官吏処罰制度――両晋南北朝〝白衣領職〟制度初探――」（『許昌学院学報』二〇〇七年第三期、二〇〇七年）、徐冲「両晋南朝「白衣領職」補論」（『早期中国史研究』第二巻第一期、二〇一〇年）などがある。

（3）両氏の見解については、越智重明「六朝の免官、削爵、除名」（初出は一九九三年。同『中国古代の政治と社会』所収、中国書店、二〇〇〇年）、中村圭爾「除名について」（初出は一九七四年。同著『六朝貴族制研究』所収、風間書房、一九八七年）、同「晋南朝における律令と身分制」（初出は一九八六年。同『六朝政治社会史研究』所収、汲古書院、二〇一三年）を参照。なお、越智氏は免官が処罰されるそのものの家格を低下させるとする見解も一方で提示されているが、これに対し野田俊昭氏は、免官という処分と家格の低下という処分とは原理的に異なる処分であったことを指摘されている。野田俊昭「免官と家格」（『久留米大学文学部紀要』国際文化学科編第一五・一六号、二〇〇〇年）参照。

（4）かかる漢代の官―庶という身分観念については、堀敏一「中国古代における良賤制の展開」（初出は一九六七年。同『均田制の研究』所収、岩波書店、一九七五年）を参照。

（5）沈家本『歴代刑法考』（中華書局、一九八五年）刑法分考一七「免官」、戴炎輝「唐律上除免当贖制之遡源」（瀧川博士米寿記念会編『律令制の諸問題』所収、汲古書院、一九八四年）。

（6）劉俊文『唐律疏議箋解』（中華書局、一九九六年）二二四頁。

（7）戴炎輝「唐律上除免当贖制之遡源」八一一頁。

（8）越智重明「六朝の免官、削爵、除名」六三〇頁、佐立治人「北魏の官当制度」（梅原郁編『前近代中国の刑罰』所収、京都大学人文科学研究所、一九九六年）一六八頁。

(9) 佐立治人「北魏の官当制度」一九一～一九二頁。
(10) 東晋末から陳にかけての「免所居官」あるいは「免某所居官」は、管見のかぎり二八例確認されるが、そのうち奏弾文中の事例は二五例あり、それ以外は三例（『陳書』巻二一・王固伝、『隋書』巻二五・刑法志、『陳書』巻二八・長沙王叔陵伝）のみであって、圧倒的に奏弾文中の事例が多い。
(11) 佐竹保子「文選巻四十「奏弾劉整」中間部分七百余字の由来とその文学性について」（『文化』四五巻三・四号、一九八二年）二一頁。南朝の奏弾文については、周一良「劾奏公文格式」（同『魏晋南北朝史札記』所収、中華書局、一九八五年）にも言及があるが、このような「免官」と「免所居官」の違いにはおよんでいない。
(12) 以下、現存する南朝の奏弾文のうち、末尾の求刑部分を残す事例（もしくは求刑部のみの事例）を列挙する。冒頭の人名が弾劾者を、矢印の人名が被弾劾者を表し、さらに●を付している人名は「免所居官」を求められていることを示す。
(1) 王弘→●謝霊運・●王准之（『宋書』巻四二・王弘伝）(2) 孔琳之→●徐羨之（『宋書』巻五六・孔琳之伝）(3) 荀赤松→●顔延之（『宋書』巻七三・顔延之伝）(4) 何承天→●顧雅・●周野王・●王羅雲・●顔測・●殷明・●何惔・●王淵之・●庾邃之・●劉敬叔（『宋書』巻一五・礼志二）(5) 有司→何玢之（『太平御覧』巻七七一船部四艇引『宋元嘉起居注』）(6) 袁璠→●荀万秋（『初学記』巻一一尚書令引『宋元嘉起居注』）(7) 劉楨→韋朗（『初学記』巻二五屏風引『宋元嘉起居注』）(8) 庾徽之→●顔竣（『宋書』巻七五・顔竣伝）(9) 有司→廬江王禕（『宋書』巻七九・廬江王禕伝）(10) 柳元景→蔡興宗・●袁愍孫（『宋書』巻五七・蔡廓伝附蔡興宗）(11) 羊希→●謝沈（『太平御覧』巻六九三服章部一〇衫引『宋起居注』）(12) 褚淵→●陸澄（『南齊書』巻三九・陸澄伝）(13) 徐孝嗣→蕭元蔚・王天愍・陸赤奮・劉彪・楽琰・何洵・張思祖・沈文季・蕭鸞（『南齊書』巻四四・沈文季伝）(14) 沈冲→江謐（『南齊書』巻三一・江謐伝）(15) 袁象→●謝超宗（『南齊書』巻三六・謝超宗伝）(16) 王逡之→●袁彖・司馬侃（同前）(17) 任遐→劉祥（『南齊書』巻三六・劉祥伝）(18) 沈昭略→蕭誕・司馬迪之（『南齊書』巻四二・蕭諶伝附蕭誕）(19) 沈約→●王源（『文選』巻四〇・弾事）(20) 沈約→●孔稾（『初学記』巻二四牆壁）(21) 沈約→●王希聃（『初学記』巻二〇仮）(22) 沈約→●孔稚珪（同前）(23) 沈約→●蕭遥昌（『初学記』巻一二・秘書郎）(24) 任昉→●蕭穎達（『梁書』巻一〇・蕭穎達伝）(25) 任昉→

●范縝（『梁書』巻一六・王亮伝）（26）虞皭→●伏暅（『梁書』巻五三・良吏・伏暅伝）（27）任昉→劉整（『文選』巻四〇・弾事）（28）任昉→●曹景宗（『文選』巻四〇・弾事）（29）劉孝儀→賈執・傅湛・●蕭毅（『文苑英華』巻六四九・弾文）（30）宗元饒→陳裒（『陳書』巻二九・宗元饒伝）（31）宗元饒→●蔡景歴（『陳書』巻一六・蔡景歴伝）（32）徐君敷→●武陵王伯礼（『陳書』巻二八・武陵王伯礼伝）（33）徐君敷→南康王方泰（『陳書』巻一四・南康王曇朗伝附方泰）

（13）魏晋南北朝期の「議」については、野田俊昭「東晋南朝における天子の支配権力と尚書省」（『九州大学東洋史論集』五号、一九七七年）、金子修一「『宋書』礼儀志による南朝上奏文の一研究」（初出は一九八〇年。同『古代中国と皇帝祭祀』所収、汲古書院、二〇〇一年）、中村圭爾「南朝における議」（初出は一九八八年。同『六朝政治社会史研究』所収）、渡辺信一郎「朝議の構造」（同『天空の玉座――中国古代帝国の朝政と儀礼――』第一章第一節、柏書房、一九九六年）、窪添慶文「北魏の議」（初出は二〇〇二年。同『魏晋南北朝官僚制研究』所収、汲古書院、二〇〇三年）などを参照のこと。

（14）『宋書』巻三九・百官志上・光禄勲の条。

二臺奏劾、則符光祿加禁止、解禁止亦如之。禁止、身不得入殿省、光祿主殿門故也。

ただし、沈約の王源奏弾文にいう「視事」云々の意味はよくわからない。視事は一般に職務を担当するという意味であるから、あるいは禁止処分・職務からの解任に関しては故事のごとくせよという意味とみるべきかもしれない。

（15）ただ、史書の体裁として、現行『晋書』の「簡」に対して『宋書』等の南朝諸史が「繁」であることがつとに指摘されており、『晋書』では「免所居官」を「免官」に書き改めた可能性も無いわけではない。しかし前引の孔安国の啓文にみえるように、同じ『宋書』においても東晋義熙年間のある時期までは、「免所居官」と称する事例は確認できないところからみて、このような奏弾文の内容の変化は史料操作によるものではなく、歴史的事実として理解すべきであろう。南朝諸史と現行『晋書』の編集方針の相違については、安田二郎「西晋武帝好色攷」（初出は一九九八年。同『六朝政治史の研究』所収、京都大学学術出版会、二〇〇三年）を参照。

（16）詔文中での事例としては、他に次の用例がある。

癸未、詔天下賦調、縣專督集、牧守對檢送京師、違者免所居官。

（『魏書』巻七上・高祖紀上・延興五年（四七五）四月癸未の詔）

また、詔文・奏弾文以外の「免所居官」の用例として、以下の二例がある。

（元）孝友明於政理、嘗奏表曰、……古諸侯娶九女、士有一妻・二妾。晉令、諸王置妾八人、郡公・侯妾六人。官品令、第一・第二品有四妾、第三・第四有三妾、第五・第六有二妾、第七・第八有一妾。所以陰教聿修、繼嗣有廣。廣繼嗣、孝也。修陰敎、禮也。而聖朝忽棄此數、由來漸久。將相多尙公主、王侯亦娶后族、故無妾媵、習以爲常。婦人多幸、生逢今世、舉朝略是無妾、天下殆皆一妻。設令人强志廣娶、則家道離索、身事迍邅、內外親知、共相嗤怪。凡今之人、通無準節。父母嫁女、則敎之以妒。姑姊逢迎、必相勸以忌。持制夫爲婦德、以能妬爲女工。自云不受人欺、畏他笑我。王公猶自一心、已下何敢二意。夫妬忌之心生、則妻妾之禮廢。妻妾之禮廢、則姦淫之兆興。斯臣之所以毒恨者也。請以王公第一品娶八、通妻以備九女。稱事二品備七、三品・四品備五、五品・六品則一妻・二妾。限以一周、悉令充數、若不充數及待妾非禮、使妻妒加捶撻、免所居官。其妻無子而不娶妾、斯則自絕、無以血食祖父、請科不孝之罪、離遣其妻。

（『魏書』巻一八・臨淮王譚伝附元孝友伝）

九月己亥、文襄請舊勳灼然未蒙齒錄者、悉求旌賞。朝士名行有聞、或以年耆疾滿告謝者、准其本秩、授以州郡、不得莅事、聽蔭子孫。自天平元年以來、遇事亡官者、聽復本資。豪貴之家、不得占護山澤。其第宇車服婚姻送葬奢僭無限者、竝令禁斷。從太昌元年以來、將帥有殊功異效者、其子弟年十歲以上、請聽依第出身。其兵士從征、身殞陣場者、蠲其家租課。若有藏器避世者、以禮招致、隨才擢敍。罷營構之官。在朝百司、怠惰不勤、有所曠廢者、免所居官。若淸幹克濟、皎然可知者、卽宜超敍、不拘常式。

（『北史』巻六・齊本紀上・世宗武定五年（五四七）九月己亥）

（17）北魏における奏弾文の「免所居官」は管見のかぎり五例あるが、本文に引用した事例以外では、以下の二例が知られる。

後爲高肇所譖、云詳與（茹）皓等謀爲逆亂。于時詳在南第、世宗召中尉崔亮入禁、敕糾詳貪淫、及茹皓・劉冑・常季賢・陳掃靜等專恣之狀。亮乃奏詳、貪害公私、淫亂典禮。朝廷比以軍國費廣、禁斷諸蕃雜獻、而詳擅作威令、命寺署酬直。驅奪人業、崇侈私第。烝穢無道、失尊卑之節。塵敗憲章、虧風敎之紀。請以見事免所居官爵、付鴻臚削奪、輒下禁止、付廷尉治罪。

（『魏書』巻二一上・北海王詳伝）

司徒公・錄尙書・北海王詳等奏曰、臣聞黨人爲患、自古所疾。政之所忌、雖寵必誅、皆所以存天下之至公、保靈基於永業者也。伏惟陛下纂聖前暉、淵鑒幽慝、恩斷近習、憲軌唯新、大政蔚以增光、鴻猷於焉永泰。謹案、侍中・領御史中尉甄琛、身居直法、糾摘是司、風邪響黷、猶宜劾糾、況趙脩奢暴、聲著內外、侵公害私、朝野切齒。而琛嘗不陳奏、方更往來、綢繆結納、以爲朋黨、中外影響、致其談譽。令布衣之父、超登正四之官、七品之弟、越陟三階之祿。虧先皇之選典、塵聖明之官人。又與武衞將軍・黃門郎李憑相爲表裏、憑兄叨封、知而不言。及脩釁彰、方加彈奏。生則附其形勢、死則就地排之、竊天之功以爲己力、仰欺朝廷、俯罔百司、其爲鄙詐、於茲甚矣。不實不忠、實合貶黜。謹依律科徒、請以職除。其父中散、實爲叨越、雖皇族帝孫、未有此例、既得不以倫、請下收奪。李憑朋附趙脩、是親是仗、交遊之道、不依恆度、或晨昏從就、或吉凶往來、至乃身拜其親、妻見其子、每有家事、必先請託。緇點皇風、塵鄙正化。此而不糾、將何以肅整阿諛、獎厲忠概。請免所居官、以肅風軌。奏可。（同書巻六八・甄琛伝）

(18) 北魏の奏弾文に関しては、弾劾担当官との関連から考察した張連城氏による専論「北魏的弾官与弾文」（『文献』一九九五年第二期）があるが、文中の「免所居官」については触れられていない。

(19) 陳寅恪「叙論」（同『隋唐制度淵源略論稿』上海商務印書館、一九四四年）参照。本書では上海古籍出版社版（一九八二年）による。

(20) 宮崎市定「孝文帝の新官制」（初出は一九五六年。『九品官人法の研究』（宮崎市定全集第六巻）所収、岩波書店、一九九二年）三二六頁。

(21) 川合安「北魏・孝文帝の官制改革と南朝の官制」（『文化における「北」』所収、弘前大学人文学部人文学科特定研究事務局編集・刊行、一九八九年）。岡崎文夫氏の見解については、同『魏晋南北朝通史』（弘文堂書房、一九三二年）二八六頁以下を参照。

(22) 陳寅恪「礼儀」（同『隋唐制度淵源略論稿』所収）一一頁。

(23) ちなみに、免官と同じ官人処罰である官当について、佐立治人氏が分析されている（佐立「北魏の官当制度」）。氏は唐律官当規定の淵源として北魏の官当制度をあげ、それが官職だけではなく爵位も対象とするところに注目し、官当の実施に際し実刑にひきあてるための根本単位は官よりもむしろ爵であったと想定したうえで、その源を漢代における削爵に求められ、さらに北魏における官当成立の理由として、当時俸禄もなく重視されなかった官職の財産的価値を強調するため、との仮説を提示される。本章では官当に言及する準備はないが、当該時期の官職が、「職」の側面から次第に身分としての身分を表示するための「官」として重視されつつある傾向に鑑みた場合、爵に重点を置いて漢代の削爵との関係を想定するよりも、当時の処罰の対象となる官職の性格の変化を重視し、相互に影響を与えあった南北朝の双方の関係から考察することが重要と考える。当時の官当を含めた贖刑制度については、陳顧遠「贖刑之変遷」（同『中国法制史』所収、商務印書館、一九三四年）および八重津洋平「魏晋南北朝の贖刑制度」（『法と政治』一四巻四号、一九六四年）を参照。

(24) 当該疏議について、滋賀氏は「順当でない原因によって官職を解かれるとは、勤務上の失態の責を問われ、または考課の評定が下等であるために、解官せられることをいう。罪を犯して官を削られた場合でも、降品線以下の官については同様である。要するに告身がのこされているかぎり現に官職にあると同様の扱いをうける」と訳される。同「訳注唐律疏議」（二）（『国家学会雑誌』七三巻三号、一九五九年）五九頁。

(25) 滋賀秀三『唐律疏議訳注篇』一、一〇五頁参照。

(26) ちなみに同書巻二五・鏡台および同書同巻席の条に引用される『宋元嘉起居注』は当該記事とほぼ同文であり、本稿の重視する求刑部分に関していえば、「鏡台」では「請以見事免朗所居官」、「席」では「請以見事追韋朗前所居官」となっている。おそらく類書の性格上本来ひとつの奏弾文であったものが、三ヶ所に分載される際に混乱をきたしたのであろう。

(27) ちなみに、『宋書』巻一五・礼志二に載せる何承天の奏弾文には次のようにある。

元嘉二十三年七月、白衣領御史中丞何承天奏、……謹案太學博士顧雅・國子助教周野王・博士王羅雲・顔測・殷明・何惔・王淵之・前博士遷員外散騎侍郎庾邃之等、咸蒙抽飾、備位前疑、既不謹守舊文、又不審據前准、遂上背經典、下違故事、率意妄作、自造禮章。太常臣（劉）敬叔位居宗伯、問禮所司、騰述往反、了無研卻、混同茲失、亦宜及咎。請以見事免今所居官、解野王領國子助教。雅・野王初立議乖舛、中執捍愆失、未違十日之限、雖起一事、合成三愆、羅雲掌押捍失、三人加禁固五年。詔敬叔白衣領職。餘如奏。

とある。この奏弾文であえて「免所居官」に「今」を加えているのは、処罰に該当する罪を犯した時点から官位に変動があるもの、すなわち博士から員外散騎侍郎に昇進した庾邃之が含まれるため、免官に処される官職が現在のものであることを明示するためと思われる。

(28) 宮崎市定「九品官制と九班選制」（同『九品官人法の研究』所収）一七八頁。

(29) 越智重明「六朝の免官、削爵、除名」六三〇頁。

(30) 宮崎市定「孝文帝の新官制」三四一頁。

(31) 中村圭爾「初期九品官制における人事」（初出は一九八七年。同『六朝政治社会史研究』所収）。

(32) 中村圭爾「九品官制における官歴」（初出は一九七五年。同『六朝貴族制研究』所収、風間書房、一九八七年）。

(33) 循資格の詳細については、鳥谷弘昭「裴光庭の「循資格」について」（『立正史学』四七号、一九八〇年）、槻木正「博学宏詞科・書判抜萃科の実施について」（『関西大学法学論集』三七巻四号、一九八七年）および胡宝華「試論唐代循資制度」（『唐史論叢』第四輯、三秦出版社、一九九五年）、同「唐代循資制度補正」（『河北学刊』一九九〇年第六期）などを参照。

(34) 『宋書』巻七一・建平王宏伝にも、

夫用兵之道、自古所愼。頃干戈未戢、戰備宜修、而卒不素練、兵非夙習。且戎衞之職、多非其才、或以資厚素加、或以祿薄帶帖、或寵由權門、恩自私假、既無將領、虛尸榮祿。

とあり、「戎衛の職」、すなわち禁軍を指揮する諸将軍・校尉の職が俸禄を増すためとともに「資」を厚くするために加えられていることがあげられている。

(35) 当該時期の加官・帯帖の官の性質については、すでに宮崎氏および周一良氏による指摘がある。だが宮崎氏は加官の意義として「ある実職があまり清官と言えないが、是非ある人物に就任してもらわねばならぬような場合、その実職の上に、同品若しくは一級上等の清官を名目的に附加する」制度であり、散騎等の員外をおける官が用いられたことを述べるのみでかかる加官の意味には言及されない。一方の周氏は帯帖の官について、主として驍騎将軍と本官との組み合わせから分析されているが、官職の組み合わせの重要性は指摘するものの、官資の具現化としての意義を重視するにはいたっていない。宮崎市定「官僚ピラミッドの内部構造」（同『九品官人法の研究』第二編第二章）一一六〜一一七頁および周一良「南齊書丘霊鞠伝試釈兼論南朝文武官位及清濁」（初出は一九二七年。同『魏晋南北朝史論集』所収、中華書局、一九六三年）参照。

(36) 中村圭爾「晋南朝律令と諸身分構成」（初出は一九九五年。同『六朝政治社会史研究』所収）三二七頁。

(37) 泰始律令そのものではないが、著名な晋戸調式における占田と佃客の規定（『晋書』巻二六・食貨志）、および占山規定（『宋書』巻五四・羊玄保伝附羊希伝）も、基本的に官品に依拠していたこと、また官人の印綬冠服の規定が官品と一定の関係を有していたことが小林聡氏によって指摘されている（「六朝時代の印綬冠服規定に関する基礎的考察」『史淵』一三〇輯、一九九三年）。秩石制に基づく俸禄は別にしても、右のような官人の特権は、官僚社会における官人としての地位を示す官品を基準とし、その延長として設定されたものと思われる。

(38) 先に引用した蔡興宗の言葉の中で、在職の日数までが昇進に勘案されているところを重視するならば、「資」とは在職期間、すなわち「労」までを含むものであったのかもしれない。

(39) 安田二郎氏は劉宋時代の王僧虔の免官の例を取りあげて、免官による本資左降の処分は持続し、ある時点でそれが解除されるものであるとの理解を示されている（安田二郎「王僧虔『誡子書』攷」（初出は一九八一年。同『六朝政治史の研究』所収）。本資の左降が継続するものとする氏の見解に異論はないが、それは通常官人としての自らの日々の勤務による「労功」によって、免官時までのそれに回復するものではなかろうか。一概に同一視はできないが、北魏の裴仲規および崔模の事例は、本資の回復が極めて特殊な手段によってなされることを伝えるものとして考えたい。

(40) 律令における「免所居官」の規定の有無という点に関して、最後に付言しておきたい。南朝では梁にいたるまで律令の編纂はおこなわれず泰始律令を沿用していたので、「免所居官」が律令に載せられた可能性はそれまでなかったと思われる。しかし律令の制定がなかったとはいえ、南朝では「条制」「条格」といった皇帝の詔勅に基づく法令が存在し、律令の大枠の中でその施行細則として機能していた。「免所居官」の運用も、このような律令の下位に位置する法令の中に規定されていたのではなかろうか。南朝の律令制と「条制」「条格」の関係については、兼田信一郎「南朝法制小考」（『紀尾井史学』九号、一九八九年）を参照。

第二章　北朝における位階制度の形成——北魏の「階」の再検討から——

問題の所在

序章で述べたように、中国古代における位階制は、唐代の文武散官制度でひとつの完成をみたとされている。散官とは、官僚機構内における官人の地位を表示することを目的に創設された官職であり、職務をになう他の官職とは一線を画する存在である。それは階層的な構造をそなえた中国前近代の位階制度を具現化する官職として唐代にはじめて成立したが、その起源は一般に魏晋南北朝期の将軍号、あるいは金紫光禄大夫・中散大夫等の諸「大夫」といった定員のない官職に求められている(1)。ことに将軍に関しては、従来『旧唐書』巻四二・職官志一の、

> 後魏及び梁、みな散號將軍を以てその本階を記し、隋より改めて開府儀同三司已下を用う。貞觀の年、また文武を分かち、入仕せし者みな散位を帯びる。これを本品と謂う。
>
> 後魏及梁、皆以散號將軍記其本階、自隋改用開府儀同三司已下。貞觀年、又分文武、入仕者皆帶散位、謂之本品。

という記事を論拠に、当時官人の官界における地位である「本階」が将軍号によって表されていたと理解されてきた(2)。そしてその将軍が武散官、大夫が文散官に発展する官職とみなされているわけであるが、近年の散官の成立過程を問う研究では、北魏および西魏北周時代を中心に、この二種の散官がいかなる関係にありどのような展開を経て唐の文武散官として成立するのかが、一つの問題としてとりわけ注目されているように見受けられる。

魏晋南朝以来の老疾を養う、あるいは高官への加官として用いられていた光禄大夫とは異なり、北魏・東西魏では将軍と光禄大夫等の「大夫」が一定の関係を以て結びつき、官人に付与されることをはじめて指摘したのは窪添慶文氏である(3)。氏によれば、これらの「大夫」は将軍だけではなく他の官職、すなわち実務の官とも結びついていたが、北魏の宣武帝期以後には官人の官歴を光禄大夫等の「散官」(定まった職務と定員の無い官)でつなぐ形が生じ、さらに実務のある官とは別に「散官」の枠組み内での遷転が成立する。このようにして、官僚体系内での地位の表徴として機能する「光禄大夫」は生まれ、太中・中散大夫等とともに「散官」の序列を構成して北周の官制中に定着していったと。

氏は緻密な考証から、このように北魏の大夫から唐の文散官を展望されているのであるが、その結論に疑問が残らないわけではない。氏は、先に引用した『旧唐書』の記載に基づき、「将軍号によって示された階に対応する官として「光禄大夫」が考えられるのでは無かろうか」、と検討の方向を示されているが、氏のいわれる「対応」の意味するところが具体的に説かれていないため、その結果「光禄大夫」と階の関係にいささかの不明瞭さを残している。

閻歩克氏もまた、当時の将軍号と大夫、そして両者の関係について言及されている(4)。氏は西魏末年に成立した九命体制で他の官職から独立するにいたった軍号(将軍号)と散官の系列を、唐代の職事官と文武散官の並立体制のさきがけと位置づけたうえで、その成立の要因を散官の濫授および北魏後期に流行した軍号と散官が同時に与えられるという慣例(氏はこれを「双授」と命名する)に求め、すでに官人の本階としての性質をそなえた将軍号とともに大夫を含めた文散官が同時に与えられることによって、北魏の段階では純粋な法定の本階ではない文散官を「本階化」に向かわせた、とする。

興味深い見解ではあるが、氏が唐の散官制度への重要な転換点とみなす西魏の九命体制は、具体的にどのような性質をそなえていることから唐制のさきがけとみなされるのであろうか。たしかに、職事官と文散官・武散官という官制の構造上では唐の制度に近いとみることはできるにせよ、軍号と文散官の「双授」という方法自体は、文官の位階として文散官、武官の位階として武散官を付与する唐の人事行政上はおそらくありえなかったはずである。その意味でも、「双授」なる現象はこの時代特有の意義をもったことが予想されるのであるが、「双授」がおこなわれた理由を氏は「時人は同時に文武の散官を保持することを栄誉に感じていた」ことに求めるのみであり、「双授」自体の意味を充分に説明しているとはいいがたい。それは氏が前提とする、九命体制中における位階の実態があきらかにされていないことに起因する。

ところで、唐代では散官は階あるいは階官と称され、数字ではなく特定の官職名として表されるところに特徴があったとされている。二氏の考察を含め、従来の研究はかかる特色を糸口として、とくに九品官制中における散官の配列から当時の散官の位階化を推測するという方法が多くとられてきた。そこで問題となるのは、本来定員のない官職という意味にすぎなかったはずの将軍号等の散官（無員の官）が、はたして『旧唐書』にあるように、北魏および梁では官人の「本階」を表示する官職として実際に機能していたのか、換言すれば、散官と「本階」の関係は、魏晋南北朝時代からすでに唐代のそれと同一であったのか、ということである。そもそも官僚制における「階」とはいかなるもので、どのような過程を経て唐代の散官に結実するのか。先学による研究は、唐代を基準として位階が官職名である側面を明らかにすることに性急なあまり、より本質的な問題である階そのものの機能とその成立過程、とくに散官との関係から取りあげることが少なかったように思われる。

本章では、将軍号や大夫といった特定の官職の位階化を追求する方法からひとまず離れ、先学より散官制度の直接の淵源とみなされている北朝、とくに北魏時代を中心に、当時の史料に現れる「階」の用例を分析し、その実態に近づくことから、位階の成立過程を探ることとしたい。かかる視座からの分析により、これまでの研究ではあいまいにされてきた散官と階との関係に、一定の理解を得ることができると考えるからである。なお、本章では位階としての階と史料中にみえる階を区別するため、後者の階を括弧書きで表記する。

第一節　北魏の「階」の機能

はじめに、当時の「階」が具体的にどのように機能していたかをうかがわせる用例をいくつか列挙してみよう。

或いは僥倖もて官を求める者あり、みな（爾朱）榮に詣りて承候し、その啓請を得れば、これを遂げざるなし。曾て闕もて定州曲陽縣令に補せんとするに、吏部尙書李神儁は階の懸《かけはなれ》るを以て奉せず、別に更めて人を擬す。

或有僥倖求官者、皆詣（爾朱）榮承候、得其啓請、無不遂之。曾闕補定州曲陽縣令、吏部尙書李神儁以階懸不奉、別更擬人。

（『魏書』巻七四・爾朱榮伝）

尙書元萇 出でて安西將軍・雍州刺史と爲り、（常）景を請いて司馬と爲さんとするも、景の階次の及ばざるを以て錄事參軍・襄威將軍に除し、長安令を帯せしむ。

尙書元萇出爲安西將軍・雍州刺史、請（常）景爲司馬、以景階次不及、除錄事參軍・襄威將軍、帯長安令。

（『魏書』巻八二・常景伝）

（元）暉また上書して政要を論じるに、その一に曰く、御史の職、つとめて賢を得さしめ、必ずその人を得れば、階秩に拘わらず、その事に久しくし、その成功を責めよ。……

（元）暉又上書論政要、其一曰、御史之職、務使得賢、必得其人、不拘階秩、久於其事、責其成功。……

（『魏書』巻一五・常山王遵伝附元暉伝）

後に邊戍を選ぶの事を議するに、（袁）飜議して曰く、……ころおい緣邊の州郡、官至らばすなわち登り、疆場の統戍、階當らばすなわち用う。……それその流を潔くする者はその源を清くし、その末を理むる者はその本を正せり。すでにしてこれを失うこと始めにあれば、庸くんぞ止めるべけんや。愚謂えらく、自今已後、荊・揚・徐・豫・梁・益の諸蕃及び統べる所の郡縣・府佐・統軍の戍主に至りては、みな朝臣王公已下のおのおの知る所を擧げ、必ずやその才能を選びて、階級に拘わらざらしめよ。

後議選邊戍事、（袁）飜議曰、……自比緣邊州郡、官至便登。疆場統戍、階當卽用。……夫潔其流者清其源、理其末者正其本、既失之在始、庸可止乎。愚謂自今已後、荊・揚・徐・豫・梁・益諸蕃、及所統郡縣・府佐・統軍至于戍主、皆令朝臣王公已下各擧所知、必選其才、不拘階級。……

（『魏書』巻六九・袁飜伝）

魏の亂るるに屬し、親しき所に謂いて曰く、大丈夫世に生まれるに、まさに鋒刃を履み、寇難を平らげ、以て功名を取るべし。安んぞよく碌碌として階に依りて以て仕を求めんやと。

屬魏亂、謂所親曰、大丈夫生世、會須履鋒刃、平寇難、以取功名、安能碌碌依階以求仕。

（『北史』巻六〇・李弼伝）

これらの諸例より判断するに、北魏の「階」とは官人が特定の官職に就く際に必要とされる資格とみなされていたようである。冒頭の事例は、時の権力者爾朱栄の意向に沿った某人の曲陽県令の補任が、必要とされる「階」がへだっていたために吏部尚書の李神儁に却下されたことを、常景伝では安西将軍府司馬への就任に、常景の「階次」がおよばなかったためかわりに録事参軍に任命されたことを伝えている。ことに後者の「階次」、あるいは「階途」（『魏書』巻六四・張彝伝）といった「階」の用例は、何らかの昇進コースを遷転していく過程で蓄積される資格を表現しているように思われる。

また、そのような「階次」にのっとった人事運用が北魏でおこなわれていたことを示しているのが、元暉伝と袁翻伝にみえる両者の提言である。前者は御史の選任において「階秩」に拘束されるべきではないことを、後者は辺境の地方官および統軍・戍主等の選抜が、「官」・「階」が一定の水準に達しているとそれだけで決定されているため、以後「朝臣王公已下」の推薦制として「階級」にとらわれないようにすることを述べている。両名の議論の主旨は年功序列的な人事によってもたらされる弊害、とくに適材適所の人事配置がなされないところにあるが、逆に李弼の場合では、そのようなエスカレーター的な「階」を基準とした昇進にとどまることに対する不満がうかがわれる。すなわち、かかる年功序列的な人事をおこなううえでの基準が「階」に他ならないのであり、「階」がそのような官人の勤務年数を一面で意味するがために、時に「階労」（『魏書』巻二一上・高陽王雍伝）、あるいは「考級」（『魏書』巻九・粛宗紀・正光四年（五二三）七月辛亥の条）と表現されるのである。とくに李弼伝にいう「階」は、日々の勤務を積み重ねることによって得られる「労」の意味とみなされよう[5]。ただし李弼が志向する軍功に基づいた昇進も、実際の運用では通常の人事と同じく「階」を基準とするのであって、このような勤務年数を意味する「階」はひとまず狭義の「階」として区別しておきたい。なお、軍功の基準としての「階」については後述する[6]。

以上から、北魏における年功序列的な人事の存在と、「階」がその基準となっていたことが予測されるのであるが、実のところこのような人事の基準としての「階」は、決して北魏にはじまるわけではない。『晋書』巻四一・劉寔伝に載せる「崇譲論」には、

さきに天下をして譲を貴ばしめ、士は必ずや譲せらるるによりて而して後に名をなし、名をなして而して官はすなわちこれを用うるを得ん。諸て名行の立たざるの人、官にありて政績の稱無く、これを譲する者は必ずや、官

の得てこれを用うる因なきなり。用いられて息まざる所以は、譲の道の廢れるによる。資によりて人を用うるの失あること久し。ゆえに漢魏より以來、時に大擧を開き、衆官をして各々知る所を擧げしむるに、ただ才もて任ずる所、階次を限らざれば、かくのごとき者甚だ數《はや》し。……

向令天下貴譲、士必由於見譲而後名成、名成而官乃得用之。諸名行不立之人、在官無政績之稱、譲之者必矣、官無因得而用之也。所以見用不息者、由譲道廢、因資用人之有失久矣。故自漢魏以來、時開大擧、令衆官各擧所知、唯才所任、不限階次、如此者甚數矣。……

とあり、また、『晉書』巻五五・張載伝の「権論」には、

今の士は常に循い故に習い、行を規り歩を矩し、階級を積みて閥閲を累ね、碌碌然として以て世資を取る。……

……今士循常習故、規行矩歩、積階級、累閥閲、碌碌然以取世資。……

とあるが、ともに西晋時代における昇進の基準、就官の経歴を意味する「階」の用例である。すなわち「階」はすでにこの時期には形成され、自動的な官人の昇進基準であったと考えられるのである。(7) また、いささか時代は降るが、『梁書』巻五三・良吏・伏暅伝には、

時に始興內史何遠 累ねて清績を著し、高祖 詔して擢きて黃門侍郎と爲し、にわかに信武將軍・監吳郡に遷る。(伏）暅自ずから名輩の素より遠の前にあり、吏と爲りてともに廉白を稱せらるるに、遠の累ねて擢かるるに、暅は遷階するのみ。意望滿たずして多く疾に託して家に居す。

時始興內史何遠累著清績、高祖詔擢爲黃門侍郎、俄遷信武將軍・監吳郡。（伏）暅自以名輩素在遠前、爲吏俱稱廉白、遠累見擢、暅遷階而已、意望不滿、多託疾居家。

とあり、『陳書』巻三〇・陸瓊伝には、

高宗の司徒と爲るに及び、僚佐を妙簡せんとす。吏部尚書徐陵、（陸）瓊を高宗に薦めて曰く、新安王文學陸瓊は見識優敏、文史用いるに足る。進みて郎署に居るも、歳月淹《とど》まるに過ぎる。左西掾缺するに、まことにこの選に膺《あた》れり。階次は小《すこ》しく踰えるも、その屈滞はすでに積めりと。乃ち司徒左西掾に除せらる。

及高宗爲司徒、妙簡僚佐、吏部尚書徐陵薦（陸）瓊於高宗曰、新安王文學陸瓊、見識優敏、文史足用、進居郎署、歳月過淹、左西掾缺、允膺茲選、階次小踰、其屈滯已積。乃除司徒左西掾。

とあるように、北朝と同時期の南朝においても、北魏に類似する「階」の用例を見いだすことができる。伏暅伝の「遷階」と「崇讓論」にみえる「階次」は李弼の例に、陸瓊伝の「階次」は常景のそれと同様の用法とみてよいだろう。

これらの西晋および南朝での用例に基づくならば、西晋期より「階」が引き続いて南北両朝を通じ、官人の昇進基準という意味で用いられていたと推測される。ただし、このような本書の理解とは異なる見地から、北魏の階の定義が宮崎市定氏によって示されている。本書の論旨とも密接に関わる問題であるので、氏の理解、そしてその前提となっていると思われる唐代の「階」と品の関係について確認しておきたい。

周知のごとく、北魏官制の基本史料である『魏書』巻一一三・官氏志は、太和二三年（四九九）制定の職令に規定された官職を列挙し、四品以下従九品までの正従それぞれに属する官職を「以前上階」なる表現で上下階に分かっている。また、それとは別に、北魏から北斉北周にかけて「半階」、あるいは「一大階」「両大階」といった類の「階」の用例が見受けられるが、宮崎氏はこれらの階の意味するところを、

莊帝の初め、喪亂の後を承け、倉廩虚罄なれば、遂に入粟の制を班かつ。……職人の七百石を輸《おさ》むるものは、一大階を賞し、授けるに實官を以てす。白民の五百石を輸むるものは、第に依りて出身するを聴し、一千石ごとに

一大階を加う。第無きもの五百石を輸むるものは正九品もて出身するを聴し、一千石ごとに一大階を加う。……

莊帝初、承喪亂之後、倉廩虛罄、遂班入粟之制。……職人輸七百石、賞一大階、授以實官。白民輸五百石、聽依第出身、一千石、加一大階。無第者輸五百石、聽正九品出身、一千石、加一大階。……

（『魏書』巻一一〇・食貨志）

とある孝莊帝末の入粟による官職の授与を説明する際に、「階は原来は品と同じであったが、各品に上下の階を分つようになってから、上下各々を半階と称し、合せて一階とし、二階を一大階と称した」と説かれている[8]。このような理解は一般にみとめられており、窪添氏は北魏の州の等級を区分する際に、この宮崎氏の階の比定に一部基づいて考察されている[9]。

宮崎氏のかかる「階」の理解は、おそらくは品と「階」が完全に同一の基準として認識されていた唐代の官僚制のあり方が念頭にあるものと思われる。そこでいま一度唐代における品と「階」の関係についてみておきたい。『金石萃編』巻一〇二には「顏魯公書朱巨川告身」という告身が著録されている。これは建中元年（七八〇）八月二八日付で朱巨川に朝議郎（正六品上の文散官）を与える奏授告身であるが、ここで関係するのは冒頭部に注記された朱巨川の官歴である。

父の贈太子洗馬の蔭を用い、合して儒林郎正玖品上に結し、試大理司直兼豪州鍾離縣令に任ぜられ、考貳竝びに中上を經、兼監察御史に任ぜられ、考參竝びに中中を經、右補闕內供奉に任ぜられ、考肆のうち壹中中、參中上を經、年勞上考、幷びに大曆十四年六月一日及び今年正月五日の制に準じ、幷びに行事にて階を加え、明經もて壹階を加え、計壹拾陸階、合して正陸品上にて敘す。

用父贈太子洗馬蔭、合結儒林郎正玖品上、任試大理評事兼豪州鍾離縣令、經考貳竝中上、任兼監察御史、經考參竝中中、任右補闕內供奉、經考肆壹中中叄中上、年勞上考、幷準大歷十四年六月一日及今年正月五日制、幷行事加階、明經加壹階、計壹拾陸階、合正陸品上敍。

この告身については、大庭脩氏によって詳細な研究がなされている⑽。以下、氏の考察に依拠して朱巨川の官歴をおってみると、父の蔭によって儒林郎（正九品上文散官）に起家し、その後の考課による進階が「經考弐」の期間で五階、「經考叄」で一階、「經考肆」で三階、都合九階。そして大暦一四年（七七九）と今年すなわち建中元年の制による賜階があわせて二階、明経による昇階が一階で、これと考課の進階を合計すると一二階を得たことになる。さらに起家の官である儒林郎が下から数えて四階にあたるので、これを加えて計一六階となり、一六階に相当する正六品上の朝議郎に除されるのである。

このように、唐代の位階制度では九品から六品の各品階が階の総計として数えられていることが確認される。ただし、一品から九品にいたる唐の九品官制は、けっしてそれぞれの品階が等価であるわけではない。唐の制度では、三品以上、および五品以上という二つのラインで厳格な壁が存し、ことに五品以上の昇進にはたとえ階を重ねても、別に指示をあおぐ必要があった。朱巨川の進階は、その六品以下のなかでの昇進にすぎない。しかし、『唐会要』巻八一・階の、

大暦十三年（七七八）正月、特に朝議郎守門下侍郎平章事常袞に九階を加え、銀青光祿大夫と爲す。

大曆十三年正月、特加朝議郎守門下侍郎平章事常袞九階、爲銀青光祿大夫。

という記事によれば、本階が正六品上の朝議郎にすぎない門下侍郎平章事、すなわち宰相の常袞に、それではあまりに身分が低すぎるということで彼に九階を加え、その本階を従三品の銀青光禄大夫としたという。朝議郎から銀青光禄大夫まではたしかに九階である。この場合、三品と五品の壁を一度の昇進で突き破ったが故に「特加」と称されて

いるのであるが、五品・三品以上の上級の品階を含める場合であっても、階としての合計は六品以下と同様に一階として計算されることがうかがわれる。

右の二例はいずれも昇進における階の加算であるが、その逆の降格人事にあっても状況は同様である。『唐律疏議』巻三・名例律「諸除名者」の条に載せる免官後の復職規定には、

免官は、三載の後に先品より二等を降して敍す。

疏議して曰く、載と稱するは、理として六載と義同じ。まただ三載の後を取り、四年に入りて敍するを聴す。先品より二等を降すは、正四品以下は一階を一等と爲す。従三品以上及び勳官は正従を各々一等と爲す。たとえば正四品上にして免官せば、三載の後、従四品上に敍するを得。上柱國（正二品）にして免官せば、三載の後、上護軍（正三品）に従りて敍す。これを三載の後、先品二等を降して敍すと爲す。

免官者、三載之後、降先品二等敍。

疏議曰、稱載者、理與六載義同、亦止取三載之後、入四年聽敍。降先品二等、正四品以下、一階爲一等、従三品以上及勳官、正従各爲一等、假有正四品上免官、三載之後、得従四品上敍。上柱國免官、三載之後、従上護軍敍。是爲三載之後、降先品二等敍。

とある。疏議の例に引かれるように、正四品上の官にある者が免官の処分後に叙任されるのは二等すなわち二階降った従四品上、勲官の上柱国（正二品）が免官されると復職は上護軍（正三品）となるのである。

このように、唐代ではたしかに品と階は同義の基準として認識されているのであり、このことはあらためて述べるまでもないのであるが、こと北魏においては、実は両者はけっして等しくはないのである。

たしかに、宮崎氏の説明に合致する「階」の事例はいくつか存在する。たとえば、

建義の初め、敕して儀注を典せしめ、いまだ幾ばくならずして著作佐郎に除せらる。永安二年（五二九）、前の造暦の勳を以て爵長子伯を賜う。憂に遭いて任を解き、ついで起ちて本官に復す。元曄の號を竊むや、通直散騎侍郎に除せらる。普泰元年（五三一）、侍官を沙汰するに、（李）業興はなお通直にありて寧朔將軍を加う。また征虜將軍・中散大夫に除せられ、なお通直にあり。太昌の初め、散騎侍郎に轉じ、なお典儀の勤を以て特に一階を賞し、平東將軍・光祿大夫に除され、ついで安西將軍を加う。

建義初、敕典儀注、未幾除著作佐郎。永安二年、以前造曆之勳、賜爵長子伯。遭憂解任、尋起復本官。元曄之竊號也、除通直散騎侍郎。普泰元年、沙汰侍官、（李）業興仍在通直、加寧朔將軍。又除征虜將軍・中散大夫、仍在通直。太昌初、轉散騎侍郎、仍以典儀之勤、特賞一階、除平東將軍・光祿大夫、尋加安西將軍。

（『魏書』巻八四・儒林・李業興伝）

とあるように、李業興は寧朔将軍（従四品下）・征虜将軍（従三品）と将軍を歴任した後「特賞一階」を以て平東将軍（三品）・光禄大夫（二品）に叙されたという。将軍号間の遷転とみるならば、従三品から三品は一階の昇進となる。

次に張彝の場合、

肅宗の初め、侍中崔光表して曰く、（張）彝及び李韶、朝列の中、ただこの二人出身の官次はもとより臣の右にあり。器能幹世、また竝びに多と爲すも、近來參差して、すなわち替後となる。その階途を計るに、遷陟に應ると雖も、然れども班秩のなお未だ賜われ等しからざるを恐れる。昔衞の公叔は下を引きてともに擧げ、晉の士丐は長たりし伯游を推せり。古人の高きとする所、當時許さるるなり。敢えてこの義により、乞うらくは臣の一階を降し、彼に汎級を授けよ。聖庭に齊行し、選敍を帖穆せんことをと。詔して征西將軍・冀州大中正を加う。

肅宗初、侍中崔光表曰、（張）彝及李韶、朝列之中唯此二人出身官次本在臣右、器能幹世、又竝爲多、近來參差、便成替後。計其階途、雖應遷陟、然恐班秩猶未賜等。昔衞之公叔、引下同擧。晉之士丐、推長伯游。古人所高、當時見許。敢緣斯義、乞降臣位一階、授彼汎級、齊行聖庭、帖穆選敍。詔加征西將軍・冀州大中正。

（『魏書』巻六四・張彝伝）

とある。この崔光の上表によって、張彝は征西将軍を加えられたわけであるが、この上奏以前の張彝の肩書は撫軍将軍（従二品）・金紫光禄大夫（従二品）であり、それに「一階」を与えられて征西将軍（二品）を拝したとすると、これも将軍号の昇進は一階＝一品に相当する。

このように「階」＝官品とみなすことができる事例も無いわけではないが、それ以上に看過しえないのは、氏の比定に該当しない事例もまた少なからず見受けられるという事実である。いくつか具体例をあげよう。

『魏書』巻六九・袁翻伝によると、

孝昌中、安南將軍・中書令に除せられ、給事黄門侍郎を領し、徐紇と倶に門下にあり、竝びに文翰を掌る。（袁）翻すでに才學もて名重し。またよく附會し、また靈太后の信待する所となる。この時蠻賊充斥し、六軍將にこれを親討せんとす。翻乃ち上表して諫止す。後に蕭寶夤 關西に大敗し、翻上表して西軍の死亡せし將士のために擧哀し、存して還る者幷びに賑賚を加えんことを請う。後に度支尚書を拜し、ついで都官に轉ず。翻表して曰く、臣 門下を忝くし、帳幄に翼侍す。同時の流輩はみな以て左右に出離し、數階の陟を蒙る。ただ臣のみ奉辭し、ただに黄門を去るに非ずして、今 尚書の後となり、更に中書令の下にあり。臣の庸朽においては、誠に叨濫たり。これを倫匹に準ずれば、或いは未だ盡くさざるあり。竊に惟うに安南の金紫とは、これ異品の隔りと雖も、實に半階の校あり。加うるに尚書は清要にして位遇通顯なるを以て、秩に準じ資を論ずれば、少進を加えるに似たり。望みを語りて官を比べるに、人は易うるを願わず。臣自ら揆り自ら顧みるに、力極してこれを求む。伏して願うに天地成造するに、始あり終あり、臣の疲病を矜《あわれ》み、臣の骸骨を乞わん。願わくは安南・尙書を以て一金紫に換えんことをと。時に天下多事、翻外に閑秩を請うと雖も、而して內に求進の心あり。識者これを怪しむ。ここにおいて撫軍將軍を加う。

孝昌中、除安南將軍・中書令、領給事黃門侍郎、與徐紇俱在門下、竝掌文翰。（袁）翻旣才學名重、又善附會、亦爲靈太后所信待。是時蠻賊充斥、六軍將親討之、翻乃上表諫止。後蕭寶夤大敗於關西、翻上表請爲西軍死亡將士舉哀、存而還者幷加賑賚。後拜度支尙書、尋轉都官。翻表曰、臣往忝門下、翼侍帳幄。同時流輩皆以出離左右、蒙數階之陟。唯臣奉辭、非但直去黃門、今爲尙書後、更在中書令下。於臣庸朽、誠爲叨濫。準之倫匹、或有未盡。竊惟安南之與金紫、雖是異品之隔、實有半階之校。加以尙書清要、位遇通顯、準秩論資、似加少進。語望比官、人不願易。臣自揆自顧、力極求此、伏願天地成造、有始有終、矜臣疲病、乞臣骸骨、願以安南・尙書換一金紫。時天下多事、翻雖外請閑秩、而內有求進之心、識者怪之。於是、加撫軍將軍。

とあり、安南将軍・都官尚書であった袁翻は上表を孝明帝にたてまつり、現在の官職を金紫光禄大夫と交換することを願い出た。そこで袁翻は「三品の安南将軍と従二品の金紫光禄大夫では、品は異なるけれども両者の差は半階に過ぎない」と述べている。両者の官品上の差は一品で、宮崎説では半階ではなく一階となり計算が合わず、三品以上は上下階を分けない官氏志の記載とも矛盾する。

次に、華陰伯（従三品）の楊侃は建義元年（五二八）に冠軍将軍（従三品）・東雍州刺史に任じられ、以後中散大夫（四品下）・右将軍（三品）・岐州刺史を経、さらに仮撫軍将軍・行北中郎将を歴したのちに、永安二年（五二九）孝荘帝の北巡にしたがった功として城陽王徽等とともに「三階」を加えられた結果、鎮軍将軍（従二品）・度支尚書（三品）・兼給事黄門侍郎（四品上）・敷西県公（従一品）を拝命している。[11] 正規の叙任ではない「仮」や「行」を除外して

「三階」の昇進を当てはめようとすると、四品下の中散大夫か、窪添氏が下州の四品下と推定された[12]岐州刺史から従二品の鎮軍将軍という組み合わせしか該当しないが、これはあまりに恣意的な解釈であり、結局「三階」が意味するところを官品の変化から説明することはできない。また、楊侃とともに「三階」を加えられた城陽王徽についてみると、加階前が司徒（一品）・領司州牧（従二品）、加階後が侍中（三品）・大司馬（一品）・太尉公（一品）で余官は故の如しとなっていて、一品という品の内部での遷転となっている[13]。

『漢魏南北朝墓誌集釈』図版三二七「石信墓誌」によると、墓主の石信は使持節寧州諸軍事・征東将軍・寧州刺史・白馬県伯から「特優両大階」という処遇によって車騎将軍を拝し、爵位を平舒県侯に進められたという[14]。この昇進の時期については、官爵以外の墓誌の記載が簡略なため断定は難しいが、おそらく東魏のことであろう。「両大階」は、宮崎説では四階＝四品であるが、征東将軍・車騎将軍いずれも従一品で品位の変化はなく、爵位を含めても開国県伯（三品）から開国県侯（二品）の昇進は「一大階」とされねばならない。

これらの諸例は宮崎氏の「北魏における階は正従それぞれの一品に相当する」という説と矛盾し、半階、一大階の比定も該当するとはいいがたい[15]。氏の考えは、官品が階と同じ意味で用いられる唐の九品官制と、官氏志によるかぎり「正従九品三〇階」という、一見唐のそれとまったく同じ体裁をとる北魏の九品官制から導き出されたと思われる。しかしながら、そのような官品と同じ意味で用いられる「階」の性質は、昇進の基準たる「階」が北魏以前の晋南朝で見受けられるところから想像すると、北魏以降の官僚制の展開の過程で加わったものと考えるべきであろう。

第二節　北魏の「階」の特徴

前節でみたように、北魏の「階」は昇進の基準として機能していたと考えられるわけであるが、官品との対応関係をひとまずおいた場合、それは機能面から唐の位階と一定の共通性を求めることができよう。『旧唐書』巻四二・職官志一には、

およそ九品已上の職事、みな散位を帯びる。これを本品という。職事はすなわち才に随《したが》いて錄用し、或いは閑より劇に入り、或いは高きを去りて卑しきに就き、遷徙出入、參差 定まらず。散位はすなわち一切門蔭を以て品を結び、しかるのちに勞考もて進敍す。

凡九品已上職事、皆帶散位、謂之本品。職事則隨才錄用、或從閑入劇、或去高就卑、遷徙出入、參差不定。散位則一切以門蔭結品、然後勞考進敍。

とあり、唐代では基本的に散官、散官無き場合は職事官によって表示される本品、すなわち階が官人としての地位を表現するのであり、同時に「労考による進叙」の基準であるからである。しかしながら前節で述べたように、人事進退の基準としての「階」は北魏以前の西晋、そして同時期の南朝でも確認される。では、北魏の「階」と晋南朝の階との間に相違点は存するのであろうか。その一端を「階」の運用面から考えたい。

北魏・東西魏では、官人が自分の「階」を第三者に分かち与えるという行為がしばしば史書に見受けられる。かかる用法は晋南朝ではまったくみられず、「階」の性質に北魏独自の意義がそなわったことをうかがわせる。「階」を与える相手については、おおむね父、子、兄、甥、従弟などを対象とし、基本的には親族の範囲を出ないが、中には血

縁関係のない他人に対する事例も存在する。[16] もとより、このようなことが常におこなわれていたわけではないであろうが、それでも当時の「階」が他人に与えることが可能であったという事実は、「階」が官人個人の昇進の基準にとどまらず、全官人の昇進に普遍的な基準として機能していたこと、そしてそれが何らかの文書として記録されていたことを推測させよう。かかる想像の裏づけとしてあげられるのが、『魏書』巻七六・盧同伝の一節である。

粛宗の世、朝政やや衰え、人 多く軍功を竊冒す。（盧）同は吏部の勳書を閲し、因りて検覆を加え、階を竊みし者三百餘人を覈得す。同すなわち表して言うに、竊かに吏部の勳簿を見るに、多くはみな改換さる。乃ち中兵の奏按を校するに、竝びに復た乖舛す。臣 聊爾に揀練するも、已に三百餘人を得たり。明知せり、隠れて而して未だ露われざる者、ややもすれば千數あるを。愚謂へらくは罪は恩もて免ぜらると雖も、猶お刊定すべし。請うらくは一都令史と令僕省事おのおの一人を遣わし、吏部・中兵二局の勳簿を總集し、奏按と對勾せよ。もし名級あい應たる者、すなわち黄素に楷書もて大字し、階級の數を具件し、本曹の尚書をして朱印を以てこれを印せしめよ。兩通を明造し、一は吏部に關し、一は兵局に留め、奏按と對掌せよ。……

粛宗世、朝政稍衰、人多竊冒軍功。（盧）同閲吏部勳書、因加檢覆、覈得竊階者三百餘人。同乃表言、竊見吏部勳簿、多皆改換。乃校中兵奏按、竝復乖舛。臣聊爾揀練、已得三百餘人、明知隱而未露者、動有千數。愚謂罪雖恩免、猶須刊定。請遣一都令史與令僕省事各一人、總集吏部・中兵二局勳簿、對勾奏按。若名級相應者、卽於黄素楷書大字、具件階級數、令本曹尚書以朱印印之。明造兩通、一關吏部、一留兵局、與奏按對掌。……

盧同は尚書吏部曹の「勳簿」と同中兵曹の「奏按」を比較して「竊階」せし者三百余人を得たことから、軍功の詐取を摘発するための対策として以下の提言をおこなった。すなわち、吏部・中兵二曹の「勳簿」を集めて最初に中兵曹に提出された「奏按」と対勾し、軍功を得た当人の名とそれに対応する「級」すなわち「階」が一致した場合、黄紙に太字の楷書を以てその「階級」の数をつぶさに区別し、本曹の尚書の朱印を印記する。それを二通作成し、一通は吏部に「関」として送付し、[17] 一通は中兵曹にとどめ、「奏按」とともにつきあわせたうえで管理すべしと。

盧同の提言はさらに続くが、少なくとも引用部から以下のことを確認できよう。尚書中兵曹は軍功を記した「奏按」をもとに「勳簿」を作成し、それを吏部に送付する。それを受け取った吏部が軍功に相当する「階」を書き込んだ「勳簿」を新たに作成することによって、「階」がはじめて文書として作成され、人事進退の基準として機能するのである。[18] これはあくまでも軍功による授階の例であって、通常の考課に基づく授階とは手続き上の相違があったはずである。一般的な考課による場合は、中兵曹ではなく考功曹が担当したのであろう。[19]

かかる手続き上の差異に関連する問題として、考課等によるいわば一般的な「階」と軍功による「階」の性格の違い、および「階」を与えられる対象についてふれておきたい。[20] 考課に関連する「階」の用例としては、「景明初考格、五年者得一階半」（『魏書』巻六四・郭祚伝）という宣武帝期の「考格」、あるいは、

……また正始の格を尋ねるに、汎後の任事の上中なる者、三年に一階を升せよ。汎前の任事の上中なる者、六年に一級を進めよ。

……復尋正始之格、汎後任事上中者、三年升一階。汎前任事上中者、六年進一級。（『魏書』巻二一上・高陽王雍伝）

という、同じく宣武帝正始四年（五〇七）の百官一律の進級、いわゆる汎階に関連して出された「正始の格」等があげられるが、「任事上中」とあるように、規定の年限内での官人の勤務成績に応じて「階」が与えられる仕組みとなっていた。[21] それは、階の実質としては違いがあるけれども、

……謂うこころ内外官六品已下、四考満にしてみな中中考なる者、選に因りて一階を進む。二中上考ごとに、また兩階を進む。一上下考ごとに兩階を進む。もし兼ねて下考あらば、上考を以てこれを除くを得。

……謂内外六品已下、四考滿、皆中中考者、因選、進一階。每二中上考、又進兩階。每一上下考、進兩階。若兼有下考、得以上考除之。

（『大唐六典』巻二・尙書吏部郎中の注）

という唐の労考による叙階の先駆として位置づけられよう。

一方の軍功の「階」については、まず次の史料を参照されたい。

甲寅、皇子卽位し、天下に大赦す。皇太后詔して曰く、……内外百官文武督將征人の艱に遭いて府を解くもの、あまねく軍功二階を加えよ。その禁衛の武官の直閤以下直從以上及び主帥は軍功三階たるべし。

甲寅、皇子卽位、大赦天下。皇太后詔曰、……内外百官文武督將征人遭艱解府、普加軍功二階、其禁衛武官、直閤以下直從以上及主帥、可軍功三階。……

（『魏書』巻九・粛宗紀・武泰元年（五二八）二月甲寅の条）

司徒行參軍に解褐し、爵を襲う。のち國子博士・本州中正に遷る。靈太后に謁するによりて自ら陳べるに、功名の子、久しく沈屈に抱せり。臣が父はしばしば大將となるも、而れども臣が身に軍功の階級無く、臣が父はただ忠臣たれども慈父たらずと。靈太后慨然とし、遜を以て長兼吏部郎中と爲す。出でて安遠將軍・平州刺史と爲る。

解褐司徒行參軍、襲爵。後遷國子博士・本州中正。因謁靈太后、自陳、功名之子、久抱沈屈。臣父屢爲大將、而臣身無軍功階級、臣父唯爲忠臣、不爲慈父。靈太后慨然、以遜爲長兼吏部郎中。出爲安遠將軍・平州刺史。

（『魏書』巻六五・邢巒伝附遜伝）

右の二例では明確に「軍功の階」と記されており、通常の「階」と何らかの区別をしているものと思われる。とくに邢遜の場合、すでに起家して官に就いている、すなわち「階」を得ているにもかかわらず、「臣が身に軍功の階級無し」とみずから述べているのであるから、軍功の「階」とは文字通り軍事面での功績に基づいて付与される「階」であろう。[22] また、詔して曰く、揚州の硤石・荊山・新淮・酇城の兵士の戰没せし者、斂財を追給し、一房に五年を復せよ。もし妻子なくんば、その家の一人に二年を復せよ。身に三創を被らば、一階を賞せよ。一創と雖も四體の廢落せし者もまたこの賞に同じ。

詔曰、揚州硤石・荊山・新淮・酇城兵士戰没者、追給斂財、復一房五年。若無妻子、復其家一人二年。身被三創、賞一階。雖一創而四體廢落者、亦同此賞。（『魏書』巻九・粛宗紀・熙平二年（五一七）五月辛酉の条）

という用例も、同じく「軍功の階」に準ずるものとみなされるが、この詔では南朝梁との最前線に配され負傷した兵士を授階の対象としているのであって、先に引用した考課によって得られる「階」と同一の昇進基準ではないはずである。

このような両種の「階」は、これまでの用例と機能からみて官人全般の昇進の基準であったと思われるが、「階」を獲得可能な身分はどのいかなる範囲に及ぶものなのであろうか。先に引用した熙平二年五月辛の詔では、「階」を与えられる対象は兵卒であり、少なくとも官人と同一の身分とはみとめにくい。この点については、次の史料が参考となる。

伏して旨募を見るに、もし劉輝を獲たる者、職人は二階を賞し、白民は出身して一階を進めるを聽し、厮役は役を免じ、奴婢は良となせ。

伏見旨募、若獲劉輝者、職人賞二階、白民聽出身進一階、厮役免役、奴婢爲良。（『魏書』巻一一一・刑罰志）

これは民の娘と私通し、妻の蘭陵公主を傷つけ逃亡した駙馬都尉劉輝を捕らえた者に対する報償の規定であるが、それが職人、白民、厮役、奴婢という身分の違いに応じるものとなっている。濱口重國・堀敏一両氏の考察によれば、厮役とは雑役に奉仕する戸すなわち雑戸を指すという(23)。この記事に基づき、濱口氏は雑戸が良民であることを、堀氏は雑戸が一般の農民より差別されていたことに注目し、両氏の認識はまったく異なる。ただ、本書の関心に即してみた場合、直接に「階」を与えられる階層が、出身を得てからという制約はあるものの[24]、白民以上がそれに該当することが確認されよう。それは先の盧同による提言と熙平二年の詔にうかがわれるように、兵士が戦場での功績によって、正当に「階」を得る機会があったこと、そして当時（宣武帝期以降）の兵士が鮮卑や高車等の非漢民族のみならず一般の漢人からも徴発されていたことからも裏づけられる[25]。このようにみると、「階」を得る可能性をもつ階層は、おおむね雑戸以外の良民と考えることができよう。もとより、それはあくまでも可能性の範疇にとどまるもので、「階」本来の意義と出身を得ることがその前提となるところからみて、その対象の主体が官人であることはいうまでもない。

以上、本節では北魏の「階」について、その運用面における特徴と与えられる階層について考察した。では「階」の特質を、これまで述べてきたように官人の遷転における基準に求めた場合、直接にそれと対応しない官氏志の「上階」はどのように理解すべきであろうか。畢竟、それは当時の「品」と「階」との関係に帰結する問題であり、位階としての散官成立の鍵となるはずである。

第三節　「品」と「階」

前節の盧同伝の記載によれば、吏部で新たに作成される黄紙の文書に記載されるのは、具体的な官職ではなく「階級」の数であった。とすると、「階」そのものが官職を指すとは想定しがたいのであるが、このことに関連する史料が次の孝荘帝期の詔である。

……また舊の軍勳を敍するに征虜を過ぎざるを以て、自今以後　宜しく前式に依るべし。以上の餘階は積みて品と爲せ。その輿駕に従いし北來の徒はこの例にあらず。悉く品を破りて階を受け、階を破りて帛を請うを聴さず。

……又以舊敍軍勳不過征虜、自今以後宜依前式。以上餘階、積而爲品。其從輿駕北來之徒、不在此例。悉不聽破品受階、破階請帛。

（『魏書』巻一〇・孝荘帝紀・建義元年（五二八）五月壬午の条）

この引用部は、「旧来の規定では軍功獲得者の叙任は征虜将軍までであった（が、それが実践されていない）。以後この規定を遵守すべし。征虜将軍授与以降の余りの階は、所定の数を積んではじめて品、すなわち官職として換算せよ。（ただし）河梁より輿駕につきしたがいし者にはこの規定を適用しない。いずれにせよ、所定の官品の基準を越えて階を受け、授階の規定を越えて帛を請うてはならない」という意味であろう。つまりここでいう「餘階」とは、官職に叙された後に次の官職を拝するには足りず余っている「階」を指しているのである。

かかる「餘階」の用例と盧同伝の記載に基づくかぎり、「階」とは官職を獲得するうえで必要とされる資格の単位であり、「品」と表現される官職とは明確に区別されていたと考えなければならないだろう。[26] 宣武帝期の考課を批判する、「先朝の賞格、酬いるに爵品を以てするに、今朝式を改め、階勞に及ぶに止まる」（『魏書』巻二一上・高陽王雍伝）という高陽王雍の上奏の一節は、そのような「品」と「階」の違いを示す事例として把握すべきであろう。「爵品」とは爵位および官職、「階勞」とは労として与えられる「階」に他ならない。[27]

そこで問題となるのは、階と区別される「品」である。右の孝荘帝紀および高陽王雍伝にみえる「品」は官職に付された官品を意味していると思われるが、北魏においてその「品」の総体である九品官制が論じられる場合、九品の区分が官氏志にみえる上下階まで言及されることは、実は当時の史料からはほとんどうかがうことはできないのである。[28] 九品官制全体を指す場合は通常「九品」「九流」などと称されるが、しばしば先学によって用いられる三〇階、三〇級、あるいは一八階という表現は、[29] 実際は当時の史料にまったくみられない。また、特定の官人を指して階で呼ぶことはもちろん、何らかの官職を階まで含めて示すことも、官氏志と太和二三年職令の佚文以外にはみえない(30)。このことは、北魏では官人としての地位を示す基準が「階」ではなく「品」であったことをうかがわせるが、それを端的に示すのが次の史料である。『魏書』巻一〇八之四・礼志四は、永平四年（五一一）一二月におこなわれた員外将軍兼尚書都令史陳終徳の祖母への服喪に関する礼官議を載せるが、そこにみえる太常卿劉芳の議には、

案ずるに、晉の官品令の制するところ九品、みな正にして従なし。故に第八品を以て古の下士に準じせしむ。いま皇朝の官令はみな正従あり、もしその員外の資を以てすれば、第十六品となるなり。

案晉官品令所制九品、皆正無從、故以第八品準古下士。今皇朝官令皆有正從、若以其員外之資、爲第十六品也。

とある。「皇朝の官令」とは太和二三年職令、「員外の資」とは従八品下の員外将軍を指す。従八品下の員外将軍を有する官人は上から数えて一六番目に相当すると劉芳は主張しているわけである。つまり劉芳の九品官制認識には、九品の正従は地位の上下を示す区分として存在するが、官氏志にみられる「上下階」はそれに含まれていないのである。

このように、官氏志にみえる四品以下の上下階という区分が実質的に九品官制の等級とはみとめられていないとすると、むしろそれは官人の人事進退をおこなう際の、品内部の官職の相対的な上位下位という区分としてみるべきであろう。ただ、そのような上下関係が次第に「階」の多少を意味するように変化し、品と同一の基準として認識されつつあったことは否定できない。たとえば、『隋書』巻二七・百官志中にみえる、

三公の下、ついで儀同三司あり。開府を加えるものもまた長史已下の官屬を置く。しかれども記室・倉・城局・田・水・鎧・士等の七曹のおのおの一人を減ず。その品もまた官ごとに三府を降ること一階。

三公下次有儀同三司。加開府者、亦置長史已下官屬、而減記室・倉・城局・田・水・鎧・士等七曹、各一人。其品亦每官下三府一階。

という北齊の「階」の用例は、官品と「階」の一致を前提とする記載として理解されなければならない。[31] しかしながら、少なくとも太和二三年職令成立時においては、当時の用例とそれに基づく本章の理解によるかぎり、「階」そのものが官人としての地位の上下関係を示すものではなかったと考えられるのである。

以上の考察に誤りがなければ、官人の昇進の基準という基本的な性格を共有しているとはいえ、唐代の階と北魏の「階」を安易に同一視することはできないであろう。なぜなら、北魏の「階」は官人の地位を示す官品と直接対応しないだけでなく、本質的に官品の枠組みを越えるものではなかったからである。

結　語

本章での考察によれば、北魏における「階」は官品と直接対応する関係にはなかった。この点に関して閻歩克氏は、北魏では一致していなかった品と階は、西魏の九命体制の成立で一致をみたと述べている。[32] こと北魏の状況に関しては、氏の理解は正しいといえるかもしれない。だが、それは氏が考えるように、北魏の九品官制では各品ごとに階である将軍号、ないし文散官が配置されていなかったからではない。

北魏の「階」とは官人の遷転の際に必要とされる資格を示す基準であり、官人として勤務した期間および成績に相当するいわば「労」的な「階」と、軍功などの功績に対して付与される「階」の、大別して二種類が存在した。これらの「階」は、官品内部の順位を示す官氏志の「上下階」とは意味を異にし、流外官を含めた官人すべてに共有されるものであったと想像される。しかしそれはあくまでも官職に叙されるための資格であり、したがってそれを積み重ねて官職を得ることはあっても、それ自体が官職ではなかったのである。「階」が官職ではない以上、当然無員の官たる「散官」でもありえない。北魏の「階」が品と一致しない所以は、まさにここに存する。

本章でのかかる理解をふまえた場合、北魏の「階」は、位階の成立過程においてどのように位置づけられるであろうか。前節でみたように、当時の官人としての地位が官品に基づいていたとすると、中正から付与される郷品が官品とその後の昇進を決定するという九品官人法の原則が[33]、北魏でも実践されていたと一応はみなせよう。しかし、ここでもう一度想起したいのが、先に引用した孝荘帝の「品を破りて階を受くるを」ゆるさないという詔である。すでに論じたように、当史料は「品」と「階」の根本的な相違を示すものであるが、見方を変えると本来郷品に規定されるべき官位の昇進および叙任が、郷品とは無関係の「階」に依拠しておこなわれ、しかもそれが前者に優越することが実際におこりえたことを伝える証拠でもある。そうであるならば、官品秩序を超越して「階」が官人の昇進の基準として機能するようになる傾向を、この北魏末期という時代にうかがうことができよう。

そもそも「階」とは、第二節でみたように、良民以上に属する階層であるかぎり社会的出自を問わず与えられるのであり、そのような性格からすると、官職就任の資格にとどまらず、国家ないし皇帝に対する功績を具体化する基準としてもみとめられよう。もちろん、それは社会的階層の反映として成立した郷品、その郷品に基づいて定められる官品とはまったく異質なものである。ただし、そのような九品官人法創設当初からの官品の性格を、魏晋南北朝の諸国家がいつまで有していたのか、あるいは九品官人法の運用自体に「階」が介入する余地がもともとあったのか、といった根本的な疑問も今後の課題としてなお残されている。

ただ、少なくともその「階」の積み重ねが官位の昇進を意味し、次第に特定の官職、すなわち散官を中心に結びついていくようになったことは事実である。北魏末から北周にかけての、

吏部上士に起家し、小内史・小納言を歴す。開府の階を授かり、職方中大夫に遷り、蔡州刺史と爲り、官に卒す。

起家吏部上士。歴小内史・小納言、授開府階、遷職方中大夫、爲蔡州刺史。卒於官。

（『周書』巻三三・厙狄峙伝附嶷伝）

奉朝請に起家し、鎮東将軍・銀青光祿大夫に累遷す。大行臺郎中・征東将軍を歴し、金紫の階を加えられ、司徒府従事中郎を領し、閤内都督を加えらる。

起家奉朝請。累遷鎮東將軍・銀青光祿大夫、歴大行臺郎中・征東將軍、加金紫階、領司徒府從事中郎、加閤内都督。

（『周書』巻三三・趙剛伝）

といった「金紫階」「開府階」などの用例は、「階」がまとまりを以て与えられることによって、直接散官と結びついていくプロセスを端的に示している。かかる品に対する「階」の優越性は、おそらくは宮崎氏がいわれるように、人事進退における吏部の実権掌握を背景として展開していったものであろう(34)。

また、本書の意図する階と散官の関係という視座からみた場合、一方は官人の昇進の基準、一方は定員と職務の無い官職という、本来まったく起源も性質も異なる両者の一致をはかり、さらに官人としての地位を示す官品として位置づけ、制度化したものが、唐代の文武散官であったと位置づけられよう。つまり、北魏の「階」の歴史的意義は、かかる多様な側面をもつ唐の散官の、普遍的な昇進基準としての直接の淵源であるところに求められるのである。

注

（1）　唐代の散官に言及する先行研究は枚挙にいとまないため、その全てをあげることは不可能である。本章ではその成立過程を分析の対象とする専論にかぎって以下に提示する。王徳権「試論唐代散官制度的成立過程」（中国唐代学会編輯委員会編『唐代文化研討会論文集』所収、文史哲出版社、一九九一年）、陳蘇鎮「南朝散号将軍制度考弁」（初出は一九八九年。同『両漢魏晋南北朝史探幽』所収、北京大学出版社、二〇一三年）、同「北周隋唐的散官与勳官」（初出は一九九一年。同『両

漢魏晋南北朝史探幽』所収）、窪添慶文「北魏における「光禄大夫」」（初出は一九九二年。同『魏晋南北朝官僚制研究』所収、汲古書院、二〇〇三年）、高橋徹「南北朝の将軍号と唐代武散官」（『山形大学史学論集』一五号、一九九五年）、閻歩克「西魏北周軍号散官双授制度述論」（初出は一九九八年。同『楽師与史官——伝統政治文化与政治制度論集——』所収、生活・読書・新知三聯書店、二〇〇一年）、同「周齊軍階散官制度異同論」（初出は一九九八年。同『楽師与史官』所収）など。

（2）王徳権「詩論唐代散官制度的成立過程」八四七頁、陳蘇鎮「北周隋唐的散官与勳官」一九八頁、閻歩克「西魏北周軍号散官双授制度述論」四一〇頁など。

（3）窪添慶文「北魏における「光禄大夫」」。

（4）閻歩克「西魏北周軍号散官双授制度述論」。

（5）このような「階」の性格は、漢代の官吏の昇進基準である「功」や「労」を継承するものであろう。『漢書』巻八一・匡衡伝にみえる、

　平原文學匡衡材智有餘、經學絶倫、但以無階朝廷、故隨牒在遠方。

という、大司馬・車騎將軍・領尚書事の史高に匡衡を推薦する長安令楊興の言葉に付された「階、謂升次也」という唐人顔師古の注も、昇進基準としての「階」を念頭に付されたものと考えられる。漢代の官吏の昇進については、大庭脩「漢代における功次による昇進」（初出は一九五三年。同『秦漢法制史の研究』所収、創文社、一九八二年）、佐藤達郎「漢代察挙制度の位置」（『史林』七九巻六号、一九九六年）、同「漢代官吏の考課と昇進」（『古代文化』四八巻九号、一九九六年）、同「功次による昇進制度の形成」（『東洋史研究』五八巻四号、二〇〇〇年）などを参照のこと。

（6）これらの用例のうち、元暉伝・袁翻伝にみえる「不拘階秩」「不拘階級」などは、大抜擢を意味する修辞上の常套句としても解釈できるかもしれない。しかしながら、漢代では「階次」のように直接官吏の昇進に関する「階」の用例がみられないこと、また、そのような人事に関する「階」が、後述するように魏晋時代から現れるようになるところからみて、かりに上記の用例を一般的な常套句とみるにせよ、そこには何らかの制度的な基準としての「階」が形成され、それがふまえられているものと考えたい。

（7）西晋の「階」については、それが官人の人事進退における順路と段階であったとする中村圭爾氏による指摘がある。同「初期九品官制における人事」（初出は一九八七年。同『六朝政治社会史研究』所収、汲古書院、二〇一三年）一三三頁。

（8）宮崎市定「流外勲品と入流の問題」（初出は一九五六年。同『九品官人法の研究』第二編第五章、宮崎市定全集第六巻、岩波書店、一九九二年）三三七頁。

（9）窪添慶文「北魏の州の等級について」（初出は一九八八年。同『魏晋南北朝官僚制研究』所収）。このような品と「階」が同一の基準で換算できるものとする認識は、本邦にとどまらず、中国・台湾の研究者にあっても同様である。たとえば、前述の閻歩克氏による二論考も、「階」が九品官制のいずれかに位置するものとして、階を意味する将軍号ないし散官が、唐代のように九品官制中に均等に配されていない当時の状況を以て品と階の不一致と認識されているようである。

（10）大庭脩「建中元年朱巨川奏授告身と唐の考課」（初出は一九六〇年。同『唐告身と日本古代の位階制』所収、皇學館出版部、二〇〇三年）。なお、引用部は氏の指摘に基づき、「大理司直」を「大理評事」にあらため、「經考肆壹中中叅年勞上考」の「叅」と「年」の間に「中上」を加えた。

（11）『魏書』巻五八・楊播伝附侃伝。

建義初、除冠軍將軍、東雍州刺史。其年州罷、除中散大夫、爲都督、鎭潼關。還朝、除右將軍、岐州刺史。屬元顥內逼、詔以本官假撫軍將軍爲都督、率衆鎭大梁、未發、詔行北中郎將。孝莊徙御河北、執侃手曰、朕停卿蕃寄移任此者、正爲今日。但卿尊卑百口、若隨朕行、所累處大。卿可還洛、寄之後圖。侃曰、此誠陛下曲恩、寧可以臣微族、頓廢君臣之義。固求陪從。至建州、敍行從功臣、自城陽王徽已下凡十人、竝增三階。以侃河梁之誠、特加四階。侃固辭、乞同諸人、久乃見許。於是除鎭軍將軍、度支尙書、兼給事黃門侍郎、敷西縣開國公、食邑一千戶。

（12）窪添慶文「北魏の州の等級について」。

（13）『魏書』巻一九下・城陽王長壽伝附徽伝。

莊帝踐阼、拜司州牧、尋除司徒、仍領牧。元顥入洛、徽從莊帝北巡、及車駕還宮、以與謀之功、除侍中・大司馬・太尉公、加羽葆・鼓吹、增邑通前二萬戶、餘官如故。徽表辭官封、前後屢上。又啓云、河上之功、將士之力、求回所封、加諸勳義。徽爲莊帝親待、内懼榮寵、故有此辭、以防外議。莊帝識其意、聽其辭封、不許讓官。

(14) 趙萬里著、中國科學院考古研究所編輯『漢魏南北朝墓誌集釈』（科学出版社、一九五六年）図版三二七「石信墓誌」。
襃帷入境、又追賈牧之蹤。樹恩布化、再履廉君之政。改授使持節豳州諸軍事・征東將軍・豳州刺史・白馬縣開國伯。敷五教以齊民、約三章而厲俗。除使持節寧州諸軍事・本將軍・寧州刺史、開國如故、特優兩大階、遂授車騎將軍、進爵平舒縣開國侯、增邑二百戶、并減勃海王國內之封。

(15) そもそも、「二階」、ないし「兩階」という用例が史料にある以上、同じ数の階を「一大階」と称す必要性は乏しいのではなかろうか。「階」と「某大階」の違いは、むしろそれが異なる昇進単位であることを表すためと考えたい。

(16) 父への贈官のための階を与えるものとしては、次の二例がある。
時（斛斯）椿父先在秀容、忽有傳敦死問、請己階以贈之、自襄威將軍超贈車騎將軍・恆州刺史。尋知其父猶在、詔復椿官、仍除其父爲車騎將軍・揚州刺史。

（『魏書』巻八〇・斛斯椿伝）

父冏、舉秀才、早卒。普泰初、（竇）瑗啓以身階級爲父請贈、詔贈征虜將軍・平州刺史。

（『魏書』巻八八・良吏・竇瑗伝）

子へ階を与える例は、次の『北史』巻二二・長孫道生伝附子裕伝に。

（長孫）子裕位衞尉少卿。啓捨汎階十七級、爲子義貞求官。除左將軍・加通直散騎常侍。又以父勳、封平原縣伯。

兄へ階を与える例は、次の二例。

（盧）同兄琇、少多大言、常云公侯可致。至此始爲都水使者。同啓求回身二階以加琇、琇遂除安州刺史、論者稱之。

（『魏書』巻七八・盧同伝）

……轉幷州刺史・封平原郡公、邑一千七百戶。隆之請減戶七百、竝求降己四階讓兄騰、竝加優詔許之、仍以騰爲滄州刺史。

（『北齊書』巻一八・高隆之伝）

甥へ階を与える例は、次の『魏書』巻一九中・任城王雲伝附世儁伝に。

襲爵（高平縣侯）、除給事中・東宮舍人。伯父澄表求轉階授之、於是除員外散騎常侍。

従弟へ階を与える例は、次の『北史』巻四〇・韓麒麟伝附子熙伝に。

（韓）子熙清白自守、不交人事。又少孤、爲叔顯宗所撫養。及顯宗卒、顯宗子伯華又幼、子熙愛友等於同生、長猶共居、車馬資財、隨其費用、未嘗見於言色。又上書求析階與伯華、於是除伯華東太原太守。

他人へ階を与える例は、次の『北齊書』巻四七・酷吏・宋遊道伝に。

元顥入洛、（李）奬受其命、出使徐州、都督元孚與城人趙紹兵殺之。（宋）遊道爲奬訟冤、得雪、又表爲請贈、廻己考一汎階以益之。

(17)「関」は、唐代の公文書式では官庁間の質問に用いられる公文書として規定されている（『大唐六典』巻一・尚書都省）。北魏の「関」が唐代のそれとどの程度同一視できるかは不明であるが、この場合尚書中兵曹から吏部曹へ送付される文書であるところからみて、公文書としての基本的な性格はかなり近いように思われる。

(18)この盧同の上表については、主に行台の分析から、古賀昭岑・牟発松両氏による考察がある（古賀「北朝の行台についてその三」『九州大学東洋史論集』七号、一九七九年。牟発松「六鎮起義前的北魏行台」『魏晋南北朝隋唐史資料』第一一期、武漢大学出版社、一九九一年）ただ、古賀氏は「粛宗の頃まで軍人の手柄は中兵には記録されるが、吏部には連絡が無かった」と解されているが、文意によるかぎり、盧同の軍功詐称者に対する施策は中兵の「奏按」と吏部の「勳簿」の乖離を是正することに目的があったのであり、改革以前と以後を問わず、軍人の功績が吏部に連絡されないということはなかったはずである。

(19)北魏の尚書省における考功曹については、厳耕望「北魏尚書制度考」（初出は一九四八年。『厳耕望史学論文集』巻上（厳耕望史学著作集）所収、上海古籍出版社、二〇〇一年）を参照。

(20)閻歩克氏は、北魏時代の史料に散見する「階」および「級」には官階と軍階があり、品階は魏晋以来の九品を、軍階は当時すでに位階として成熟していた将軍号の等級を指すと述べられている（閻歩克「北魏官階軍階弁」『中国史学』第九巻、一九九九年）。個々の将軍号が階を意味するという氏の主旨は、前述の氏の前稿より一貫するところであるが、その論証の過程には首肯しがたい点がいくつか存する。煩瑣となるのでいちいち論証することはひかえるが、たとえば筆者が「階」と官品との対応関係で一致しない例としてあげた楊侃の事例について、楊侃の「三階」を加えられたことによる昇進は右将軍から鎮軍将軍というもので、官品では一致しないが将軍号による軍階では一致しているとする（表一）。点線部で示した部分が氏のいわれる軍階の等級を示す。しかしながら、楊侃の「三階」が軍階であった根拠はまったくない。さらにいえば、この「三階」が軍階であったとすると、本文で示したように楊侃とともに加階にあずかった城陽王徽の例は品階、軍階のいずれにおいても説明できないが、その点については何も言及されていない。

表一　従二品・正三品将軍

従二品	四鎮将軍
	中軍・鎮軍・撫軍将軍
正三品	四安将軍
	四平将軍
	前左右後将軍

表二　正二品将軍

正二品	衛大将軍
	四征大将軍
	驃騎将軍・車騎将軍
	衛将軍
	四征将軍
	諸将軍加大者

また、石信の「特優兩大階」については、征東将軍から車騎将軍がそれにあたるとし（表二）、将軍号と軍階の一致を強調する。この「兩大階」が将軍号か否かはおくとしても、「階」としての「〇大階」なる単位は「〇階」と同一視できるものかどうかはきわめて疑問であるし、そもそも氏が引かれる軍階の区分からして恣意的の感を否めない。右の表は氏掲載のそれに一部省略を加えたものである。閻氏はこのように官品で説明できない「階」の用例のいくつかを軍階なる概念を用いて説明されるのであるが、一方で将軍号の官品と「階」が一致する事例、たとえば本文で示した張彝の撫軍将軍（従二品）・金紫光禄大夫（従二品）から征西将軍（正二品）の「一階」を官階、すなわち官品の階として説明され、これら以外の「階」、「級」などの用例で計算があわないものについては、史料の錯誤の可能性にその理由を求められている。筆者は氏の定義されるような官階と軍階という、単位としての「階」の違いを否定するつもりはないが、官品とみては計算できないものを、むりやりあわせるためにかかる論証をされているように感じられてならない。それは「階」がつねに官品、ないし将軍号であったという、先学以来の固定観念に基づくためであろうが、いずれにせよ当時の史料が示す実態から、「階」の意味するところを求めるべきであり、氏の所論にはしたがうことはできない。

（21）　北魏の考課に関する専論には、福島繁次郎「北魏前期の考課と地方官」（初出は一九五九年）、同「北魏孝文帝の考課と俸禄制」（初出は一九六二年）、同「北魏孝文帝中期以後の考課」（初出は一九六四年）、同「北魏世宗宣武帝の考課と考格」（初出は一九六四年。以上同『中国南北朝史研究』増訂版所収、名著出版、一九七九年）、長堀武「北魏における考課制度の運営について」（『秋大史学』三〇号、一九八四年）等があるが、昇進の単位である「階」の理解はいずれも宮崎氏に基づいている。

(22)「軍功の階」に類する用例としては、「軍階」（『魏書』巻九・粛宗紀・熙平二年正月庚寅）、「征階」（『魏書』巻一〇・孝荘帝紀・建義元年七月丁巳）等がある。

(23) 濱口重國「後魏時代の雑戸の義」（同『唐王朝の賤人制度』主篇第五章第一節、東洋史研究会、一九六六年）三〇〇頁、堀敏一「北朝雑戸制の再考察」（同『中国古代の身分制――良と賤――』所収、汲古書院、一九八七年）三二〇頁参照。

(24) 出身とは、一般的には九品以上の流内官にはじめて就くことを指すが、この場合、あるいは流外官を与えられることを意味しているのかもしれない。

(25) 北魏の兵制における漢人の存在については、何茲全「府兵制前的北朝兵制」（同『読史集』所収、上海人民出版社、一九八二年）、窪添慶文「北魏の地方軍（特に州軍）について」（初出は一九八四年。同『魏晋南北朝官僚制研究』所収）を参照のこと。

(26) 第一節で引用した袁翻伝にみえる、安南将軍と金紫光禄大夫の差、つまりそれが一品の違いではあるが、同時に半階の違いしかないという言葉からも、品と階の根本的な基準としての相違がうかがわれる。また、品が官職を指して用いられる例としては、いささか時代はさかのぼるが、太武帝期の、

(劉）文曄對曰、……眞君十一年、世祖太武皇帝巡江之日、時年二歲、隨外祖魯郡太守崔邪利於鄒山歸國。邪利蒙賜四品、除廣寧太守。……（『魏書』巻四三・劉休賓伝附文曄伝）

世祖西征涼土、（常）爽與兄仕國歸款軍門。世祖嘉之、賜仕國爵五品、顯美男。爽爲六品、拜宣威將軍。（『魏書』巻八四・儒林・常爽伝）

などがあげられる。これらの例に基づくならば、官職を授けられることによってはじめて品が実体化するとみた方が、より適切かもしれない。

(27) 孝文帝期の「賞格」とは、巻七下・高祖紀下・太和一五年（四九一）一一月丁亥に、

詔二千石考在上上者、假四品将軍、賜乗黄馬一匹。上中者、五品将軍。上下者、賜衣一襲。

とあるように、考課の成績に対して将軍号を仮すことを指しているものと思われる。ただし、「于纂墓誌」（『漢魏南北朝墓誌集釈』図版二五九）には「太和十三年、襲品富平伯」という「品」の用例もあるので、「爵品」で爵位のみを指している可能性もあるが、いずれにせよ官職の範疇で理解することができよう。爵品については、本書第六章で検討を加えている。

(28) 管見のかぎりで上下階に言及する実例は、『魏書』巻八・世宗紀・永平二年（五〇九）一二月の詔に、

五等諸侯、比無選式。其同姓者出身、公正六下、侯従六上、伯従六下、子正七上、男正七下。異族出身、公従七上、侯従七下、伯正八上、子正八下、男従八上。清修出身、公従八下、侯正九上、伯正九下、子従九上、男従九下。可依此敍之。

とある有爵者の起家規定、および『太平御覧』・『職官分紀』等に引用される太和二三年職令の佚文のみである。『職官分紀』所収の北魏職令佚文については、本書第七章を参照。

(29) 宮崎市定「孝文帝の新官制」（同『九品官人法の研究』第二編第五章）三二七頁、閻歩克「西魏北周軍号散官双授制度述論」四四三頁など。

(30) たとえば、北海王詳等による甄琛に対する奏弾文（『魏書』巻六八・甄琛伝）には、甄琛への非難として「布衣の父を正四の官に超登させ、七品の弟に三階の禄を越陟させた」ことが挙げられている。正四の官とは甄琛の父の甄凝が拝した中散大夫を指すが、ここでも正四品の上下階は問われていない。三階の禄が具体的に何を意味するかについては、甄琛の弟である甄僧林（本州別駕）の官歴が定かでないためよくわからないが、本州別駕が何らかの官から三階加えたことによって与えられたことを指すのであろう。

(31) ただし、この『隋書』の志の記載が、北齊のそれではなく「階」と「品」を同一のものと理解する唐代人の見地から著述された可能性も残る。

(32) 閻歩克「西魏北周軍号散官双授制度述論」。

(33)　宮崎市定「北魏の中正」（同『九品官人法の研究』第二編第五章）三四二～三四三頁。
(34)　宮崎市定「北魏の中正」三五〇～三五一頁。

補記

本章を刊行後、窪添慶文氏の「北魏後期における品と階」（『東方学』第一三〇輯、二〇一五年）が発表された。当該論文の主旨は北魏後期の官品と階の関係の解明にあるが、窪添氏は本章の主張する任官資格としての「階」の存在をみとめつつも、四品以下では官品と官品の間隔を一階、官品内の上下の間隔を半階とし、三品以上では将軍号（群）の間隔を半階として一階の上昇とする原則によって官吏の昇進の階梯が規定されていたとする。九品官制中における階の性質については、本章の考察が十分に及ばなかった点であり、あわせ参照されたい。

第三章　魏晋南北朝期の官制における「階」と「資」
――「品」との関係を中心に――

問題の所在

第一章において、東晋・南朝の交を境に、従来単に「免官」と称されていた官人処罰の一つである免官が、正式には「免所居官」と呼ばれるようになったこと、その変化の背景には、免官によって降格されるべき官人身分の表現形態が、魏晋以来の官品から官職の名称によって表示される官資へ移行するという事情があったことを論じた。さらに第二章では、従来官品、あるいは特定の官職を意味するとみなされてきた北魏時代の「階」が、官人にとっての昇進の基準を指す単位であったことを指摘し、唐代で官僚機構における身分表示をになう特定の官職、すなわち散官と、その「階」が一致するところに位階としての散官の制度的確立があることを展望した。

以上の二章にわたる考察から、「階」とは本来官人の昇進基準として成立・発展し、けっして当初より位階としての意味をもっていたわけではなかったこと、また官人としての身分を表示する南北朝期の官資が、機能面における唐代散官の起源であることがあきらかとなった。つまり、唐代の散官制度確立の前提には、単に職事官と散官の分離、そして散官の形式的整備があっただけではなく、昇進基準たる「階」と官資の重要性の増大、および官資と散官、そして官品の結合が存在したのである。

本章では、ひきつづき「階」と官資の具体的諸相を対象として魏晋南北朝期におけるその形成過程とその特質について考察をこころみるが、とくに両者と官品、および郷品との関係を分析の手がかりとしたい。それは次の理由による。

第二章で述べたように、従来の散官の成立過程に関する研究は、魏晋南北朝、とくに北魏の将軍号、および光禄大夫等の諸「大夫」を唐代散官の先駆的存在として重視し、それを前提に考察が深められてきた[1]。かかる方法によって得られた新たな成果はけっして少なくない。だが、そのような特定の官職を中心に散官の起源を追究するという方法から考察が進められたことにより、九品官制そのものを対象に位階制度の分析がなされることは少なかったといわざるを得ない[2]。一体、前近代中国を通じて官人としての身分表示の普遍的基準として、漢代の秩石制にかわって魏晋期にはじめて出現した官品――それは当初郷里社会における身分秩序を反映する郷品と対応し、そのため官界での地位のみならず、社会的な身分標識としての性格も濃厚に備えていた[3]――が以後の「伝統的」な指標として清代まで用いられ続けたことは周知の事実である。その官品が位階制度と不可分の関係にあることもまたいうまでもない。そしてその官品の成立とほぼ時を同じくして、魏晋期に「階」と官資の萌芽がみられ、両者が位階制度の形成に深く関与していたことをふまえるならば、官品の歴史的展開における「階」・官資の影響とその実態をあきらかにすることは、散官の考察に対しても重要な問題として認識されなければならない。

かかる問題意識に基づき、本章では官資の成立から分析をはじめ、それを糸口に官資と「階」が官品といかなる関係にあり、どのように影響を与えたのかを考察する。なお、本章で郷品と官品をあわせ称する場合は「品」と括弧書きで表記することを最初にことわっておく。

第一節　「資」の成立とその性格

（一）「資」の成立と郷品との関係をめぐって

最初に、魏晋南北朝期の官資に言及する先学の理解を簡単にまとめておきたい。宮崎市定氏は、資には二様の意味があって、門資、資蔭など言うときの資はその家柄によって自然に本人についてまわる資格のことで、門第、姓第、或いは単に第と言うものと同じい。これは言わば先天的な資格である。然るに資にはまた本人がその個人の経歴によって後天的に取得した資格を意味する場合がある。(4)

と述べられ、当該時代における官資と門資の二つの「資」をはじめて説明された。この宮崎氏による「資」の理解、とくに後者のそれは、一般的な官資の意味を示すものとして、基本的に現在にいたるまでひろくみとめられている。(5)以下、本章では官資と門資の二つの意味を包含する場合の資を「資」と表記する。

この宮崎氏による「資」の理解を継承しつつも、西晋期の人事の分析から独自の見解を示されたのが中村圭爾氏である。氏は、起家以降の官人の遷転における郷品の影響力を重視する宮崎氏の理解に疑問を呈し、郷品の規制から離脱しはじめる傾向にあった当時の人事進退において、「資」は官制独自の原理に基づく基準として重視されるようになったと結論されている。(6)とくに氏の指摘で注目されるのは、「資」と官品、および郷品との関係についてであり、「資」が「特定された経歴官の累積」によって表現され、郷品・官品とは別個の基準として認識されているのであるが、この点についてはまた後にふれることとし、次に中国の研究者の理解を確認しておこう。

一般的な見解としてあげられるのが、陳長琦氏の説である。氏は、個人の家族としての地位と父兄の官爵である

「資」が郷品賦与の際に重要な地位を占めていたことを強調し、郷品は「資品」と呼ぶべきであり、むしろそれが魏晋時代の習慣的な称謂であったという。[7] また、閻歩克氏は当該時期の「資」の意味を、①資格・資歴、②中正の品第（＝郷品）、③士人の門閥、という三種に分類され、[8] 張兆凱氏も「資」を本人の資（官階）と家資・世資（父祖の官階）に区分し、家資は入仕に用いられ、当人の資は昇進に用いられるとしている。[9]

諸氏の説を一瞥すると、「資」は個人の「資」と家柄の資という二つに分類され、基本的には宮崎氏によって示された「資」の理解の枠内におさまるものであること、そしてそれに加えて郷品は資、ないし資品という理解でまとめることができよう。ところで、このような中国の研究者の見地からすると、「資」は郷品、あるいは官品等の「品」によって表現されることになるが、それは上記の中村氏の「資」の理解と大きく異なることとなる。後述するように、当時の史料に「資品」なる用例がみられることはたしかであり、また中村氏自身もそれ以上の言及はされていない。そこで「資」と品の成立の前後関係について、最初に検討を加えたい。

『晋書』巻六八・賀循伝にみえる、著作郎陸機による武康令賀循と前蒸陽令郭訥を推薦する上疏には、

著作郎陸機、上疏して（賀）循を薦めて曰く、……才望資品に至りては、循は尚書郎たるべく、（郭）訥は太子洗馬・舎人たるべし。これすなわち衆望の積む所、ただに清途を企及し、かりそめに方選に充てんとするに非ざるなり。謹みて資品を條し、簡察を蒙らんことを乞うと。これ久しくして、召して太子舎人に補せり。

著作郎陸機上疏薦（賀）循曰、……至於才望資品、循可尚書郎、（郭）訥可太子洗馬・舎人。此乃衆望所積、非但企及清塗、苟充方選也。謹條資品、乞蒙簡察。久之、召補太子舎人。

とある。この「資品」について、中村氏は「武康令をかりに大県とすれば六品、尚書郎も六品、蒸陽令はおそらく小県で七品、太子洗馬・舎人ともに七品であり、したがって同一官品内での人事である」ことから、「この「資品」は

官品の意味であると理解することが可能となる」としながらも、あくまでも県令から尚書郎へ、あるいは県令から太子舎人・洗馬へという個別の官職間の昇進を決定する要素として「資品」を理解する。

次に、『晋書』巻六六・劉弘伝には、

時に荊部の守宰多く闕けり。（劉）弘 選を補すことを請い、帝これに従う。弘 すなわち功を敍し德を銓し、才に随いて補授し、甚だ論者の稱う所となる。すなわち表して曰く、中詔を被り、臣に敕して資品に随い、諸の缺吏を補わんとす。……

詔はただ臣をして散を以て空缺を補せしむ。然れども涢郷令の虞潭は忠誠烈正にして、義舉を首唱し、善を舉げ以て敎し、能はざる者は勸む。臣すなわち特に潭を轉じて醴陵令に補せり。南郡の廉吏仇勃は母老疾困にして、賊至るも守衞して移らず、以て拷掠に致し、幾んど隕命に至る。尙書令史の郭貞、張昌以て尙書郎と爲さんとし、以て朝議に訪ねんと欲するも、遁逃して出でず、昌 その妻子を質とするも、これを避けることいよいよ遠し。勃の孝篤 臨危にあらわれ、貞忠は強暴に厲《と》がる。おのおの四品と雖も、みな以て臣子を訓奬し、風敎を長益すべし。臣すなわち勃を以て歸鄕令と爲し、貞を信陵令と爲す。……

時荊部守宰多闕、（劉）弘請補選、帝從之。弘迺敍功銓德、隨才補授、甚爲論者所稱。乃表曰、被中詔、敕臣隨資品、選補諸缺吏。……

詔惟令臣以散補空缺、然涢鄉令虞潭忠誠烈正、首唱義舉、舉善以敎、不能者勸、臣輒特轉潭補醴陵令。南郡廉吏仇勃、母老疾困、賊至守衞不移、以致拷掠、幾至隕命。尙書令史郭貞、張昌以爲尙書郎、欲訪以朝議、遁逃不出、昌質其妻子、避之彌遠。勃孝篤著於臨危、貞忠厲於強暴、雖各四品、皆可以訓奬臣子、長益風敎。臣輒以勃爲歸鄕令、貞爲信陵令。……

とある。太安二年（三〇三）、張昌の乱を平定した荊州刺史劉弘は、当時多くの欠員があった支配下の太守・県令の任命を中央に願い出、それが「資品に随い、諸の缺吏」を選補するようにという勅を待って実行されたという。そこで注目されるのは、南郡の「廉吏」仇勃を帰郷令に、尚書令史郭貞を信陵令に就けるにあたり、両名が「四品ではあるが、（彼らに適任を与えることは）臣子を訓奨し、長らく風教を益することができる」と劉弘自身が述べている点である。尚書令史は九品（『通典』巻三七・職官典一九・晋官品）、「廉吏」も郡の孝廉に当たった「吏」であり[10]、ここでいう「四品」はいずれも流内官の四品ではありえず、郷品であることはあきらかである。

また、南朝での「資品」の用例として、『宋書』巻七七・顔師伯伝には、

大明七年（四六三）、尚書右僕射に補さる。時に二選を分置するに、陳郡の謝荘と琅邪の王曇生、竝びに吏部尚書となる。（顔）師伯の子擧、寒人張奇を周旋して公車令になさんとす。上、奇の資品の當たらざるを以て市買丞を兼ねしめ、蔡道惠を以てこれに代える。……

（大明）七年、補尚書右僕射。時分置二選、陳郡謝莊・琅邪王曇生竝爲吏部尚書。（顔）師伯子擧周旋寒人張奇爲公車令、上以奇資品不當、使兼市買丞、以蔡道惠代之。……

とある。これも陳氏の郷品＝「資品」説の論拠とされているものであるが、寒人とされる張奇の郷品に対して公車令の品位が高すぎることから、劉宋孝武帝にその就任を却下されたものとみることは可能である。ただし、この「資品」が郷品ではなく、官資を指している可能性もないわけではない[11]。

以上の用例からみると、郷品が「資品」と呼ばれることがあったことは事実としてみとめなければならない。だが、郷品＝「資品」であるとしても、では何故郷品が「資品」と呼ばれたのか、あるいは「資」は当初から「資品」であったのかという点は依然として不明なのであり、したがって「資」の成立が郷品・官品を含めた「品」に先行するの

かということは、なおあきらかにする必要がある。この点については、次の司空衛瓘による九品官人法批判が手がかりとなる。

……魏氏 顚覆の運を承け、喪亂の後に起こる。人士は流移して考詳するに地無く、故に九品の制を立つ。粗且《ほぼ》つに一時の選用の本たるのみ。そのはじめて造るや、郷邑の清議、爵位に拘わらず、褒貶の加うる所、勸勵と爲すに足り、なお郷論の餘風あり。中閒 漸く染まり、遂に資を計りて品を定め、天下をして觀望せしめ、ただ位に居るを以て貴と爲し、人は德を棄てて道業を忽《ゆるが》せにし、多少を錐刀の末に争い、風俗を傷損し、その弊は細ならず。……

……魏氏承顚覆之運、起喪亂之後、人士流移、考詳無地、故立九品之制、粗且爲一時選用之本耳。其始造也、郷邑清議、不拘爵位、褒貶所加、足爲勸勵、猶有郷論餘風。中閒漸染、遂計資定品、使天下觀望、唯以居位爲貴、人棄德而忽道業、爭多少於錐刀之末、傷損風俗、其弊不細。……

（『晋書』巻三六・衛瓘伝）

衛瓘はいう。喪乱の後をうけて人士が流移し、「考詳無地」なるによって創設された九品官人法が実行されると、その当初郷品の根拠となる「郷邑の清議」は「爵位」、つまり朝廷から与えられる封爵や官位に拘束されなかったが、次第に「資」を計って郷品が定められ、ただ官界での地位のみが尊ばれるようになり、それが風俗をそこなうまでにいたっていると。文中の「資」が、郷品を与えられる当人の父兄の官資であることはいうまでもないが、その「資」が九品官人法施行当初からよるべき基準とされていたわけではなく、郷品決定にそれが持ち込まれることが批判の主題であることに注意しなければならない。この上奏が、太康三年（二八二）の衛瓘の司空就任（『晋書』巻三・武帝紀）以前にさかのぼりえないところからみて、郷品詳定における「資」の重視は、延康元年（二二〇）の九品官人法成立からの、約六〇年の間に生じたものと想像される。事実、前述の「資品」の用例はすべて衛瓘の上奏と同時期かそれ以降であり、九品官人法創設の当初から、「資」が「品」であった確証は見いだせないのである。やはり「資」は本来個人の官職への就任に必要な資格で、社会的身分秩序を示す郷品、およびその郷品に相応する官品に、直接に対応するべく設けられたのではなかったとみるべきであろう。[12]では、かかる官僚制固有の「資」の成立は何時なのであろうか。

もともと「資」が、「門資」「世資」といった表現で勢力、資産ないしは個人の資質を指すことは晋代以前よりけっして珍しくはなく、逆に魏晋以後も「資」が官僚制特有の用語としてのみ用いられていたわけでもない。ただし、魏晋時代以前の「資」は、あくまでも代々受け継いだ勢力や財産としての意味が濃厚であり、官資の意味を備えていたとは思われない。実際、漢代の「資」に魏晋時代と同様の意味を見いだすことはできない。

官僚制固有の「資」が成立した時期を特定することは難しいが、その存在が史上に頻出しはじめるのは西晋に入ってからであり、[13]武帝中期の具体的な人事のあり方を伝える史料として著名な『山公啓事』には、すでに官資としての「資」が確認される。[14]中村氏は官資の出現が西晋時代であることを指摘するのみで、その具体的な時期を特定されていない。ただ、「資」が現れはじめる以前の人事の基準が、郷品とそれに付随する「状」、あるいは漢代以来の「薄伐」であったことを考慮に含めるならば、[15]人事の基準となる官資の成立とその制度化は、おおよそ曹魏嘉平元年（二四九）前後ではなかろうか。なぜなら、同年の司馬懿による曹爽政権打倒のクーデター後に州大中正が新設され、それがいわゆる九品官人法の「貴族化」に拍車をかけ、任子制的に運用される契機とみなされること、そのような人事運営がおこなわれる前提には、必然的に官資という概念の成立があるはずだからである。[16]このように考えるならば、「品」が成立した後に「資」が形成されたとみるのが妥当であろう。

要するに、「計資定品」によって「資品」化した郷品に依拠する人事の運営が、結果的に高級官人層の世襲化、いわゆる貴族的官制の形成をうながし、官資が子孫、具体的には「家」に継承されていくことによって門資、世資、あるいは資蔭といった先天的な「資」が形成されるにいたる。官資から門資へという「資」の語義の展開を、ごく簡単にまとめるならばこのようになろう。もちろん、先述したように「資」には代々の勢力、資産の意味もあるから、個人の官資と父祖以来の「資」が結びつくことによって世資、資蔭なる表現が魏晋期に生まれたとみる方がより正確である。

以上、本章では門資の成立の前提として官資の成立があり、その官資が郷品に影響を与えることによって「資品」なる称謂が成立したと理解するわけであるが、かかる結論に基づくかぎり、郷品たる「資品」を別にすると、「資」が官品そのものを意味していたとは考えにくい。第一章で述べたように、東晋南朝にかけて、本来特定の官職に就くための資格であった官資が、従来の官品にかわって、個々の官職の名称によって表される「資」として官人の身分を表示する基準に変質するが、その背景には官の清濁の展開による官品秩序の相対化が進行していた。このような身分表示の機能を備えた官資の序列に基づいて、官品にかえて官位の再構成をはかったのが梁の武帝であり、彼によって構築された新しい序列が梁十八班制であった。その班制が導入された天監の改革以前にあっては、官品は「資」に等しい基準でなく、両者はまったく異なる基準であったのである。

しかしながら一方の北朝では、状況は異なっていた。次にその北朝における「資」のあり方をみていきたい。

(二)　北朝の「資」と官品について

第一章で指摘したように、南朝では「資」は個々の官職名、および帯帖の官との組み合わせによって表されていたわけであるが、北朝における「資」の表現形態はいかなるものであったのだろうか。結論から先にいえば、北朝では南朝とは異なり、官品として表されることがあったと考えられる。『魏書』巻一一・前廃帝紀普泰元年（五三一）二月己巳の条には「除名免官は、特に本資の品を復し、封は舊に依れ」とあり、また、『北齊書』巻五・廃帝紀天保一〇年（五五九）十月癸卯の条には「亡官失爵は、資品を復するを聽す」とあるが、これらの「資品」はいずれも官品を指しているものと思われる。この他には『魏書』巻二一上・高陽王雍伝にも、

臣また部尉の資品を見るに、もとより流外に居る。諸の明令を刊するに、これを行うことすでに久し。然れども近ごろ里巷多盗たり、その威輕く肅ならざるを以て品を清流に進め、以て姦宄を壓せんと欲す。甄琛は啓して云うに、法を爲す者は施してこれを觀、便ならざればすなわち改めよと。ひそかに謂うにこの言採用すべきあり。聖慈は昭覽し、あらためて宰尉の秩を高めんことをと。

臣又見部尉資品、本居流外、刊諸明令、行之已久。然近爲里巷多盗、以其威輕不肅、欲進品清流、以壓姦宄。甄琛啓云、爲法者施而觀之、不便則改。竊謂斯言有可採用、聖慈昭覽、更高宰尉之秩。

という「資品」の用例がみられる。この部尉とは文中にあるように流外官ではあるけれども、その官位が「資品」と称されており、官品とほぼ同様の用例とみてよいだろう。より明確にそれを示しているのは、次の『魏書』巻五七・崔挺伝附崔振にみえる「本資」である。

太和二十年（四九六）、建威將軍・平陽太守に遷る。拜さずして高陽内史に轉ず。高祖南討するや、徴して尚書左丞を兼ね、京に留まる。（崔）振すでに才幹もて擢せられ、當世以て榮と爲す。のち職令を改定するに、振の本資はただ五品に擬せらるるに、詔して曰く、振は郡にありて績を著せり。宜しく褒升あるべしと。太子庶子に除せらる。

太和二十年、遷建威將軍・平陽太守。不拜、轉高陽內史。高祖南討、徵兼尚書左丞、留京。（崔）振既才幹被擢、

當世以爲榮。後改定職令、振本資惟擬五品、詔曰、振在郡著績、宜有褒升。除太子庶子。

兼尚書左丞であった崔振は、太和二三年（四九九）の新令施行に際しその「本資」を「五品」と定められたが、高陽内史在任時の治績をみとめられて「五品」から引き上げられ、太子庶子に除されたという。『魏書』巻一一三・官氏志に載せる太和一七年の職員令では郡太守の官品は不明であるが、建威将軍は正四品中、尚書左丞は正四品上であり、同二三年職令では太子庶子は従四品上なので[17]、職令改訂以前の崔振の本資は四品、改定後も最終的に四品とされた結果、太子庶子に除されたと考えられる。また、前章でもみたが、『魏書』巻一〇八之四・礼志四にみえる永平四年（五一一）一二月の員外将軍・兼尚書都令史陳終徳の祖母の服喪に関する議における太常卿劉芳の議では、陳終徳の員外将軍（従八品下）を「員外の資」と呼びかえ、しかもそれが「十六品」に相当するという。以上の「資」の用例から、官資は官品として認識されうる基準であったことがうかがわれよう。

しかしながら、北朝の官資が、つねに官品に対応するものであったとは断定できないし、時には南朝と同様、特定の官職によって示される官位であったとも予想される。時代は降るが、隋の開皇年間の李仲挙を例にみてみよう。『北史』巻一〇〇・序伝・李仲挙には、

……朝廷の士を舉げるに會し、著作郎王劭また舉げるに應詔を以てす。前に致すの推遷するを以て責と爲し、冀州清江令に除せらる。未だ幾ばくならずして、また疾を以て還る。のちに資例を以て帥都督・洛陽令を授く。

……會朝廷舉士、著作郎王劭又舉以應詔。以前致推遷爲責、除冀州清江令。未幾、又以疾還。後以資例、授帥都督・洛陽令。

とある。冀州清江令を疾によって辞した李仲挙は、その後「資例」によって帥都督・洛陽令を授けられたという。開皇令における清江令と洛陽令の官品が定かではないため、「資例」の具体的内容を知ることはできないが、単純に官

品の上昇＝「資例」であったとは考えにくい[18]。ただ、前に引用した北魏における「資品」から想像するかぎり、少なくとも北朝では官資が官品で表現されることがあったことはたしかである。

以上、魏晋期における官資の成立と郷品との関係、および北朝における官資の表現形態について考察を加えた。魏晋時代に吏部における人事の基準として機能するにいたった官資が、郷品評定の際に重視されるようになった結果、「資品」なる「資」の用例が生まれる。そのように郷品と官資が密接に結びつき、任子制的な郷品の付与がおこなわれるようになったために「門資」「世資」等の家々に由来する「資」が成立した。すなわち、「資」は本来個々の官職を経歴することによって得られる資格であり、「品」との対応を前提として設定された基準ではなく、また南朝にいたっても、「品」と同一の基準に変化したわけではなかったのである。

一方の北朝では、官資は官僚としての後天的な資格という魏晋以来の性格を備えつつも、南朝とは異なりしばしば官品として表現される基準であった。かかる南北朝間の「資」の相違は、「資」が基本的に官職の履歴、ないしは官職そのものによって表される基準でありながら、当時の社会的な官職の価値基準である官の清濁の顕現により、官品に依拠する序列が相対化された南朝とは異なり、北朝では官の清濁が南朝的なあり方としては展開せず、したがって官品を基準とする官位の秩序が一定の貫徹をみたことに一因を求められよう[19]。

第二節　「階」と「品」の関係について

（一）　魏晋南朝の「階」と「品」をめぐって

「階」に関する先学の分析、とくにその定義におよぶ研究はけっして多くはない。秦漢から隋唐にかけての官僚制、とりわけ起家と遷転を軸とする人事運用を中心に、その歴史的展開を『九品官人法の研究』において詳述された宮崎市定氏でさえ、「階は原来は品と同じであった」とわずかに言及するのみである。[20]かかる氏の言葉を引用するまでもなく、官品＝位階＝「階」という理解は、自明の事柄として今までほとんど疑問をもたれることはなかったといっていいだろう。しかしながら、けっしてそれが正しい理解ではなく、「階」が本来官人の昇進の段階、ないしは基準を意味する用語であり、官品と同義ではないことはすでに第二章で述べたとおりである。ただし、北魏において九品官制の区分が「階」と称され、その「階」を唐の九品三〇階という位階区分の起源とみることも簡単には否定できない。では、このような九品に対応する「階」はどのような経緯を経て「品」と一体化し、いわゆる位階としての「階」となったのであろうか。本節ではこの問題を検討する予備的考察として、若干の分析をおこなう。

宮崎氏以降、魏晋南朝の「階」にふれた研究としては越智重明氏と中村圭爾氏、および閻歩克氏の考察があげられる。まずは越智氏の見解から紹介しよう。氏は晋南朝時代の「清階」なる語の検討に際して当該時代の「階」を説明されているが、官職に関する階という語には二つの意味があり、一つは官の等級を、もう一つは官界における官序、すなわち官歴上の任官順序を指すという。[21]前者の官の等級を意味する階として、氏は潘岳「閑居賦」にみえる次の「階」の用例を提示する。

既にして仕宦達せず、すなわち閑居賦を作りて曰く、……僕少くして郷曲の譽を竊み、司空太尉の命を忝くす。奉る所の主、すなわち太宰魯武公その人なり。秀才に擧げられて郎と爲る。世祖武皇帝に事えるに逮び、河陽・懷令、尙書郎、廷尉評と爲る。いまの天子の諒闇の際、太傅主簿を領す。府主の誅さるるや、除名せられて民と爲る。俄にして官に復し、長安令に除せらる。博士に遷り、未だ召拜せずして親疾たり、すなわち官を去りて免ぜらる。弱冠より知命の年にわたり、八たび官を徙《うつ》りて一たび階を進め、再免、一たび除名、一たび職を拜さず、遷ること三たびのみ。

既仕宦不達、乃作閑居賦曰、……僕少竊鄉曲之譽、忝司空太尉之命、所奉之主、卽太宰魯武公其人也。擧秀才爲郎。逮事世祖武皇帝、爲河陽・懷令、尙書郎、廷尉評。今天子諒闇之際、領太傅主簿。府主誅、除名爲民。俄而復官、除長安令。遷博士、未召拜、親疾、輒去官免。自弱冠涉于知命之年、八徙官而一進階、再免、一除名、一不拜職、遷者三而已矣。（『晋書』巻五五・潘岳伝）

越智氏は潘岳のこの時点での官歴、すなわち司空掾（七品）・太尉掾（七品）・郎[22]・河陽令（官品不明）・懐令（官品不明）・尚書郎（六品）・廷尉評（六品）・領太傅主簿（官品不明）・長安令（官品不明）・博士（六品）の中で、「八徙官」とは郎以後のことを指すとしたうえで、「一進階」は第七品官から第六品官に昇ったことを意味し、その「階」は官品を指すとする。また、

令僕の子　祕書郎に起家す。もし員滿つれば、また板法曹たり。半階高きと雖も、望は終に祕書郎の下なり。

令僕子起家祕書郎。若員滿、亦爲板法曹、雖高半階、望終祕書郎下。（『隋書』巻二六・百官志上）

という、陳における起家規定の「半階」については、「この板法曹は皇弟皇子府行参軍のなかの板法曹（参軍）である。これは流内第三班である。秘書郎は流内第二班である。そうすると右の両者の差を「半階」とするものにあっては流内十八班の一班が半階で、流内十八班全体が九階ということになろう」と述べ、結論としては宮崎氏の品＝階の理解に同じい。

もう一方の官界における官序としての階について、氏は、

弱冠にして祕書郎、太子舍人と爲り、中書舍人に轉ず。（王）景文　この授の超階なるを以て、（王）績をして經年して乃ち受けしむ。

弱冠為秘書郎、太子舎人、轉中書舎人。(王)景文以此授超階、令(王)績經年乃受。
(『南齊書』巻四九・王奐伝附王績)

という「超階」の用例から、秘書郎が第六品官、太子舎人・中書舎人がともに第七品官であるところから、この場合の階は官品ではなく官序を指すと考えられている。かかる氏の理解の前提には、宮崎氏と同様に「階」が品と何らかのかたちで対応するという認識があり、結果的に「階」と「品」が一致する場合には官品として、一致しない場合は官序として判断されているようにも見受けられる。だが、右の王績の例がはしなくも示すように、そもそも官品の序列が絶対視できない状況にあった南朝の人事遷転を、その官品の高低のみで理解しようとする氏の方法にも問題があるし、加えて「階」が「品」を意味する例として氏があげられる『晋書』巻三三・王祥伝の「一階」も、実は逆に一致しない例としてみなければならない[23]。

「階」と「資」は等しいとする宮崎・越智両氏の理解に代表されるいわば通説的な「階」の理解に対して、中村圭爾氏は西晋時代の「階」を分析の対象として、はじめて異なる見解を提示された[24]。氏は越智氏が七品から六品への昇進を「一進階」とみる潘岳の例について、進階とは官品を一段上ること、潘岳の場合では七品官から六品官への昇進であり、三度あった「遷」とは同一官品内での移動、同じく潘岳の場合では六・七品官の中での移動とみながらも、性急に「階」と「品」を同義とみなすことを保留し、郎→県令→尚書郎という当時の昇進コースの存在を指摘する。そしてその昇進コースに基づき「単に官品を一つ進めるのが進階なのではなく、一定の人事進退の順路と段階における、その段階の一つを階」として定義され、さらにその「階」と「資」の関係について、「一定の序列にある官位の階、それを累積した「資」、それが記録された閥閲、薄伐、これが人事進退におけるもっとも基本的、かつ重要な基準であった」と結論づけ、結果的に「階」と「資」、および「品」を別個の基準として認識されている。このような氏の所説は、一面では越智説における前者の「階」、すなわち階＝官序説を発展、かつ徹底させた見解として位置づけられよう。

右の宮崎・中村両氏の学説をふまえながら、当該時代の「階」の性格とその由来を班次と官品との関係から説明するのが閻歩克氏である。(25) 氏はまず「階」の本義を朝堂における「階陛」、すなわち宮殿の階段に求め、漢代では「階」はつねに官位の呼称として用いられていたとし、その漢代以来の朝堂での百官の席次（朝班）の序列が、魏晋において成立した官品の一つの来源であったとする。氏の「階」の理解の特徴としてあげられるのは、そのような席次と密接に関連する「階」、とくに「階級」として史料に現れるそれが官品と相互に用いられ、かつ官品の補助的な等級であったと認識されているところにある。ただし、氏は同時に「位」「階」は官人の積み重ねてきた官資、氏の言葉でいえば「資位」を示すものとして、官人個人の地位の指標としても理解されており、中村氏の「階」の理解にも一部共通する。

この閻氏の所説は漢代より魏晋南北朝、さらに隋唐への位階制度の展望をこころみる壮大なものであり、その構想が大きいだけに個々には首肯しかねる点、ないしは再考するべき問題も残されているように思われる。とりわけ指摘されなければならないのは、朝位から階、さらに官品へという氏の位階の成立過程の図式そのものである。つまり氏の図式は「階」の朝位から官位へという変化の論理的必然性の説明と、史料的に十分な裏づけを欠くため、官品序列の一源流として氏が提示される朝位と官品の関係とともに、本質的な部分で疑問とせざるをえない。要するに、位階としての「階」が何時に成立したのか、それは当初から官位と称すべき存在であったのかという基本的な点こそが、最初にあきらかにされなければならないのである。そこで本章では「階」が史上に散見しはじめる後漢後期以降の官制と、その「階」の関係についてみていきたい。

魏晋以後の「階」の用例のうち、とくに代表的な熟語として「階級」および「階次」をあげることができる。「階級」については、

また官司を建樹するに、功は簡久にあり。階級少なければすなわち人心定まれり。その事を久しくすればすなわち政化なりて能否著わる。これ三代の直道にして行う所以なり。以爲らく選例九等は當今の要にして、宜しく施用すべきなり。

又建樹官司、功在簡久。階級少、則人心定。久其事、則政化成而能否著、此三代所以直道而行也。以爲選例九等、當今之要、所宜施用也。（『晉書』巻四六・李重伝）

漢魏以來、內官の貴なること今に於いて最も崇し。而れども百官の等級遂に多く、遷補轉徙は流れるが如く、能否は以て著すなく、黜陟もあきらかなるを得ず、これ爲理の大弊なり。それ階級繁多にして官を冀うこと久し、官久しからずして理を冀いて功をなさんとするも、得るべからざるなり。

……漢魏以來、內官之貴、於今最崇、而百官等級遂多、遷補轉徙如流、能否無以著、黜陟不得彰、此爲理之大弊也。夫階級繁多而冀官久、官不久而冀理功成、不可得也。（『通典』巻一六・選挙典四・雑議論上）

という、西晋の李重の意見にみられるそれが代表的であろう。中村氏はこの「階級」を昇進の段階と解し[26]、閻氏は同一官品内における官職の等級とみておられるが[27]、かりにいずれの解釈にしたがっても、漢代の「階級」にそのような意味は備わっていないようである。たとえば孫呉の例ではあるが、

臣聞くならく、國あり家あるは、必ず嫡庶の端を明らかにし、尊卑の禮を異とし、高下をして差あらしめ、階級踰邈す。かくの如くんばすなわち骨肉の恩生じ、覬覦の望絕たれん。

臣聞有國有家者、必明嫡庶之端、異尊卑之禮、使高下有差、階級踰邈、如此則骨肉之恩生、覬覦之望絕。

（『三国志』巻五二・呉書顧雍伝附顧譚）

とあるように、「階級」は一般的な等級を示す語として用いられているように思われる。(28) 一方の「階次」であるが、本書第二章で説明したように、昇進の際に必要な資格、ないしその段階を意味する語であった。ただし、このような「階次」は魏晋以前の『史記』から『後漢書』の正史にはまったく見受けられず、魏晋南北朝特有の官制用語と想像される。管見のかぎりではあるけれども、漢代での「階次」は二例、そして「階次」に類する「級次」が一例あるのみである。「階次」の用例は、『楚辞』大招章句の一句「擧傑壓陛」に附された王逸註に「陛は階次なり」とあるものと、『蔡中郎集』巻二「貞節先生陳留范史雲銘」に、

……處士を以て孝廉に擧げられ、郎中・萊蕪長に除せらる。未だ京師を出でずして、母を喪い行服す。故事、服闋るの後は郎中に還るに、君遂に州郡の政に従わず、およそそれ君に事えるに、過ぎればすなわちこれを弼《たす》け、缺くればすなわちこれを補う。清夷の路を通じ、邪枉の門を塞ぎ、善を擧ぐるに階次に拘わらず、惡を黜《しりぞ》けるに強禦を畏れず。そのこと繁博にして詳載すべからず。

……以處士擧孝廉、除郎中・萊蕪長。未出京師、喪母行服。故事、服闋後還郎中。君遂不從州郡之政、凡其事君、過則弼之、缺則補之。通淸夷之路、塞邪枉之門、擧善不拘階次、黜惡不畏強禦。其事繁博、不可詳載。

とある二例、そして『太平御覧』巻二〇三・職官部一・摠叙官引仲長子『昌言』に、

仲長子の昌言に曰く、官の級あるは、なお階の等あるがごとし。階を升るに等を越えれば、その歩みは亂れん。亂れて朝級を登らば、禮を敗り法を傷つけん。ここをもって古人の初めて仕ふるや、賢才あると雖も、みな級次を以て進めり。賈生に言あり、國を治めるに人を取り、務は求能にあり。故に國を裁くの利器なく、なお鏤《ちりば》めるに鉛刀を以てしてその巧みなるを望むは、また踈ましきならんかと。

仲長子昌言曰、官之有級、猶階之有等、升階越等、其歩也亂。亂登朝級、敗禮傷法、是以古人之初仕也、雖有賢才、皆以級次進焉。賈生有言、治國取人、務在求能、故裁國之無利器、猶鏤以鉛刀而望其巧、不亦疎乎。

とある「級次」である。ただ、王逸註の「階次」と『昌言』の「級次」はさておき、『蔡中郎集』のそれは官吏の昇進関係の語というよりも、地位・順序の意として用いられているように思われる。

ところで、漢代における官僚の人事遷転について想起されるのは、功次に基づく人事の存在であろう。通説では、官吏の勤務評定の基準である「功」と「労」による「功次」に依拠して年功序列的に地位を高めていくのが、漢代における官吏の一般的な昇進とされている。[29] このような功次に基づく昇進の実態については、すでに文献史料と居延漢簡・尹湾漢簡等の考古資料の両面からとりあげられているが、後漢から三国時代にかけての用例は多くはないようであり、南北朝以降はほとんど見受けられない。もとより、それはあくまでも文献史料のうえであり、当時の行政運営において功次が存在しなかったことを証明するものではないが、それでも功次の用例が少なくなっていく点にひとつの歴史的特徴を求めることは可能であろう。興味深いことに、功次が史上に現れなくなる時期と「階次」がみられるようになる時期は、ともに後漢末から三国時代なのである。文献史料での功次は、曹魏明帝時代の杜恕の考課に関する上疏に、

……それ州郡をして士を考せんと欲するに、必ず四科により、みな事効あらば、然る後に察挙し、試みに公府に辟して親民の長吏と為し、転ずるに功次を以て郡守に補せらるる者、或いは就きて秩を増し爵を賜えよ。これ最も考課の急務なり。

……其欲使州郡考士、必由四科、皆有事效、然後察舉、試辟公府、爲親民長吏、轉以功次補郡守者、或就增秩賜爵、此最考課之急務也。

（『三国志』巻一六・魏書杜畿伝附杜恕）

とある用例以降はほとんど確認できず[30]、同じく階次は前述の後漢での二例を別にすると曹魏末期の劉寔の「崇讓論」にみえるそれが初見である（『晋書』巻四一・劉寔伝）。

かかる事実は両者に官僚の昇進システムとしての連続性を予想せしめよう。第二章においても言及したように、北魏時代の「階」は基本的に軍功による「階」と考課による人事評定等による「階」の二種類が存在し、とりわけ後者は「階労」「考級」と熟されて用いられるように、きわめて労考に近いものであったと考えられるからである。このような推測が可能であるならば、功次から階次へという昇進基準の変化は、漢から魏晋における官制上の時代的変化、すなわち九品官制の成立と対応するものであると同時に、二つの時代の連続性をも示しているといえよう。とくに連続性の面に注目し、「階」を労考以来の系譜に連なる昇進基準と位置づけるならば、「階」はけっして官品を前提として設けられたとは考えられないのである。

次にその漢代での階次がどのような意味で用いられているかであるが、前に引用した『楚辞』王逸註の用例、また仲長統『昌言』にいう「級次」は、いずれも年功序列的な人事の順番としての意味をもつものと理解される。すなわち、それが成立しつつあった後漢末期には、すでに「階」の人事基準としての側面は萌芽の兆しをみせているのであり、その後も一貫して南北朝、そして唐代においてもその属性はうかがえるのである。とくに唐代で「階」が人事の段階として認識されていたことを端的に示すのは、『漢書』巻八一・匡衡伝の「平原文學匡衡材智有餘、經學絶倫、但以無階朝廷、故隨牒在遠方」という一文に付された顔師古の「階、云升次也」という註であろう。ただし、この『漢書』の原文の「階」が、六朝隋唐的な人事の段階をただちに意味するまでにはいたっていないことも念頭におく必要があろう。この点については後述する。

南朝におけるこのような人事基準、ないし昇進の段階としての「階」は、越智氏が言及された「清階」、すなわち清官を連ねた第一流の官序が代表的であるが、それだけではなく、「勲階」と呼ばれる下級の昇進コースも南朝の人事遷転には存在し[31]、きわめて複合的かつ複雑なものとなっていたこと、そしてそれが貴族制的官制として認識される重要な特徴であったことはすでに指摘されている[32]。このような「階級繁多」な状況のもと、昇進の基準として成立し、また機能してきた「階」が、郷品につながる官品と同一の基準ではなかったことはあきらかであろう。そしてそのような官序の存在は、国家の側にとっては官品秩序の相対化をみとめることでもあり、宮崎氏がいわれるように早晩改革の必要があったのである。

このような問題を是正するために導入された梁十八班制は、「班」を基準に昇進の段階の簡素化、一元化をはかるものであり、西晋の劉頌による九班選制の実現されたすがたでもあった。『隋書』巻二六・百官志上の「班はすなわち階なり」という、梁の官制についての説明によれば、その十八班制は「階」による官位の体系化とみることができよう。ただし、十八班制自体はあくまでも「班」の序列であり、またその導入の際に官品が廃止されたわけではなかったことをふまえるならば、南朝官僚制の到達点である梁陳の官制は、魏晋以来の官人としての身分を表示する基準であった官品と班の二つの序列を併存する構造であったといえるだろう。この一点において、南朝では「階」が官品と一致した官人の地位の基準となることは、ついになかったと結論される。かくして階と品の関係の如何は、北朝史の問題として残されるのであった。

（二）　北朝の「階」と「品」

北魏における「階」としてもっとも知られているのは、『魏書』巻一一三・官氏志に載せられた太和一七年（四九三）制定とされる「令」、および同二三年（四九九）の「職令」の、官品を区分する「階」であろう。前者は一品から九品までを正従に二分し、さらにその正従を上中下の「階」に分ける合計「五四階」であり、後者は各品を正従に分ける点では同じであるが、四品以下を上下の「階」に区分し、合計「三〇階」という体裁をとる。とくに後者は唐の九品官制とまったく同じ形式で、しかも九品内の各段階をはじめて「階」と称したところから、唐の官品制度の直接の源流とみなされてきた。

しかしながら、従来あまり注目されなかったけれども、太和一七年以前に九品を「階」と称するとみられる用例が同じ北魏で存在する。それは一見すると「階」は官品に等しいとする見解の論拠ともなりうるものである。本項ではその用例について分析を加え、北魏における「階」と「品」の関係をまとめて当該問題をしめくくりたい。

『魏書』巻一一一・刑罰志の一節には、「王官階九品、得以官爵除刑」とある。これは太武帝の神䴥四年（四三一）に改定された律令のうち、律の規定の一部を述べたものである。この一節は唐律における除免当贖法の一つである官当の、もっとも古い実例を示すものとして、主として法制史の側からしばしば言及がなされてきた(33)。

ただ、ここで疑問に思われるのは、「王官階九品」の「階」を位階の意味にとることができるのか、というきわめて本質的な点である。そもそも「階」なる語の意味としては、周知のごとく位階としての意味のほか、階段や等級、つまり「きざはし」としてのそれがもっとも一般的であり、実際そのような用法が六朝以前でも中心を占めているように思われる。ただし、上記以外の意味が「階」に存在しないわけではない。「階」には「てづる」「よりどころ」、その動詞として「よる」という意味もあり、ことに漢代にあってはこの意味での用法も少なくないのである。その代表的な例が、前引の『漢書』匡衡伝の「以無階朝廷」の「階」に他ならない。顔師古は、もとより匡衡が「選補の恒牒」、すなわち規定にしたがった人事運用では、朝廷の官途への「升次」が無いと理解したのであり、おそらくそれは誤りではないはずである。だが、この一文に関していえば、「階」はまぎれもなくてづるとして解することができよう。

「階」のこのような用例は漢代だけではない。曹魏末年の例として、太保の鄭沖は「位、台輔に階るといえども世事に預」からなかったといい（『晋書』巻三三・鄭沖伝）、劉宋少帝期に侍中への叙任を辞退した殷景仁は、「皇途隆泰にあい、身は恩榮を荷う。牒に階りて推遷し、日月頻に積む。失は饕餮にあり、自ずから量らざるを患う」ことを名目としている（『宋書』巻六三・殷景仁伝）。北朝においても、「（韓）麒麟、新附の人の未だ臺宦に階らず、士人沈抑するを以て、すなわち表して曰く」（『魏書』巻六〇・韓麒麟伝）という用例があり、魏晋南北朝期にも同様の意味があったことは疑いない。このことから推測するに、問題の『魏書』刑罰志の「階」も「よる」、ないしは「位置する」の意にとって「王官の九品に階るは、官爵を以て刑を除くを得」とよみ、「九品以上の流内官は官職・爵位を代替に刑罰を免除される」と理解すべきと考えられる。すなわち、問題の太武帝期の律令にみえる「階」は位階を意味せず、また官品と同義ではないのである。ただし太武帝以降の孝文帝期であっても、官品内の「階」が身分を示す基準とは認識されていなかったこともすでに指摘したとおりである[34]。

以上の考察に基づくならば、官品の等級としての「階」の初出は、やはり太和一七年の令からということとなる。問題は、後漢末期から官僚の昇進の段階・基準として成立した「階」の特質と、その太和一七年および二三年職令における「階」との関係の如何にある。その実態をつまびらかにすることはなお困難ではあるけれども、「階」が本来昇進基準として成立したこと、南朝梁十八班の班が「階」とも称されること、そしてそれが北魏孝文帝による官制改革に共通する政策であったことなどをふまえると[35]、職員令の「階」は、西晋劉頌の九班選制が規定したはずの、昇進の段階の簡素化と関係するものであったと想像される。そしてその「階」は同時に官人としての身分の基準たる官品の枠内で運用することを目的としたために、官品内部に設置されたものと考えたい。もとより、北魏では南朝とは異なる独特の官制の運用、とくに人事進退の仕組みがあったはずであり、南朝そのままのかたちで班＝階の規定が導入されたとは考えにくいのであるが、北魏前期の官品の実態、とくにその機能は今なお不明な点が多いといわざるを得ない。さらなる考察を期す所以である。

結　語

最後に本章で設定した問題である、官品制度における「階」と「資」の占める位置、および「品」との関係についてまとめたい。

魏晋時代にはじめて成立した「階」とは、官位の段階を示す基準であり、その累積が「資」である。階――資の序列はあくまでも官職就任のための資格の段階を意味し、郷品に連なる官品とは異なる基準であった。つづく南朝でも、個別の官職間における昇進の段階を示す用語として「階」は用いられていた。とりわけそのような「階」は「階次」と称され、魏晋以来の意味を継承する「階」とみとめられる。その一方で、昇進を結ぶ個別の官職は、当時の風潮であった官の清濁の影響によって、特定の社会的身分を表示する標識として目される傾向にあった。[36]その官職が官資として、官品とは異なる官界での身分を示す指標に変化するにいたる。その表象が、「清資の官」と称される一連の清官の存在に他ならない。その官資と同様、昇進の段階としての「階」もまた、官職によって表されるがために、官位を示す語としての「階」が成立するのである。かかる点に、「階」と「資」の性質の類似性を見いだすことができよう。ただし、「階」にせよ「資」にせよ、その序列は官の清濁の影響により一元的に管理されたものではなく、きわめて複雑な序列であったことは、なお注意する必要がある。

結果としてかかる「階」と「資」、そして官品という、必ずしも官品に集約しきれない序列の並立は、梁の武帝による十八班制導入によって一定の解消と制度化がはかられる。ただし、それはあくまでも「班」に基づく官職の序列の再構成であり、魏晋以来の官品も「班」とともに存続した。この事実に鑑みるかぎり、南朝では「階」と官品は一致した官人身分の基準とはなりえなかった。そこからは、官界での功績の多寡に基づく「階」に集約しきれず、社会的身分たる郷品とのつながりをなお残す南朝の官品の性格がうかがわれる。

南朝と対峙した北朝においても、魏晋南朝以来の昇進の基準、段階としての「階」は存在した。だが南朝とは異なり、北魏の「階」はより普遍的な昇進の単位としての性格を備えていたがために、「階」を積み重ねて官職、すなわち官資（官品）を得るというかたちをとっていた。かかる「階」とは別に、『魏書』官氏志所載の太和一七年および同二三年の職令には官品と対応するかのごとく設定された「階」が存在する。だが、それは身分を表示する官品の、上位下位を補助的に示す目安に過ぎず、それ自体が官品に等しいわけではなかった。このような九品官制内部におかれた「階」の詳細はなお不明である。だが、官吏の昇進の簡素化を目的に創案された西晋の劉頌による九班選制が、北魏以前の後趙の石虎によって実践され、それが南朝では十八班制として結実したこと、また南朝官制の特徴が北魏の官制に一定の影響を与えたことなどをふまえると、北魏における九品内の「階」は南朝のような「班」による官吏の昇進の基準化に関係するものと想像される。さらに推測を加えるならば、孝文帝以前の北魏では官品による身分秩序が南朝以上に強力に機能していたと思われるから[37]、おそらくその「階」は官人としての身分と昇進の段階・等級の一体化をある程度念頭においたものと考えられる。ただし、前章で指摘したように、昇進の単位としての「階」は、官品とは北魏末まで一致しなかったのであって、北朝、とりわけ孝文帝期から北齊までは、「階」の語義の二重性が存続した時代として理解すべきであろう。この二つの意味の「階」の統一と官職の一体化、およびそれと官品との結合は、それ以降のことと推測される。また、官品に関していえば、北朝では南朝とは異なり、官品を「階」「資」というきわめて官僚制的な基準に変質せしめんとする傾向にあったとみることができる。換言すれば、社会的身分秩序との関係を備えていた官品を、「階」「資」を以て身分の実質から単なる枠組みに形骸化させたところに北魏の官品の特徴が存するのである。

注

（1）唐代散官の成立過程に言及する研究、とくに代表的な専論のみを以下に提示する。王徳権「試論唐代散官制度的成立過程」（中国唐代学会編輯委員会編『唐代文化研討会論文集』所収、文史哲出版社、一九九一年）、陳蘇鎮「北周隋唐的散官与勲官」（初出は一九九一年。同『両漢魏晋南北朝史探幽』所収、北京大学出版社、二〇一三年）、同「南朝散号将軍制度考弁」（初出は一九八九年。同『両漢魏晋南北朝史探幽』所収）、窪添慶文「北魏における「光禄大夫」」（初出は一九九二年。同『魏晋南北朝官僚制研究』所収、汲古書院、二〇〇三年）、高橋徹「南北朝の将軍号と唐代武散官」（『山形大学史学論集』一五号、一九九五年）、閻歩克「西魏北周散官双授制度述論」（初出は一九九八年。同『楽師与史官――伝統政治文化与政治制度論集――』所収、生活・読書・新知三聯書店、二〇〇一年）、同「周齊軍階散官制度異同論」（初出は一九九八年。同『楽師与史官』所収）、「隋代文散官制度補論」（初出は一九九九年。同『楽師与史官』所収）。閻氏にはほかにこれらの論考を再編集した『品位与職位――秦漢魏晋南北朝官階制度研究――』（中華書局、二〇〇二年）もある。

（2）そのような意味で、後文で言及する閻歩克「魏晋的朝班・官品和位階」（『中国史研究』二〇〇〇年第四期、二〇〇〇年）は、はじめて官品と位階の関係を考察した先駆的考察といえよう。

（3）堀敏一「九品中正制度の成立をめぐって――魏晋の貴族制社会にかんする一考察――」（初出は一九六八年。同『唐末五代変革期の政治と経済』所収、汲古書院、二〇〇二年）参照。

（4）宮崎市定「武官の入選」（初出は一九五六年。『九品官人法の研究』第二編第五章（宮崎市定全集第六巻）所収、岩波書店、一九九二年）三四一頁。

（5）たとえば、安田二郎「王僧虔「誡子書」攷」（初出は一九八一年。同『六朝政治史の研究』所収、京都大学学術出版会、二〇〇三年）も、宮崎氏による「資」の定義をふまえられている。

（6）中村圭爾「初期九品官制における人事」（初出は一九八七年。同『六朝政治社会史研究』所収、汲古書院、二〇一三年）一四六頁。

（7）陳長琦「世族把持下的九品官人法――資品与官品間聯系的考察――」（初出は一九九〇年。同『両晋南朝政治史稿』所収、河南大学出版社、一九九二年）一六八頁。

（8）閻歩克『察挙制度変遷史稿』（遼寧大学出版社、一九九七年）一五三頁。また、張旭華氏も閻氏の「資」の解釈に賛意を示されている。同「両晋時期的〝資品〟与官職昇遷制度」（初出は一九九九年。同『九品中正制略論稿』所収、中州古籍出版社、二〇〇四年）。

（9）張兆凱『漢唐門蔭制度研究』（岳麓書社、一九九五年）六三～六四頁。

（10）宮崎市定「清流と濁流」（『九品官人法の研究』第二編第一章）八二頁。

（11）「資品」以外に「資」が郷品を意味すると思われる用例としては、『晋書』巻四六・李重伝にみえる「二品繫資」があげられる。

（12）二、三そのような意味の「資」の用例を提示する。

時帝在長安、命（劉）弘得選用宰守、徵士武陵伍朝高尚其事、牙門將皮初有勳江漢、弘上朝爲零陵太守、初爲襄陽太守、詔書以襄陽顯郡、初資名輕淺、以弘壻夏侯陟爲襄陽。（『三国志』巻一五・魏書劉馥伝注引『晋陽秋』）

驃騎何充輔政、征北將軍褚裒鎭京口、皆以（郗）愔爲長史。再遷黃門侍郎。時吳郡守闕、欲以愔爲太守。愔自以資望少、不宜超莅大郡、朝議嘉之。……（『晋書』巻六七・郗鑒伝附郗愔）

……干寶深相親友、薦（葛）洪才堪國史、選爲散騎常侍、領大著作、洪固辭不就。以年老、欲鍊丹以祈遐壽、聞交阯出丹、求爲句屚令。帝以洪資高、不許。（『晋書』巻七二・葛洪伝）

(13) 西晋以前での「資」の用例は、管見のかぎりでは『三国志』巻四二・蜀書孟光伝の「太常廣漢鐔承・光祿勳河東裴儁等、年資皆在（孟）光後、而登抛上列、處光之右」という、三国蜀での「年資」の一例のみである。

(14) 「山公啓事」にみられる「資」の用例は、次の三例があげられる。「山公啓事」の内容については、葭森健介「「山公啓事」の研究」（川勝義雄・礪波護編『中国貴族制社会の研究』所収、京都大学人文科学研究所、一九八七年）が佚文の収集とともに詳細な考察をされている。

山公啓事曰、晉制、諸坐公事者、皆三年乃得敍用。其中多有好人、令逍遙無事。臣以爲略依左遷法、隨資才減之、亦足懲戒、而官不失其用。詔善之。（『通典』巻一九・職官典一・歴代官制総序）

晉避景帝諱、改爲軍司。凡諸軍皆置之、以爲常員、所以節量諸宜、亦監軍之職也。而太尉軍司尤重、故山公啓事曰、太尉軍司缺、當選上宰監、宜得宿有資重者也。（『通典』巻二九・職官典一一・武官下・監軍）

溫令許奇等、竝見稱名、雖在職日淺、宜顯報大郡、以勸天下、詔曰、案資歷、悉自足爲郡守、各以在職日淺、則宜盡政績、不宜速他轉也。（『太平御覧』巻二六八・職官部六六・良令長下引「山公啓事」）

(15) 人事の基準とされる「品状」と「簿伐」については、大庭脩「漢代における功次による昇進」（初出は一九五三年。同『秦漢法制史の研究』所収、創文社、一九八二年）および中村圭爾「初期九品官制における人事」を参照。

(16) 宮崎市定「州大中正の設置」（『九品官人法の研究』第二編第二章）一四〇頁。ちなみに越智氏は州大中正設置以後、全中正は郷品二品以上の上級士人層の利益代表的性格を強くもつにいたったこと、そして州大中正の制自体、もともと官人の考課をなし、その官職とのかねあいにおいて郷品二品を決めるという機能をもつべきであったと理解されている。同「州大中正の制制定」（同『魏晋南朝の貴族制』所収、研文出版、一九八二年）参照。また、曹爽政権の歴史的性格に関する専論として、葭森健介「魏晋革命前夜の政界――曹爽政権と州大中正設置問題――」（『史学雑誌』第九五編第一号、一九八六年）、伊藤敏雄「正始の政変をめぐって――曹爽政権の人的構成を中心に――」（野口鐵郎編『中国史における乱の構図』所収、雄山閣出版、一九八六年）参照。

(17) 『魏書』官氏志所載の職員令の公布年次については、宮崎市定「孝文帝の新官制」（『九品官人法の研究』第二編第五章）

の見解にしたがった。

(18)『隋書』巻二八・百官志下に載せる開皇令の官品によると、上県令と師都督は従六品上、中県令は従七品上、下県令は従八品上であり、清江令が中県で洛陽令が上県と仮定すると、一品の昇進が「資例」ということになる。しかしながら、かりに清江令が従七品上であったにせよ、そこからの昇進が一品であればどの官職でもよかったとは考えられない。おそらくは下県から中県・上県、中県から上県、あるいは師都督を加えることが、ここにいう「資例」であったのではなかろうか。

(19)北魏の官の清濁、とくにそれと律令の規定との関係については、本書第七章を参照のこと。

(20)宮崎市定「流外勲品と入流の問題」(『九品官人法の研究』第二編第五章)三三七頁。ただし一方で宮崎氏は「この(昇進コースの)上下の階級は当時専ら階とよばれていたようで、超階という言葉もそこから出ている」(宮崎市定「清要官の発達」(『九品官人法の研究』第二編第三章)一八五頁)ともいわれ、必ずしも官品としてのみ「階」を理解されているわけではない。

(21)越智重明「南朝の清官と濁官」(『史淵』第九八輯、一九六七年)参照。

(22)越智氏はこの「郎」を七品の議郎と推測されている。越智重明「南朝の清官と濁官」三三頁。

(23)『晋書』巻三三・王祥伝には、

　及武帝爲晉王、(王)祥與荀顗往謁。顗謂祥曰、相王尊重、何侯既已盡敬、今便當拜也。祥曰、相國誠爲尊貴、然是魏之宰相。吾等魏之三公、公王相去、一階而已、班例大同、安有天子三司而輒拜人者。損魏朝之望、虧晉王之德、君子愛人以禮、吾不爲也。及入、顗遂拜、而祥獨長揖。帝曰、今日方知君見顧之重矣。

とあり、越智氏はこの「一階」を官品と理解する。しかしながら、『通典』巻三六・職官典一八・秩品一に載せる曹魏の官品では三公と王はともに第一品であり、しかもその序列は「黄鉞大将軍　三公　諸国王公侯伯子男爵　大丞相」であり、王よりも三公の方が上位に配列されている。

(24)中村圭爾「初期九品官制における人事」。

(25)閻歩克「魏晋的朝班・官品和位階」。

(26) 中村圭爾「初期九品官制における人事」一三三頁。

(27) 閻歩克「魏晋的朝班・官品和位階」五三頁。

(28) ただし唯一の例外として、『後漢書』列伝七〇下・文苑・邊譲伝には、

議郎蔡邕深敬之、以爲(邊)譲宜處高任、乃薦於何進曰、……使譲生在唐虞、則元凱之次、運値仲尼、則顔冉之亞、豈徒俗之凡偶近器而已者哉。階級名位、亦宜超然、若復隨輩而進、非所以章瓌偉之高價、昭知人之絶明也。……

とあるが、この場合の「階級」は位階の意味として理解すべきであろう。

(29) 漢代の功次による昇進については、大庭脩「漢代における功次による昇進」のほか、胡平生「居延漢簡中的〝功〟与〝労〟」(初出は一九九五年。同『胡平生簡牘文物論集』所収、蘭臺出版社、二〇〇〇年)、佐藤達郎「漢代官吏の考課と昇進」(『古代文化』第四八巻第九号、一九九六年)、同「漢代察挙制度の位置――特に考課との関連で――」(『史林』七九巻六号、一九九六年)、同「功次による昇進制度の形成」(『東洋史研究』第五八巻第四号、二〇〇〇年)などを参照。

(30) 筆者の目睹するところでは、秦漢以後の功次の用例は『魏書』巻四上・太武帝紀・神䴥三年(四三〇)五月戊戌の詔と、『隋書』巻一一・礼儀志の梁の服飾規定の二箇所にみえるのみである。

(31) 「勳階」の用例は、『南齊書』巻二三・褚淵伝、および同書巻三〇・戴僧静伝等にみえる。

(32) 中村圭爾「九品官制における官歴」(初出は一九七五年。同『六朝貴族制研究』所収、一九八七年)など。

(33) たとえば『訳注中国歴代刑法志』では、当該条を「朝廷の官階の九品のうちにある者」と訳し、佐立治人氏も「「王官階」は「王官」の「階」、即ち、国家の官職の品階を意味する用語」として、ほぼ『訳注中国歴代刑法志』のそれを踏襲されている。内田智雄編『訳注中国歴代刑法志』[正](創文社、一九六四年)一九四頁、および佐立治人「北魏の官当制度」(梅原郁編『前近代中国の刑罰』所収、京都大学人文科学研究所、一九九六年)一七〇頁参照。

(34) 本書第二章。

(35) 南朝梁の武帝による官制改革と北魏孝文帝の諸改革の関係については、諸説の整理を含め川合安氏が南朝から北朝への影響を想定する説と、逆に北朝から南朝への影響を強調する説の止揚をはかられている(同「北魏・孝文帝の官制改革と南朝

の官制」、『文化における「北」』所収、弘前大学人文学部人文学科特定研究事務局編集・発行、一九八九年）。ただし九品官制の構造に関しては、南朝から北朝へという宮崎市定氏の見解にしたがいたい。宮崎市定「孝文帝の新官制」三二六頁。

(36) 魏晋南朝の官制における清濁の存在とその意義については、宮崎市定『九品官人法の研究』および越智重明「南朝の清官と濁官」のほか上田早苗「貴族的官制の成立——清官の由来とその性格——」（中国中世史研究会編『中国中世史研究』所収、東海大学出版会、一九七〇年）、野田俊昭『南朝の官位をめぐる一考察』（『九州大学東洋史論集』第一五号掲載、一九八六年）、同「南朝の官位と家格をめぐる諸問題」（『史淵』第一二七輯、一九九〇年）、中村圭爾「清官と濁官」（初出は一九七六年。中村圭爾『六朝貴族制研究』所収）などを参照のこと。

(37) 川本芳昭氏は、孝文帝による爵制改革以前においては爵位の官品（氏は爵品と称する）と、同時にもっている将軍号および他の官職の官品は基本的に一致するが、そこに「爵品＝就官する官の官品」という原則が存在したことを指摘し、爵位と官品の一体性を強調されている。同「封爵制度」（初出は一九七九年。同『魏晋南北朝時代の民族問題』所収、汲古書院、一九九八年）参照。もちろん、爵位と官品は歴史的にみて同質の基準とはいいがたいが、魏晋以来、爵位が官品の枠内に包摂されてきたことをふまえるならば、身分秩序としての官品の影響力をそこにみとめることができよう。北魏前期の爵と官人身分については、本書第六章を参照のこと。

第四章　北魏北齊「職人」考——位階制度研究の視点から——

問題の所在

本章では魏晋南北朝期、とくに北朝後期において官人身分を国家の側がいかなる意図のもとに編成をこころみたのかという問題を考察するため、第二章で言及した「職人」をとりあげ、その意味するところを検討する。

「職人」とは、北魏末から北齊にかけての北朝後期の史料に散見される用語である。これまで「職人」をとりあげてその意味するところを考察した専論は国内国外を問わずみられなかったが、一般に当時の官人、狭義の場合は職掌人たる流外官に相当する存在として理解されてきた。この狭義の職人＝流外官説が誰によってはじめて提唱されたのかは判然としないが、宮崎市定氏の『九品官人法の研究』がこの説の一般化に大きく貢献したことは確かである（以下、宮崎説を通説と称す）[1]。

かかる通説としての「職人」の理解に対して、近年新たな解釈を提示されたのが閻歩克氏である。氏は従来の「職人」＝職掌人説には大きな問題があり、また「職人」＝在職の官員説は漫然としすぎているとして批判され、「職人」とは将軍号ないし散騎常侍・散騎侍郎・給事中・奉朝請等の、東省・西省に所属する散官のみを保持するだけで、実官を有さない人を指すのであり、その「職」とは朝廷に命をうけて名位を擁する点が平民とは異なることを表明するにすぎないと主張される[2]。通説に拘泥することなく、積極的に新たな学説を模索・提示する氏の研究姿勢には、深く敬意を表するところである。筆者もこれまで通説に対しとくに疑問を抱かなかったのであるけれども、閻氏の所論によってその当否を考えなおすきっかけが与えられ、「職人」の認識を新たにすることができたことは間違いない。だが、氏の「職人」＝散官のみ保持者という新説には首肯できる部分もあるにせよ、全面的には賛同することができない。本章にて「職人」の実態とその歴史的意義を再検討する所以である。

閻氏の「職人」の理解は、秦漢から隋唐期における位階制度研究の一環として提示されたものであり、その妥当性を問うことも官僚としての身分のあり方の分析という角度からなされる必要がある。詳しくは後文でふれるが、当時の「職人」の用例の多くが人事の運用、とくに「階」の授受に関連して言及されている。当該時代の「階」（以下、「級」と称するものも含む）とは官僚の昇進の基準であり、同時に個々の昇進の根拠となる功績の単位である。(3) この階と「職人」が結びつくことは、「職人」が当時の身分制、なかんづく官人たる身分を理解するうえでの重要なキーワードであり、この時代特有の歴史的意味を備えていることの証左に他ならない。

本章では以上の問題意識に基づき、北魏北齊における「職人」の用例を今一度検討し、新たな解釈をこころみることから、当時の官僚としての身分のあり方、さらには国家の企図する官僚身分秩序の一端をあきらかにしたい。

第一節　北魏時代の「職人」の用例

閻氏がつとに指摘されているように、「職人」の用例はけっして多くない。管見のかぎり重複をのぞくと、『魏書』に一一例、『北齊書』に三例、『北史』に一例、『文館詞林』に二例がみられるのみである（他に『太平御覧』所引『三国典略』佚文に一例がある）。時期的には、北魏孝文帝の太和一四年（四九〇）を初見とし、北齊後主の武平元年（五七〇）

が最後で、その間わずか八〇年にすぎない。ただし、その用例には一定の傾向があり、官僚の人事、とくに「階」の授受に関して言及されることが多い。さらにより重要な特徴として、北齊時代の用例がある特定の状況下でのみ使用されていることがあげられる。この点は従来あまり省みられることがなかったが、北魏と北齊のあいだで「職人」の語義に何らかの歴史的変化が生じたことを推測させる。本章では便宜的にまず北魏時代の「職人」について、人事関係の用例とそれ以外に、さらに北齊での用例に区分して逐一考察を加え、通説および閻歩克説の是非を中心に検討する。

（一）　人事での用例

①己酉、詔すらく、諸そ私に馬仗を有して從戎せし者、職人は兩大階を優し、また實官を授けよ。白民は出身の外、兩階を優し、また實官を授けよ。武藝超倫せし者のごときは私馬無きといえども、また前條に依れ。超倫せざるといえども、ただ射槊翹關の一藝にして膽略の施ある者、第に依りて出身するの外、特に一大階を優し、實官を授けよ。姓第無き者のごときは從八品に出身せしめ、階は前に依りて加え、特に實官を授けよ、と。

己酉、詔諸有私馬仗從戎者、職人優兩大階、亦授實官。白民出身外、優兩階、亦授實官。若武藝超倫者、雖無私馬、亦依前條。雖不超倫、但射槊翹關一藝而膽略有施者、依第出身外、特優一大階、授實官。若無姓第者、從八品出身、階依前加、特授實官。（『魏書』巻一〇・孝莊帝紀建義元年（五二八）六月）

②辛酉、詔すらく、私に馬仗もて從戎せば階を優して官を授けよ、と。壬戌、また詔すらく、士を募るに一に葛榮を征するに依れ、と。甲子、また詔して職人及び民の馬を出すに階を優することおのおの差あり。

辛酉、詔私馬仗從戎優階授官。壬戌、又詔募士一依征葛榮。甲子、又詔職人及民出馬、優階各有差。

（『魏書』巻一〇・孝莊帝紀永安二年（五二九）五月）

③（于）忠既に門下に居り、また禁衛を總べ、遂に朝政を秉るに權は一時を傾く。初め、太和中軍國多事にして、高祖 用度の足らざるを以て百官の祿を四分して一を減らせり。忠 既に擅權するに、惠澤を以て自らを固めんと欲し、すなわち悉く減らすところの祿を歸し、職人は一級を進位せしむ。

（于）忠既居門下、又總禁衛、遂秉朝政、權傾一時。初、太和中軍國多事、高祖以用度不足、百官之祿四分減一。忠既擅權、欲以惠澤自固、乃悉歸所減之祿、職人進位一級。

（『魏書』巻三一・于栗磾伝附于忠）

④（郭）祚奏して曰く、謹みて案ずるに、前後の考格天下に班《わ》かたるるといえども、臣の如き愚短はなお未だ悟らざるあり。今、すべからく職人の遷轉を定めんとするに、狀によりて階級を超越せし者はすべからく量折すべし。景明初の考格 五年なる者は一階半を得。正始中、故尚書・中山王英 考格を奏す。旨を被るに、ただ正滿三周を限となし、殘年の勤を計るを得ざるべしと。また去年中、前の二制の同じからざるを以て、奏して裁決を請うに、旨に黜陟の體は自ずから舊來に依りて恆斷せよと云えり。今、未だ舊來の旨に依るか、もって景明の斷に従うか、もって正始の限を爲すに従うかをつまびらかにせず。景明の考法、東西省の文武閑官は悉く三等と爲し、考は任事に同じ。而して前の尚書盧昶 上第の人、三年もて半階を轉ぜよと奏せり。今の考格、また分かちて九等となすに、前後同じからず、參差準無し、と。詔して曰く、考の上中にありし者の汎を得るの以前に六年以上あらば一階を遷し、三年以上は半階を遷して殘年は悉く除け。考の上下にありし者の汎を得るの以前に六年以上は半階を遷し、滿たざる者は除け。その汎を得て以後の考の上下にありし者、三年で一階を遷せよ。散官は盧昶の奏する所に従え、と。

（郭）祚奏曰、謹案前後考格雖班天下、如臣愚短、猶有未悟。今須定職人遷轉、由狀超越階級者卽須量折。景明初考格、五年者得一階半。正始中、故尙書・中山王英奏考格、被旨、但可正滿三周爲限、不得計殘年之勤。又去年中、以前二制不同、奏請裁決。旨云 黜陟之體、自依舊來恆斷。今未審從舊來之旨、爲從景明之斷、爲從正始爲限。景明考法、東西省文武閑官悉爲三等、考同任事、而前尙書盧昶奏 上第之人三年轉半階。今之考格、復分爲九等、前後不同、參差無準。詔曰、考在上中者、得汎以前、有六年以上遷一階、三年以上遷半階、殘年悉除。考在上下者、得汎以前、六年以上遷半階、不滿者除。其得汎以後考在上下者、三年遷一階。散官從盧昶所奏。

（『魏書』巻六四・郭祚伝）

⑤（盧）同また奏して曰く、……また遷都より以來、戎車屢捷す。征勳多きに轉ずる所以なり。敍すに盡くすべからざる者あるは、まことに歲久にして姦を生じ、積年にして僞を長じ、巧吏緣に階《よ》りて偸增遂に甚だしきによればなり。請うらくは今より始めとなさんことを。諸そ勳簿の已に奏賞を經たる者あらば、すなわち廣く遠近に下して某處の勳判と云い、みな知聞せしめよ。格を立て酬敍するは三年を以て斷となせ。その職人及び出身は、內に限りて悉く銓除せしめよ。實官及び外號は、才に隨いて加授せよ。……詔してまた依りて行えり。

同又奏曰、……又自遷都以來、戎車屢捷、所以征勳轉多、敍不可盡者、良由歲久生姦、積年長僞、巧吏階緣、偸增遂甚。請自今爲始、諸有勳簿已經奏賞者、卽廣下遠近、云某處勳判、咸令知聞。立格酬敍、以三年爲斷。其職人及出身、限內悉令銓除。實官及外號、隨才加授。……詔復依行。

（『魏書』巻七六・盧同傳）

⑥莊帝の初め、喪亂の後をうけ、倉廩虛罄にして遂に入粟の制を班かつ。粟八千石を輸るは散侯を賞し、六千石は散伯、四千石は散子、三千石は散男とす。職人の七百石を輸るは一大階を賞し、授くるに實官を以てす。白民の五百石を輸るは第に依りて出身するを聽し、一千石は一大階を加う。第無き者の五百石を輸るは正九品に出身を聽し、一千石は一大階を加う。……

荘帝初、承喪亂之後、倉廩虚罄、遂班入粟之制。輸粟八千石、賞散侯。六千石、散伯。四千石、散子。三千石、散男。職人輸七百石、賞一大階、授以實官。白民輸五百石、聽依第出身、一千石、加一大階。無第者輸五百石、聽正九品出身、一千石、加一大階。……

（『魏書』巻一一〇・食貨志）

⑦神龜中、蘭陵公主の駙馬都尉劉輝、河陰縣の民張智壽の妹容妃・陳慶和の妹慧猛と姦亂耽惑し、主を毆り、胎を傷つくに坐す。輝　罪を懼れ逃亡す。門下の奏する處、おのおの死刑に入れ、智壽・慶和は竝びに情を知るに防限を加えざるを以て、處するに流坐を以てせよと。詔して曰く、容妃・慧猛は死を恕し、髡鞭して宮に入れよ、餘は奏の如しと。尙書三公郎中崔纂　執りて曰く、伏して旨をみるに、募りてもし劉輝を獲たる者、職人は二階を賞し、白民は出身を聽して一階を進め、廝役は役を免じ、奴婢は良となせ、と。……

神龜中、蘭陵公主駙馬都尉劉輝、坐與河陰縣民張智壽妹容妃・陳慶和妹慧猛、姦亂耽惑、毆主傷胎。輝懼罪逃亡。門下處奏、各入死刑、智壽・慶和竝以知情不加防限、處以流坐。詔曰、容妃・慧猛恕死、髡鞭付宮、餘如奏。尙書三公郎中崔纂執曰、伏見旨募若獲劉輝者、職人賞二階、白民聽出身進一階、廝役免役、奴婢爲良。……

（『魏書』巻一一一・刑罰志）

最初に①②⑥の例からみていきたい。これらは北魏末の戦乱時における募兵と軍馬の供出に対する報償としての授階、および財政難解決策の一環として出された納粟者への授階の例であるが、その際に応募の対象者として白民とともに「職人」があげられている。ここで授階とならぶ報償の一つとして付与されているのが「出身」と「実官」である。出身とは流内官をはじめて獲得することを指し、実官とは職務と官品を備える官と思われる。閻氏は「職人」に出身が言及されずしかも実官が授与されていることから、そのような存在は将軍号もしくは散官のみを保持する者しかありえないという。渡辺信一郎氏も⑥の職人を「品階をもつ官人全体を指す」と解し、通説とは逆に流内官を中心とする解釈をとる[4]。たしかに、出身が流内官授与を指すこと、そして将軍号の獲得を以て出身と称する事例があることからすると、閻氏の「職人」＝将軍号保持者説にも一定の説得力がある[5]。少なくとも、これらの用例から「職人」を流外官とみなすのはむずかしい。宮崎氏は「職人」に対する出身が省略されているものとみなすが、⑦の事例でも出身が明記されていないところからすると、必ずしも省略と考えなければならない必然性はない。

その⑦は姦通および暴力事件を引き起こした劉輝の身柄を拘束した者に対する恩賞規定であり、これまで北朝の雑戸制度における雑戸の身分の位置づけに関連して言及されてきた。「職人」に関して注目されるのは、劉輝の身柄拘束に対する恩賞が「職人」・白民・厮役（雑戸）・奴婢という当時の身分構造に基づき、それぞれの身分間ないしは身分からの上昇として定められ、上は「職人」から下は奴婢にいたるまで、皇帝をのぞくすべての身分を内包することである。この点からすると、「職人」は流外官のみに限定するよりも、濱口重國・堀敏一両氏がいわれるように幅広く「官仕の資格を有するもの」ないし「官職」にあるものとみるべきであろう[6]。ところで閻氏は「職人」が将軍号・散官のみを持つ者とする論拠としてこの史料をあげ、職務のある百官が劉輝捕縛のために官司を離れることは不可能で、職事官任命をまって閑居する「職人」が劉輝逮捕に尽力できたはずとする。しかしながら、「職人」とともに恩賞を約束された、ほとんどは農民であるはずの白民とて、農作業の繁忙期でなくとも「ひま」ではなかったはずであるし、使役される奴婢や雑戸は白民以上に多忙であることはいうまでもない。この命令は捕縛者の繁閑をまったく問題とはしていないのであり、「職人」を閑居する「散官」に限定することは無理である。この史料にいう「職人」は官人全般、相対的には流内官と思われる。

⑤は軍功詐称者の増加とその弊害の是正を提言する盧同の上奏である。宮崎氏はこの一節を「其職人及出身限内、悉令銓除實官及外號、隨才加授」と句読し、「その流外職人の出身可能の限内に及ぶ者は、悉く実官及び外号の将軍

に銓除し、才に随って加授せん」と読まれている。(7)また、閻氏は「職人と白民のうち、実官と外号は悉く銓除すべきで、外号とはこの場合散官。あるいは実官とはこの場合朝官のみを指し、外号は地方官を指す」と述べられる。拙案としては、「軍功を記録した勳簿が上申された者については、ひろく遠近に某所で勳を得た者として知らしめ、その軍功に対する基準の設定と報酬（叙任）は偽造防止のため三年以内に実行せよ、「職人」や出身（を得た白民）は定員内においては全員を叙任し、実官と外号（たる将軍号）については才能に基づいて授与せよ」と解釈したい。また、実官については、北魏末に本来定員があるはずなのに濫発され、価値を落とした光禄大夫等の文散官がその範疇に想定されているのではなかろうか。(8)このように考えることができれば、「職人」とともに実官と外号を矛盾なく解釈することができよう。いずれにせよ、この「職人」も前の例と同様に流内官とみるのが無難と思われる。

④は宣武帝延昌元年（五一二）に出された、考課と進階に関する尚書右僕射郭祚の上奏である。閻氏はこの「職人」を、文中で言及される東西省所属の閑官（散官）を指しているという。氏の「職人」が将軍号ないし散官保持者とする説のうち、散官説の史料的根拠である。

北魏の考課については、制度そのものの複雑さや実施状況・内容が曖昧なこと、また汎階（百官一律の進階）の実施もからんでいるためきわめてわかりにくい。だが、福島繁次郎氏の考察(9)に基づいてこの郭祚の上奏の大意をまとめると次のようになる。考課による「職人」の遷転を定めるにあたり、状（人事の基準となる書類）に依拠して階級（規定に沿った昇進の段階）を超えてしまうものについては、考（考課の対象となる勤務年数の単位）を切り下げて計算する必要がある。しかし景明考格では勤務五年（で上第）の者は一階半の昇進、うち東西省所属の散官の考課は三等で考の計算は一般の官職に同じとなっていたが、前尚書盧昶は散官で評定が上第の者は半階の昇進とすべきと提案している。一方、正始考格では正始四年（五〇七）九月におこなわれた汎階の実施をふまえ、汎階後の評定が上中の者は六年で一階の昇進に、散官も他官と同様に九等級の評定となっている。また、吏部尚書中山王英は満三年の勤務を上限として残年は切り捨てにすべきという提案をしており、正始考格でも三年が基準となっているが、考は景明の五年と正始の三年のいずれの基準に基づくべきか。また散官の評定については三等と九等のいずれで進階の方はどうすべきか、と。

つまるところ、郭祚の抱く疑問は考課の対象となる百官全般（東西省の散官を含む）に関わるものであり、散官に関する疑義はその一部にすぎないこと、一見してあきらかである。「職人」＝東西省散官を主張する閻氏の理解は牽強付会といわざるをえない。必然的にこの「職人」は官人全般という意味となるが、おそらくは流内官が主体であることは間違いなかろう。

最後の③は汎階に関連する事例である。孝明帝即位直後の延昌四年に専権をふるった于忠の人心収攬策の一環として、「職人」に汎階がなされている。閻氏はこの汎階を、同時におこなわれた孝文帝期以来削減されていた俸禄の復活と一連の政策としてとらえ、俸禄のある百官には減額分を含めた支給を、俸禄のない「職人」に対しては進階というそれぞれに対応した措置がとられたとする。しかしながら、将軍号についてはともかく、東西省の散官も原則的に俸禄は支給され、氏のいう「百官」の範疇に含まれるのであり[10]、この史料から百官に俸禄、「職人」に階という図式は成立しない。おそらくこの「職人進位一級」は、時期的に『魏書』巻九・粛宗紀・延昌四年三月乙丑の「進文武羣官位一級」とある汎階のことで、この「職人」は官僚全般、おそらくは流内官を指すものと思われる。

以上、人事に関連する北魏の「職人」を確認してきたが、官人全般を指すことが多いとみとめられる。通説のように流外官に特定する用例はなく、閻氏の説のように将軍号・散官のみの保持者とみることもできない。では人事以外の「職人」は如何。検討を続けよう。

（二）　その他の用例

⑧十有一月甲寅、詔して曰く、至節に垂及せんとするに、感慕して崩摧す。凡そ臣列に在らば誰ぞ哽切せざらんや。内外職人・先朝の班次及び諸方の雑客、冬至の日、盡く入臨を聽せ。三品已上の衰服せし者 夕に至りて復た臨せよ。その餘はただ旦に臨するのみ。その拜哭の節は一に別儀に依れ、と。

十有一月甲寅、詔曰、垂及至節、感慕崩摧、凡在臣列、誰不哽切。内外職人先朝班次及諸方雜客、冬至之日、盡聽入臨。三品已上衰服者至夕復臨、其餘、唯旦臨而已。其拜哭之節、一依別儀。

（『魏書』巻七下・孝文帝紀下・太和一四年（四九〇））

⑨庚辰、詔すらく、雜役の戸の或いは清流に冒入するを以て、所在の職人はみな五人相い保ち、人の任保無き者は官を奪いて役に還せよ、と。

庚辰、詔以雜役之戶或冒入清流、所在職人皆五人相保、無人任保者奪官還役。

（『魏書』巻九・孝明帝紀・神亀元年（五一八）正月）

⑩（任城王）澄奏すらく、都城の府寺 なお未だ周悉ならず。今 軍旅はじめて寧し。よろしく衆を發するべからず。請うらくは諸職人及び司州の郡縣の十杖已上百鞭已下を犯せし收贖の物を取り、絹一匹もて磚二百を輸らしめ、以て修造を漸めよ、と。詔してこれに従わんとするに、太傅・清河王懌 その事を表奏し、遂に寢みて行われず。

（任城王）澄奏都城府寺猶未周悉、今軍旅初寧、無宜發衆、請取諸職人及司州郡縣犯十杖已上百鞭已下收贖之物、絹一匹、輸磚二百、以漸修造。詔從之。太傅・清河王懌表奏其事、遂寢不行。

（『魏書』巻一九中・任城王雲伝附澄）

⑪延昌中、（孫）紹表して曰く、……且つ法 清濁を開くも、而れども清濁 平らかならず。理望を申滞するに、而して卑寒もまた免ぜらる。士庶 同に悲しみ、兵徒 怨みを懐けり。中正 望を下里に賣り、主 按じて筆を上臺に舞う。眞僞 混淆し、知りて糾さず。得る者 欣ばず、失う者 倍怨す。門 齊しく身 等しくせしむるに、而れども涇渭 奄ち殊なれり。類 應《あ》たり役を同じくするに、而れども苦樂 懸異す。士人 職に居るに以て榮となさず。兵士 役苦して心に亂を忘れず。故に競いて本を棄て出で、他土に飄藏するあり。或いは詭名託養し、人間に散在す。或いは山藪に亡命し、漁獵もて命となす。或いは強豪に投仗し、衣食を寄命す。また應遷の戸 諸州に逐樂し、應留の徒 寒を避け暖に歸す。兼ねて職人の子弟 隨逐浮遊し、南北東西、卜居して定まるなし。關禁 修めず、任意取適す。かくの如き徒 數うるにたうべからず。……

延昌中、（孫）紹表曰……且法開清濁、而清濁不平。申滯理望、而卑寒亦免。士庶同悲、兵徒懷怨。中正賣望於下里、主按舞筆於上臺、眞僞混淆、知而不糾、得者不欣、失者倍怨。使門齊身等、而涇渭奄殊。類應同役、而苦樂懸異。士人居職、不以爲榮。兵士役苦、心不忘亂。故有競棄本出、飄藏他土。或詭名託養、散在人間。或亡命山藪、漁獵爲命。或投仗強豪、寄命衣食。又應遷之戸、逐樂諸州。應留之徒、避寒歸暖。兼職人子弟、隨逐浮遊、南北東西、卜居莫定。關禁不修、任意取適。如此之徒、不可勝數。

（『魏書』巻七八・孫紹伝）

⑧は北魏の「職人」の初見で、馮太后崩御時の冬至の小会における弔問者と「哭」の規定であるが、「先朝班次」・「諸方雑客」とともに「内外職人」があげられている。宮崎氏はこの「職人」を流外官に、「先朝班次」を流内の百官に比定する。[11] 一方閻氏は、

（太和一五年九月）丁亥、高祖 廟に宿す。夜一刻に至るや、諸王・三都大官・駙馬・三公・令僕已下、奏事中散

已上及び刺史・鎮將を引き、立ちて廟庭に哭し、三公・令僕 廟に升る。既に出ずるや、監御令 服笥を廟の陛南に陳べ、近侍せし者 奉りて升り、埊室の前席に列す。侍中・南平王馮誕 跽き、奏して服を易えんことを請い、縞冠・皂朝服・革帶・黑屨を進め、侍臣 おのおの易うるに黑介幘・白絹單衣・革帶・烏履を以てし、遂に哀哭して乙夜に至り、盡くす。戊子、質明に薦羞し、奏事中散已上、冠服は侍臣の如し、刺史已下は變うるなし。高祖薦酌するに、神部尙書王諶 祝を讃し訖るや、哭拜して遂に出ず。有司 祥服を陳べること前の如し。[12] 侍中 跽きて祭服に易えんことを請い、縞冠・素紕・白布深衣・麻繩履を進む。侍臣 幘を去りて帢に易え、羣官 服を易えること侍臣の如し、また引きて入ること前の如し。儀曹尙書游明根 廟に升り跽きて慰め、位に復して哭し、遂に出ず。太守・外臣及び諸部の渠帥を引き、入りて哭す。次いで蕭賾使幷びに雜客を引きて入る。甲夜四刻に至り、侍御・散騎常侍・司衞監以上 廟に升りて哭し、既にして出ず。

（太和一五年九月）丁亥、高祖宿於廟。至夜一刻、引諸王・三都大官・駙馬・三公・令僕已下、奏事中散已上、及刺史・鎭將、立哭於廟庭、三公・令僕升廟。既出、監御令陳服笥於廟陛南、近侍者奉而升列於埊室前席。侍中・南平王馮誕跽奏請易服、進縞冠・皂朝服・革帶・黑屨、侍臣各易以黑介幘・白絹單衣・革帶・烏履、遂哀哭至乙夜、盡戊子。質明薦羞、奏事中散已上、冠服如侍臣、刺史已下無變。高祖薦酌、神部尙書王諶讚祝訖、哭拜遂出。有司陽祥服如前。侍中跽奏、請易祭服、進縞冠素紕・白布深衣、麻繩履。侍臣去幘易帢、羣官易服如侍臣、又引入如前。儀曹尙書游明根升廟跽慰、復位哭、遂出。引太守外臣及諸部渠帥入哭、次引蕭賾使幷雜客入。至甲夜四刻、侍御・散騎常侍・司衞監以上升廟哭、既而出。

（『魏書』巻一〇八之三・礼志三）

とある、平城の太和廟での馮太后の葬礼（崩御から約一年後なので小祥であろう）を参考に、その参加者である「諸方雜客」を外国の賓客、「先朝班次」の「朝」を馮氏当政期とみなすことから、「先朝班次」を実質的には孝文帝期の百官と解したうえで、礼志の諸王・三都大官・駙馬・三公・令僕・刺史・鎮将・太守・外臣および諸部渠帥等の「羣官」が「先朝班次」に属し、「蕭賾使並びに雑客」が「諸方雑客」、それに対して「羣官」以外の奏事中散・侍御（中散）・散騎常侍・司衛監以上の散官が「職人」に相当するという。「諸方雑客」は閻氏の理解でほぼ間違いないであろうが、問題はのこる二者の解釈である。

一体、官職の流内・流外の別は、この時代の特色である官の清濁の観念の影響によって形成されたもので、ひろい意味での清濁が流内・流外の官制の区分として南北朝期に成立したと考えられているが[13]、通説を検討するうえで問題となるのは、この太和一四年において流外官が北魏で規定されていたのか否かである。宮崎氏によれば、『魏書』巻一一七・官氏志にみえる太和一七年職員令の段階では「勳品流外」は規定されず、次の太和一九年の「品令」から流内九品の下位に七等の流外が設定されたという[14]。こちらの氏の説にしたがえば、この時点で流外官は存在しなかったことになり、「内外職人」を流外官とすることと矛盾する。

一方の閻氏の解釈であるが、時期的に異なる二つの葬礼（前者は厳密には葬礼ではないはず）の参加者を同一視して比定する方法自体に疑問があるし、それ以上に氏の比定は史料の文脈を無視した恣意的な感が否めない。礼志の「羣官」は諸王～奏事中散までと刺史・鎮将で、「侍臣」（近侍）と区別され、太守～諸部渠帥と蕭賾使・雑客および侍御・散騎常侍・司衛監もまた別に扱われているとみるべきであろう。侍御～司衛監が外国使の次におかれている点は少々不可解であるが、あるいはこれらの官が孝文帝および京師の警護を担当していたため、馮太后への「哭」が後になっていたのかもしれない。また、閻氏は司衛監を散官で「職人」とするが、司衛監は孝文帝の改革以前において禁軍を総督するポストと考えられており、散官の範疇に含めることはむずかしい[15]。

しかしながら最大の問題は、「先朝班次」を孝文帝期の百官とする点にある。いくら儒教的礼教主義の実践につとめ、祖母への孝を尽くさんとした孝文帝であっても、自らの治世を「先朝」と称したとは思われない。しかもそれを馮太后の「朝」とみることは皇帝制度上想定しがたい。常識的に考えると、「先朝」とは孝文帝の先代たる献文帝の治世、ないしは献文帝および馮太后の伴侶であった文成帝以前の時代という意味であろう。つまり「先朝班次」とは孝文帝以前に出仕し、皇帝と君臣関係を結んだ者を指すのである。「先朝班次」と「諸方雜客」をこのように確定できれば、「内外職人」は中央地方を含めた官人全般とするのが妥当であろう。

⑨も⑦と同様に雑戸との関係でしばしば言及される用例である。閻氏は「職人」が「清流」の範疇に含まれる証拠としてこの用例をあげ、雑役の戸は清流に冒入するをえないがゆえに保証人をたててチェックする必要があるが、一方の国家の品階を獲得した「職人」は免役の特権を有したという。先にふれたように、雑役の戸は一般民より下位におかれる存在であり、従事する役も一般民と同等の徭役（兵役を含む）ではない。その雑戸が冒入する「清流」を、氏が考えるような流内官の一部たる「職人」とみるのは両者のあいだの身分的な隔たりが大きすぎるように思われる。この「清流」が流内官を指すことは間違いないであろうが、あるいは流外を含めている可能性ものこる。「職人」も、官人全てを指すのかもしれない。

⑩は京師洛陽の官舎修築の費用を捻出するための、任城王澄の提案である。閻氏はこの一文を難解としつつも、一案として散官のみ保持して待選する「職人」の納資と、司州の郡県下における犯罪者から贖として収める絹を磚で代納させ、その費用にあてようとしたものと解釈し、「職人」の納資と犯罪者からの収贖を別々の財源とみる。北魏時代の散官に、唐初の四品以下の職事官就任経験のない散官のような、番上の代替としての納資の義務があったとは到底思われないが、それはさておき「職人」＝散官という前提さえなければ、この用例はそれほど難解ではない。贖とは官人に対する刑法上の優遇措置の一つで、実刑を回避する代替として金品を収めさせる制度である。北魏の贖刑の

実態は明確ではないが、北魏の典制を継承した北齊では、河清律で主刑たる五刑にそれぞれ贖が規定されており、とくにこの用例で言及されている十杖以上、百鞭以下の贖も中絹一匹から十匹の範囲で定められている。[16] さらに贖の対象者も、「流内官及び爵秩比視・老小閹癡并びに過失の屬」と規定されていた。この北齊の規定を参考にするならば、任城王澄が想定する贖の対象者は、京官および地方官のうち京官に準じる司州とその管轄下の郡県の官で流内以上の官を指すものとみて間違いない。

最後の⑪は、宣武帝延昌年間（五一二～五一五）の孫紹による上奏である。その主旨は、中正の評定や兵役を含めた役の負担が不公平なため、士庶から兵士まで国家に不満を抱き、京師や国境近辺を含め本来定住すべき土地から離れていることが問題となり、それが将来の禍根となることにある。ここに「職人」が言及されているのであるが、この「職人の子弟」とは官人候補たる「士人」、そして役を負担する「士庶」、あるいは「百工」や「兵士」も該当するのかもしれないが、この一文では特定しがたい。

なお、北魏・北齊のいずれの用例のうちにも含めなかったが、東魏北齊の禅譲間際の「職人」と思しき用例が、『三国典略』の佚文にみられる。

三國典略に曰く、東魏　楊愔を以て典選せしむに、嘗て六十人を一甲と爲す。愔　それを自ら敍し訖るに文簿を省みず、便ち次第にこれを呼ぶに、呼ぶに誤りて慕容を以て長孫と爲すこと一人なるのみ。職人魯漫漢ありて自ら言う、微賤にして記を蒙らずと。愔　曰く、卿　前に元子思の坊に在り、騾に乗りて遙かに見ゆ。我、下りずして方麴を以て面を障てり。我　何ぞ卿を知らざるや、と。漫漢　驚服す。……

三國典略曰、東魏以楊愔典選。嘗六十人爲一甲、愔令其自敍訖不省文簿、便次第呼之、呼誤以慕容爲長孫一人而已。有職人魯漫漢自言、微賤不蒙記。愔曰、卿前在元子思坊乘騾遙見。我不下以方麴障面、我何不識卿耶。漫漢驚服。……

（『太平御覧』巻二二四・職官部二二・吏部尚書引『三国典略』）

文中で魯漫漢が自ら「微賤」と称していることからすると、この「職人」は流外官とみるのが妥当と思われる。ただ、これとほぼ同内容が『北齊書』巻二六・楊愔伝にもみられるが、『北齊書』では魯漫漢を「選人」とする。官職補任をまつ「選人」の方が意味としては明快であるが、南北朝時期では唐代のように「選人」なる用語が一般的であったとも思われず、いずれが正しいのか特定できない。この用例については判断を保留しておきたい。

以上、北魏の「職人」の用例を逐一確認した。⑨や⑪のような、具体的な意味を特定しがたい例をひとまずおくと、「職人」が流外官を特定する語とみとめられるものは皆無であり、逆に流内官を指す場合がほとんどであることが理解されよう。この点は、「職人」の身分は職掌人のように低くないとする閻氏の見解にしたがうべきである。氏がいわれるように、通説は「職」の字に引きずられて解釈されてきたといわざるをえない。だが、その閻氏の主張される将軍号・散官説も、北魏に関しては該当しないことがあきらかとなった。通説・閻説いずれも訂正される必要がある。では節をあらため、北魏のそれとは傾向を異にする、北齊の用例を検討しよう。

第二節　北齊時代の「職人」の用例

まずは北齊時代の「職人」の用例を以下に列挙する。

⑫……事　畢るや宮に還り、太極前殿に御し、大赦して改元す。百官は兩大階を進め、六州緣邊の職人は三大階たり。

……事畢還宮、御太極前殿、大赦、改元。百官進兩大階、六州緣邊職人三大階。

⑬……天下に大赦すべし。八月三日の昧爽已前より、謀叛大逆赤手殺人のすでに發覺未だ發覺せざるもの、繫囚の見徒、長徒の身、一切原免せよ。邊方に流徙して未だ前所に至らざるものも悉くまた還るを聽せ。清議禁錮及び七品已上の姦盜の徒もまた原限にあり。九州の職人は普く四級を加え、內外の百官は竝びに二級を加えよ。……

（『北史』巻七・齊本紀中・顯祖文宣帝紀天保元年（五五〇）五月戊午）

……可大赦天下。自八月三日昧爽已前、謀叛大逆赤手殺人已發覺未發覺、繫囚見徒、長徒之身、一切原免。流徙邊方未至前所、悉亦聽還。清議禁錮、及七品已上姦盜之徒、亦在原限。九州職人、普加四級。內外百官、竝加二級。……

（『文館詞林』巻六六八・詔三八・赦宥四　北齊孝昭帝即位大赦詔一首（五六〇）[17]）

⑭……天下に大赦すべし。大寧二年正月十八日の昧爽已前より謀叛大逆のすでに發覺未だ發覺せざるもの、赤手殺人・繫囚の見徒及び長徒の身、悉く原免に從れ。邊方に流徙して未だ前所に至らざる者も竝びにまた還るを聽せ。清議禁錮及び七品已上の姦盜を犯せし徒もまた原限にあり。九州の職人は竝びに二級を進め、內外の文武百官は竝びに一級を進めよ。……

……可大赦天下。自大寧二年正月十八日昧爽已前、謀叛大逆已發覺未發覺、赤手殺人・繫囚見徒、及長徒之身、悉從原免。流徙邊方未至前所者、竝亦聽還。清議禁錮及七品已上犯姦盜之徒、亦在原限。九州職人竝進二級、內外文武百官竝進一級。……

（『文館詞林』巻六七〇・詔四〇・赦宥六　北齊武成帝大赦詔一首（五六二））

⑮二月壬寅朔、帝 元服を加え、大赦す。九州の職人はおのおの四級を進め、內外の百官は普く二級を加う。

二月壬寅朔、帝加元服、大赦、九州職人各進四級、內外百官普進二級。

（『北齊書』巻八・後主紀・天統三年二月（五六七）壬寅朔）

⑯十二月辛未、太上皇帝崩ず。丙子、大赦す。九州の職人は普く四級を加え、内外の百官は竝びに兩級を加う。
十二月辛未、太上皇帝崩。丙子、大赦、九州職人普加四級、内外百官竝加兩級。
（『北齊書』巻八・後主紀・天統四年（五六八）一二月）[18]
⑰甲辰、皇子恆の生まるるの故を以て大赦す。内外の百官は普く二級を進め、九州の職人は普く四級を進む。
甲辰、以皇子恆生故、大赦、内外百官普進二級、九州職人普進四級。
（『北齊書』巻八・後主紀・武平元年（五七〇）六月）

これらはすべて大赦の際の汎階であるが、その対象として「職人」があげられている。本節ではこれらの用例の形式と特徴をふまえ、そのうえで方法論から通説・閻説の成立の可能性を検討する。

第一に、「職人」がみられる時期は、北齊の開闢から実質的に最後の皇帝である後主まで、ほぼ北齊一代にわたることが傾向としてあげられる。とくに注目すべきは、やはり「内外百官」と対置され、「九州職人」として言及されている点であろう。これが流外官とみなされる主たる特徴である。また、北魏と同様に階を与えられ、しかも百官と対置されていることからすると、官人の範疇に包摂される存在でありながら、それまでの官人全般よりも限定的な意味であると想像される。

ところで、これらの「職人」が「百官」たる流内官に対する流外官であったとすると、汎階の対象となっていることと、さらには百官の倍の階が与えられていることからみて、北齊では一見すると流外官がきわめて優遇されていたということになる（ただし⑫のみ百官と「職人」の比率が他とは異なっている）。では、北齊で流外官が厚遇される理由はあったのか。

北魏から隋にかけての重要な官制構造上の変化として、本来地方の辟召に委ねられていた地方官（州郡県の官）の属僚の人事権が中央に回収されていく傾向にあり、それが郷官廃止として隋の開皇一五年（五九五）に従来の州郡県官の廃止、府官系統官職への一本化によって完成したことはつとに知られている[19]。いうまでもなく人事権の拡大は中央集権伸張の表象であり、また汎階も昇進の根拠を中央から付与するものであるから、「九州職人」を流外官とみて汎階されたと考えることも、中央集権化の一環としてみることができるかもしれない。しかしながら、郷官の廃止はこれ以後中央派遣の官と胥吏階層という前近代中国官僚制上の独特な構図に展開していくのであり、これから中央の人事権の外に阻害される対象に優遇措置をとることはいささか考えにくい。

一方、閻氏は「百官」と「職人」の与えられる階（級）の相違を次のように説明する。西魏北周における軍階（将軍号から構成される階）と官階（官品の階）の一致をはかる変革は北齊でも模倣され、河清令では正四品以下において各官階ごとに二つの将軍号が配置される。この二つの将軍号がそれぞれ二つの級を構成し、百官の進階は官階に、「職人」の進階は軍階によるが、軍階の二級が官階の一級に相当する。故に両者に付与される級は等価であり、逆にこのことが「職人」が軍階を持っていたことの明確な証拠であるという[20]。この閻説にしても、特定の職務のない散官に汎階によって百官なみの昇進を約束することになるが、その理由は明示されない。

そもそも国家が官人に対し一律に階を賜う汎階は、北朝以降唐代を通じて頻繁におこなわれており、けっして珍しい施策ではない。だが管見のかぎり、流外官のみ、もしくは散官・将軍号のみ有する者を対象とする汎階は一例も確認できないのである。もちろん、他に類例がないことは、両説を完全に否定する根拠にはならない。だが両説を決定づける説得的な証拠がないことも事実である。とくに閻氏の「職人」＝将軍号・散官のみ保持者とする見解は、要するに唐代の散官・職事官という官職区分の起源を当該時代の「職人」と「実官」に求めるものであるが、そのような唐代的な官職の区分を無条件に想定することができるのか疑問である。当該時期の職務に就いている官とそうでない

官の違いに言及する例をみると、北魏孝明帝期の人材推挙を求める詔には、

第一品以下五品以上の人におのおの其の知るところを薦めしむべし。素身・居職を限らず。

可令第一品以下五品以上、人各薦其所知、不限素身・居職。

（『魏書』巻九・粛宗紀孝昌元年（五二五）三月）

とあり、東魏麟趾格制定に先立つ孝武帝による条格の整理を命ずる詔には、

執事の官四品以上を都省に集めて諸條格を取り、議して一途を定めせしむべし。その施用すべからざるは、當局停記せよと。

可令執事之官四品以上、集於都省、取諸條格、議定一途、其不可施用者、當局停記。

（『魏書』巻一一・出帝紀・太昌元年（五三二）五月丁未）

とある。また、北齊孝昭帝による人材推挙の詔には、

詔すらく、內外執事の官の從五品已上及び三府の主簿錄事參軍・諸王文學・侍御史・廷尉三官・尙書郎中・中書舍人は二年の內ごとにおのおの一人を舉げよと。

詔、內外執事之官從五品已上及三府主簿錄事參軍・諸王文學・侍御史・廷尉三官・尙書郎中・中書舍人、每二年之內各舉一人。

（『北齊書』巻六・孝昭帝紀・皇建二年（五六一）二月丁丑）

とあり、同じく武成太上皇帝の詔は、

太上皇帝詔すらく、京官の執事・散官三品已上はおのおの三人を舉げ、五品已上はおのおの二人を舉げよ。稱事七品已上及び殿中侍御史・尙書都・檢校御史・主書及び門下錄事はおのおの一人を舉げよと。

太上皇帝詔、京官執事散官三品已上各舉三人、五品已上各舉二人。稱事七品已上及殿中侍御史・尙書都・檢校御史・主書及門下錄事各舉一人。

（『北齊書』巻八・後主紀・天統三年（五六七）正月戊戌）

と称している。さらに北齊河清令逸文と思しき官僚の祖先祭祀の規定には、

王及び五等開國、執事の官・散官の従三品已上[21]、みな五世を祀れ。五等散品及び執事官・散官正三品已下従五品已上、三世を祭れ。……

……王及五等開國、執事官・散官従三品已上、皆祀五世。五等散品及執事官・散官正三品已下従五品已上、祭三世。

（『隋書』巻七・礼儀志二）

とある。これらによると職務のある官は具体的な官職名、もしくは「居職」・「執事官」・「稱事」などと称され、職務のない者は「素身」もしくは「散官」と称されている。閻氏がいわれるように、職務のある官僚の対として「職人」が当時存在したのであれば、ここで用いられなければ不合理である。それがみえないということは、「職人」＝散官ではない明白な証拠に他ならない。

付言すると、閻氏が考えられるように、職務に就いていない官を散官のみに限定し、在職・非在職を位階の特質把握の基準とする姿勢にもしたがいがたい。唐制の歴任の官ないし前資官が、現任官たる職事官や散官とともに身分や特権を表示する官位として一定の意味を備えていたこと、そして先行する晋代からすでに「故官の品」、すなわち離職後においてそれまで保持していた官品が身分を示す基準として機能していたことは周知に属する。この点からすると、①②⑥の「職人」の事例も、将軍号や散官保持者に限定せずとも現職から離れている官資保持者とみることも可能である。つまり職務の有無を問わず官位が身分を示すことこそが前近代中国の身分官人制の特質で、現代官僚制との決定的な相違点なのであり[22]、官職の「散」と「実」という二元論では、前近代位階制度のもつ身分性を把握することはできない[23]。

では流外官でも、また散官でもないとすると、北齊の「職人」とは一体如何なる存在なのか。最後にのこされたこ

の問題を考えたい。

第三節　北齊の「職人」――兵士としての「職人」――

北齊の「職人」を解明する手がかり、それは他とはいささか体裁を異にする、⑫の「六州縁邊職人」という用例である。これ以外の「職人」はすべて「九州職人」であるのに、北齊の「職人」の初見であるこれのみ「六州縁邊」と限定されているのはなぜなのか。この「職人」の用例については、周一良氏が『魏書』官氏志では詳細の不明な北朝の鮮卑的官職の実態、ことに領民酋長および六州都督なる官職を考察するうえで言及されている。

周氏によると、六州都督、ないし六州流民大都督とは、北魏末に中央への仕進の路を閉ざされ、冷遇と身分の低下に不満を抱いて反乱を引き起こした、かの六鎮の鮮卑兵および流民に由来する兵士を総督する役職である。ただしこの「六州」とは、具体的な六つの州や六鎮を指すのではなく、当時の慣用化した言葉であったという(24)。そして問題の「六州縁邊職人」とは、その「六州」の兵で辺境に鎮守している者を指すのであり、辺境に位置する特定の六つの州を指すのではないとする(25)。かかる氏の指摘に鑑みるならば、「職人」が兵士を意味していた可能性を想定できよう。加えて「九州職人」に類似する、兵士を指すとみられる「九州軍人（勳人）」といった用例が同時期にみられることも、「職人」と兵士の近さをうかがわせる(26)。

この「六州縁邊職人」が兵士だったとすると、東魏からの禅譲という政治的にきわめて不安定で、しかも政権内部でも禅譲に反対意見が少なくなかったという微妙な状況に際して、北齊政権が最大の対外的脅威である北周の侵攻を警戒し、国境付近で防衛にあたる兵士に士気の鼓舞をはかるため階を与えた施策とみることができる。このように考えるならば、流外官や散官に階を付与したとみるよりも合理的である[27]。

そもそも北魏以来、兵士には軍功によって階を獲得する機会があり、階を根拠に官職をえる権利を持っていたことはすでに第二章で指摘した[28]。ことに禁軍を構成する羽林・虎賁の兵が任官を求めて神亀二年（五一九）に漢人張彝の宅を襲撃するという、いわゆる羽林の変という事件を起こし、それをきっかけに停年格という任官をまっていた者から賢愚を問わずに就官させるシステムが導入されたことはよく知られている。以下、先行研究によりつつ東魏北齊における兵士の諸側面を概観し、兵士が「職人」に該当する蓋然性を考えたい[29]。

東魏北齊の兵制についてまず注意すべきは、その兵力の来源である。当時の兵士は大別すると騎兵（兵戸に所属する北族たる鮮卑族中心）と歩兵（漢族中心）からなるが、主力となったのは鮮卑およびその他北族からなる兵である。それは主として六鎮の兵や流民および禁軍を構成していた羽林・虎賁に由来する。これに加え、河北・山東等で蜂起し、その後正規兵に組み込まれた郷兵（城民）や、漢人を徴発して辺境防衛に配した「勇士」および力役の一環としての「番兵」なども存在したが、相対的にはやはり鮮卑系の北族兵が主力であった。氣賀澤保規氏の推測によると、北族系の兵力が三〇万、対する漢族の兵は多く見積もっても一〇万以下であったという[30]。要するに、北魏の主力兵たる鮮卑族中心の北族系兵士が、ほぼそのまま東魏北齊の兵力を構成したわけである。その重要性は東魏北齊時代を通じ不変であり、北周の武帝による晋陽陥落後、「并州の軍人四万戸」を関中に徙民するという措置がとられてその役割を終えるまで、軍事力としての存在感は一貫して強大であった[31]。

かかる重要性を帯びた東魏北齊の兵は、それまで賤視され、ややもすれば雑戸と同等まで差別されていた北魏末の状況から一転して、きわめて優遇されるようになる。その具体例をいくつかあげよう。有名な河清三年（五六四）に発せられた官人に対する公田給付の規定には、京城の四面、諸坊の外三十里を公田と爲す。公田を受くる者、三縣の代遷戶の執事官一品已下、羽林武賁に逮《およ》び、おのおの差あり。その外の畿郡の華人の官第一品已下、羽林武賁已上、おのおの差あり。

京城四面、諸坊之外三十里內爲公田。受公田者、三縣代遷戶執事官一品已下、逮于羽林武賁、各有差。其外畿郡、華人官第一品已下、羽林武賁已上、各有差。（『隋書』巻二四・食貨志）

とある。これは京師とその外側の畿郡に公田を設定し、鮮卑および漢人の職事官就任者に給付するものであるが、唐制のような厳密な職事官だけでなく、羽林武賁（虎賁）の兵卒にまで公田の給付が約束されていた。[32]また、爵制の面では、孝昭帝即位当初の詔に、

九州の勳人の重封を有せし者の子弟に分授し、以て骨肉の恩を廣めるを聽せ。

九州勳人有重封者、聽分授子弟、以廣骨肉之恩。（『北齊書』巻六・孝昭帝紀・皇建元年（五六〇）八月丙申）

とあり、複数の封爵を獲得した軍人に対し、子弟に分与することが許されている。このことは、兵士にとって爵位をえること、すなわち官人としての待遇が獲得可能であったことを示している。[33]また、後主の天統年間（五六五〜五六九）に、

天統中にいたり、また東宮を毀ち、修文・偃武・隆基の嬪嬙の諸院を造り、玳瑁樓を起つ。また遊豫園に池を穿ち、周らすに列館を以てし、中に三山を起ちて臺を構え、以て滄海を象る。ならびに佛寺を大修し、勞役は鉅萬もて計う。財用給らずして、すなわち朝士の祿を減じ、諸曹の糧膳および九州の軍人の常賜を斷ち以てこれに供す。

至天統中、又毀東宮、造修文・偃武・隆基嬪嬙諸院、起玳瑁樓。又於遊豫園穿池、周以列館、中起三山、構臺、以象滄海、并大修佛寺、勞役鉅萬計。財用不給、乃減朝士之祿、斷諸曹糧膳及九州軍人常賜以供之。

（『隋書』巻二四・食貨志）

とある。後主の奢侈を伝えるエピソードであるが、殿舎造営のための費用捻出の手段として、俸禄とは別に「九州軍人の常賜」の削減があげられていることは、その額が通常の歳出のなかでも相当のものであったことを想像させる。

そのような兵士厚遇の背景として、当時の北齊がおかれていた状況をみていきたい。まずは国内状況であるが、東魏政権確立に大きく貢献し、権勢を握ったいわゆる鮮卑勲貴と、魏晋以来の文化的伝統を備える山東貴族の対立、それに加え皇帝と個人的に結びつくことから権勢を握ったいわゆる恩倖を含めた三つどもえの権力闘争が、北齊政治史の特色としてこれまで理解されている(34)。一方、国外に目を向けると、西に宿敵の宇文泰による西魏北周、南に「正朔の所在」たる蕭衍の梁と対峙し、当初三者のなかでも屈指の勢力を誇った北齊（東魏）とはいえ、常に油断のできない状況にあった。鮮卑勲貴を政治から遠ざけ、法令を厳しくするよう進言した杜弼に対して高歓が吐露した、

天下濁亂して習俗すでに久し。いま督將の家屬多くは關西にあり、黑獺（宇文泰）常にあい招誘し、人情の去留することいまだ定まらず。江東にまた一吳兒老翁の蕭衍なる者あり、もっぱら衣冠禮樂をことし、中原の士大夫はこれを望み以て正朔の所在と爲す。われもし急ぎて法網を作し、相い饒借せざれば、恐らくは督將は盡く黑獺に投じ、士子は悉く蕭衍に奔らん。さすれば則ち人物は流散し、何を以てか國を爲さんや。爾　宜しく少しく待て。吾　これを忘れず。

天下濁亂、習俗已久。今督將家屬多在關西、黑獺常相招誘、人情去留未定。江東復有一吳兒老翁蕭衍者、專事衣冠禮樂、中原士大夫望之以爲正朔所在。我若急作法網、不相饒借、恐督將盡投黑獺、士子悉奔蕭衍、則人物流散、何以爲國。爾宜少待、吾不忘之。

（『北齊書』巻二四・杜弼伝）

という言葉は、対外的脅威と国内諸勢力の調和に腐心せざるをえない、当時の北齊（東魏）がおかれた複雑な局面を

物語っている。さらにつけ加えるならば、対外的な脅威は西魏北周・南朝梁だけでなく、両北朝国家の背後に位置する柔然と突厥等の遊牧民族勢力、とくに北齊成立後においては突厥の影響力も軽視できなかった[35]。

かかる国内的・国外的状況に鑑みるならば、軍事力の維持と統制を最優先し、兵士の厚遇につとめた北齊の状況をうかがい知ることができるのであり、大赦の際に兵士に階を付与することも十分にありえよう。ちなみに北齊と対峙した北周でも、北齊と同様に軍人に対して「文武之官」とともに爵位や階が付与されており（『周書』巻三・孝閔帝紀・元年（五五七）九月庚申）、大赦における「百官」と「軍人」への汎階さえみられる（同書巻五・武帝紀上・保定二年（五六二））。このような階や爵の付与からうかがわれる軍人への優遇は、北齊・北周の兵士に対する姿勢の同質性を示すものとして認識すべきであろう。

以上、北齊における兵士の状況について、その由来と優遇の諸側面を確認し、さらに当時の北齊のおかれた国内・国外情勢を概観することから、「職人」を兵士とみなす可能性を考えてきた。その結果、「職人」を当時の流外官および将軍号・散官のみを保持する者と理解するよりも、兵士を指す用語とみる方が妥当であることが確認できたことと思う。要するに、北魏以来の官人全般を指す「職人」という意味の、階をえて官人たりうる存在という側面をのこしつつ、兵士に特定して用いるようになったのが北齊の「職人」ということである。⑪の用例で「職に居る」士人と役に苦しむ「兵士」がともにあげられていることも、両者が官人たる「職人」としての共通性を持ちつつあることの証とみなしえよう。また、百官と「職人」に付与される階の数が異なるのは、一般の官僚と兵士とでは、昇進の基準となる階そのものが相違するためと思われる。閻氏が考えられるように、位階制度の発展がこの北朝期に顕著であることは事実であるけれども、そのことから当時の官人を職事官と散官に二分し、それを実官と「職人」という図式から理解することは妥当ではない。百官に比肩し、汎階の恩恵を与えられる「職人」としての兵士の存在は将軍号・散官の保持者をはるかに凌駕するのであり、そのような兵士の重要性の具体化こそが大赦の汎階における「百官」と「職人」の並称なのである。

結　語——北齊「職人」の歴史的意義——

本章では、北魏から北齊にかけての史料にみえる「職人」なる用語の意味をめぐって検討をおこなった。以下、結論をまとめたい。

北魏北齊期の「職人」は、第一義として官人全般を指す呼称である。官人のなかでも相対的には流内官を意味し、通説のごとく流外官のみを指すことは、実例によるかぎり皆無である。閻歩克氏の「職人」＝将軍号・散官のみの保持者とする見解も流外官説と同様に該当しない。そのような官人としての「職人」に、北齊時代から百官と対置される兵士としての意味が加わる。その場合、実態として将軍号をもつ兵士が「職人」と称されることはありえるけれども、将軍号をもつことが「職人」であることの根拠ではない。北齊において百官とともに兵士がこうむる汎階は、国家からのそれら兵士への厚遇を示すものに他ならない。ただ、前述したように当時の兵は大別して北族よりなる兵戸所属兵と徴発された漢人兵からなるが、現時点では「職人」と称される兵士は北族兵のみと考えておきたい。

本章では以上のように通説と閻説に疑義を呈し、北齊の「職人」を兵士とみる案を提示したわけであるが、最後に何故北齊では兵士を「職人」と称したのかということ、そしてそのような兵士への授階と「職人」という呼称の出現の位階制度史上における意義について言及する必要がある。

率直にいってなぜ兵士を「職人」と称したのか、明確な理由を示すことはむずかしい。だがあえて推測するならば、兵士が階を授与する対象として官人身分に包摂され、将来的に官人としての実質的身分を獲得可能であることを強調する際に、「職人」と呼ばれるのではなかろうか。この点に関して想起されるのは、同時期の北周が建徳三年（五七四）に府兵の兵士を「侍官」と改称したことである（『周書』巻五・武帝紀上・建徳三年一二月丙申）。この措置については府兵制研究の立場から様々な解釈が提示されているが[36]、とくに谷川道雄氏は皇帝と兵士の関係という点を重視し、この措置を「府兵に皇帝の名誉ある近衛軍士の待遇を与えた」ものとして、これまでの門閥主義を打倒し、超克せんとする「府兵制国家」における新貴族主義のあらわれとしてこの改称を理解されている[37]。北齊においても、兵士に対して北周の侍官と同様の栄誉の付与とともに、実際に官人への昇進の機会をも与えることによって兵士の奮闘を期待し、支配体制の統合をはかったのではなかろうか。北齊における「職人」の意義をここに求めたい。

「職人」なる呼称の出現をこのように理解することができるのであれば、もう一つの問題も同じ方向から理解することができるだろう。前述のように、階に依拠する位階秩序を兵士にまで拡大し、官人身分に組み込むことを国家は目論んだと考えられるが、それは単に兵士だけの問題にとどまらない。従来からの理解によれば、魏晋南北朝から唐にいたる兵制の展開は、一般に兵民分離の状態から府兵制に基づく兵民一致にいたる過程として認識されている[38]。つまり兵の供給源が一種の職業兵士たる兵戸から次第に一般の農民階層に移行する過程にあったとすると、その農民層までが軍功を手がかりに位階秩序に包摂される方向にあったとみることができよう。①②⑥の用例にみえる白民従軍者に対する授階は、「職人」へ近づきつつある白民の姿を示しているのである。さらに府兵制下の唐代において、農民と位階秩序を結ぶ媒介として散官や勲官、とくに勲官が用いられ、ひろく農民層に付与されたことをふまえると、それら農民（いわゆる良民）を包括することによって唐代の官人身分秩序が構成されていたと考えられる。すなわち、位階秩序は当時のより基層的な身分秩序である良賤制という、国家的な身分制とも関わる秩序として認識されなければならない。

一方、これまで西魏北周に由来する文武散官が、主に官職名と政治権力の連続性から唐代位階制度の源流として重視されたわけであるが、本章で述べた位階秩序の拡大という北朝以来の歴史的傾向をふまえるならば、もう一方の東魏北齊とともに両系統の位階制度における政治姿勢には同質性がうかがわれること、むしろ「職人」の用例からみた場合、北魏から東魏北齊の系統に、良民を百官たる「職人」の名のもと、位階秩序に包摂しようとする意図をより顕著にみいだすことができる。すなわち、北齊における「職人」の出現はそのような官人身分の拡大と良賤制における「良」階層の秩序化・再編成を示す歴史的事象として位置づけられるのである。[39]

注

（1）宮崎市定「流外勲品と入流の問題」（初出は一九五六年。同『九品官人法の研究』第二編第五章、宮崎市定全集第六巻、岩波書店、一九九二年）。

（2）閻歩克「北魏北齊〝職人〟初探」（『文史』第四八輯、一九九九年。のち増補改訂のうえ同『楽師与史官――伝統政治文化与政治制度論集――』生活・読書・新知三聯書店、二〇〇一年所収）。南北朝期の東省・西省の散官に関しては、閻歩克「仕途視角中的南朝西省」（『中国学術』第一輯、商務印書館、二〇〇〇年）、孫正軍「東晋南朝的東西省」（『中国中古史研究――中国中古史青年学者聯誼会会刊――』第三号、中華書局、二〇一三年）を参照。

（3）ただし唐代とは異なり、昇進基準としての「階」は、北魏の段階ではいまだ直接九品官制の階と対応する基準ではなかった。北魏時代の「階」については本書第二章を、魏晋南北朝期における「階」の成立と展開については本書第三章を参照のこと。

（4）渡辺信一郎『北朝財政史の研究――『魏書』食貨志を中心に――』（平成一一年度〜平成一四年度科学研究費補助金基盤研究C（2）研究成果報告書、二〇〇二年）九六頁。

（5）「魏の永安二年、故隴西王爾朱天光に従い西征し、時に別將たり。楊烈將軍に出身し、寧朔に轉ず。」（魏永安二年、從故隴西王爾朱天光西征、時爲別將、出身楊烈將軍、轉寧朔。）「獨孤渾貞墓誌」、羅新・葉煒著『新出魏晉南北朝墓誌疏証』所収、中華書局、二〇〇五年、二四一頁。

（6）濱口重國「官賤人の由来についての研究」（同『唐王朝の賤人制度』所収、東洋史研究会、一九六六年）三〇〇頁、堀敏一「北朝雑戸制の再考察」（同『中国古代の身分制』所収、汲古書院、一九八七年）三一〇頁。

（7）宮崎市定「流外勳品と入流の問題」三三七頁。

（8）宮崎市定氏は、①の実官を虚号将軍に対する文散官と解釈されている。「流外勳品と入流の問題」三三八頁。

（9）福島繁次郎「北魏世宗宣武帝の考課と考格」（初出は一九六四年。同『中国南北朝史研究』増訂版所収、名著出版、一九七九年）。

（10）『魏書』巻一一・前廃帝紀・普泰元年（五三一）四月丙寅の詔に、

詔すらく員外の諫議大夫・歩兵校尉・奉車都尉・羽林監・給事中・積射將軍・奉朝請・殿中將軍・宮門僕射・殿中司馬督・治禮郎の十一官は俸を得れども力を給せざれ。……

詔員外諫議大夫・歩兵校尉・奉車都尉・羽林監・給事中・積射將軍・奉朝請・殿中將軍・宮門僕射・殿中司馬督・治禮郎十一官、得俸而不給力。……

とある。宮門僕射と治礼郎以外はすべて東西省の散官であり、北魏末の混乱期にあっても、員外の散官に俸禄が規定されていたことがうかがわれる。これにさきだつ于忠専権期でも、散官に俸禄が支給されていたことは間違いない。

（11）宮崎市定「流外勳品と入流の問題」補注四六八頁。

（12）中華書局校点本『魏書』の校勘記にしたがい、「陽」を「陳」にあらためた。

（13）北魏の官の清濁に関する研究は、本書第七章及び宮崎市定「孝文帝の新官制」（『九品官人法の研究』第二編第五章）のほか、黄恵賢「《魏書・官氏志》載太和三令初探」（初出は一九九一年。同『魏晉南北朝隋唐史研究与資料』所収、湖北人民出版社、二〇一〇年）、閻歩克「南北朝的散官発展与清濁異同」（『北京大学学報』哲学社会科学版二〇〇〇年第二期）、陶新華

「孝文帝以後北朝的清濁官問題和官吏分途問題」（初出は二〇〇三年。同『北魏孝文帝以後北朝官僚管理制度研究』所収、巴蜀書社、二〇〇四年）、張旭華「従孝文帝清定流品看北魏官職之清濁」（初出は一九九二年。同『九品中正制略論稿』所収、中州古籍出版社、二〇〇四年）などの研究がある。

(14) 宮崎市定「孝文帝の新官制」三二一～三二六頁。ただし北魏の流外官設置時期については、越智重明「晋南北朝の流、職掌、胥について」（『法制史研究』二一号、一九七二年）のように、太和一七年として宮崎説に反対する意見も少なくない。

(15) 司衛監については、川本芳昭「北族社会の変質と孝文帝の改革」（初出は一九八一年。同『魏晋南北朝時代の民族問題』所収、汲古書院、一九九八年）二八八～二九二頁を参照。

(16) 河清律における贖の規定は『隋書』巻二五・刑法志にみえる。魏晋南北朝期の贖刑については、八重津洋平「魏晋南北朝の贖刑制度」（『法と政治』一四巻四号、一九六四年）を参照。

(17) 本書で引用する『文館詞林』のテキストは『日藏弘仁本文館詞林校證』（羅国威整理、中華書局、二〇〇一年）による。

(18) 中華書局校点本『北齊書』の校勘にしたがい、原文の「一級」を「四級」にあらためた。

(19) 濱口重國「所謂、隋の郷官廃止に就いて」（初出は一九四一年。同『秦漢隋唐史の研究』下巻所収、東京大学出版会、一九六六年）。

(20) ちなみに唯一二対一の対応関係が成立しない⑫については、閻氏はこれが河清律令頒布以前であったため、そのような官品と軍階の対応関係は存在しなかったとする。閻歩克「北魏北齊〝職人〟初探」三七〇頁。

(21) 後文に「正三品已下」とあることを考えると、「従三品」は「従二品」の誤りであろう。

(22) 魏晋南北朝期の身分官人制の特質については、堀敏一「中国における律令制の展開」（井上光貞ほか編『日本律令国家と東アジア』（東アジア世界における日本古代史講座第六巻）所収、学生社、一九八二年）が言及している。唐代の官僚機構のもつ身分的側面については、池田温「中国律令と官人機構」（仁井田陞博士追悼論文集編集委員会編『前近代アジアの法と社会』（仁井田陞博士追悼論文集第一巻）所収、勁草書房、一九六七年）を参照。

(23) 閻氏の構想される位階制度の概要は、「品位与職位」（同『品位与職位――秦漢魏晋南北朝官階制度研究――』第一章、中華書局、二〇〇二年）で示されている。同書に対する筆者の見解については、本書付論を参照のこと。

(24) ただし、銭大昕が恆・雲・燕・朔・顕・蔚のもと六鎮の六つの州を「六州」に想定しているように（『廿二史考異』巻三一「北齊書・斛律金伝」）、必ずしも周氏の見解が一般的に認識されているわけではない。だが、「六州」が軍事と密接に関連して用いられていることはたしかである。

(25) 周一良「領民酋長与六州都督」（初出は一九四八年。同『魏晋南北朝史論集』所収、中華書局、一九六三年）。

(26) 「九州軍人」は『北齊書』巻五・廃帝紀と『隋書』巻二四・食貨志に、「九州勳人」は後文でふれる『北齊書』巻六・孝昭帝紀にみえる。

(27) 当時、文宣帝高洋の禅譲に反対意見が少なくなかったこと、またその背景については岩本篤志「北齊政権の成立と「南士」徐之才」（初出は一九九八年。同『唐代の医薬書と敦煌文献』所収、Kadokawa、二〇一五年）に言及がある。

(28) 本書第二章参照。

(29) 東魏北齊の兵制については、濱口重國「東魏の兵制」（初出は一九三六年。同『秦漢隋唐史の研究』上巻所収、東京大学出版会）、楊耀坤「東魏北齊兵制概論」（中国魏晋南北朝史学会編『魏晋南北朝史論文集』所収、斉魯書社、一九九一年）、唐長孺「南北兵制的差異」（同『魏晋南北朝隋唐史三論』所収、武漢大学出版社、一九九二年）、氣賀澤保規「東魏―北齊政権下の郷兵集団」（同『府兵制の研究』所収、同朋舎、一九九九年）などの研究がある。

(30) 氣賀澤保規「東魏―北齊政権下の郷兵集団」一八〇頁。

(31) 『周書』巻六・武帝紀下・建徳六年（五七七）二月。

(32) ただし北齊の公田は官職に付随する後世の職田に相当し、官人身分を対象に付与される唐代の官人永業田とは性格が異なる。西嶋定生「北齊河清三年田令について」（初出は一九六一年。同『中国経済史研究』所収、東京大学出版会、一九六六年）および堀敏一「均田法体系の変遷と実態」（初出は一九六二年。同『均田制の研究』第四章、岩波書店、一九七五年）などを参照。

(33) ちなみに爵だけでなく、階の分授も北朝ではしばしば見受けられる。本書第二章参照。

(34)　東魏北齊の政治的動向については、繆鉞「東魏北齊政治上漢人与鮮卑之衝突」（初出は一九四九年。同『読史存稿』所収、生活・読書・新知三聯書店、一九六三年）、谷川道雄「北齊政治史と漢人貴族」（初出は一九六二年。同『増補隋唐帝国形成史論』所収、筑摩書房、一九九八年）、呂春盛『北齊政治史研究――北齊衰亡原因之考察――』（国立台湾大学出版委員会、一九八七年）、黄永年「論北齊的政治闘争」（初出は一九九七年。同『文史探微』所収、中華書局、二〇〇〇年）などの専論がある。また、近年北齊史を国家と山東「豪右」の対立的関係からとらえようとする侯旭東「地方豪右与魏齊政治――従魏末啓立州郡到北齊天保七年并省郡県――」（初出は二〇〇四年。同『近観中古史――侯旭東自選集――』所収、中西書局、二〇一五年）は、漢人貴族が政治推進の主体となったとみる前掲谷川論文とは好対照をなし、きわめて興味深い。

(35)　六世紀中頃に柔然が突厥に滅ぼされてからの北齊・北周両朝と突厥の関係については、平田陽一郎「突厥他鉢可汗の即位と高紹義亡命政権」（『東洋学報』八六巻二号、二〇〇四年）を参照。また柔然と北朝との交渉・動向については、内田吟風「柔然時代蒙古史年表」（初出は一九四四年。同『北アジア史研究　鮮卑柔然突厥篇』所収、同朋舎、一九七五年）参照。

(36)　侍官への改称の位置づけについては、氣賀澤保規氏によって学説整理がなされている。「前期府兵制研究序説――その成果と論点をめぐって――」（初出は一九九三年。同『府兵制の研究』所収、同朋舎、一九九九年）。

(37)　谷川道雄「府兵制国家と府兵制」（初出は一九八六年。同『増補隋唐帝国形成史論』所収）四二三頁。

(38)　当時の兵民分離と兵民一致をめぐる諸説については、氣賀澤保規「府兵制史再論――府兵と軍府の位置づけをめぐって」（同『府兵制の研究』所収）参照。ただし、氣賀澤氏自身は唐代の府兵制を兵農一致と兵民分離の併存状態として理解されている。

(39)　最後に位階制度理解の枠組みという点から付言しておきたい。閻歩克氏は中国古代における官職と位階の歴史的展開を、官職のもつ「職」（実）と「位」（散）という特質に区分し、そこから官職の職務としての等級（職位分等）と官僚の身分としての等級（品位分等）なる概念を設定したうえで、その両概念が歴史的にどのように表出するのかという点を軸として理解しようとする（本書付論を参照のこと）。だが、当時の官職の実態と「階」の意味から考えるならば、実際には「職」と「位」は現代の官制のごとく（否、時に現代においても）明確に区分できるものとは思われず、両方の特質は、実態としてはそれほど明確に区分できない場合も少なくなかったはずである。唐制（貞観令）においても、職事官と散官が同階の場合は身分を示す散官を解くのであり、その場合は実質的に職事官が官人の身分を表示していた（『旧唐書』巻四二・職官志一）。つまり閻氏が典型的な「階」「職」分離の時代と認識する唐代においても、「職」が位階として性質をも備えていたことは間違いなく、逆に官位が常に「散」でなければならない必然性はそれほどないのである。閻氏の構想される「職」と「位」の二元論的枠組みは、実態からの乖離が大きいように思えてならないのであり、「職」と「位」を相反するものとするのではなく、両者が有機的に結びついた存在として認識されなければならない。また、当時の実際に即して位階制度を理解するためには、本章で述べたような、社会編成上の施策としての位階秩序という方向をふまえるとともに、官職のもつ身分的性格をそのような国家の側という「上」から一方的にとらえるだけでなく、官職（官位）が社会内部においてどのように評価・認識されるかという「横」、ないし「下」からの視点を含め、より複合的に考察する必要があろう。

下編　魏晋南北朝期における官人身分制の諸相

第五章　南朝時代における将軍号の性格に関する一考察
――唐代散官との関連から――

問題の所在

本章では、一般に唐代散官の起源とみなされている南北朝期の将軍号が、実際に当該時代において位階としての機能を備えていたのか否かという問題について、南朝、とくに梁陳時代を対象に考察する。

序章に述べたように、散官は、歴史的には秦漢時代において官僚予備軍をプールするために設けられた郎官に起源を発するが[1]、次第にその性格を変え、唐代にいたって位階としてのみならず、官人の恩蔭、一部の俸禄、服色等の基準として、その他唐律に規定される官人処罰の指標としても位置づけられるようになったとされている[2]。しかしながら、唐代における散官の本質的な意義は官僚という身分であることを特定し、さらに官僚機構内における全官僚を、官僚社会内の秩序に基づいて一元化し、その官界での位置を表示するためのメルクマールたることを目的に設けられた点にあるといえよう。

かような重要性を有した散官であるが、その位階表示機能の起源は、南北朝時代の無員、すなわち定員のない官職であった金紫光禄大夫等の諸「光禄大夫」や、将軍号等がそれにあたるものとして考えられてきた。とくに将軍号については、近年陳蘇鎮・高橋徹、および閻歩克氏等の論考が発表され、注目されつつある研究対象である[3]。しかしながら、高橋氏の分析は将軍号の序列の構成にとどまっており、陳氏の論文は将軍号を「最も基本的な身分等級制度」

で唐の武散官の前身であるとするが、南朝の将軍号と唐の散官との関係については言及されず、なお考察の余地は大きい。また、閻氏の研究も将軍号の無員化＝位階化という通説的理解を前提に考察を進められている点で、先学の視点を踏襲しているにすぎない。この三氏の研究に代表される、これまでの南朝将軍号と唐代散官のつながりについての先学の理解をまとめると、散官の起源が南朝の将軍号であることを自明の理とし、その散官化の過程を跡づけようとする方向を中心とするものと、秦漢から魏晋南北朝にかけての将軍制度の歴史的意義を述べる研究が別個になされ[4]、その二つの方向が有機的に結びつけられていないきらいがあるといえよう。かかる現状をふまえるならば、将軍が位階であるか否かを問う以前に、南北朝時代の政治的社会的状況に即した官職としての将軍自身のあり方を問題とし、そのうえで散官を生み出す歴史的必然性の有無とその内容が論じられる必要があると思われるのである。

本章はこのような問題意識に基づき、南朝における将軍号の特質を探るため、梁の天監七年（五〇八）におこなわれた将軍号改革（以後「改革」）によって新たに制定された諸将軍の、梁陳時代における就任者とその運用状況を分析対象とし、「改革」の意義、内容、およびそのもたらした結果を考察する。この「改革」を対象に選んだ理由は、「改革」が将軍号散官化の大きな契機と理解されているためであり[5]、とくに「改革」後の将軍の実情を分析することによって、将軍と散官との関係もおのずと理解されると考えられるからである。したがって、将軍号の統兵機能の面については直接考察の対象としないが、将軍号が完全に軍事と切り離された存在ではなかったことは次第にあきらかとなるはずである。

また、南朝の将軍には、本来中央の禁軍統轄をつかさどるいわゆる内号将軍と、地方官に付与され、地方の軍隊を指揮すべき外号将軍がある。ただし内号であっても地方官に与えられることもかなりみられ、両者は必ずしも截然と区別できない部分も多い。当時の将軍の性格を考える場合、これらはともに論ぜられる必要があるが、本書ではひとまず「改革」の実態を追求するため、内号将軍の検討は後日に期すこととし、他の官職とは別系統に置かれた一連の外号将軍にしぼって分析をおこなう。

第一節　「改革」の前提とその過程について

（一）「改革」以前の将軍号とその実態

最初に、将軍号の改革が必要であった理由と状況について、とくに宋齊時代を中心に、先行研究をふまえて確認しておきたい。

当時の将軍号は、軍功に対する恩賞として、とかく濫授される傾向にあった。それは主として当時台頭してきた、軍功を昇進のよりどころとする寒門寒人層に対して与えられ、その虚号化とともに、免役者の増加、士庶の境界の混乱という社会問題を引き起こしていた。(6) この虚号化にともなう将軍号の無員化が、位階表示機能発生の理由と理解される所以である。(7) そもそも将軍号の濫発による虚号化は、すでに三国時代からみられた現象ではあったが、(8) この劉宋から南齊にかけての将軍号獲得者の増加は、とりわけ免役という国家の財政上に関わる大きな問題であったことからして、最も深刻な事態であったといえよう。役については無視しえない重要な問題ではあるが、本章ではひとまず将軍号を拝命する階層の拡大、とくに軍功を獲得し、それを昇進のすべとする寒門寒人層の進出という点に留意しておくにとどめたい。

虚号化とともに、将軍号に生じた今一つの大きな問題として、その序列の混乱があげられる。小尾孟夫・坂元義種両氏の研究によれば、本来官品によって秩序づけられているはずの将軍号が、その序列通りに運用されなかったこと、

また、与えられた官品としての価値も下落していたという。(9)

このような将軍号の品的秩序からの乖離は、実のところ南朝にあっては将軍号のみにとどまらず、通常の官職全般に共通する現象であった。官品秩序の混乱は、当然のことながら、官僚の正常な昇進を阻害することとなる。このような状況に対処するために考案されたのが、いわゆる「班制」である。これは従来品による序列を基準としていた官人の昇進から、次第に官職の清濁を基準に選ばれた、特定の官職を結ぶいくつかの昇進コースとして形成されたものであり、一つずつ経歴しなければならない官位の順序を班と称する。(10)その班がより重要な意味をもつようになった宋齊時代にあっては、官人の官僚機構内での地位を、その有する官職の官品ではかることの意義は薄れ、就いていた官職そのもの（とくに清官であるか否か）と、就いた時点までの経歴の方がより重要視されるにいたる。そしてなによりも、班制の制度的完成こそが、「改革」と時を同じくしておこなわれた十八班制の成立と考えられているのであり、(11)「改革」後の将軍号も同じ「班」に基づいて等級づけられているのである。ここに武帝による「改革」が、班制の導入と密接な関係をもっておこなわれたことが予想される。

では、先に述べた当時の将軍号が抱えていた二つの問題、つまり濫授と序列の混乱は、「改革」によってどのように変化したのか。また、十八班制導入を中心とする、天監の官制改革とどのような関係にあったのか。これらについて次に考察をおこなう。

（二）　新制将軍号と梁十八班制

天監七年二月（『梁書』巻二・武帝紀中）におこなわれた「改革」のいきさつについて、『隋書』巻二六・百官志上は、

また詔すらく、將軍の名の高卑舛雜するを以て、命じてあらためて釐定を加う。ここにおいて有司奏して一百二

十五號將軍を置く。……およそ十品、二十四班なり。また班の多きを以て貴と爲す。その品十を制するは、その盈數を取る。班二十四は、法氣を以て序す。簿を制するに、悉く大號を以て後に居らしめ以て選法と爲し、小より大に遷るなり。前史の記す所、位の從公を得るを以ての故に、將軍の名は臺槐の下に次ず。ここに至りてその班品を備え、百司の外に敍す。……

又詔以將軍之名、高卑舛雜、命更加釐定。於是有司奏置一百二十五號將軍。……凡十品、二十四班。亦以班多爲貴。其制品十、取其盈數。班二十四、以法氣序。制簿、悉以大號居後、以爲選法、自小遷大也。前史所記、以位得從公故、將軍之名、次于臺槐之下。至是備其班品、敍於百司之外。……

と伝えている。このとき新設された将軍号は、三つに大別されるが、その一つが右の記事にみられる一二五号の流内外号将軍、一つが「不登二品」と称される流外官用の将軍号、最後の一つが外国に施すための専用の将軍号である。本章では流内外号将軍を中心に、（一）で取りあげた問題のうち、班制導入と密接に関連すると考えられる序列の混乱と、『隋書』に示された「改革」の理由である、「將軍之名、高卑舛雜」の意味するところについて、いくつかの将軍号を対象に分析を加えたい。

まず、宋齊時代に三品にあった中軍・鎮軍・撫軍の三将軍について。表一を参照されたい。「四鎮に比ぶ[12]」とされるこれら三将軍は、『宋書』百官志では四安・四平将軍の上位に置かれているが、昇進の実例からみるかぎり、実質的にはそれらの下に位置すると考えられている[13]。では天監の「改革」以降、これらの将軍号の位置はどのように変化したのだろうか。『隋書』百官志に記される、天監七年時の将軍号の序列によると、旧来の名称のままなのは中軍将軍のみで、鎮軍・撫軍の名称はみえず、かわって中衛・中撫・中権の三将軍が新設され、さらに序列の混乱以前に同格とされていた四鎮（前後左右が新設され実際は八鎮）の前に置かれている。このような処置は、これら三将軍、とく

表一　晋・宋外号将軍官品表

品	宋	晋
2	驃騎 車騎 衞	驃騎 車騎 衞
3	征東 征西 征南 征北 鎭東 鎭西 鎭南 鎭北 中軍 鎭軍 撫軍 安東 安西 安南 安北 平東 平西 平南 平北 前 後 左 右 征虜 冠軍 輔國 龍驤	征東 征西 征南 征北 鎭東 鎭西 鎭南 鎭北 中軍 鎭軍 撫軍 安東 安西 安南 安北 平東 平西 平南 平北 前 後 左 右 征虜 輔國 龍驤
4	寧朔 建威 振威 奮威 揚威 廣威 建武 振武 奮武 揚武 廣武 東南西北中郎將	中堅 中壘 寧朔 建威 振威 奮威 廣威 建武 振武 揚武 廣武 奮武 東西南北中郎將
5	鷹揚至陵江	鷹揚 折衝 輕車 武牙 威遠 寧遠 虎威 材官 伏波 凌江
8	宣威 明威 驤威 厲威 威厲 威寇 威虜 威戎 威武 武烈 武毅 武奮 綏遠 綏邊 綏戎 討寇 討虜 討難 討夷 蕩寇 蕩虜 蕩難 蕩逆 殄寇 殄虜 殄難 掃夷 掃寇 掃虜 掃難 掃逆 厲武 厲鋒 虎威 虎牙 廣野 横野 偏 裨	雜號宣威將軍以下

※『通典』巻37職官19秩品2および『宋書』巻39・40百官志より作成。
※外号将軍としての区分は、便宜的に梁の外号将軍にもとづいて抽出したものであり、とくに晋については必ずしも外号将軍とはいえないものも含む。

に鎮軍・撫軍の二将軍が、品に基づく従来の位置を保ち得なくなったため、新たな秩序に基づいた、将軍号の序列を作るためにおこなわれたものと推測される。(14)

次に取りあげるのは龍驤将軍である。坂元義種氏は、劉宋時代では龍驤③→寧朔④→輔国③→冠軍③→征虜③→前後左右③（数字は品）という順で将軍号の昇進がなされ、三品最末端の龍驤将軍と四品筆頭に置かれる寧朔将軍は、実際の運用では順序が逆転していたことを指摘されている。(15)とくに龍驤将軍の「改革」以後の位置について注目したい。『隋書』百官志の当該部分に付された自注には、旧左右前後将軍が、一八班の武臣以下の四号に該当し、続いて四中郎将・征虜・冠軍・輔国・寧朔の諸将軍が、それぞれ一七班鎮兵以下四号、一六班智威以下五号、一五班智武以下五号、一四班軽車以下五号、一三班寧遠以下五号に相当するとある。すなわち、本来ならば輔国将軍と寧朔将軍の間に置かれるべき龍驤将軍がこの時点で廃止されているのである。かかる措置が、旧来の序列の混乱をただすためであったことは明白である。ちなみに、龍驤将軍は後の大通三年（五二九）の将軍号改革において復活するが、その品位は以前よりはるかに低い七品であった[16]。

これ以上の事例は煩瑣となるので省略するが、「改革」が、宋齊時代から生じつつあった将軍号の上下関係の混乱を、新設や廃止、分割等によって是正しようとする意図のもとに実施されたことが理解されよう。すなわち、『隋書』のいう「高卑舛雜」とは、一つには将軍号の上下関係の混乱による、将軍就任者の昇進の混乱を指すと考えられるのである。そしてかかる「改革」の内容は、天監の官制改革の方針と軌を一にするものであった。そもそも天監の官制改革は、流内十八班制の導入、流内二四班将軍号・流外八班将軍号の別系統化、そして流外七班・流外勲位の設置を骨子とするものであり[17]、とくに流内十八班の官職についていえば、従来の九品中の七品以下の官職を切り捨てて六品以上を再構成し、流外と流内の区別をあきらかにしたうえで、流内官を官職の清濁に基づいて並べ替えることを目的としていた。つまり、当時の実質的な上下関係を基準とした序列の再構成、庶人層の流外への切り捨てという点で、両者はまさしく同じ目的でおこなわれたのであり、むしろ将軍号改革は天監の官制改革を構成する重要な要素であったのである[18]。

このような理由でおこなわれた「改革」であるが、しかし不明な点も少なくない。第一に、前節にて保留していた、寒門寒人層の進出による将軍号の濫発、散号化と「改革」の関係について考える必要がある。これに関しては、新制将軍号の爆発的な増加の理由を考えることによって回答の一端が得られよう。天監七年の「改革」によって将軍号は劉宋時代の九五号から、流内だけで一二五号と増大し、さらに普通六年（五二五）の一〇〇号将軍増設を経て大通三年の時点で流内二三〇号、陳にいたって諸護軍・校尉を含め二三八号と、次第に増加する傾向にあった。その理由については、将軍就任者個人を識別するため[19]、もしくは軍功に頼る身分の低い武人の昇進を遅らせるため[20]などの説明が示されているが、未だ推測の域を出るものではない。

　第二に、本章の主たる関心であり、最も大きな疑問としてあげられるのが、これら大量の将軍号が、実際に官人の位階を表示する散官として機能していたのかについてである。従来の研究は、「改革」以後の将軍号が、唐の文武散官のごとくきわめて整然と構成されているという、形態的特徴を論拠として、将軍の散官化を当然のことと解している。しかし構成が似ているからといって、機能までが唐の散官と同じであったと結論するのは早計にすぎよう。また、南北朝期における将軍号散官化説の史料的根拠である、『旧唐書』巻四二・職官志一には「後魏及び梁、みな散號将軍を以てその本階を記す」とあるが、かかる記載も後世の編纂であって無批判に信頼することは危険であろう。なにより、当該時代の南朝の諸正史には、将軍そのものを指して階と称する事例や、将軍号がただちに位階としての階を意味すると思われる用例は、次の二例以外は皆無である[21]。

　元嘉九年（四三二）、豫州刺史長沙王義欣上言す。統べる所の威遠將軍北譙梁二郡太守關中侯申季歴、邦畿に奉職せしよりここに五年なり。信恵竝びに宣《あ》げられ、威化は兼ねて著《あらわ》る。外に姦暴を清め、内に民黎を輯し、役賦は均平にして閭井は齊肅たり。初附を綏穆し、荒遠を招攜し、郊境の外、仰澤懷風せり。爵賞の授、績能これ顯らかたり。宜しく階秩を升し、以て奬勸を崇めるべしと。寧朔將軍に進號す。

元嘉九年、豫州刺史長沙王義欣上言、所統威遠將軍北譙梁二郡太守關中侯申季歷、自奉職邦畿、于茲五年、信惠竝宣、威化兼著、外淸姦暴、內輯民黎、役賦均平、閭井齊肅、綏穆初附、招攜荒遠、郊境之外、仰澤懷風、爵賞之授、績能是顯、宜升階秩、以崇獎勸。進號寧朔將軍。

（『宋書』巻九二・良吏・江秉之伝附申季歴伝）

世祖踐阼するや、竟陵王鎭北司馬に遷り、南平昌太守を帯び、將軍は故の如し。盆城の舊を以て殿省に出入し、甚だ親信せらる。義郷縣長風廟の神 姓鄧なるは、先に經て縣令と爲り、死して遂に發靈す。(周)山圖 啓して神に位輔國將軍を加えんことを乞う。上答えて曰く、狗肉なればすなわち事を了らすに足れり。何ぞ階級を用いて爲さんやと。

世祖踐阼、遷竟陵王鎭北司馬、帶南平昌太守、將軍如故。以盆城之舊、出入殿省、甚見親信。義郷縣長風廟神姓鄧、先經爲縣令、死遂發靈。山圖啓乞加神位輔國將軍。上答曰、足狗肉便了事、何用階級爲。

(『南齊書』巻二九・周山図伝)

ただし、これらの「階秩」「階級」がただちに官品と対応する「階」とは考えにくい。第二章で論じたように、いずれも位階として理解するよりも、昇進基準とその到達点を示す「階」という意味とみなすべきであろう。

以上の点をふまえ、次節では梁陳将軍号の実態を知るための基礎的作業として、将軍号の具体的な除授の状況、つまり史料中における将軍号の現れ方について考察をおこないたい。とくに個々の将軍号における任用の多寡および特徴について考えることから、当時代の官僚制における将軍号の性格把握をこころみる。

第二節　「改革」以後の将軍就任者について

表二を参照されたい。本表は陳代の将軍号序列に、天監七年から陳の禎明三年まで、すなわち「改革」以降から陳滅亡までの新制将軍号任命の事例の、のべ人数の集計を付記したものである。「改革」によって大きく変化した陳制四品以下の将軍号を分析の中心とするため、一品の鎮衛から三品の四平・四翊将軍までと、平越中郎将・諸校尉・護軍の統計は省略した。また、一律に陳制の序列にあてはめて集計を取ったため、「改革」の過程と将軍就任の増減と

表二　陳戎号表および天監7（508）～禎明3（589）年間の外号将軍就任者総数

品	将　軍　号
1	鎭衛　驃騎　車騎
2	中軍　中撫　中衛　中權　征東　征南　征西　征北 鎭東　鎭南　鎭西　鎭北　鎭左　鎭右　鎭前　鎭後
3	安左　安前　安右　安後　安東　安南　安西　安北 翊左　翊前　翊右　翊後　平東　平南　平西　平北
4	忠武10　軍師12 武臣1　爪牙1　龍騎　雲麾47　冠軍8　鎭兵1　翊師　宣惠26　宣毅21 東中郎將9　西中郎將6　南中郎將3　北中郎將3 智威　仁威40　勇威　信威29　嚴威1　智武24　仁武9　勇武　信武48　嚴武1
5	輕車34　鎭朔　武旅4　貞毅12　明威52　寧遠32　安遠6　征遠9　振遠10　宣遠6 寧蠻校尉
6	威雄　威猛1　威烈　威震　威信　威略　威勝　威風　威力　威光 武猛1　武略　武勝1　武力　武毅5　武健　武烈　武威4　武鋭　武勇1 猛毅　猛烈2　猛威　猛震　猛鋭　猛進　猛智　猛武　猛勝　猛駿 壯武18　壯勇1　壯烈　壯猛　壯鋭　壯威　壯力　壯毅　壯志　壯意 驍雄　驍桀　驍猛1　驍烈　驍武　驍勇　驍鋭　驍名　驍勝　驍迅 雄猛　雄威　雄明　雄烈　雄信10　雄武　雄勇　雄毅　雄壯　雄健 忠勇　忠烈　忠猛　忠鋭　忠壯　忠毅2　忠捍　忠信　忠義　忠勝 明智　明略　明遠　明勇　明烈1　明威　明鋭　明毅3　明勝　明進 光烈3　光明　光英　光遠2　光勝2　光鋭　光命　光勇　光戎　光野 飆勇2　飆烈　飆猛2　飆鋭　飆奇　飆決　飆起　飆勝　飆略　飆出 平越中郎將　西戎校尉　平戎校尉　鎭蠻校尉
7	龍驤4　武視　雲旗10　風烈　電威3　雷音　馳鋭　追鋭　羽騎　突騎 折衝2　冠武1　和戎4　安壘　超猛1　英果1　掃虜1　掃狄　武鋭　摧鋒 開遠5　略遠　貞威45　決勝　清野1　堅鋭　輕鋭　拔山　雲勇　振旅
8	超武10　鐵騎2　樓船　宣猛10　樹功3　克狄　平虜　稜威2　戎昭25　威戎4 伏波7　雄戟　長劍　衝冠　雕騎　佽飛　勇騎　破敵　克敵　威虜2 鎭蠻護軍　安遠護軍　度支校尉
9	前鋒1　武毅　開邊　招遠16　金威1　破陣　蕩寇1　殄虜　横野　馳射

※『隋書』巻26・百官志上より作成。

※明威将軍は5品と6品に、武毅将軍は6品と9品の二カ所に記載があるが、本表では便宜上それぞれ5品および6品に統一した。

※7品の軽鋭将軍は、原文では「輕車將軍」となっているが、大通年間の外号将軍に基づいて訂正した。

の対応関係は捨象したが、就任事例と時間的推移に顕著な変化がみとめられる場合については、本論で適宜指摘するつもりである。なお、天監七年の制のみに存在し、以後みられなくなった将軍号、および本表に入れていない流外の将軍号の事例は管見のかぎり確認されなかった。

本表を一瞥すると、下位にある将軍号であっても、特定の将軍号ではかなりの事例数が確認できるものもあり、必ずしも将軍号の班位と事例の数は比例しないことが理解されよう。かかる状況に鑑みるに、将軍号の特質を知るには、班位に基づく上下関係を中心に考えるよりも、個々の将軍号のあり方を追求することの方が重要であると考えられるのである。よって本章では、下位に位置する将軍号から、ある程度運用の実態がうかがわれる将軍号をいくつか対象にとりあげて考察をおこないたい。

ア　招遠将軍（九品　表三参照）

陳制において九品の招遠将軍は、天監七年の制では「十品」二班という、ほぼ最末端に置かれ、大通三年改革にあってもおおむね同じ位置にあった。事例数一六のうち、普通六年以前と推定されるものが五例、普通六年以降および年代不明であるが梁代と考えられる事例があわせて三例、陳宣帝の太建元年以前が三例、太建以後が五例となる。なお、本章では、将軍就任者の社会的な階層を推測する手がかりとして官人の起家官に着目するが、その際員外散騎侍郎・中書侍郎・秘書郎・著作佐郎等の第一級起家官から出身する者を「上級官人層」とし、奉朝請・太学博士・軍府参軍および王国常侍・王国侍郎等の、それに次ぐ起家官から起家する者を「中級官人層」と、便宜的に定義したい[22]。そこで、この招遠将軍就任者の場合をみてみると、起家官は秘書郎から軍府参軍・王国常侍までの範囲におさまり、本章で定義する「上級官人層」と「中級官人層」に該当するといえる。秘書郎起家の「上級官人層」以外でも、たと

表三　招遠将軍（9品）就任者一覧

	就任者	起家官	同時に保持する官	出身	典拠
1	沈旋	中書侍郎？	南康內史	呉興沈氏	梁書13沈約傳附
2	樂法才	相國府參軍	建康令	南陽樂氏	梁書19樂藹傳附
3	張率	著作佐郎	司徒右長史・揚州別駕	呉郡張氏	梁書33張率傳
4	何敬容	祕書郎	呉郡太守	廬江何氏	梁書37何敬容傳
5	蕭昱	祕書郎	晉陵太守	蘭陵蕭氏	梁書24蕭景傳附
6	到漑	王國左常侍	郢州長史・江夏太守	彭城到氏	梁書40到漑傳
7	王沖	祕書郎	衡陽內史	琅邪王氏	陳書17王沖傳
8	韋粲	雲麾晉安王行參軍	東宮領直	京兆韋氏	梁書43韋粲傳
9	陳詡	（後梁）岳陽王雍州西曹		潁川陳氏	古刻叢鈔
10	顧野王	太學博士	撰史學士	呉郡顧氏	陳書30顧野王傳
11	陰鏗	湘東王法曹參軍	晉陵太守	武威陰氏	陳書34阮卓傳附
12	殷不佞	尚書中兵郎	軍師始興王諮議參軍	陳郡殷氏	陳書32殷不害傳
13	王固	祕書郎	宣惠豫章王諮議參軍	琅邪王氏	陳書21王固傳
14	謝貞	智武府外兵參軍	南平王友・掌記室事	陳郡謝氏	陳書32謝貞傳
15	同上	同上	掌記室事	同上	同上
16	阮卓	輕車鄱陽王府外兵參軍	南海王府諮議參軍	陳留阮氏	陳書34阮卓傳

※□で囲んだ数字の事例は、同一の表内で重出があるものを示す。

えば、1の沈旋は『宋書』の著者沈約の息子であり、10の顧野王は『玉篇』・『輿地志』の撰を以て知られ、11の陰鏗も詩人として名高い。いずれも相対的にみてけっして低からざる家格を有しているとみてよい。

つまり、招遠将軍は九品という低い品位とは対照的に、社会的地位の高い官人が与えられる将軍と考えられるのである。そしてこれと対応して、軍功による将軍号の獲得事例や、流外官から昇進してきた官人もみられない。

また、将軍号と同時に保持していたと考えられる官職も、最も低いもので七品（陳制）の建康令、その他の官職もおおよそ四品から五品に位置し、あまり法則性は感じられない。このような、将軍号とその他の官職の緩やかな対応関係は招遠将軍にとどまらず、その他の将軍号についても同様である。もちろん、将軍号の品位が高くなるほど、同時に有するその他の官職の品もある程度高くなる傾向はみられるものの、どちらかといえば個別の官職の清濁に左右される傾向が強いようである。

官歴の中での将軍除授の時期についてみてみると、全一六例のうち、将軍就任がこの招遠将軍の一度きりの者が七名、前任の将軍号がある者が四名、招遠将軍が初授軍号でさらに上位の将軍号に昇進する者が五名となる。このうち、前任の将軍号がある者の中で、13と5（将軍号変わらず）・12の三例は、免官により、それぞれ貞威将軍・戎昭将軍を経歴として有しながらの招遠将軍就任である。[23] とくに興味深いのは13の王固の事例であり、「例に随《したが》いて招遠將軍・宣惠豫章王諮議參軍と爲る」（『陳書』巻二一・王固伝）とあって、何らかの規定に基づく除授であった可能性がある。推測にすぎないが、招遠将軍は官位を落とされた官人であることを指し示す、一種の左遷ポストであったのかもしれない。なお、貞威将軍・戎昭将軍については後述するが、この招遠将軍については、「上級・中級官人層」の多く就任する将軍号であったとまとめられよう。

イ　戎昭将軍（八品　表四参照）

戎昭将軍は、天監七年、大通三年制定の将軍号にはみえない。だがその名称自体は、遅くとも普通六年前後には確認される。陳蘇鎮氏が指摘されるように、梁の普通年間に、昭威将軍を改名して置かれたものであろう。[24] 時代的な傾向としては、梁武帝治世の後半期（中大通以後）から侯景の乱の頃と考えられる事例が一三例、陳宣帝の太建年間とおぼしき事例が九例と大部分を占めており、少々かたよりがみられる。就任者の階層は、ほぼ招遠将軍と同等の「上級・中級官人層」とみられるが、招遠将軍よりも若干低い階層の者まで含まれるようである。[25]

次に、将軍号と同時に保持する官職をみてみると、そのほとんどが地方官である点は招遠将軍と同じであるが、招遠将軍よりも郡太守の占める割合が減り、そのかわりに県令や州の刺史（都督を含む）がいくつかみられるようになっている。一般的に、これらの県令や刺史といった職が上級の昇進コースに入らないことを考慮に入れると、[26] 戎昭将軍の就任階層の拡大と対応するものと考えられる。

表四　戎昭将軍（8品）就任者一覧

1	蕭推		呉郡太守	蘭陵蕭氏	梁書22太祖五王傳附
2	王承	祕書郎	東陽太守	琅邪王氏	梁書41王承傳
3	徐摛	太學博士	太子中庶子	東海徐氏	梁書30徐摛傳
4	劉顯	中軍臨川王行參軍	平西邵陵王諮議參軍	沛國劉氏	梁書40劉顯傳
5	姚僧垣	臨川嗣王國左常侍	湘東王府記室參軍	呉興姚氏	周書47姚僧垣傳
6	江子一	王國侍郎	南津校尉	濟陽江氏	梁書43江子一傳
7	劉潛	鎮右始興王法曹行參軍	陽羨令	彭城劉氏	梁書41劉潛傳
8	蕭子範	太子洗馬	始興內史	蘭陵蕭氏	梁書35蕭子恪傳附
9	王僉	長兼秘書郎中	尚書左丞	琅邪王氏	梁書21王份傳附
10	殷不佞	尙書中兵郎	武陵王諮議參軍	陳郡殷氏	陳書32殷不害傳附
11	周炅		使持節・都督江定二州諸軍事・江州刺史	汝南周氏	陳書13周炅傳
12	呉明徹	東宮直後	安州刺史	秦郡呉氏	陳書9呉明徹傳
13	孫瑒	輕車臨川嗣王行參軍	宜都太守	呉郡孫氏	陳書25孫瑒傳
14	徐敬成	著作郎	湘東公世子	安陸徐氏	陳書35陳寶應傳
15	沈洙	湘東王國左常侍	輕車衡陽王長史、行府國事、琅邪彭城二郡丞	呉興沈氏	陳書33沈洙傳
16	司馬申	丹陽郡主簿	江乘令	河内司馬氏	陳書29司馬申傳
17	虞寄	宣城王國左常侍	東中郎建安王諮議	會稽虞氏	陳書19虞荔傳附
18	蔡景歴	諸王府佐	宣毅長沙王長史 尋陽太守、行江州府事	濟陽蔡氏	陳書16蔡景歴傳
19	徐敬辯				陳書5宣帝紀太建5年
20	蕭引	著作佐郎	金部侍郎	蘭陵蕭氏	陳書21蕭允傳附
21	呉惠覺		員外散騎侍郎	秦郡呉氏	陳書9呉明徹傳
22	褚玠	王府法曹	山陰令	河南褚氏	陳書34褚玠傳
23	沈不害	太學博士	明威武陵王長史 行呉興郡事	呉興沈氏	陳書33沈不害傳
24	蔡徵	太學博士	鎮右新安王諮議參軍	濟陽蔡氏	陳書29蔡徵傳
25	姚察	南海王國左常侍	知撰梁史事	呉興姚氏	陳書27姚察傳

将軍号除授の状況についてみてみよう。官歴中の将軍号が戎昭将軍のみの者が10、下位の将軍号からの昇進はほとんどなく、前任の将軍号がある六例（**表四**の1・9・13・16～18）は、班位のうえではすべて「左遷」ということになる。しかしこれらのうち免官等の官位が下がる理由が明記されているものは9だけであり、他の事例については不明である。これ以外に**表四**の5が内号の直閤将軍を経歴として有している。これを陳の朱衣直閣将軍と同一の官職とみると、『隋書』巻二六・百官志上によれば四品であるので同じく「左遷」になるが、果たして「左

遷」と判断できるかどうかは疑問である。なお、戎昭将軍からさらに上位の将軍号に就いている者は一〇例あるが、うち三例が貞威将軍（七品）となっている。

ウ　超武将軍・宣猛将軍（八品　表五・六参照）

事例数それぞれ一〇と、けっして多くはない部類に入る超武将軍と宣猛将軍であるが、その就任者は先の二将軍とは全く異なる傾向を示している。就任者二〇名のうち、正史中に立伝されている者はわずか八名にすぎず、付伝者として除授が確認される者が五名、その他の就任者の詳細はほとんど不明に近い。なお、本表の空欄はすべて不明個所である。この点からすると、超武・宣猛の二将軍就任者は、基本的に寒門ないしそれ以下の、軍功に依拠して昇進をはかる階層出身と考えられる。中でも、**表六**の2の陳慶之は、『南史』巻六一・陳慶之伝に、「梁の世の寒門の達せし者、ただ（陳）慶之と兪薬のみ」とあり、明確に寒門と称せられている。これらのような、密接に軍事と結びつき、なおかつ起家官もあきらかにしえない階層を、かりに「寒門軍功層」と名づけたい。

就任の時期や状況、将軍と同時に有する官職についてみてみよう。最も早い時期の就任者と考えられるのは先にあげた陳慶之であるが、普通六年に文徳主帥なる官に就いており、それと同時に付与されている。この官職の詳細は不明であるが、その名称から判断するに、宮中の文徳殿なる殿舎の警護役のようであり、そうであるとすると武官の一種とみなされよう。また、**表五**の3・4・6はそれぞれ衡州・会稽郡・衡広二州の反乱討伐における任命で、**表六**の5～8はすべて侯景の乱以降の梁末の動乱の時代にあたっており、同じく**表六**の9・10は、陳の文帝年間における陳宝応討伐の際において、尚書省から晋安郡へ下達された符にみられるものである。総じていえば、就任事例の多くが平時ではない、軍事活動下の任命である。

表五　超武将軍（8品）就任者一覧

1	侯瑱	輕車府中兵參軍	馮翊太守	巴西侯氏	陳書9侯瑱傳
2	胡僧祐		文德主帥	南陽胡氏	梁書46胡僧祐傳
3	裴之平		假節・都督衡州五郡征討諸軍事	河東裴氏	陳書25裴忌傳附
4	湛海珍			新淦湛氏？	梁書3武帝紀下中大通2年
5	李遷哲	文德主帥	安康郡守	安康李氏	周書44李遷哲傳
6	歐陽頠	信武府中兵參軍	臨賀內史・都督	長沙歐陽氏	陳書9歐陽頠傳
7	蕭駿		尚書殿中郎？	蘭陵蕭氏	南史51梁宗室上
8	陳慧紀※			呉興陳氏	陳書5宣帝紀太建12年
9	程文季	通直散騎侍郎・句容令	郢州助防	新安程氏	陳書10程靈洗傳附
10	王勇（猛）	鄱陽王府中兵參軍	都督・東衡州刺史、領始興內史	琅邪王氏	南史24王准之傳附 陳書14南康王曇朗傳附

※『陳書』15陳慧紀傳によれば智武將軍の可能性もある。

表六　宣猛将軍（8品）就任者一覧

1	朱買臣				南史53蕭棟傳
2	陳慶之	主書	文德主帥	義興陳氏	梁書32陳慶之傳
3	劉相如		齊州刺史		魏書98島夷蕭衍傳
4	陳昕	邵陵王常侍	假節	義興陳氏	梁書32陳慶之傳附
5	李孝欽				梁書56侯景傳
6	孫瑒	輕車臨川嗣王行參軍	假節・軍主	呉郡孫氏	陳書25孫瑒傳
7	劉棻				梁書55武陵王紀伝
8	沈恪	郡將蕭映主簿	交州刺史	呉興沈氏	陳書12沈恪傳
9	陳思慶		假節・前監臨海郡		陳書35陳寶應傳
10	甘他		假節・成州刺史	丹陽甘氏？	陳書35陳寶應傳

この二将軍と先の招遠・戎昭二将軍のあり方とを比較してみると、将軍号の官品（班位）と、就任者の社会的階層、そして就任者の階層と対応する官職の品位とが一致していないということが指摘できよう。つまり陳蘇鎮氏が主張される、将軍号の品位に基づく上下関係と、将軍就任者の社会的階層が一致するという考えとは、まったく符合しないのである。

では、かかる「上級・中級官人層」と「寒門軍功層」に大別される、将軍就任者の社会的地位と将軍号の官品との不一致は、将軍号全体の構成においていかなる意味をもっていたのであろうか。この点につき、さらに上位の将軍号について検討を進めたい。

エ　貞威将軍（七品　表七参照）

貞威将軍は、陳蘇鎮氏がすでに指摘されて

いるように、梁陳時代を通じ四五例と、七品将軍号の中では最も多くの就任事例が確認される将軍号である。時代的な分布では、天監七年の「改革」から普通六年の一〇〇号将軍設置までの間と考えられる事例が二、普通七年から侯景の乱以前と、年代不明だが梁代と想像される事例がそれぞれ八と五、侯景の乱から陳の武帝即位までが一〇、陳初から太建年間以前が九、太建年間から陳の滅亡までが一一と、時代が降るにつれて事例が増える傾向にある。出身階層では、員外散騎侍郎・秘書郎・著作佐郎等の第一級の起家官を有するものはのべ九名、王国常侍・王国侍郎・奉朝請・太学博士・法曹参軍・行参軍等の二級の起家官で起家したものはのべ二一名となり、これら「上級・中級官人層」の就任は、全体の半数を超える。このような傾向は、梁末陳初期に起家官の不明な陳覇先の同族や、その配下の武臣等が集中している点をのぞけば、梁陳時代を通じほぼ一定であり、先述の招遠将軍・戎昭将軍と同じであるとみてよいだろう。

次に、同時に保持する官職について。四五例中、内官（京官）を有するものは、加官の可能性の高い散騎系統をのぞき、兼任の官、および揚州・丹陽郡・建康等の内官に準ずる地方官を含めてもわずか八例であり、全体の二割に満たない。逆に地方官は、刺史・太守・県令、軍府の長史・参軍でそのほとんどを占めている。この点も、先の招遠・戎昭二将軍と共通するところである。

将軍号だけの官歴に目を向けると、貞威将軍以後に、より上位の将軍に就任する者の総数二五のうち四分の一にあたる六名が明威将軍に昇進している。なお、明威将軍は、事例数五二という五品以下の将軍号の中で最も多い将軍であるにもかかわらず、大通三年以後の五品と六品の両方に記載があるために、同じく六品と九品にみえる武毅将軍の存在とともに、大通「改革」の意図を分かりにくくさせる一要因となっている。ただ、『隋書』巻一一・礼儀志六の衣服の条にも、五品と六品の双方に規定が記されていることからみて、二つあったと考えざるをえない。しかしなが

表七　貞威将軍（7品）就任者一覧

1	馬仙琕	郢州主簿	都督司州諸軍事 司州刺史	扶風馬氏	梁書17馬仙琕傳
2	韋放	齊晉安王寧朔迎主簿		京兆韋氏	梁書28韋放傳
3	王僧辯	湘東王國左常侍	武寧太守	太原王氏	梁書45王僧辯傳
4	到洽	晉安王國左常侍（不就）	雲麾長史・尋陽太守	彭城到氏	梁書27到洽傳
5	張纘	祕書郎	華容公北中郎長史 南蘭陵太守・行府州事	范陽張氏	梁書34張緬傳附
6	謝徵	安西安成王法曹參軍	平北諮議參軍 兼鴻臚卿・中書舍人	陳郡謝氏	梁書50謝徵傳
7	王規	祕書郎	驃騎晉安王長史	琅邪王氏	梁書41王規傳
8	蕭子雲	祕書郎	臨川內史	蘭陵蕭氏	梁書35蕭子恪傳附
9	王筠	中軍臨川王行參軍	臨海太守	琅邪王氏	梁書33王筠傳
10	劉孺	中軍法曹行參軍	仁威臨川王長史 江夏太守	彭城劉氏	梁書41劉孺傳
11	虞寄	宣城王國左常侍	鎭南湘東王諮議參軍	會稽虞氏	陳書19虞茘傳附
12	蕭濟		蜀郡太守	蘭陵蕭氏	周書42蕭撝傳附
13	賀革	晉安王國侍郎	兼平西長史・南郡太守	會稽賀氏	梁書48賀瑒傳附
14	褚球	征虜行參軍	輕車河東王長史 南蘭陵太守	河南褚氏	梁書41褚球傳
15	江革	奉朝請	北中郎南康王長史 廣陵太守	濟陽江氏	梁書36江革傳
16	裴之横	河東王常侍		河東裴氏	梁書28裴邃傳附
17	樊毅		持節・通直散騎常侍	南陽樊氏	陳書31樊毅傳
18	王固	祕書郎	安南長史・尋陽太守	琅邪王氏	陳書21王固傳
19	張種	王府法曹參軍	治中從事史	呉郡張氏	陳書21張種傳
20	蕭乾	東中郎湘東王法曹參軍	司空從事中郎	蘭陵蕭氏	陳書21蕭乾傳
21	陳慧紀		通直散騎常侍	呉興陳氏	陳書15陳慧紀傳
22	陳擬		義興太守	呉興陳氏	陳書15陳擬傳
23	章法護		給事後閤舍人	呉興章氏？	建康實録17大同11年
24	徐陵	參寧蠻府軍事	尙書左丞	東海徐氏	陳書26徐陵傳
25	孔奐	揚州主簿	建康令	會稽孔氏	陳書21孔奐傳
26	蕭乾	東中郎湘東王法曹參軍	建安太守	蘭陵蕭氏	陳書21蕭乾傳
27	陳褒		持節・通直散騎侍郎 北徐州刺史	呉興陳氏	陳書15陳擬傳
28	沈欽		安州刺史	呉興沈氏	陳書7世祖沈皇后傳附
29	陸山才	王國常侍	鎭南長史・豫章太守	呉郡陸氏	陳書18陸山才傳
30	同上	同上	新安太守	同上	同上
31	陸繕	宣惠武陵王法曹參軍	新安太守	呉郡陸氏	陳書23陸繕傳
32	周寶安	（員外散騎侍郎）？	呉興太守	義興周氏	陳書8周文育傳附
33	駱牙		晉陵太守	呉興駱氏	陳書22駱牙傳
34	徐敬成	著作郎	豫章太守	安陸徐氏	陳書12徐度傳附

35	司馬申	丹陽郡主簿	征南鄱陽王諮議參軍	河内司馬氏	陳書29司馬申傳
36	沈君高		呉令	呉興沈氏	陳書23沈君理傳附
37	徐敬成	著作郎	呉興太守	安陸徐氏	陳書12徐度傳附
38	韋鼎	湘東王法曹參軍	安右晉安王長史 行府國事	京兆韋氏	隋書78韋鼎傳
39	周確	太學博士	呉令	汝南周氏	陳書24周弘正傳附
40	宗元饒	本州主簿	南康内史	南郡宗氏	陳書29宗元饒傳
41	陳君範	鄱陽國世子	晉陵太守	呉興陳氏	陳書28世祖九王傳附
42	徐儉	豫章王府行參軍	太子左衛率、中書舍人	東海徐氏	陳書26徐陵傳附
43	蕭引	著作佐郎	中書侍郎・黄門侍郎	蘭陵蕭氏	陳書21蕭允傳附
44	周確	太學博士	散騎常侍・信武南平王 府長史、行揚州事	汝南周氏	陳書24周弘正傳附
45	蕭引	著作佐郎	建康令	蘭陵蕭氏	陳書21蕭允傳附

ら、最初の「改革」である天監七年の時点では、唯一の明威将軍として寧遠将軍と同じ「四品」に置かれ、けっして低い位置にあったわけではない。就任者の内訳も、全時期を通じほぼ半数は「上級・中級官人層」に該当する。明威将軍が二箇所に置かれるようになったのが、普通六年の一〇〇号将軍設置の時期からであることからみて、六品明威将軍は各班一〇号ずつという数字にあてはめるための「帳尻合わせ」で、実際には用いられなかったのではなかろうか。

オ　壮武将軍（六品　表八参照）

六品の壮武将軍は、天監七年に「五品」の将軍号として新設され、普通六年に一〇〇の将軍号の一として置かれたものであり、六品の中では一八例と最も事例の多い将軍号である。就任者の階層を起家官から推測してみると、王国常侍が二例、参軍が一例と、若干の例外をのぞくとおおむね不明であり、先の超武・宣猛二将軍の就任者に共通する。ただ、陳の後主時代に、突然皇子の起家の際に与えられる将軍として使用されはじめるところに特徴がある。同時に保持する官職も、一八例中八例と、半数近くが刺史（都督を含む）としての除授であり、先にあげた下位の戎昭将軍・貞威将軍と比較しても大きく異なり、この点からしても壮武将軍就任者は、基本的に超武・宣猛二将軍就任者と同等の「寒門軍功層」が主流であるといえよう。

表八　壮武将軍（6品）就任者一覧

1	杜懷寶			京兆杜氏	梁書4簡文帝紀末尾
2	裴之禮	邵陵王國左常侍	直閤將軍？	河東裴氏	梁書28夏侯亶傳附
3	羊侃		使持節・衡州刺史	泰山羊氏	梁書39羊侃傳
4	宋季雅		衡州刺史		南史56呂僧珍傳
5	裴政	邵陵王府法曹參軍	宣惠湘東王府記室參軍・通直散騎侍郎	河東裴氏	隋書66裴政傳
6	周迪		持節・通直散騎常侍 高州刺史	臨川周氏	陳書35周迪傳
7	魯廣達	邵陵王國右常侍	假節・晉州刺史	扶風魯氏	陳書31魯廣達傳
8	陳寶應		晉安太守 員外散騎常侍	晉安陳氏	陳書35陳寶應傳
9	沈恪	郡將蕭映主簿		呉興沈氏	陳書12沈恪傳
10	韓子高		員外散騎常侍 成州刺史	會稽韓氏	陳書20韓子高傳
11	戴僧朔		北江州刺史 領南陵太守	呉郡戴氏	陳書20華皎傳附
12	脩行師				陳書35陳寶應傳
13	林馮		持節・通直散騎常侍 定州刺史		陳書35陳寶應傳
14	樊猛		廬陵内史	南陽樊氏	陳書31樊毅傳附
15	徐敬成	著作郎	持節・都督南豫州諸軍事・南豫州刺史	安陸徐氏	陳書12徐度傳附
16	同上	同上	都督・通直散騎常侍	同上	同上
17	武昌王叔虞	武昌王		呉興陳氏	陳書28高宗二十九王傳
18	信義王祗	信義王		同上	陳書28後主十一子傳

ところで、この壮武将軍を含めた六品の将軍は、普通六年に増設された経緯をもつが、その理由について、高橋徹氏は「武人の昇進を遅らせるしかけ」と説明されている。(27)この点を含め、六品将軍全体の傾向について少しく考えたい。

六品将軍就任者の事例をみると、この六品将軍が官歴中における最高の官位で、五品以上の将軍に昇進しえなかったと思われるものがみられる。いくつか例をあげよう。

杜懐寶「天監中、やや功績をたて、官は驍猛将軍・梁州刺史にいたる」（『梁書』巻四六・杜崱伝付）

淳于文成「梁に仕えて將帥と爲り、官は光烈将軍・梁州刺史にいたる」（『陳書』巻一一・淳于量伝付）

呉超「官は忠毅将軍にいたる」（『陳書』巻九・呉明徹伝付）

程虔「威猛將軍・諮議參軍・益昌縣開國男・宋新巴晉源三郡太守」（『漢魏南北朝墓誌集釈』図版五七〇「程虔墓誌」）

これらの将軍拝受者は、子孫の官界における栄達がないかぎり、史料からはほとんどその具体像が知りえない階層であり、軍功による昇進に一定の限度があったことが想像される。また、六品将軍に到達するまで、さらに六品将軍内で二、三の将軍を経歴する事例も確認される。

裴之高　飆勇⑥→光遠⑥→雄信⑥　（『梁書』巻二八・裴邃伝附）
周宝安　貞威⑦→猛烈⑥→雄信⑥→貞毅⑤　（『陳書』巻八・周文育伝附）
任忠　蕩寇⑨→明毅⑥→武毅⑥→寧遠⑤　（『陳書』巻三一・任忠伝）
周羅睺　開遠⑦→光遠⑥→雄信⑥　（『隋書』巻六五・周羅睺伝）

※○内の数字は将軍の品。五品以上の昇進は一部省略

先の六品どまりの事例とあわせて考えると、このような将軍の昇進のあり方は、通常の官職と同様に、将軍号であっても五品と六品の間には歴然とした昇進の壁が存在していたことを証明している[28]。高橋氏の説は基本的に首肯できるが、なおつけ加えるならば、六品以下の将軍の多くは、「寒門軍功層」の積み立ててきた軍功の目安として、同時に軍事経験を積んだ軍人のプールとしての機能、つまり秦漢時代における郎官のごとき意義をも有していたと想像されるのである。

しかしながら、先に確認してきた事実が示すように、必ずしも将軍号の班位だけでは、就任者の官界での地位を確定することはできない。それは六品以下の招遠・戎昭・貞威等の将軍就任者からあきらかであろう。これらの就任者は、将軍号の昇進こそ六品以下にとどまることはあっても、高位の起家官からスタートする以上、軍功に頼らずとも五品以上の昇進が決定されているからである[29]。つまり、就任する将軍の品位よりも、どんな名号の将軍に就くかとい

うことの方が重要であったとみなければならない。

カ　寧遠将軍・振遠将軍・軽車将軍（五品　表九・一〇・一一参照）

寧遠将軍については、陳蘇鎮氏が諸王の子弟の多くが就任する将軍であったことを指摘されている（表九の3・7・16・17・27）。だが、具体的な事例をみると、就任者は必ずしも諸王の子弟および諸王自体にかぎらず、皇族の同族や「上級・中級官人層」も含んでいる。就任者の六割以上がこの寧遠将軍を初授軍号としており、下位の将軍から昇進してきたものは八例にすぎない（明威二・貞威一・戎昭一・六品の将軍三・宣遠一）。全体的傾向からすると、六品以下から成りあがった官人が与えられる将軍号ではなかった。このことは、寧遠と同じ班に位置する振遠将軍の就任者を確認することで、よりあきらかとなる。

振遠将軍は、天監七年の設置時から寧遠将軍と同班に置かれ、その後の「改革」を経てもほぼ同位置にあったが、その位置づけは寧遠とは大いに異なっている。就任者をみると、奉朝請・王国常侍・軍府参軍等から起家する「中級官人層」がその半ばを占めており、その他はおおむね「寒門軍功層」とみられる。とくに時代が降るにつれて「中級官人層」から「寒門軍功層」へと、就任者の出身も下落する傾向にある。振遠将軍が初授軍号ではない事例は少なくとも半数の五例あり、それ以外も詳細がよく分からないものが多いことからすると、振遠将軍は基本的に「寒門軍功層」が功を立てた後に与えられる将軍号であったと考えられる。

寧遠・振遠の二将軍と同品ながら一班高い軽車将軍も、同班の他の将軍とは際だった差異が現れる将軍である。就任者はほとんどが梁・陳王朝の皇族（とくに諸王）および同族で全体の三分の二以上を越えている。ただ、寧遠将軍と違い、皇族以外の就任者に「上級・中級官人層」はあまりみられず、むしろ「寒門軍功層」とみられるものが目に

表九　寧遠将軍（5品）就任者一覧

1	王泰	祕書郎	安右長史	琅邪王氏	梁書21王泰傳
2	蕭琛	太學博士	平西長史・江夏太守	蘭陵蕭氏	梁書26蕭琛傳
3	蕭恭	給事中	督齊安等十一郡事 西陽武昌二郡太守	蘭陵蕭氏	梁書22太祖五王傳附
4	邵陵王綸	邵陵王	琅邪彭城二郡太守	蘭陵蕭氏	梁書29高祖三王傳
5	謝舉	祕書郎	豫章内史	陳郡謝氏	梁書37謝舉伝
6	武陵王紀	武陵王	琅邪彭城二郡太守	蘭陵蕭氏	梁書55武陵王紀傳
7	蕭推		淮南太守	蘭陵蕭氏	梁書22太祖五王傳附
8	湘東王繹	湘東王	會稽太守	蘭陵蕭氏	梁書5元帝紀
9	蕭子恪	寧朔將軍・淮陵太守	呉郡太守	蘭陵蕭氏	梁書35蕭子恪傳
10	褚向	祕書郎	北中郎廬陵王長史	河南褚氏	梁書41褚翔傳附
11	河東王譽	寧遠將軍・石頭戍軍事	石頭戍軍事	蘭陵蕭氏	梁書55河東王譽傳
12	劉孺	中軍法曹行參軍	司徒左長史	彭城劉氏	梁書41劉孺傳
13	安陸王大春	中書侍郎	知石頭戍軍事	蘭陵蕭氏	梁書44太宗十一王傳
14	王質	祕書郎	假節	琅邪王氏	陳書18王質傳
15	裴忌	梁豫章王法曹參軍		河東裴氏	陳書25裴忌傳
16	蕭撝	給事中	宋寧宋興二郡太守	蘭陵蕭氏	周書42蕭撝傳
17	桂陽王象	寧遠將軍・丹陽尹	丹陽尹	蘭陵蕭氏	梁書23桂陽王象傳
18	王僉	長兼祕書郎中	南康内史	琅邪王氏	梁書21王份傳附
19	王質	祕書郎	持節・都督呉州諸軍事 呉州刺史、領鄱陽内史	琅邪王氏	陳書18王質傳
20	王勱	祕書郎	晉陵太守	琅邪王氏	陳書17王通傳附
21	綏建王大摯	寧遠將軍		蘭陵蕭氏	梁書44太宗十一王傳
22	義安王大昕	寧遠將軍 琅邪彭城二郡太守	琅邪彭城二郡太守	蘭陵蕭氏	梁書44太宗十一王傳
23	蕭大圜	樂梁王	琅邪彭城二郡太守	蘭陵蕭氏	周書42蕭大圜傳
24	熊曇朗		持節・通直散騎常侍	豫章熊氏	陳書35熊曇朗傳
25	沈孝軌		建康令	呉興沈氏？	陳書33沈洙傳
26	始興王伯茂	始興王	都督南琅邪彭城二郡 諸軍事・彭城太守	呉興陳氏	陳書28世祖九王傳
27	陳叔寶	安成王世子	安成王世子	呉興陳氏	陳書6後主紀
28	沈君高		持節・都督廣等十八州諸軍 事・平越中郎將 廣州刺史	呉興沈氏	陳書23沈君理傳附
29	任忠		都督壽陽新蔡霍州縁 淮諸軍・霍州刺史	汝陰任氏	陳書31任忠傳
30	南康王方泰	南康王	散騎常侍	呉興陳氏	陳書14南康王曇朗傳附
31	蔡凝	祕書郎	尚書吏部侍郎	濟陽蔡氏	陳書34蔡凝傳
32	蔡徵	太學博士	左民尚書、知撰五禮事	濟陽蔡氏	陳書29蔡徵傳

表一〇　振遠将軍（5品）就任者一覧

1	傅昭	奉朝請	中權長史	北地傅氏	梁書26傅昭傳
2	康絢	奉朝請	假節・督北兗州緣淮諸軍事・北兗州刺史	華山康氏	梁書18康絢傳
3	馬仙琕	郢州主簿	豫章王雲麾府司馬	扶風馬氏	梁書17馬仙琕傳
4	曹義宗			新野曹氏	梁書4簡文帝紀末尾
5	王僧辯	湘東王國左常侍	廣平太守	太原王氏	梁書45王僧辯傳
6	陳覇先	新喩侯蕭暎廣州府中直兵參軍	西江督護、高要太守 督七郡諸軍事	呉興陳氏	陳書1高祖紀上太清2年？
7	周迪		江州刺史	臨川周氏	陳書35周迪傳
8	張立		梁州刺史		陳書2高祖紀下永定2年
9	江德藻	梁南中郎武陵王行參軍	通直散騎常侍	濟陽江氏	陳書34江德藻傳
10	田龍升		定州刺史、赤亭王	蠻？	陳書13周炅傳

表一一　軽車将軍（5品）就任者一覧

[1]	蕭昂		監南兗州	蘭陵蕭氏	梁書24蕭景傳附
2	南康王績	南康王	領石頭戍軍事	蘭陵蕭氏	梁書29高祖三王傳
3	晉安王綱	晉安王		蘭陵蕭氏	梁書2武帝紀中・天監9年
4	廬陵王續	廬陵王	南彭城琅邪太守	蘭陵蕭氏	梁書29高祖三王傳
5	邵陵王綸	邵陵王　寧遠將軍・琅邪彭城二郡太守	會稽太守	蘭陵蕭氏	梁書29高祖三王傳
[6]	蕭昂		廣州刺史	蘭陵蕭氏	梁書24蕭景傳附
7	長沙王淵業	著作郎？	湘州刺史	蘭陵蕭氏	梁書23長沙王淵業傳
8	武陵王紀	寧遠將軍 琅邪彭城二郡太守	丹陽尹	蘭陵蕭氏	梁書55武陵王紀傳
9	蕭推		晉陵太守	蘭陵蕭氏	梁書22太祖五王傳附
10	臨賀王正德	西豐侯	黄門侍郎	蘭陵蕭氏	梁書55臨賀王正德傳
11	蕭子雲	祕書郎	兼司徒左長史	蘭陵蕭氏	梁書35蕭子恪傳附
12	河東王譽	寧遠將軍・石頭戍軍事	侍中	蘭陵蕭氏	梁書55河東王譽傳
13	南康王會理	輕車將軍・湘州刺史	湘州刺史	蘭陵蕭氏	梁書29高祖三王傳附
14	尋陽王大心	當陽公	使持節・都督郢南北司定新五州諸軍事・郢州刺史	蘭陵蕭氏	梁書44太宗十一王傳
15	羊鴉仁	郡主簿	持節・都督南北司豫楚四州諸軍事・北司州刺史	太山羊氏	梁書39羊鴉仁傳
16	南海王大臨	寧國縣公・中書侍郎	琅邪彭城二郡太守	蘭陵蕭氏	梁書44太宗十一王傳
17	南郡王大連	臨城縣公・中書侍郎	使持節・東揚州刺史	蘭陵蕭氏	梁書44太宗十一王傳
18	韋黯	太子舍人	持節	京兆韋氏	梁書12韋叡傳附
19	蕭撝	給事中	巴西梓潼二郡太守	蘭陵蕭氏	周書42蕭撝傳
20	裴之禮	邵陵王國左常侍	黄門侍郎	河東裴氏	梁書28裴邃傳附
21	桂陽王象	寧遠將軍・丹陽尹	湘衡二州諸軍事 湘州刺史	蘭陵蕭氏	梁書23桂陽王象傳
22	建平王大球	輕車將軍・兼石頭戍軍事	兼石頭戍軍事	蘭陵蕭氏	梁書44太宗十一王傳

23	胡穎		假節・都督南豫州諸軍事・南豫州刺史	呉興胡氏	陳書12胡穎傳
24	樊猛		持節・散騎常侍・司州刺史	南陽樊氏	陳書31樊毅傳附
25	陳擬	羅州刺史？	兼南徐州刺史、持節 員外散騎常侍	呉興陳氏	陳書15陳擬傳
26	韋載	梁邵陵王法曹參軍	散騎常侍・太子右衛率	京兆韋氏	陳書18韋載傳
27	劉峯				陳書35陳寶應傳
28	錢道戢	濱江令	持節・通直散騎常侍 都督東西二衡州諸軍事・衡州刺史、領始興內史	呉興錢氏	陳書22錢道戢傳
29	歐陽紇	黄門侍郎・員外散騎常侍	都督交廣等十九州諸軍事・廣州刺史	長沙歐陽氏	陳書9歐陽頠傳附
30	盧陵王伯仁	盧陵王・輕車將軍		呉興陳氏	陳書28世祖九王傳
31	陳方慶	給事中	假節・都督定州諸軍事・定州刺史	呉興陳氏	陳書14南康王曇朗傳附
32	宜都王叔明	宜都王・宣惠將軍	衛尉卿	呉興陳氏	陳書28高宗二十九王傳
33	江夏王伯義	江夏王	丹陽尹	呉興陳氏	陳書5宣帝紀太建9年7月
34	晉熙王叔文	晉熙王	揚州刺史	呉興陳氏	陳書28高宗二十九王傳

※□で囲んだ数字の事例は、同一の表内で重出があるものを示す。

つくが（18・23〜29）、その多くは梁末陳初の混乱期にあたり、例外とみなせよう。

将軍号の昇進に目を向けると、表一一の5・8・9・12・19はいずれも寧遠将軍からの昇進で、これらの事例がすべて梁の皇族か、それに近い同族であるところからみて、梁代には寧遠から軽車というコースが存在したようである。また、皇族以外の事例のうち、同じく表一一の23〜26・29はみな下位の将軍から昇進しての拝命であり、将軍号を何度も拝受するという「寒門軍功層」の昇進のパターンに符合している。いずれにせよ、梁陳時代を通じ、皇族の就任が決まっていた将軍であったといえよう。

以上、言及の足りない部分も多々あるが、九品から五品の将軍就任者を考察することで、ある程度の結論はえられたことと思う。簡単にまとめたい。

梁天監七年から陳滅亡にいたるまでの将軍の任命には、個々の将軍で相当の量的なかたよりがみられる。さらにそのかたよりの内訳を分析すると、特定の将軍にある一定の社会的階層の出身者が集中する傾向にあった。大まかにその階層を区分した場合、六品以下の将軍では「上級官人層」と「中級官人層」、そして「寒門軍功層」というかたちで分けられ、さらに五品からは諸王を中心とする皇族層が加わる。このうち、「上級官人層」と「中級官人層」の就任する将軍は、ほぼ重複する。なお、起家官が不分明という点で便宜的に区分した「寒門軍功層」は、具体例からみるかぎり、実体としては「中級」以下の、中央官への就任をなし得ない末端の地方士人層が主体であった。この「寒門軍功層」に庶人が含まれるか否かについては、「改革」当初に流外用の将軍を新設したこと、さらに庶人層からの将軍就任が皆無であることからみて、庶人からの昇進はほとんどなかったと想像される。少なくとも将軍においては、流外層の切り捨てという天監の改革の意図はおおむね貫徹していた。

なお、かかる将軍号の「かたより」は、**表二**の統計の主たる材料である、正史を主とした編纂史料の性格に左右されるものとはみなせない。すなわち、けっして量的に多いとはいえない墓誌銘等の石刻史料による事例を含めても、将軍就任者の社会的地位によるものと思われる将軍号の違いはあるにせよ、双方の史料の性格による統計上の差異はうかがわれないのである。

これらの事実から判断すると、「改革」以後の将軍は、就任者の社会的地位を表示することを目的として運用がなされ、しかも個々の将軍の班位よりも、特定の将軍号であることに重要性が存したと結論される。なお、本書では言及できなかったが、かかる将軍号の運用は四品の将軍号であっても同様の傾向を見いだすことができる。たとえば四品で最も事例の多い雲麾将軍と信武将軍では、雲麾将軍の約七割以上が皇族および「上級・中級官人層」で占められるのに対し、信武将軍の就任者のほぼ半数が「中級官人層」で残りが「寒門軍功層」という具合であり、やはり個々の将軍号で任用の方法に相違が確認される。(30)

では、このような特定の将軍号の優越性はいかにして形成されたのか。起家官によって表現される社会的階層と、一定の規則性に基づく将軍号との対応という事実から想像すると、それはやはり一種の官の清濁に類するような、国家の志向する秩序とは相反する社会独自の価値基準に依拠して設定されたと考えざるをえない。とくにこのような個別の将軍号の性格づけは、「改革」の初段階に、最初、あるいは初期に就任した人物の昇進コースと結合し、さらに「慣例」となって以後の就任者を決定づけたと考えられる。将軍の優劣が就任者を以て測られる以上、将軍自身の品（班）に基づく上下関係はより相対化され、ついには将軍の名称自体が品に優先して重視されるにいたったと推測されるのである。(31)

将軍のこのような任用は、唐代の散官と比べた場合、大きく相違するものといわねばなるまい。なぜなら、唐代官僚機構における散官とは、その品位の上下を以て官人個人の官界における身分を表示するものであって、散官それ自体は就任者の社会的出自を表すものではけっしてないからである。「改革」以後の将軍号に、位階制度の確立した唐代につながる特質をみいだすとするならば、特定の将軍の名称を重視するところこそ、位階制において数字を称さずに官名を以て表示する唐制への先駆的特徴としてみなすべきであろう。さらにつけ加えるならば、将軍と結びつく官職のほとんどが地方官であったことも見落とすことはできない。将軍が実際に文武官共通の散官として機能していたのならば、かような結果にはならないはずであり、当時期の将軍が散官としての機能よりも地方軍の統率および軍功と密接な関係をもっていたことが想像される。

ともあれ、このような品（班）の価値を相対化させる特定の将軍号の優越性は、将軍の昇進にも現れている。つまり、特定の将軍号を結ぶ「官序」ともいうべき昇進コースとして、「上級・中級官人層」用の戎昭将軍から貞威将軍への昇進（三例）、「寒門軍功層」用の超武・宣猛二将軍から六品将軍へ（四例）という昇進の事例も確認されるのである。

しかしながら、品（班）に基づく「横軸」としての区分も軽視されたわけではない。先にみた五品と六品の間に存在する昇進の壁や、一〇〇の六品将軍全体の性格からも、そのことはうかがえる。このような、班の序列と将軍の「名」という二つの基準をあわせ持ったところに、南朝将軍号の独自性が見いだされるのである。

結　語

本章での考察により、南朝の将軍号が単純に唐の散官になぞらえることができないことはあきらかになった。南朝将軍号の散官的性質はその機能面よりも、むしろ官品とは別に名称が重視されるという点にこそ求められる。かかる特定の官名を重んじるという、専制国家の意図とは別の次元に属する社会独自の価値基準を、品階に集約される官僚制秩序に一体化させることによって、位階を示す際に官名を用いる唐の散官制度が成立する。換言するならば、郷里社会における士人層の上下関係を、その拝命する将軍の名の相違によってはかるという観念をふまえ、さらに官界での身分を表す指標として機能すべく再構築したのが唐の位階たる将軍号であったと考えられるのである。

そもそも「改革」以前の将軍号は、濫授によって寒門寒人層にまで与えられるようになっていたが、同時に一流官人が地方官就任の際に付与される官職でもあった。このような社会的出自を殊にする官人に対して同一の将軍号を与えられる状態こそが、『隋書』において「高卑舛雑」と称される理由と考えなければならない。将軍号大量設置の理由は、将軍就任者個人を特定するためもあったであろうが、将軍就任者個人に加え、その社会的身分を明確にするためと考えるほうが自然であろう。つまり「改革」は、班制の施行によって官僚制の原理に基づいた将軍の運営をもくろむ国家の側の要望と、「寒門軍功層」と同一の将軍号を与えられることを拒む「上級・中級官人層」の希求という、二つの現実的課題に対処するために実行されたと想像されるのである。

しかしながら、結果的に官の清濁に類するようになってしまった将軍号任用が、「改革」の当事者たる梁武帝の思惑に沿ったものとは考えがたい。「官は人を以て清たり。あに限るに甲族を以てせんや」（『梁書』巻四九・庾於陵伝）と断言した武帝としては、当然班制に一元化された将軍号の任用が念頭にあったであろう。がしかし、結果的にそれはなしえなかった。そもそも諸王（皇族）に専用の将軍号を用いること自体、班制に大いにもとるものであり、当時の官の清濁という価値観を相対化することができなかった証とすべきではあるまいか。むしろ将軍号が普遍的な位階制度として貫徹できなかったところに、社会的身分秩序を払拭しきれない南朝官僚制の歴史的特質と限界がうかがわれるのである。(32)

注

（1）　秦漢時代の郎官については、厳耕望「秦漢郎吏制度考」（初出は一九五一年。『厳耕望史学論文集』巻上（厳耕望史学著作集所収、上海古籍出版社、二〇〇一年）、増淵龍夫「戦国官僚制の一性格」（初出は一九五五年。同『中国古代の社会と国家』新版所収、岩波書店、一九九六年）、李孔懐「漢代郎官述論」（『秦漢史論叢』第二輯、陝西人民出版社、一九八三年）、福井重雅「漢代官吏登用制度の概観」（同『漢代官吏登用制度の研究』所収、創文社、一九八八年）、杉村伸二「漢初の郎官」（『史泉』九四号、二〇〇一年）などの研究を参照のこと。

（2）　現在までの唐代散官に関する主要な専論には、黄清連「唐代散官試論」（『中央研究院歴史語言研究所集刊』第五八本第一分、一九八七年）、王徳権「唐代律令中的「散官」与「散位」――従官人的待遇談起――」（『中国歴史学会史学集刊』第二一期、一九八九年）、同「試論唐代散官制度的成立過程」（『唐代文化研討会論文集』文史哲出版社、一九九一年）、黄正建「唐代散官初論」（『中華文史論叢』一九八九年第二期、張国剛「唐代階官与職事官的階官化」（初出は一九八九年。同『唐代政治制度研究論集』所収、文津出版社、一九九四年）、陳蘇鎮「北周隋唐的散官与勲官」（初出は一九九一年。同『両漢魏晋

南北朝史探幽』所収、北京大学出版社、二〇一三年）、馬小紅「試論唐代散官制度」（『晋陽学刊』一九八五年第四期）などがある。

（3）陳蘇鎮「南朝散号将軍制度考弁」（初出は一九八九年。同『両漢魏晋南北朝史探幽』所収）、高橋徹「南北朝の将軍号と唐代武散官」（『山形大学史学論集』一五号、一九九五年）、窪添慶文「北魏初期の将軍号」（初出は一九八〇年。同『魏晋南北朝官僚制研究』所収、汲古書院、二〇〇三年）。閻歩克「魏晋南北朝的軍号散階化進程」（上・下）（『文史』第五一輯・五二輯、二〇〇〇年）。また、窪添氏には光禄大夫と将軍に関する研究として「北魏における「光禄大夫」」（初出は一九九二年。同『魏晋南北朝官僚制研究』所収）があり、王徳権「試論唐代散官制度的成立過程」も南北朝の将軍号に言及している。

（4）将軍に関する主な先行研究としては、以下の諸論考がある。大庭脩「前漢の将軍」（初出は一九六八年。同『秦漢法制史の研究』所収、創文社、一九八二年）、同「後漢の将軍と将軍假節」（初出は一九六九年。同『秦漢法制史の研究』所収）、厳耕望『秦漢地方行政制度』（中央研究院歴史語言研究所専刊四五、中国地方行政制度史上編巻上（中央研究院歴史語言研究所、一九六一年）、廖伯源「試論西漢諸将軍之制度及其政治地位」（初出は一九八六年。同『歴史与制度——漢代政治制度試釈——』所収、香港教育図書公司、一九九八年）、同「東漢将軍制度之演変」（初出は一九八九年。同『歴史与制度——漢代政治制度試釈——』所収）、小尾孟夫「曹魏における四征将軍」（初出は一九七七年。同『六朝都督制研究』所収、渓水社、二〇〇一年）、同「晋代における将軍号と都督」（初出は一九七八年。同『六朝都督制研究』所収）、同「劉宋における都督と軍事」（初出は一九八七年。同『六朝都督制研究』所収）、石井仁「四征将軍の成立をめぐって」（『古代文化』四五巻一〇号、一九九三年）。また、中国における将軍制度と日本の征夷大将軍を比較する近年の研究として、石井仁「征夷大将軍と中国の将軍」（『秋田大学教育学部研究紀要』人文科学・社会科学五二号、一九九七年）がある。

（5）王徳権「試論唐代散官制度的成立過程」八四八頁、高橋徹「南北朝の将軍号と唐代武散官」五一頁。

（6）宮崎市定「将軍号の発達」（同『九品官人法の研究』第二編第三章、宮崎市定全集第六巻、岩波書店、一九九二年）二五一頁。陳蘇鎮「南朝散号将軍制度考弁」一九四頁。

（7）高橋徹「南北朝の将軍号と唐代武散官」五〇頁。

(8) 石井仁「四征将軍の成立をめぐって」参照。

(9) 小尾孟夫「劉宋における都督と軍事」、坂元義種「五世紀の日本と朝鮮の国際的環境――中国南朝と河南王・河西王・宕昌王・武都王――」(初出は一九六九年。同『古代東アジアの日本と朝鮮』第五章、吉川弘文館、一九七八年)。

(10) 宮崎市定「九品官制と九班選制」(同『九品官人法の研究』第二編第三章)一七二頁、中村圭爾「九品官制における官歴」(初出は一九七五年。同『六朝貴族制研究』所収、風間書房、一九八七年)、二七七頁参照。

(11) 中村圭爾「九品官制における官歴」二七七頁参照。

(12) 『宋書』巻三九・百官志上。

(13) 周一良氏も同様の旨を指摘している。「将軍位号高下」(同『魏晋南北朝史札記』中華書局、一九八五年)一三二頁参照。

(14) 中軍将軍だけは品位の下落はなかったようである。小尾孟夫「劉宋における都督と軍事」および周一良「将軍位号高下」も、鎮軍・撫軍将軍から四平将軍への進号の事例はあげるが、中軍将軍の事例は示していない。

(15) 坂元義種「五世紀の日本と朝鮮の国際的環境」二五八頁参照。

(16) 南朝では価値の下落が著しい龍驤将軍であるが、南朝と対峙した北朝においてはその品位は下落することなく、最後まで高位を保っていた。太和前職令では三品上、同じく後職令では従三品に置かれ(いずれも『魏書』巻一一三・官氏志)、北齊にあっても従三品であった(『隋書』巻二七・百官志中)。その理由についてはなお不明であるが、あえて想像をたくましくするならば、北朝以前の五胡時代に前秦の苻堅が龍驤将軍を拝したことがあり、そのことが同将軍号の北朝における社会的な評価を高めた一因としてあるのかもしれない。苻堅が龍驤将軍を拝したことは、『魏書』巻九五・臨渭氏苻健伝にみえる。

(17) 宮崎市定「流内十八班」(同『九品官人法の研究』第二編第四章)二六二頁参照。

(18) なお、越智重明氏は天監の改革について、武帝の意図としては士庶体制を政治体制に合致させようとしたものであり、具体的には庶民層をすべて政治的被支配者層に切り下げる措置と理解されている。しかし、庶民層を流内から排除するという点については氏の説も首肯できるが、改革が完全に武帝の考えだけに基づいて実行されたとは考えがたい。越智重明「梁陳

政権と梁陳貴族制」（同『魏晋南朝の貴族制』第七章、研文出版、一九八二年）参照。

(19) 宮崎市定「将軍号」（同『九品官人法の研究』第二編第四章）二八二頁参照。

(20) 高橋徹「南北朝の将軍号と唐代武散官」六〇頁。

(21) 『魏書』巻七八・張普恵伝には、

世宗崩、坐與甄楷等飲酒遊從、免官。……故事、免官者、三載之後降一階而敍、若才優擢授、不拘此限。熙平中、吏部尚書李韶奏普惠有文學、依才優之例、宜特顯敍、敕除寧遠將軍・司空倉曹參軍。朝議以不降階爲榮。

とあり、この張普恵の免官以前の将軍号（揚烈将軍、五品上階）が、免官後に与えられた寧遠将軍と階を同じくすることから、北魏では将軍号を階として用いていたとするのが通説とされている。なお、高橋徹・王徳権両氏はいずれも南朝における将軍号の階としての使用例を説くが、両者とも実例はあげられていない。高橋徹「南北朝の将軍号と唐代武散官」および王徳権「試論唐代散官制度的成立過程」を参照。

(22) これらの階層は、中村氏が定義する「次流官序」の官人にほぼ一致するものとみられる。ただし氏の考察に将軍号は含まれていない。中村圭爾「九品官制における官歴」参照。

(23) ただし、これら三例はいずれも現任官としての貞威将軍・戎昭将軍を免官されて招遠将軍を拝したわけではなく、その間にいくつかの他の官職をはさんでいる。窪添慶文氏によれば、北魏では将軍号の除授が正史において過去のものとして記され、次の官職が与えられている場合であっても、肩書きとしてはなお保持していたことが墓誌銘から確認されるという。「改革」以後、南朝の将軍号の場合がどのようであったのかは、今のところあきらかにしがたいが、経歴としての将軍号がまったく無意味であったとも思われない。窪添慶文「北魏における「光禄大夫」」参照。

(24) 陳蘇鎮「南朝散号将軍制度考弁」参照。

(25) たとえば、**表四**の19などは起家官やその出身もつまびらかにし得ないし、19よりもやや出自が上とみられる11や12、およびその子の21も寒門、それも軍功を昇進の手段としなければならなかった階層といえるだろう。ただ、このような寒門士人の就任事例は圧倒的に少なく、就任事例も梁末陳初の混乱期にかたよっているようであり、王朝側の懐柔の意図がこめられていた可能性も高い。

(26) 中村圭爾「九品官制における官歴」参照。

(27) 高橋徹「南北朝の将軍号と唐代武散官」参照。

(28) 宮崎市定「寒士の実態」（同『九品官人法の研究』第二編第三章）二一八頁および高橋徹「南北朝の将軍号と唐代武散官」参照。

(29) 中村圭爾「九品官制における官歴」二七四・二七五頁の図を参照のこと。

(30) ただし、品位があがるにつれて将軍号の「個性」も解消されていくようである。

(31) 陳の末期には、次第に班の上下に逆行する昇進すら行われるようになる。たとえば、晋安王伯恭は安前将軍（三品）から軍師将軍（四品）へ（『陳書』巻二八・同伝）、晋熙王叔文は宣恵将軍（四品）から軽車将軍（五品）へ（同書同巻同伝）、それぞれ「進号」、すなわち昇進している。

(32) 中村氏は、十八班制から官歴の分化はうかがえず、むしろ分化した官歴を一本化しようとする意図をみいだすことができる、と述べられているが、本章の考察よりすると、官位秩序に基づこうとする武帝の方針は、当初から完全なものではなかったと考えるべきであろう。中村圭爾「九品官制における官歴」二七八頁参照。

第六章　北魏前期の位階秩序について——爵と品の分析を中心に——

問題の所在

魏晋南北朝から隋唐時代にかけての諸制度の歴史的展開を考えるうえで、北魏はきわめて重要な時代である。とくに官品制度に関しては、流内官の正従九品三〇階から構成される唐代の九品官制が、北魏の孝文帝が企画した太和二三年（四九九）施行の職令に由来することは言うまでもない。だが、その孝文帝による官品制度の淵源を何処に求めるかについては、直接南朝からの影響を受けて創造されたとする見解、或いは晋南朝以降の官制の発展を継承しつつ北魏で独創されたとする見解などが提示されている。(1) ただし、北魏の独創性にその淵源を求める考え方にしても、北魏創成期の制度との関係、および階による官品等級の細分化がこの孝文帝期に実行された理由ないし必然性については、なお検討の余地が残されている。

本章では北魏の制度の固有性をあきらかにするこころみとして、北魏前期の位階秩序について、当時の爵制と官品の関係から検討する。北魏の爵制についてはこれまで多くの成果が提示されており、(2) 官制面における爵の機能や民族・社会的身分による賜爵の相違なども論じられているものの、主に爵位に封地がともなっていたのか否かという経済史的側面が論点の中心とされてきた。しかし近年の孫正軍氏による道武帝の爵制改革を分析する論文のように、官僚制、とくにその身分表示機能の角度からの爵制研究も進展しつつある。(3) 本章も孫氏の研究と同様に北魏前期における爵位の位階秩序としての性格を検討するものであるが、位階制度の面から爵制を取りあげる理由は、それが官僚制における身分秩序の重要な一要素であるとともに、一定程度当該時代の社会構造の特徴、とくに身分秩序を反映することから、時代の特質を理解するうえで有効な手がかりたりうると考えるからである。(4) なお、本章でいう北魏前期とは、拓跋珪の代王即位（三八六）から孝文帝による諸改革、具体的には太和一六年（四九二）の爵制改革以前の約一〇〇年を指す。分析の対象は所謂五等爵（および王爵）であり、いわゆる二十等爵制における民爵は除外する。五等爵と民爵とではその性格と来歴を異にし、同列に論じるべきではないためである。

第一節　北魏前期の爵制の沿革

北魏前期の爵制の沿革については、すでにその詳細が先学によってまとめられているので、本章では行論の都合上概要についてのみ、簡単にふれておきたい。北魏の爵制は、拓跋珪が代王に即位した登国元年（三八六）に、「爵勲」を頒布したことにはじまるが（『魏書』巻二・道武帝紀）、その詳細は不明である。ついで皇帝に即位した皇始元年（三九六）に、

初めて臺省を建て、百官を置き、公侯・将軍・刺史・太守を封拝し、尚書郎已下悉く文人を用う。

初建臺省、置百官、封拜公侯・將軍・刺史・太守、尙書郎已下悉用文人。（『魏書』巻二・道武帝紀）

とあり、

皇始元年、始めて曹省を建て、百官を備置し、五等を封拜す。

皇始元年、始建曹省、備置百官、封拜五等。（同巻一一三・官氏志）

とあること、それから二年後の天興元年（三九八）一一月には、

詔して吏部郎鄧淵に官制を典し、爵品を立てしむ。

詔吏部郎鄧淵典官制、立爵品。　（同官氏志）

とあることから、当初の爵制は基本的に晋制を継承する五等爵制であったことがうかがわれる(5)。

かかる状況に変化が生じたのは六年後の天興七年（四〇四）九月（一〇月に改元して天賜元年）である。『魏書』巻一一三・官氏志・天賜元年九月には、

九月、五等の爵を減じ、始めて分《わか》ちて四となす、曰く王・公・侯・子。伯・男の二號を除く。皇子及び異姓の元功の上勳なる者を王に封じ、宗室及び始蕃王は皆な降して公となし、諸公は降して侯となし、侯・子も亦た此を以て差となす。是に於いて王に封ぜられる者十人、公なる者二十二人、侯なる者七十九人、子なる者一百三人。王は大郡に封じ、公は小郡に封じ、侯は大縣に封じ、子は小縣に封ず。王は第一品、公は第二品、侯は第三品、子は第四品なり。

九月、減五等之爵、始分爲四、曰王・公・侯・子、除伯・男二號。皇子及異姓元功上勳者封王、宗室及始蕃王皆降爲公、諸公降爲侯、侯・子亦以此爲差。於是封王者十人、公者二十二人、侯者七十九人、子者一百三人。王封大郡、公封小郡、侯封大縣、子封小縣。王第一品、公第二品、侯第三品、子第四品。

とあり、五等爵を減じて公・侯・子の三等とし、王爵を加えた四等からなる爵制が創始される。このような王・公・侯・子の四等の爵制秩序は前例がなく、きわめて独特な爵制であった。この時に廃止された伯爵と男爵は、『魏書』巻七下・孝文帝紀下・太和一六年正月の条に、

乙丑、制すらく諸て遠屬の太祖の子孫に非ざる及び異姓にて王となるもの、みな降して公となし、公は侯となし、

侯は伯となし、子男はなお舊にして、みな將軍の號を除け。

乙丑、制諸遠屬非太祖子孫及異姓爲王、皆降爲公、公爲侯、侯爲伯、子男仍舊、皆除將軍之號。

とあるように、遅くとも孝文帝の爵制改革までには復活する。両爵の復活の時期については諸説あるが、男爵は道武帝期末、遅くとも男爵の用例が頻出するようになる太武帝初期までには復活し、一方の伯爵は内田吟風・顧江龍両氏が説かれるように、太和一六年の爵制改革の時点に再び置かれたと考えるのが穏当であると考える。(6)

では、天興七年以降の三等爵制プラス王爵の導入および男爵・伯爵の漸次復活を中心とする等級の変化には、どのような意味があったのであろうか。まずは王爵の爵制序列への編入について。この時期にあるべき五等爵制の体裁を壊してまで王爵を爵制に組み入れた目的は、先に引用した官氏志に「皇子及び異姓の元功の上勳なる者を王に封ず」とあるように、道武帝の皇子の封王はいうまでもなく、外戚を含めた異姓王の容認にこそあったと考えられる。趙翼が指摘するように、北魏はきわめて異姓王が多いことで知られるが、(7)それは皇帝と異姓、就中鮮卑有力氏族との力関係が拮抗・接近していたことの現れとして考えるべきであり、それが賜爵者たる皇帝と受爵者たる鮮卑有力氏族を中心とする臣下との関係に反映されているのである。伯爵・男爵の廃止による等級の削減も、そのことと軌を一にする措置であり、君臣関係の再編成の一環と考えられる。(8)この推測の一端は、三等爵制導入から二ヶ月後の「十有一月、上は西宮に幸し、朝臣を大選し、おのおの宗黨を辨じて、才行を保舉せしむに、諸部の子孫の業を失いて爵を賜る者二千餘人(9)」とあることからも裏づけることができる。川本芳昭氏は九月の三等爵導入時の賜爵を諸功臣に対する論功行賞の総決算として、そしてこの一一月の賜爵を部落解散によって「失業」した諸部族支配者層に対する措置とみなし、道武帝による部落解散（部族解散）と関連づけて考えられているが、首肯すべきである。(10)この時の爵制改革が部族解散と密接に関わることに鑑みるならば、拓跋氏を含めた鮮卑有力氏族の子弟を北魏国家の位階秩序に直接編入す

表一　北魏前期の爵位と官品

官品（改革以前）	官品（太和23年職令）	皇始元年～天興7年	天興7年～道武帝末	道武帝末～改革以前	爵制改革時	太和23年職令
1品	第1品	王 公 侯 伯 子 男 （官品不明）	王	王	王・公	王・郡公
	從1品					縣公・散公
2品	第2品		公	公	侯	縣侯
	從2品					散侯
3品	第3品		侯	侯	伯	縣伯
	從3品					散伯
4品	第4品下		子	子	子	縣子
	從4品下					散子
5品	第5品下			男	男	縣男
	從5品下					散男
典據		魏書官氏志	魏書官氏志	魏書官氏志	南齊書魏虜傳	魏書官氏志

※太和23年職令の第4品上・從4品上・第5品上・從5品上に爵位は設けられていない。

る手段として爵制が用いられ、そのうえでさらに皇帝と有力氏族個人の功績を考慮に入れて等級が調整されたと考えられる(11)。

では当初廃止された伯爵と男爵、とくに男爵が廃止からそれほど時を経ずして復置されたのはなぜなのか。この問題を考えるうえで手がかりとなるのは、以下の二点である。第一に、先に引用した『魏書』官氏志にみえる三等爵制の導入、および『南齊書』巻五七・魏虜伝に、

王爵は庶姓の僭むところに非ず、伯號はこれ五等の常秩なり。烈祖の冑はなおもと王爵なれば、その餘の王はみな公となし、公は轉じて侯となし、侯はすなわち伯となし、子男は舊のごとし。名は本に易わると雖も、而れども品は昔と異ならず。公は第一品、侯は第二品、伯は第三品、子は第四品、男は第五品なり。

王爵非庶姓所僭、伯號是五等常秩。烈祖之冑、仍本王爵、其餘王皆爲公、公轉爲侯、侯卽爲伯、子男如舊。雖名易於本、而品不異昔。公第一品、侯第二品、伯第三品、子第四品、男第五品。

と伝えられる孝文帝の爵制改革にあるように、北魏前期においては爵位と官品は密接な関係、より具体的にいえば、一対一の対応関係にあったと想像されることがあげられる（表一參照）。とくに魏虜伝の記載によれば、旧来の爵位の官品と同一性を保つことに強く意が払われて

いるのであり、爵制改革以前と以後を問わず両者が不可分の関係にあったことがうかがわれる。そして第二点が、魏晋南北朝期の官制では三品と四品の間、そして五品と六品の間に引かれたラインが、周代以来の伝統的な公卿・大夫・士の身分等級において、三品以上が公卿、五品以上が大夫に相当すると観念されていたことである(12)。この二点に加え、復置された男爵が五品に設定されたことを総合して念頭におくならば、男爵を五品に設定して有爵者を大夫以上の支配階層として位置づけることによって爵位の意義を形式的・理念的に強調するとともに、実際の運用においては部族解散によって「失業」した北族支配階層、そして道武帝期以降の北魏の華北統一過程における帰降者・軍功獲得者等を収容するポストとして置かれたものと推測されるのである(13)。

以上、北魏前期の爵制の特徴について、爵位の等級の区分とその変化の過程、そして意味するところを中心に検討した。北魏前期の爵位の等級の増減は、皇帝と鮮卑有力氏族との距離を示す指標として表現される。とくに等級の変化の関鍵である王爵の五等爵制への導入と伯爵・男爵の廃止は、皇帝と臣下との関係が、南朝のそれよりも接近していることの証である。要するに爵制の等級の変化は、成立当初の北魏国家の支配構造のあり方に規定され、同時にそれを反映するものでもあった。もとより北魏前期を通じて皇帝と鮮卑を含めた北族階層の間の関係には、当然爵制面にはみえない変化もあったはずであるが、少なくとも道武帝以降における支配者階層内の君臣関係は、王爵の賜与などの爵制の枠内で調整され、爵の等級の変化というかたちでは表出しなかったと考えられる。

では、その爵位と不可分の関係にあった官品は、北魏前期では如何なる性格を備えていたのか。この問題について、次節にてさらに詳しく検討したい。

第二節　北魏の位階秩序における爵と品

（一）「爵品」をめぐって

すでに指摘しているように、北魏前期の爵制の特徴は、官品の存在を強く意識し、官品との対応を企図して設定されていることにある。これは天興七年における減爵の際に、王爵を一品として、以下子爵の四品まで官品と対応して規定されていただけでなく、孝文帝の爵制改革の際に公爵の一品以下男爵の五品にいたるまで官品によって秩序づけられていたこと、さらには太和二三年職令においても郡王・郡公の一品から散男の従五品下まで、官品に依拠して整然と配列されているところからみて、北魏前期だけでなく北魏一代、ひいては唐代まで継承された特徴とみなしうる。宮崎市定氏が指摘されるように、爵制（五等爵制）は周代以来の封建制、そしてそれを復活させた曹魏末西晋初頭に創始されたものである。一方の官品制度は、いうまでもなく九品官人法の成立とともに設定された官職の等級であるとともに、魏晋期以来の官吏登用と密接に関連する官人の身分序列であり、両者の性格は本質的にまったく異なるものである。[14]そもそも晋南朝では五等爵を官品秩序の枠内、ないし官品の序列と爵位を直接連動させるような発想が無かったように思われる。たとえば、西晋の五等爵についてみてみると、『通典』巻三七・職官典一九にみえる晋官品には、第一品に「公　諸位従公　開國郡公・開國縣公」が、第二品に「開國縣侯伯子男」が記されている。これは泰始律令の規定と思われるが、この『通典』の記載から西晋では爵位に官品が付与され、一品・二品に配置されていたことが知られるものの、北魏のように五等爵を等差的に配列するようなことはされていない。[15]このことは、西晋では爵位自体の等級化よりも、爵を郷品二品以上という範疇に置くことの方が重要であったことを示している。また、

『宋書』巻四〇・百官志下にみえる劉宋代の官品表および『隋書』巻二六・百官志上所載の梁制のいずれにおいても、五等爵の官品は記載されておらず、[16]わずかに陳制の記述においてのみ、郡王の第一品から関中・関外侯の第九品まで九等級の官品が付与されている。しかしそれが北魏の五等爵に付与された官品とは全く異なる理念に基づくことは、その区分を一見するだけで容易に察することができる。宋・梁の爵位の官品が不明であること、そしてこのような南朝における爵位と官品およびその位置づけからみて、南朝では爵位について官品を備えた官職とみなす志向が当初より希薄であったと考える方が合理的であろう。[17]そのような爵位と官品という、起源も特性も異なる二つのヒエラルキーを一つの秩序として融合させた点に、晋南朝とはまったく異なる北魏前期の爵制、そして官品秩序の形態的特徴を見出すことができるのである。

だがそれ以上に重要なのは、北魏前期の爵位が官品によって秩序づけられていただけでなく、官品と一体化した身分序列の指標として機能していた点にある。まず「爵品」という、他の時代にほとんど類例をみない当時の用語を手がかりに、この点について考えよう。先に引用した「天興元年十一月、詔して吏部郎鄧淵に官制を典し、爵品を立つ」とある用例が北魏における爵品の初見であるが、爵品ないしそれに類する用例はこれだけではない。『漢魏南北朝墓誌彙編』に収められる「于（纂）君墓誌銘」には、

魏の故假節・征虜將軍・岐州刺史・富平伯于君墓誌銘　君諱は纂、字は萬年、河南郡河陰縣景泰鄉熙寧里の人なり。使持節・安西大將軍・燕州刺史混泥の孫、持節・後將軍・朔州刺史染干の子なり。……太和十三年、富平伯を襲品す。

魏故假節征虜將軍岐州刺史富平伯于君墓誌銘。君諱纂、字萬年、河南郡河陰縣景泰鄉熙寧里人。使持節安西大將軍燕州刺史混泥之孫、持節後將軍朔州刺史染干之子也。……太和十三年、襲品富平伯。[18]

とあり、于纂の富平伯襲名を「襲品」と称している。また、『魏書』巻八四・儒林・常爽伝には、太武帝が太延五年（四三九）に北涼を平定した際に、

世祖の涼土を西征するや、（常）爽 兄の仕國と軍門に歸款す。世祖これを嘉し、仕國に爵五品、顯美男を賜い、爽は六品と爲りて宣威將軍を拜す。

世祖西征涼土、（常）爽與兄仕國歸款軍門、世祖嘉之。賜仕國爵五品、顯美男。爽爲六品、拜宣威將軍。

とあり、太武帝は北魏に降った常仕国に顕美男の爵位を賜与したが、その爵位をことさらに「五品」と称している。さらに爵制改革以降の宣武帝期の逸話であるが、『魏書』巻二一上・献文六王上・高陽王雍伝には、

世宗 考陟の法を行わんとするに、（高陽王）雍表して曰く、……また蕃使の人は、必ず朝彦を抽けり。或いは嶮を歴ること千餘、或いは危うきを履むこと萬里、登りては死亡の憂あり、みな返らざるの戚を懷き、魂骨もて忠を奉じ、尸を以て命を將わんとす。先朝の賞格、酬いるに爵品を以てするも、今朝式を改め、階勞に及ぶに止まれり。折して以て考に代うるは、使の望に乖くあり。皇華を奬勵し、而して四牡を敦崇する所以の者に非ざるなり。……

世宗行考陟之法、雍表曰、……又蕃使之人、必抽朝彦。或歷嶮千餘、或履危萬里、登有死亡之憂、咸懷不返之戚、魂骨奉忠、以屍將命。先朝賞格、酬以爵品。今朝改式、止及階勞。折以代考、有乖使望。非所以奬勵皇華而敦崇四牡者也。……

とあり、高陽王雍が宣武帝の考課制度に対して具申した意見に、孝文帝時代の使者に対する「賞格」が「爵品」を基準としていたことが述べられている。ここで言及されている報償としての「爵品」の授与は、「先朝」すなわち孝文帝時代全般とみるよりも、孝文帝親政以降の諸改革以前が主たる対象で、また使者だけでなく官人全般にもある程度

該当すると思われる。第二章で述べたように、北魏後期における官人の考課や軍功に対する報償は階や労（勤務日数）を基準として付与されていたが、その際の階は特定の官職や官品などではなく、官職獲得のための個々の単位を指すものであり、[19]当然のことながら爵位とも異なる基準であった。これらの用例によるならば、爵品とは品として機能する爵の謂であり、よって北魏前期の爵は官人としての身分の基準である官品と同一視され、その身分の標章として機能していたと考えられよう。北魏前期における爵位の本質的な機能がこの点に求められる以上、こと爵制改革以前においては爵位は虚封であった、もしくは封土の有無は本質的な問題ではなかったと理解すべきである。[20]

ところで、川本芳昭氏は当時の爵位のもつ機能として官職への就任の権利があったという、きわめて重要な見解を示されている。氏によれば、爵位の品と将軍号およびその他の官職の官品はほぼ等しく、「原則としてある官品の官職に就くためにはそれに対応した爵品（爵号の品。筆者注）の爵を有していることが必要であった。或いはある爵品の爵を授けられればそれに対応する官に就く資格が生じた」という。[21]この川本氏の理解によれば、当時の爵は唐代における散官によって表示される官人の「本品」と類似した機能をすでに備え、身分表示が爵（＝唐の散官）、職務が一般の官職（＝唐の職事官）という区分が成立していたことになる。[22]だが、爵とは個人の功績に対して付与されるとはいえ、原則として世襲によって子孫に伝えられていくものであるから、その点では「家」に対する賞賜とその地位を表示する性格も濃厚に有しており、個人の地位を表すには当然制約があったと考えざるをえない。また、かりに北魏前期において爵位が官人に対して広範囲に賜与されていたとしても、唐代の散官を有する官人のように、当時の官人すべてを有爵者とみなすのは難しいはずである。加えて爵位は男爵までの五等級にすぎないため、爵位の存在しない六品以下の官人の身分表示がどうなっていたのかについては当然問題とされなければならないが、その点についての川本氏の言及はない。これらの疑問点をふまえるならば、無批判に川本説を受け入れることはできず、なお検討が必要であることが理解されよう。以下、本章では九品官人法において任官の前提であるはずの郷品と官品（爵位）の関係および北魏前期の官人の身分表示について検討する。

（二）　郷品と「爵品」の関係と任官について

北魏初期の中正の実態と機能については、宮崎市定氏および張旭華氏による分析がある。宮崎氏は、孝文帝以前の中正の職権は明確ではないものの、「恐らく当時の江南がそうであったように、専ら州郡の僚属の人事を掌っていたのではないかと思われる」とのべ、孝文帝以降の中正の職務が魏晋のそれと同一であったという見解とは対照的に、中正と中央における人事との関わりを低く認識されている。また、張氏によると、北魏には中央系統・地方系統の二系統の中正が置かれたが、孝文帝による孝文帝即位以前の北魏における中央系統の州郡中正の任命事例はわずか八人であり、そのことを九品中正制が初歩的な段階であったことの反映と理解されている。両氏の所説をふまえ、中央系統の中正が十分に機能していなかったと考えるならば、地方系統の中正においても中央との十分な連携は難しいはずである。したがって中正による官吏候補者への郷品付与および推挙と、それに依拠した中央の吏部による任職という魏晋以来の方式は、北魏前期においては実現しえなかったか、少なくとも一般的ではなかったと想像されよう[23]。

かかる先学の指摘を念頭におきつつ、川本氏が爵品＝官品の例として提示する劉文曄の事例などを手がかりに、この問題を考えたい。劉文曄は都昌子（四品）の爵位を賜ったのちに、協律中郎（太和前職令で従四品下）を拝している（『魏書』巻四三・劉休賓伝附劉文曄）。また、その劉文曄の外祖の崔邪利は太平真君一一年（四五〇）に劉宋から北魏に帰降して「四品を蒙賜され、廣寧太守に除され」たが（『魏書』巻四三・劉休賓伝附劉文曄）[24]、このことは一方で、

初め、眞君の末、車駕南のかた鄒山に克つや、（崔）模の兄の協の子邪利、劉義隆の魯郡太守たるも、郡を以て

降るに爵臨淄子を賜り、廣寧太守を拜す。

初、眞君末、車駕南克鄒山、(崔)模兄協子邪利爲劉義隆魯郡太守、以郡降、賜爵臨淄子、拜廣寧太守。

(同書巻二四・崔玄伯伝附崔邪利)

と記されている。当時の廣寧太守の官品は明確ではないものの、「四品」が臨淄子に相当すると考えられる。ただ、劉文暉・崔邪利いずれも南朝からの帰降者という特殊な事例で、郷里社会および中正との関連の有無を含めて普遍化しにくい面は否めない。それでも、これらの事例からすると、当時の爵位と官品が不可分の関係にあるとともに、郷品を基準に官職が与えられる魏晋以来の任官方式がおこなわれていたと考えるよりも、官人候補者に直接官品(爵位)を付与してそれに依拠して官職に任命するという、中央主導型の官吏任用が一般的であったと思われる。そうであったならば、北魏前期において郷品が官人の起家ないし任官時に十分に機能せず、爵位がその際の重要な根拠として用いられていた可能性は高い。よって川本氏の指摘する人事面における爵位の機能も、一概には否定できない。ただし、氏自身もみとめられているように、両者の対応関係が絶対的ではないことに加え、任官の基準が爵位の有無のみに存したとは考えられず、その所説は全面的には承服しがたい。いずれにせよ、人事と爵位の関係については、より一層の分析が必要とされよう。

(三)　北魏前期の官人身分の表示について

次に爵位を含めた官人の身分表示のあり方について、南巡碑を用いて検討したい[25]。南巡碑は和平二年(四六一)の文成帝の中山行幸の途中に建立されたものであるが、該碑が注目されるのは碑陰に文成帝の行幸、いわゆる南巡に同行した官人の官爵と姓氏を詳らかに列挙しており、それがこれまでの『魏書』等の文献史料からは知ることができなかった事象を多く伝えているためである。同碑の本体のサイズは幅が約一三七センチメートル、高さはおよそ四メートル以上（幅と高さの比率を一対三と仮定した場合）、およそ七層からなり、一層あたり五〇人前後の官人の官爵・姓名が刻まれているという[26]。

では、この時の文成帝の行幸の際に付き従った官人は何人であろうか。先行研究による成果をふまえ、官職とその姓名をまとめたものが**表二**である。筆者が数えたところ、記載されている官人数は碑文の欠落により姓名不詳の者まで含めると、確認できる者でおよそ二八五人であった。碑文の欠落した部分を含め、張慶捷氏が推測する一段約五〇人という数字に基づくならば、およそ三五〇人程度が行幸の随行官人と思われる。もちろんこの人数が当時の北魏の中央官の総数ではないはずであるが、その枢要であることは疑いない。この中に占められる有爵者は、筆者が録文をもとに作成した表から爵位と判断した事例も含めると、王八人、公爵二〇人、侯爵一〇人、子爵二四人、男爵二六人の合計八八人となった[27]。これは三五〇人の二五％以上であり、碑文の欠落を考慮に入れると総数はさらに増えるはずである（以下、比率は推測総官人数の三五〇人を基準とする）。とくに第二列01から10までの約一〇名は後文の記載からみておそらく何らかの爵位をもっていた可能性が高い。逆にいえば、七五％が無爵であることになるが、必ずしも官人の全員が有爵者ではなかったわけであり、かりに爵位に官人の本品表示の機能があったとしても、それが限定的であったことが裏づけられる。

では爵位をもたない官人は如何なる肩書きだったのか。該碑をみると、尚書などの一般の官職のほか、内阿干・内行内小および諸給事といった北魏独特の官職である内朝官をもつ者も多いが、やはり際立つのは将軍号、とくに禁軍を率いる将軍（以下、宮崎市定氏の呼称に従い内号将軍と称す[28]）以外の、所謂外号将軍である。単独で将軍号のみを有する者のほか、将軍号と爵位ないし将軍号・内朝官・爵位といったセットでもつ者も少なくない。将軍号と爵位をもつ

表二　南巡碑所見官爵・姓名一覧

No	列と行	官爵	姓名
1	第1列01	侍中・撫軍大將軍・太子太傅・司徒公・**平原王**	步六孤伊□
2	第1列02	侍中・特進・車騎大將軍・□太子太保・尙書・**太原王**	一弗步□□
3	第1列03	六□將軍・羽眞・**襄邑子**	呂河一西
4	第1列04	中常侍・寧東將軍・太子太保・尙書・**西郡公**	尉遲其地
5	第1列05	中常侍・寧西將軍・儀曹尙書・領中秘書・太子少師・**彭城公**	張益宗
6	第1列06	中常侍・寧南將軍・太子少傅・尙書・**平涼公**	林金閭
7	第1列07	散騎常侍・寧東將軍・西起部尙書・**東海公**	楊保年
8	第1列08	寧南將軍・殿中尙書・**日南公**	斛骨乙莫干
9	第1列09	左衞將軍・內都幢將・**福祿子**	乙旃惠也拔
10	第1列10	寧□將軍・宰官內阿干・**魏昌男**	代伏云右子尼
11	第1列11	左衞將軍・內阿干・太子左衞帥・**安吳子**	乙旃阿奴
12	第1列12	□□將軍・太子庶子・內阿干・**晉安男**	蓋婁太拔
13	第1列13	揚烈將軍・內阿干・**陰陵男**	社利幡乃婁
14	第1列14	安北將軍・內阿干・**東平公**	是婁勅万斯
15	第1列15	寧東將軍・內阿干・**建安男**	尉遲沓亦干
16	第1列16	中常侍・寧南將軍・太子率更令・內阿干・**南陽公**	張天度
17	第1列17	中常侍・寧南將軍・□□□・太子家令・**平陽公**	賈愛仁
18	第1列18	散□□□・內阿干・**嘉寧男**	若干若周
19	第1列19	□□□□□□拔忍昕	
20	第1列20	□□□□□□□□普陵	
21	第1列21	□□□□□□□・□**陽男**	吐難子如剴
22	第1列22	□□□□□□□□□・**江乘男**	一弗阿伏眞
23	第1列23	寧朔將軍・□□・**范陽子**	韓天愛
24	第1列24	中堅將軍・□□□□・□**武子**	賀若盤大羅
25	第1列25	庫部內阿干	□□庫蘭
26	第1列26	內行內三郎	高平國
27	第1列27	內行內三郎	段魚陽
28	第1列28	寧朔將軍・內行令・**永平子**	胡墨田
29	第1列29	廣威將軍・**建德子**・內行內小	賀若貸別
30	第1列30-1	內行內小	步六孤龍成
31	第1列30-2	內行內小	賀賴去本
32	第1列31-1	內行內小	素和莫各豆
33	第1列31-2	內行內小	□金□
34	第1列32-1	內行內小	乙旃伏洛汗
35	第1列32-2	內行內小	□□□□
36	第1列33-1	內行內小	□□他仁
37	第1列33-2	內行內小	伊樓諾
38	第1列34-1	內行內小	挾庫仁眞
39	第1列34-2	內行內小	馬橐
40	第1列35-1	內行內小	高□各拔

41	第1列35-2	內行內小	叱羅騏
42	第1列36-1	內行內小	吐伏盧大引
43	第1列36-2	內行內小	步六孤羅
44	第1列37-1	內行內小	衛道温
45	第1列37-2	內行內小	乙旃俟俟
46	第1列38-1	內行內小	同□各拔
47	第1列38-2	內行內小	呂□
48	第1列39-1	內行內小	韓□生
49	第1列39-2	內行內小	莫耐婁□
50	第1列40	鷹揚將軍・內行令・**蔡陽男**	宿六斤阿□
51	第1列41	內行令・勅勲	□六孤
52	第2列01	□□□□□□□□□□□□	
53	第2列02	右將□□□□□□□□□□□□	
54	第2列03	□材將□□□□□□□□□□□勲天□	
55	第2列04	□□□□□□□□□□□□□□□	
56	第2列05	□□□□□□□□□□□□□□□	
57	第2列06	□□□□□□□□□□□□□□□	
58	第2列07	□□□□□□□□□□□□□□□	
59	第2列08	□□□□□□□□□□□□□□□	
60	第2列09	□□□□□□□□□□□□□□□□	
61	第2列10	□□將軍・□列□□□**王**・□□提折闆□	
62	第2列11	衛大將軍・**樂安王**・直勲	何良
63	第2列12	平東將軍・**樂良王**・直勲	□大汗□
64	第2列13	征西將軍・**常山王**・直勲	□□連戊烈
65	第2列14	散騎常侍・征東將軍・光祿□□・**中山公**	杜豐
66	第2列15	散騎常侍・平西將軍・駕部尙書・□**陽公**	□□尸婆
67	第2列16	征東大將軍・駙馬都尉・□□**郡王**	茹茹常友
68	第2列17	散騎常侍・龍□將軍・□□**公**	素和勅俟伏
69	第2列18	侍中・安南大將軍・殿中尙書・□□・**東安王**	獨孤侯尼須
70	第2列19	侍中・尙書左僕射・安南將軍・□□□・**平昌公**	素和其奴
71	第2列20	平東將軍・選部尙書・□□・**陽樂侯**	常伯夫
72	第2列21	散騎常侍・安南將軍・尙書・羽眞・**南郡公**	毛法仁
73	第2列22	武衛將軍・特□・□**城子**	比子乙得
74	第2列23	散騎常侍・□□□□・□部尙書・**丹陽公**	符眞衛
75	第2列24	寧東將□・□□□□侯胡優比西□陀	
76	第2列25	散騎常侍・□□□□□□・**安復侯**	拔拔俟俟頭
77	第2列26	散騎常侍・□□□□□・太子少保・儀曹尙書・**扶風公**	李眞奴
78	第2列27	散騎常侍・□□□□・□□尙書・**汝南公**	袁紇尉斛
79	第2列28	散騎常侍・□□□□□□部尙書・**興平侯**	宜勲渇侯
80	第2列29	寧東將軍・□□□□□□□・**永興侯**	熱阿久仁
81	第2列30	□□□□□□□□□□□・**順陽公**・直勲	郁豆眷
82	第2列31	□□□□□□□□□□□□・選部尙書・**長廣公**	豆連求周

83	第2列32	□□□□□□□□□□尙書・東□公	黄盧頭
84	第2列33	□□□□□□□□□□□□□書・高都公	慕容白曜
85	第2列34	□□□□□□□□□□・魯陽侯	韓道仁
86	第2列35	□□□□□□□□□□□抜□地力懃眞	
87	第2列36	□□□□□□□□□□□・野王侯	呂羅漢
88	第2列37	□□□□□□□□□	斛律諾斗拔
89	第2列38	□□□□□□□□□□・□□侯	斛律頞拔
90	第2列39	□□□□□□□□□□□中・濟陽男	孔伯恭
91	第2列40	□□□□□□□□・□□男	胡莫那
92	第2列41	□□□□□□□□□□□	素和匹于堤
93	第2列42	□□□□□□□□□□□□	右以斤
94	第2列43	□□□□□□□□□□□□懃倍斤	
95	第2列44	□□□□□□□□□□□□□天愛	
96	第2列45	□□□□□□□□□□□□□□乾	
97	第2列46	□□□□□□□□□□□□□□兒	
98	第2列47	□□□□□□□□□□□□□□□	
99	第3列01	中堅將軍・內三郎□將・南□□□□	
100	第3列02	折衝將軍・內三郎□□□□□□□□	
101	第3列03	□□將軍・內三郎□□特土何□□	
102	第3列04	右將軍・內三郎□□・□□	素□与娥鴛
103	第3列05	□□將軍・內三郎□□□□□□□	
104	第3列06	鷹揚將軍・內三郎□□	賀□□婁
105	第3列07	中壘將軍・□□□□	素和使若須
106	第3列08	寧朔將軍・都長史・給事中・河中□□子	蓋婁內亦干
107	第3列09	威遠將軍・都長史・給事中・高平男	楊丑頹
108	第3列10	左將軍・給事・夷都將	越懃右以斤
109	第3列11	鷹揚將軍・太官給事	慕容男吳都
110	第3列12	右衛將軍・駕部給事	□惕乙弐小
111	第3列13	寧遠將軍・駕部給事□□□□進蒙	
112	第3列14	右軍將軍・殿中給事・□□子	丘目陵□仁
113	第3列15	振武將軍・殿中給事□□□□烏地干	
114	第3列16	□□將軍・殿中給事・壽張子	胡翼以吉智
115	第3列17	綏遠將軍・中書給事	李何思
116	第3列18	驍騎將軍・給事・新安子	趙騰
117	第3列19	驍騎將軍・給事・武安子	任玄通
118	第3列20	鷹揚將軍・給事・馳魚男	楊思福
119	第3列21	折衝將軍・給事・南□男	胡比他紘
120	第3列22	東鉀杖庫給事	拔烈蘭眞樹
121	第3列23	宣威將軍・殿中給事	出大汗僖德
122	第3列24	驍騎將軍・殿中給事・武原子	屋引立眞□
123	第3列25	驍騎將軍・殿中給事・新安子	莫那婁愛仁
124	第3列26	驤威將軍・內三郎	斛骨呈羯

125	第3列27	輕車將軍・內三郎・泰昌男	趙三月
126	第3列28	武毅將軍・內三郎	斛律莫烈
127	第3列29	內三郎	高長城
128	第3列30	內三郎	其連受洛拔
129	第3列31	內三郎	獨孤□□
130	第3列32	宣威將軍・典鷲庫內三郎	拔烈蘭黃頭
131	第3列33	前將軍・內三郎・鍾離侯	斛律羽都居
132	第3列34	明威將軍・斛洛眞・軍將・內三郎	万忸于忿提
133	第3列35	奮威將軍・內三郎・永寧子・直懃	苟黃
134	第3列36	後軍將軍・內三郎・遂安子・直懃	烏地延
135	第3列37	明威將軍・內三郎	殷普陵
136	第3列38	寧朔將軍・內三郎・晉安子	斛律出六拔
137	第3列39	折衝將軍・內三郎・沙渠男	獨孤去頽
138	第3列40	厲威將軍・內三郎	達奚屈居陵
139	第3列41	厲威將軍・內三郎	封平吳
140	第3列42	厲威將軍・內三郎	三次
141	第3列43	威烈將軍・內三郎	大□長命
142	第3列44	伏波將軍・內三郎・比陽男	達奚庫勾
143	第3列45	威寇將軍・內三郎	契胡庫力延
144	第3列46	威寇將軍・內三郎	蓋毛萬言眞
145	第3列47	內三郎・直懃	烏地干
146	第3列48	威寇將軍・內三郎・直懃	解愁
147	第3列49	威虜將軍・賀渾吐略渥	和稽乞魚提
148	第3列50	威武將軍・內三郎	獨孤他突
149	第3列51	廣威將軍・內三郎	素和具文
150	第3列52	廣威將軍・內三郎	步六孤步斗官
151	第4列01	折衝將軍・內三郎・北德男	□□匹和以斤
152	第4列02	右將軍・內三郎・□□男	□和拔□□
153	第4列03	□□將軍・內三郎	□比首□□
154	第4列04	輕車將軍・內三郎	王□□
155	第4列05	武烈將軍・內三郎	□□尉□
156	第4列06	武烈將軍・內三郎・直懃	他莫行
157	第4列07	輕車將軍・內三郎・野陂男	□□□懃
158	第4列08	寧遠將軍・內三郎・比陽男	拔烈蘭步愛
159	第4列09	武烈將軍・內三郎	獨孤乙以愛
160	第4列10	奮武將軍・內三郎	趙道生
161	第4列11	輕車將軍・內三郎・夾道男	獨孤□□
162	第4列12	武毅將軍・內三郎	□壬去右
163	第4列13	揚烈將軍・內三郎・□□男	段去斤
164	第4列14	揚烈將軍・內三郎・祁陽男	大野□石頂
165	第4列15	揚烈將軍・內三郎・靈開男	茹茹命以斤
166	第4列16	揚烈將軍・內三郎・永寧男	斛律西婼

167	第4列17	宣威將軍・內三郎・直懃	斛盧
168	第4列18	武毅將軍・內三郎	勅頻阿六敦
169	第4列19	武毅將軍・內三郎	叱羅呉提
170	第4列20	武毅將軍・內三郎	斛律伏和眞
171	第4列21	內三郎	袁紇退賀拔
172	第4列22-1	內三郎	侯莫陳烏孤
173	第4列22-2	內三郎	契胡烏已
174	第4列23-1	內三郎	折枋俠提
175	第4列23-2	內三郎	素和斛提
176	第4列24-1	內三郎	怡呉提
177	第4列24-2	內三郎	奚斗孤男□
178	第4列25-1	內三郎・直懃	阿各拔
179	第4列25-2	內三郎・直懃	來豆眷
180	第4列26-1	內三郎	叱干幡引
181	第4列26-2	內三郎	孟菩薩
182	第4列27-1	內三郎	丘目陵呉提
183	第4列27-2	內三郎	王右右引
184	第4列28-1	內三郎	張朴蘭
185	第4列28-2	內三郎	王洛生
186	第4列29	鷹揚將軍・北部折紇眞・**宣道男**	泣利倀但
187	第4列30	左衞將軍・南部折紇眞・**平棘子**	李敷
188	第4列31	宣威將軍・主客折紇眞	俟文出六于
189	第4列32	建威將軍・□□折紇眞・**建德子**	獨孤平城
190	第4列33	游擊將軍・內都坐折紇眞・**曲梁子**	叱奴地□
191	第4列34	宣威將軍・折紇眞・直懃	□
192	第4列35	中都坐折紇眞	
193	第4列36	外都坐折紇眞	
194	第4列37	宣威將軍・□	
195	第4列38	賀渾吐略渥	庫狄□
196	第4列39	征虜將軍・令・**方興侯**	素和
197	第4列40	中堅將軍・庫部內小幢將・都	
198	第4列41	揚威將軍・內小幢將	□
199	第4列42	宣威將軍・內小幢將	
200	第4列43	中堅將軍・鞅樂	
201	第4列44	前軍將軍	
202	第4列45	鷹揚將軍	
203	第4列46	太	
204	第4列47	奮武	
205	第4列48	威虜	
206	第4列49	中壘	
207	第5列01	宣威將軍・□□□□	
208	第5列02	宣威將軍・□□・三郎幢將	

209	第5列03	宣威將軍・三郎幢將	
210	第5列04	三郎幢將	
211	第5列05	三郎幢將	
212	第5列06	三郎幢將	
213	第5列07	宣威將軍・三郎幢將	
214	第5列08	三郎幢將・□□	
215	第5列09	陵江將軍・三郎幢將・□□□□	
216	第5列10	折衝將軍・三郎幢將・□□□□	
217	第5列11	鷹揚將軍・三郎幢將・□□□□	
218	第5列12	宣威將軍・三郎幢將・□□□□□	
219	第5列13	宣威將軍・三郎幢將・□□□□□□□□	
220	第5列14	三郎幢將	拔拔古斤□□
221	第5列15	折衝將軍・三郎幢將□□□□□□□折	
222	第5列16	三郎幢將	獨孤□眞
223	第5列17	雅樂眞幢將	堂賓俟其惠
224	第5列18	前軍將軍・雅樂眞幢將・□□	素和□思拔
225	第5列19	宣威將軍・雅樂眞幢將・直懃	木□
226	第5列20	後軍將軍・雅樂眞幢將・□□子	□
227	第5列21	雅樂眞幢將	步六孤
228	第5列22	宣威將軍・雅樂眞幢將	
229	第5列23	雅樂眞幢將	
230	第5列24	陵江將軍	
231	第5列25	威遠將軍	
232	第5列26	宣威將軍	
233	第5列27	宣威將軍	
234	第5列28	揚武將軍	
235	第5列29	後軍將軍	
236	第5列30	宣威將軍	
237	第5列31	後軍將軍	
238	第5列32	□□□□□□□□□□□□□□	
239	第5列33	□西將軍・□□	
240	第5列34	□將軍・□□□□以	
241	第5列35	□將軍・□□□□□	
242	第5列36	□將軍・直懃	乳樹
243	第5列37	三郎幢將	尉□□□
244	第5列38	□□軍・三郎幢將	張擴比
245	第5列39	三郎幢將・□□子	長兒大食勤
246	第5列40	三郎幢將	采洛生
247	第5列41	□□□□□□□□	
248	第6列01	威	
249	第6列02	威□	
250	第6列03	丹東將軍	

251	第6列04	輕車將軍	
252	第6列05	折衝將軍	
253	第6列06	□軍史□□□	
254	第6列07	□□□□招子・□□□□	
255	第6列08	□□將軍・□□□□□□□□□□□□史□□	
256	第6列09	□□將軍・□□□□□□□	
257	第6列10	□□將軍	
258	第6列11	宣威將軍・□令戸□那□于□	
259	第6列12	□□將軍・□□□□□愛□	
260	第6列13	右軍將軍・□□□拔天封河光	
261	第6列14	後軍將軍・□都令・□拔扎□有□	
262	第6列15	宣威將軍・□大□令	紇莫成
263	第6列16	都長史・□□杖庫令	怡長命
264	第6列17	建中將軍	
265	第6列18	□□將軍	
266	第7列01	宣威將軍	
267	第7列02	宣威將軍	
268	第7列03	宣威將軍	
269	第7列04	宣威將軍	
270	第7列05	威□將軍・斛洛眞	
271	第7列06	斛洛眞	□□
272	第7列07	斛洛眞	□叱
273	第7列08	斛洛眞	紇紇□
274	第7列09	宣威將軍・斛洛眞	
275	第7列10	斛洛眞	滕直
276	第7列11	斛洛眞	□賀賴内□□
277	第7列12	斛洛眞	□□□
278	不明列①01	爾頭	
279	不明列①02	豆豆歸	
280	不明列①03	受禮也□	
281	不明列②01	鷹揚將軍	
282	不明列②02	鷹揚將軍・斛	
283	不明列②03	鷹揚將軍・斛	
284	不明列②04	宣威將軍	
285	不明列②05	鷹揚將軍	

張慶捷「北魏文成帝《皇帝南巡碑》的内涵与価値」所掲の録文及び川本芳昭「北魏文成帝南巡碑について」、松下憲一「北魏石刻史料に見える内朝官――「北魏文成帝南巡碑」の分析を中心に――」に依據して作成した。川本氏が推測によって補った文字も、とくに区別していない。適宜官職名の区切りに「・」を挿入し、官爵と姓名の区分が判別しがたい事例はあわせてひとつとしている。簡体字表記は繁体字に改めたが、筆者の推測による部分もある。

者は五四名で総官人数の約一五％、爵位の有無を問わず、確実に将軍号をもつ者は一四六名で約四二％を占める。ちなみに内号将軍を含め、何らかの将軍号を有していたことが確実なものは一七六名、約五〇％にのぼる。将軍号については、孝文帝の改革以降文散官に先行して階官として発達していたが、西魏北周にかけて文散官と同時に付与（双授）されることによって、文散官を階官の地位に引き揚げた（拉動）とする閻歩克氏の所説がつとに知られている。[29]氏は南巡碑にみえる将軍号についても検討を加え、唐代の本品には及ばないながらも、北朝における将軍号の散号化・階官化の程度は南朝よりもすみやかであったという。[30]内号・外号の双方の将軍を含めると、約半数の官人が何らかの将軍号保持者であったという事実からすると、氏が主張されるように碑文にみえる官人が広範に将軍号を有し、一見すると唐代の散官のようであることは確かである。加えて、先に引用した『魏書』常爽伝では、五品の男爵と六品とおぼしき宣威将軍をともに「品」として同列に扱っているところからみて、将軍号が六品以下にあって爵位を補完する存在であったことは十分に想定しうる。しかしながら、そもそも如何なる要因を満たせば特定の官職を階官とみなしうるのかという本質的な問題もさることながら、多くの官人が将軍号を有しているという事実が、そのまま将軍号イコール階官という証明にはならないはずであるし、かりに階官であったにせよ、将軍号のみが位階であったとも断言できないであろう。なぜなら、少なくとも約半数の官人が将軍号を持っていなかったことも南巡碑は伝えているのであり、将軍号が唐代の散官のような階官であったとみなすにしても、位階としての性格に一定の制約があったことが想像されるのである。

そこで将軍号を含めた北魏前期の官人の身分表示を担う存在を考える際にとりわけ注目すべき史料が、姓族分定の詔である。

　太和十九年、詔して曰く、……もと朔土より出で、もと部落大人と爲り、而して皇始より已來、三世の官給事已上及び州刺史・鎭大將に在るあり、及び品の王公に登りし者は姓と爲せ。もしもと大人に非ず、而れども皇始已來、職官三世尙書已上及び品の王公に登りて而して中閒官緒の降らざるも、また姓と爲せ。諸部落大人の後にして、而して皇始已來の官は前列に及ばざれども、而れども三世中散・監已上と爲り、外は太守・子都と爲り、品の子男に登りし者は族と爲せ。もしもと大人に非ず、而れども皇始已來、三世令已上あり、外は副將・子都・太守と爲り、品の侯已上に登りし者もまた族と爲せ。およそこの姓族の支親にして、其の身と緦麻の服已內に、微かに一二世の官のありし者、全くは美例を充たさずと雖も、また姓族に入れよ。五世已外はすなわち各々自らこれを計り、宗人の蔭を蒙らざるなり。緦麻にして三世の官　姓族に至らずと雖も、族官あらば則ち族官に入れ、族官無くんば則ち姓族の例に入れざるなり。……

太和十九年、詔曰、……原出朔土、舊爲部落大人、而自皇始已來、有三世官在給事已上、及州刺史・鎭大將、及品登王公者爲姓。若本非大人、而皇始已來、職官三世尙書已上、及品登王公而中閒不降官緒、亦爲姓。諸部落大人之後、而皇始已來官不及前列、而有三世爲中散・監已上、外爲太守・子都、品登子男者爲族。若本非大人、而皇始已來、三世有令已上、外爲副將・子都・太守、品登侯已上者、亦爲族。凡此姓族之支親、與其身有緦麻服已內、微有一二世官者、雖不全充美例、亦入姓族。五世已外、則各自計之、不蒙宗人之蔭也。雖緦麻而三世官不至姓班、有族官則入族官、無族官則不入姓族之例也。……。

（『魏書』巻一一三・官氏志）

この詔は「代人」すなわち鮮卑を中心とする北族に対し姓と族からなる家格を規定するものであるが、その基準が皇始すなわち道武帝の皇帝即位（三九六）から太和一九年（四九五）までのおよそ一〇〇年間に部落大人出身か否かとともに昇進した官職と、その家系が何代続いたのかを根拠に設定されている。特に注目すべきは、官職の基準として王および公爵以下の爵位が示されているものの、その基準が必ずしも爵位＝官品のみによって規定されず、給事・中散等の内朝官、尚書・監・令等の中央官、刺史・太守・鎮大将・子都将の地方官などの特定の官職も位置づけられていること、そしてその中に将軍号がみえないことである。この事実は、官品に規定される一定の序列に優先して、特定の官職が官人としての身分の基準となったことを示すとともに、将軍号が官人の身分としてみとめがたい何らかの理由があったことを想像せしめる。この姓族分定詔の規定と、以上の検討をふまえるならば、北魏前期の官人の身分は官品・爵位や将軍号を基軸としながらも、そのような官品秩序を相対化させつつ内朝官・地方官等の他の官職を含めた多元的な基準によって表現されていたと考えるのが妥当である。そしてそれを官品と「階」を基準に統一を図ったのが孝文帝による改革なのであり、その際に南朝において著しく発達した官職の清濁——いうまでもなくそれは官職に対する社会的な価値基準にねざすものである——を、あえて官品秩序の中に取り込もうとしたところに、南朝からの一定の影響もうかがえるのである(31)。

　最後に将軍号について付言しておこう。北魏の将軍号についてはより慎重な検討が必要であり、本章では十分に論じることはできないが、その特徴の一端を考えるうえで、次の史料は示唆的である。

　苻承祖は略陽の氏人なり。事に因りて閹人と為り、文明太后の寵する所と為る。……後に承祖は贓に坐して死に應るに、高祖之を原し、職を削りて禁錮もて家に在らしめ、悖義将軍・佞濁子を授くるに、月餘にして遂に死す。

苻承祖、略陽氏人也。因事爲閹人、爲文明太后所寵……後承祖坐贓應死、高祖原之、削職禁錮在家、授悖義将軍・佞濁子、月餘遂死。

（『魏書』巻九四・閹官・苻承祖伝）

孝文帝の改革以前において、宦官の苻承祖は孝文帝より死罪を免除される代償として削爵禁錮を命じられるとともに、悖義将軍・佞濁子を授けられたという。悖義とは「義に悖る」こと、佞濁とは「佞《おもね》り濁《にご》る」の謂であり、けっして由緒ある将軍号でもなければ、本来郡県の名を冠する筈の爵号でもない。加えて、苻承祖が禁錮すなわち出仕が禁じられているにも関わらず官職が付与されていることからみて、孝文帝の改革以前の爵位と将軍は、現任の官界での地位を示すだけでなく、社会的な家格と個人の地位をも表現していたのではないかと想像されるのである。このうちの爵位は伝統的に国家の任命にかかる地位としての性格が強く、王朝に奉仕する「家」を対象に賜与される擬制的な「封土」としての性格も有しているが、一方の将軍号は爵位とともに世襲が許されていたとはいえ、虚号化の傾向もあったにせよ本来は軍隊の統率を職務とする官職に他ならず、必ずしも爵位と同一視できる官職ではなかった。とくに功績の基準たる爵位の性格の明確化をはかる孝文帝にとって、爵位と将軍号は区別・分断される必要があり、そのような孝文帝の意図が爵位の改降五等と同時に実施された将軍号の世襲禁止として、具体化されたのであった。

結　語

本章で述べてきたことを以下にまとめたい。第一節では北魏前期における爵制について、五等爵から三等爵プラス王爵という変化が、当時の部族解散という北魏初頭の支配体制の再編に伴い鮮卑有力氏族の子弟を直接国家の位階秩序に組み込む政策に対応していること、爵の等級の増減、とくに減少は王爵の庶姓への許可とともに臣下と皇帝家との距離が近いという事実を示すものであることを述べた。第二節では、その北魏前期の爵位が前代および南朝とは異なって一品から五品まで等差的に爵位が配置され、官品と一体化した身分表示の基準とされていたことを論じた。このような爵位と官品を合体させた官人身分の表示は、北魏前期独特の方式である。ただし当時の官人身分は爵位のみで表示されていたわけではなかった。当初九品官制における官品、そしてそれと一体であった爵位を基準とすべく企図されていた官人身分は、次第に官品を基準とする原則から乖離し、将軍号や内朝官といった特定の官職によっても担われるようになる。官品秩序が貫徹しなかった理由については今後も検討が必要だが、北魏初頭から重視された内朝官諸官のように、官品以上に特定の官職に就くことが一定の意味をもつようになり、官品の価値基準が相対化されたことを、現時点での理由として提示しておきたい。つまり、北魏前期の官人の身分は、爵位と官品を中心としながらも、将軍号その他の官職を含めた多元的な基準によって表示されていたと結論されるのであり、その克服をめざし南朝の形式をふまえつつ官品によって統一をこころみたのが孝文帝なのであった。

このような爵位を中心とする官人身分表示のあり方は、太和一七年にはじまる官品制度の改革によって一新される。とくに改革以降の官品は、一見すると「階」が官品秩序を構築する体裁をとることから、より官人個人の功績が身分表示の基準に位置づけられる傾向が強まったといえよう。一方の爵位は、官品上の等差的な配列は存続するものの、従来の官品との密着性は薄れ、北魏国家より封建された家の表示という爵制固有の機能への回帰を余儀なくされる。そもそも、北魏初期において部族解散にともなう北族支配階層の国家への編入手段として導入された爵制は、本質的に世襲によって国家と家を媒介することから、部族制と親和性をもち、個人の身分表示としての位階とするには当初より一定の限界を内包していた。そのような位階としての爵位の矛盾は、世襲時の例減や仮爵の導入によって折々に調整がはかられたものの、最終的にその歴史的意義を喪失し、官品秩序の中に吸収されていったのである。

注

（1）　九品官制に限定していえば、南朝の官制の特質が北魏に流入したことにより、結果的に梁の十八班制に先んじて北魏の孝文帝によって九品三〇階の制度が完成したとする宮崎市定氏の所説（宮崎「北魏の封建制度」（初出は一九五六年。同『九品官人法の研究』第二編第五章、宮崎市定全集第六巻、岩波書店、一九九二年）と、晋南朝以来官品中に形成された「階級」等の細緻な位次を九品三〇階制に再編したのが北魏の孝文帝の官制で、それが南朝にフィードバックされたとする閻歩克氏の所説（閻歩克「北魏対蕭梁的官階制反饋」（同『品位与職位――秦漢魏晋南北朝官階制度研究――』第七章、中華書局、二〇〇二年）を二つの見解の代表とすることができよう。

（2）　北魏の爵制に関する研究としては、内田吟風「北魏封邑制度考」（初出は一九五六年。同『北アジア史研究――鮮卑柔然突厥篇――』所収、同朋舎、一九七五年）、宮崎市定「北魏の封建制度」（同『九品官人法の研究』第二編第五章）、矢野主税「北魏・北周・隋における封爵制」（『古代学』五巻二号、一九五六年）、川本芳昭「封爵制度」（初出は一九七九年。同『魏晋南北朝時代の民族問題』所収、汲古書院、一九九八年）、大知聖子「北魏の爵制とその実態――民族問題を中心に――」（『岡山大学大学院文化科学研究科紀要』一二号、二〇〇一年）、厳耀中「別具一格的封爵制」（同『北魏前期政治制度』所収、吉林教育出版社、一九九〇年）、楊光輝『漢唐封爵制度』（学苑出版社、一九九九年。第二版二〇〇二年）、王安泰『再造封建――魏晋南北朝的爵制与政治秩序――』（国立台湾大学出版中心、二〇一三年）などがある。

（3）　孫正軍「従〝五等〟到〝三等〟――北魏道武帝〝制爵三等〟原因鉤沉――」（『文史』第九〇輯、二〇一〇年）。

（4）　ただし、位階が社会の身分秩序をそのまま反映するわけではない。かりに九品官人法に基づいて郷里社会の秩序たる郷品が官界での地位に対応したと考えるにせよ、官僚制自身の論理、たとえば考課による勤務評定の結果によって官人としての身分が上下することもありえるのであり、位階としての身分は社会秩序から影響を被りつつも、一定の独立性を有した身分と考えるべきである。かかる官人身分の性格については、宮崎市定「九品官人法に対する批難」（同『九品官人法の研究』第二編第二章）一四六頁、中村圭爾「初期九品官制における人事」（初出は一九八七年。同『六朝政治社会史研究』所収、汲古書院、二〇一三年）を参照。

（5）　厳耀中・孫正軍両氏も同様の見解を示されている。厳耀中「別具一格的封爵制」一七六頁および孫正軍「従〝五等〟到〝三等〟」六三頁。

（6）　たとえば宮崎市定氏は両爵位の復活を孝文帝の初期とし（宮崎市定「北魏の封建制度」三六七頁）、内田吟風・顧江龍両氏は伯爵の復活を太和一六年とされ（内田吟風「北魏封邑制度考」一二二頁、顧江龍『漢唐間的爵位・勲官与散官――品位結構与等級特権視角的研究――』北京大学二〇〇七年博士畢業論文。ただし顧氏の論考は未見。氏の所論は孫正軍「従〝五等〃到〃三等〃」からの引用による）、川本芳昭氏は、男爵は廃止後ただちに復置され、伯爵も文成帝の時代に復置されたとする（川本芳昭「封爵制度」二六三頁および二七五頁）。楊光輝氏も伯爵については明言されないが、男爵の復活を太武帝の時期とする（楊光輝『漢唐封爵制度』六頁）。

（7）『廿二史箚記』巻一四「異姓封王之濫自後魏始」参照。

（8）ただし、北魏において異姓王が頻出しはじめるのは、『魏書』によるかぎり太武帝の時代からである。太武帝期以前の異姓王で姓名が確認できる者は、管見のかぎり永興三年（四一一）に京師で叛乱をおこした昌黎王慕容伯児の例（『魏書』巻三・明元帝紀、同巻二九・奚斤伝）と、泰常七年（四二二）に長楽王に封ぜられた嵇敬（献懐長公主の子）の二例にとどまる（『魏書』巻三・明元帝紀、同巻三四・萬安国伝附嵇敬）。だが、この時に庶姓の王爵が承認され、太武帝期以降の異姓王の濫発の糸口となったことは間違いない。加えて、『魏書』にみえない王爵拝受者が存在したことも想定すべきであろう。

（9）『魏書』巻二・道武帝紀・天賜二年に、

　十有一月、上幸西宮、大選朝臣、令各辨宗黨、保舉才行、諸部子孫失業賜爵者二千餘人。

とある。

（10）川本芳昭「封爵制度」二五四頁。部族解散についての学説整理は、松下憲一「「部族解散」研究史」（初出は二〇〇二年。同『北魏胡族体制論』所収、北海道大学出版会、二〇〇七年）、窪添慶文「北魏服属諸族覚書」（『立正大学大学院紀要』第二六号、二〇一〇年）などを参照。

（11）ちなみに『魏書』巻一〇八之四・礼志四には、天賜二年（四〇五）に定められた鹵簿の規定がみえるが、そこでは臣下の配列が皇帝を中心に爵位の高下を基準に設定されている。

（12）宮崎市定「士族の範囲とその特権」（『九品官人法の研究』第二編第三章）二一一頁および閻歩克「官品的創制」（同『品位与職位――秦漢魏晋南北朝官階制度研究――』第五章、中華書局、二〇〇二年）参照。

（13）とくに帰降者についていえば、たとえば和帰は夏の赫連昌征伐の際に統萬将軍・成皐男を（『魏書』巻二八・和跋伝附和帰）、崔模は神䴥年間に劉宋より帰降して武陵男を（同巻二四・崔玄伯伝附崔模）、宿沓干は北涼征伐の功績で虎威将軍・侍御郎のほかに漢安男を賜っている（同巻三〇・宿石伝附）。
(14) 宮崎市定「北魏の封建制度」三六六頁。
(15) 宮崎市定氏は、魏晋革命に際して貴族等の動揺を防ぐため封建制を実施し、五等爵を司馬氏の同僚に付与して封建諸侯に取り立てたという。五等爵の導入がかかる目的にあったとするならば、爵位自体に等級はあったにせよ、爵位に対して官品に基づき差をつけることの意味や必然性は薄かったとみるべきであり、むしろ有爵者＝郷品二品以上という一体感ないし括りの方が強かったと考えられる。宮崎市定「九品官人法の貴族化」（『九品官人法の研究』第二編第二章）一四九頁。
(16) この点については王安泰「魏晋南北朝的爵制変化与政治秩序」（同『再造封建――魏晋南北朝的爵制与政治秩序――』第二章）五七頁にも言及がある。
(17) 『隋書』巻二六・百官志上にみえる陳制の爵位は、郡王が第一品、嗣王・蕃王・開国郡・県公が第二品、開国郡・県侯が第三品、開国県伯が第四品、開国子が第五品、開国男が第六品、湯沐食侯が第七品、郷・亭侯が第八品、関中・関外侯が第九品とされており、北魏のような五等爵と五品以上の対応関係よりも、秦漢および曹魏以来の郷亭侯・関中関外侯を含めた九品官制内での配置に、より注意が払われているように見受けられる。
(18) 趙超編『漢魏南北朝墓誌彙編』天津古籍出版社、二〇〇八年［再版］、二〇八頁。
(19) 本書第二章参照。
(20) 筆者がこのように考えるのは、同一時点における爵号の重複がしばしば見受けられることも理由にある。例えば、詳しくは後に言及する南巡碑の碑陰には、釈文の誤植でないかぎり新安子が二名（116の趙騰と123の莫那婁愛仁）、建徳子が二名（29の賀若貸別と189の獨孤平城）、比陽男が二名（142の達奚庫勾と158の抜烈蘭歩愛）、それぞれ重複して確認できる（表二「南巡碑所見官爵・姓名一覧」参照）。
(21) 川本芳昭「封爵制度」二六四～二六七頁。
(22) 『旧唐書』巻四二・職官志一には、
凡九品已上職事、皆帯散位、謂之本品。職事則隨才録用、或從閑入劇、或去高就卑、遷徙出入、參差不定。散位則一切以門蔭結品、然後勞考進敍。

とあり、九品以上の職事官が帯びる本品とは、散官（散官を有しない場合は職事官）によって表示される、労考すなわち勤務期間および成績によって上下する、官人の官界における地位である。唐代の官職体系とその身分制的特質を知るには、池田温「中国律令と官人機構」（仁井田陞博士追悼論文集編集委員会編『前近代アジアの法と社会』所収、勁草書房、一九六七年）、同「律令官制の形成」（『東アジア世界の形成』Ⅱ所収、岩波講座世界歴史第五巻、岩波書店、一九七〇年）が有益である。

(23) 宮崎市定「北魏の中正」（『九品官人法の研究』第二編第五章）三四二頁および張旭華「北魏中央与地方中正組織的分張及其意義」（同『九品中正制略論稿』所収、中州古籍出版社、二〇〇四年）。

(24)『魏書』巻四三・劉休賓伝附劉文曄には、

高祖曾幸方山、（劉）文曄大言於路側曰……高祖遣尙書李沖宣詔問曰……文曄對曰……眞君十一年、世祖太武皇帝巡江之日、時年二歳、隨外祖魯郡太守崔邪利於鄒山歸國。邪利蒙賜四品、除廣寧太守……

とある。

(25) 南巡碑に関する研究には、発見の経緯および碑文の考証に関するものとして靳生禾・謝鴻喜「北魏《皇帝南巡之頌》碑考察報告」（『山西大学学報』（哲学社会科学版）一九九四年第二期）、同「北魏《皇帝南巡之頌》碑考察清理報告」（『文物季刊』一九九五年第三期）、張慶捷「北魏文成帝《皇帝南巡碑》的内涵与価値」（初出は一九九七年。同『民族匯聚与文明互動――北朝社会的考古学観察――』商務印書館所収、二〇一〇年）、同「《南巡碑》碑陽之文考証」（初出は一九九八年。同『民族匯聚与文明互動』所収）などがある。これらの成果をふまえた研究に、張慶捷「《南巡碑》中的拓跋職官」（初出は一九九九年。同『民族匯聚与文明互動』所収）、川本芳昭「北魏文成帝南巡碑について」（初出は二〇〇〇年。同『東アジア古代における諸民族と国家』所収、汲古書院、二〇一五年）、松下憲一「北魏石刻史料に見える内朝官――「北魏文成帝南巡碑」の分析を中心に――」（初出は二〇〇〇年。同『北魏胡族体制論』所収、北海道大学出版会、二〇〇七年）、張金龍「北魏文成帝《南巡碑》所見北魏禁衛武官制度」（初出は二〇〇三年。同『魏晋南北朝禁衛武官制度研究』所収、中華書局、二

○○四年)、窪添慶文「文成帝期的胡族与内朝官」(張金龍主編『黎虎教授古稀記念中国古代史論叢』所収、世界知識出版社、二〇〇六年)などがある。

(26) 張慶捷著七・八頁。

(27) 内訳は以下の通り。王爵は平原王・太原王・樂安王・樂良王・常山王・□□郡王・東安王および「□□將軍・□列□□□王・□□提折閭□」(第二列10)の計八名、公爵は西郡公・彭城公・平涼公・東海公・日南公・東平公・南陽公・平陽公・中山公・□陽公・□□公〔第二列17〕・平昌公・南郡公・丹陽公・扶風公・汝南公・順陽公・長廣公・東□公・高都公の二〇名、侯爵は陽樂侯・安復侯・興平侯・永興侯・魯陽侯・野王侯・□□侯〔第二列38〕・鍾離侯・方興侯および□□侯〔第二列24〕の一〇名、子爵は襄邑子・福禄子・安呉子・范陽子・□武子・永平子・建徳子・□城子・□□子〔第三列14〕・壽張子・新安子〔第三列18〕・武安子・武原子・新安子〔第三列25〕・永寧子・遂安子・晉安子・平棘子・建徳子・曲梁子・□□子〔第五列20〕・□□子〔第五列39〕の二二名に、「寧朔將軍・都長史・給事中・河中□□子」〔第三列08〕と「□□□□招子□□□□」〔第六列07〕を入れて二四名、男爵は魏昌男・晉安男・陰陵男・建安男・嘉寧男・□陽男・江乘男・蔡陽男・濟陽男・□□男〔第二列40〕・高平男・馳魚男・南□男・泰昌男・沙渠男・比陽男・北徳男・□□男〔第四列02〕)・野陟男・比陽男・夾道男・□□男〔第四列13〕・祁陽男・靈開男・永寧男・宣道男の二六名である。

(28) 宮崎市定「将軍号」(同『九品官人法の研究』第二編第四章)二八二頁。

(29) 閻歩克「西魏北周軍号散官双授考」(同『品位与職位』第九章)。

(30) 閻歩克「軍階的演生」(同『品位与職位』第八章)四三九～四四一頁。

(31) 孝文帝期以降顕在化する北魏時代の官の清濁の特質と、北朝隋唐におけるその歴史的展開と意味については、本書第七章参照。

第七章　北魏における官の清濁について

問題の所在

　魏晋南北朝および隋唐時代における官の清濁、すなわち清官・濁官の存在が、当該時代の官僚制の特徴としてあげられることは周知に属する。かかる官の清濁についてはすでに先学による多くの事実の解明、ないし指摘が存在するが[1]、現在までのその論点は、清濁それぞれの官職とその就任者の身分の相違、および官の清濁が郷里社会の支配被支配関係を体現するものであったこと、という二点に集約することができよう[2]。だが、このような先学の考察によって官の清濁のすべてが解明し尽くされたわけではない。とくに、官の清濁自体は唐代まで存続するにも関わらず、その分析対象が魏晋南朝期にかたより、北朝隋唐を含めた考察が充分になされていないこと、そして官の清濁が郷里社会の身分を反映するものという指摘そのものに、なお問題が残されているように思われる。筆者は第二章において北魏時代を中心に魏晋南北朝時代の「階」の分析をおこない、官人の昇進の基準であり、功績の積み重ねである「階」が個別の官職と結びついていく傾向に唐代の散官に基づく位階制度の成立を展望した。そこからは、「階」を軸として官人の身分が確立されていく過程がうかがわれるのであって、官の清濁を社会的身分の反映とみるだけでは、現に官の清濁が存在しながらも、同時にそれと並行して位階制度が形成されていく南北朝から隋唐への歴史的展開を整合的に理解することが困難であるように感じられるのである。官の清濁の性格と六朝から隋唐にかけての官僚制の展開の関連について注目すべきは、渡辺信一郎氏の考察である。氏は六朝隋唐期の政治的社会編成原則の解明を目的に、士大夫層の社会認識における「清」の観念の位置づけをはかり、それが俸禄の散施として実践されることから、「清」が郷里社会とは直接に対応しない、官僚世界に限定されるものであったことを指摘し、隋唐律令体制において四民分業理念の一環として体制化されたとされている。(3) かかる渡辺氏の指摘をふまえるならば、郷里社会の秩序と一定の関連性をもち、かつ国家に対する功績の多寡を基準とする位階制度とも矛盾しない清官の論理も想定できるのではなかろうか。そうであるとすると、北魏における官の清濁を正しく理解することは、この推測を裏づけるためにも重要な鍵となるはずである。

ところで、宮崎市定・越智重明両氏に若干の言及がある以外では、わが国では北魏における官の清濁を論じた研究はあまり見受けられないが、(4) 中国・台湾では主として士大夫の家格や士庶の区別、そして律令との関連から、北魏の官の清濁に関する論考が発表されている。

黄恵賢氏の「《魏書・官氏志》載太和三令初探」は、管見のかぎりで後に詳しくふれる太和二三年（四九九）職令の佚文を取りあげて北魏の官の清濁に言及した最初の論文であるが、そこで氏は孝文帝の太和年間に三度にわたって公布された職令、あるいは品令は、官制面から士と庶（それは流内官と流外官に対応するという）を区別し、さらに士人内部の家格の等級を取り入れたもので、南朝からの影響によって成立したものであると説かれている。(5) また、張旭華氏も孝文帝による流内官と流外官の区分を重視され、その流内官が「三清九流」と称される清官であり、門閥制度の官僚制における重要な表現形態で、その制度化の現れであったという。(6) 一方、南北朝期における「階官」制度の展開という視座から、南北両朝の清官の比較をこころみたのが閻歩克氏である。氏は、南朝では武官より文官が清官として重んじられ、そのような文官優位の伝統が濫授を契機とする散官の位階化をはばみ、逆に北朝の官の清濁は閑職を中心とする南朝に比べ行政職の方に比重がおかれ、それが法令、すなわち太和職令に規定されたものとみて、北魏の官の清濁を東晋南朝から唐制にいたる過渡的形態であったとする。(7)

主として右のような見地から北魏の清官の位置づけがなされているわけであるが、そこにはなお検討を要する点が少なからずみとめられるのであり、とくに律令における清官の規定の有無は、唐代にひとつの完成をみた律令支配体制とその歴史的性格を考えるうえでも、是非ともあきらかにされねばなるまい。

本章ではかかる問題意識に基づき、六朝隋唐期における官の清濁と、本来国家が志向するはずの官僚制的秩序との関係を再検討するための基礎的作業として、北魏の官の清濁について、とくにそれと律令制との関係から考察してみたい。

第一節　太和職令と官の清濁の理解をめぐって

北魏の太和年間に公布された職令、ないし品令の年次とその内容、とくに流外官の成立時期については、日本では宮崎市定氏の見解がおおむねみとめられているように思われる。しかし、中国ではかならずしも氏の説が受け入れられているわけではなく、諸氏それぞれが独自の理解を提示されている。そこで北魏の官の清濁を考えるうえでもっとも注目すべき史料である太和二三年職令佚文にみえる清官の規定にふれる前に、これらの点について確認しておこう。

(一)　職令の比定と流内・流外の区分について

まず次の**表一**を参照されたい。これは北魏太和年間の職令公布の年次と流外官の有無、そしてそれらと官の清濁と

表一　太和職令公布年次と官の清濁に関する諸見解

	「作職員令二十一巻」（17年6月乙巳：本紀）	「宣示品令」（19年12月乙未：本紀）	「高祖復次職令」（23年：官氏志）
宮崎市定	a「太和前令」	「太和中令」	b「太和後令」
	流外と官の清濁無し	流外七等＝官の清濁	流外九等＝清濁と第○清
越智重明	a「第一令」	「第二令」	b「第三令」
	流内と流外	「流内」と「流外」	
張　旭華		a「前職令」	b「後職令」
		流外七等＝官の清濁で流内中にも清濁（第○清）	
黄　恵賢	a「前職令」	「品令」	b「後職令」
	流内と流外＝法定の清濁	「門第」の品で姓・族を分定	流内と流外が法定の清濁で「門品」も規定

※aは『魏書』官氏志所載の「太和中に令に著す」とある官品表を、bは同官氏志の「太和23年の職令」とされる官品表を示す。「　」内は研究者それぞれの呼称。見解の典拠は、宮崎市定『九品官人法の研究』、越智重明「晋南北朝の流、職掌、胥について」、張旭華「従孝文帝清定流品看北魏官職之清濁」、黄恵賢「《魏書・官氏志》載太和三令初探」。

の関係について言及される諸氏の見解を便宜的に表化したものである。これによれば、張旭華氏をのぞき、『魏書』巻一一三・官氏志の「太和中に令に著」したものとされる官品表は太和一七年に公布された「職員令」二一巻を指し、同二三年の「職令」の公布年次とともに共通の理解となっていることがみてとれよう。そこで問題となるのが、

十有二月乙未朔、羣臣を光極堂に引見して品令を宣示し、大選の始めと爲す。

十有二月乙未朔、引見羣臣於光極堂、宣示品令、爲大選之始。

（『魏書』巻七下・高祖紀下・太和一九年一二月乙未朔）

という太和一九年の「品令」の内容である。この点について独特の説を提示されているのが黄恵賢氏で、氏はこの「品令」を、

太和十九年、詔して曰く、代人の諸冑は先に姓族なし。功賢の胤と雖も、混然として未だ分かたれず。故に官の達せし者 位公卿を極めるも、その功衰の親、なお猥任に居る。ころおい姓族を制定せんと欲するも、事多くは未だ就かず。まさによろしく甄擢し、時に随いて漸く銓るべし。その穆・陸・賀・劉・樓・于・嵆・尉の八姓、みな太祖已降、勳は當世に著われ、位

は王公を盡くせり。灼然として知るべき者、且つ司州・吏部に下すに猥官に充つるなかれ。一に四姓に同じくせよ。これより以外、應に士流に班すべき者、續きし別敕を尋ねよ。

太和十九年、詔曰、代人諸冑、先無姓族、雖功賢之胤、混然未分。故官達者位極公卿、其功衰之親、仍居猥任。比欲制定姓族、事多未就、且宜甄擢、隨時漸銓。其穆・陸・賀・劉・樓・于・嵇・尉八姓、皆太祖已降、勳著當世、位盡王公、灼然可知者、且下司州・吏部勿充猥官、一同四姓。自此以外、應班士流者、尋續別敕。……

（『魏書』巻一一三・官氏志）

とある、同年に出された孝文帝による鮮卑族に対する姓族分定の詔と関連づけ、「門第」すなわち家格の等級を定めた令であるとする。「品令」を単に官品令に同じものと考えず、ひろく当時の社会情勢から理解しようとする氏の着想はきわめて興味深いが、やはりこの「品令」は「職令」に類する規定であろう。近年公刊された「魏故鎮遠将軍涼州刺史皮使君（演）墓誌銘」(8)にも、

（太和）十有五年、高祖流品を首創し庶官を位置し、親しく寶軒を御して英彥を妙選するに、また強弩將軍・假揚武將軍・北征別將に除せらる。軍還るや、進みて奉車都尉と爲る。十有九年百官を改創するに、なお奉車に除せらる。新令に從るなり。

（太和）十有五年、高祖首創流品、位置庶官、親御寶軒、妙選英彥、復除強弩將軍・假揚武將軍・北征別將。軍還、進爲奉車都尉。十有九年改創百官、仍除奉車、從新令也。

とあり、太和一九年の「品令」が官職関連の規定であったことはあきらかである。よって職令の公布と年次については、宮崎氏の見解にしたがうべきと思われる。

次に、職令における流内・流外の区分がどの年次のそれより規定されていたのか検討したい。この流外官の規定の

有無がとくに問題となるのは、個々の官職が清官、あるいは濁官として史料で言及される傾向がつよい南朝とは異なり、北朝では特定の官職を清官とする用例が相対的に少なく、流内・流外の違いが官の清濁に相当することをうかがわせる用例がしばしば見受けられるからである。二、三その例をあげよう。

のち吏部尙書に除され、右僕射を兼ねる。……時に三公曹令史の朱暉はもとより錄尙書・高陽王雍に事う。雍 以て廷尉評と爲さんと欲し、しきりに（元）順に請託するも、順は用と爲さず。雍 遂に命を下してこれを用いんとするに、順 これを地に投ず。……順 鬚鬢ともに張り、仰面して屋を看、憤氣奔涌、長歔して言わず。これ久しくして、一白羽扇を搖らし、おもむろに雍に謂いて曰く、高祖中土に遷宅し、九流を創定す。官の清濁を方《わか》つは、萬古を軌儀するなり。而るに朱暉の小子は、身は省吏たり。何ぞ廷尉の清官たるに合するべけんや。殿下は既に先皇の同氣なり。宜しく成旨に遵うべし。自ら短垣ありてまたこれを踰えるなり。……

後除吏部尙書、兼右僕射。……時三公曹令史朱暉、素事錄尙書・高陽王雍、雍欲以爲廷尉評、頻請託（元）順、順不爲用。雍遂下命用之、順投之於地。……順鬚鬢俱張、仰面看屋、憤氣奔涌、長歔而不言。久之、搖一白羽扇、徐而謂雍曰、高祖遷宅中土、創定九流、官方清濁、軌儀萬古。而朱暉小子、身爲省吏、何合爲廷尉清官。殿下既先皇同氣、宜遵成旨、自有短垣而復踰之也。……（『魏書』巻一九中・任城王雲伝附元順）(9)

世宗 考陟の法を行わんとするに、（高陽王）雍 表して曰く、……臣また部尉の資品を見るに、もとより流外に居る。諸の明令を刊するに、これを行うことすでに久し。然れども近ごろ里巷多盜たり、その威輕く肅ならざるを以て品を清流に進め、以て姦宄を壓せんと欲す。……

世宗行考陟之法、（高陽王）雍表曰……臣又見部尉資品、本居流外、刊諸明令、行之已久。然近爲里巷多盜、以其威輕不肅、欲進品清流、以壓姦宄。……（『魏書』巻二一上・高陽王雍伝）

（太和一九年）十月、（劉）昶 京師に朝す。高祖 光極堂に臨みて大選するに、高祖曰く、……わが國家昔恆代にあり、時に隨いて制作するも、通世の長典に非ず。故に夏より秋に及ぶや、親しく條制を議せり。或いは言う、ただ能をこれ寄せるべくして、必ずしも門に拘らざるべしと。朕 以爲えらくしからず。何ぞや。當今の世、祖の質朴を仰ぎ、清濁は同流にして一等を混齊し、君子小人品を名づけるに別なく、これことに可からざるなり。わが今八族以上、士人の品第に九あり、九品の外、小人の官、また七等あり。……

（太和一九年）十月、（劉）昶朝于京師。高祖臨光極堂大選、高祖曰、……我國家昔在恆代、隨時制作、非通世之長典。故自夏及秋、親議條制。或言唯能是寄、不必拘門、朕以爲不爾。何者。當今之世、仰祖質朴、清濁同流、混齊一等、君子小人名品無別、此殊爲不可。我今八族以上、士人品第有九、九品之外、小人之官、復有七等。……

（『魏書』巻五九・劉昶伝）

これらの史料から、先学の多くは流内・流外の区分を官の清濁としてみとめ、黄恵賢・張旭華両氏にいたっては法定の清濁とする見解も提示されているのであるが、それについては後に論ずることとして、先に流外官の有無からみていきたい。

この問題については表からも理解されるように、太和一七年職令では流外官はなかったとする宮崎氏の見解は例外的で、一七年令から流外官があったとする説の方が一般的である。それはむしろ当然であって、越智氏以下の諸氏は『魏書』巻一一三・官氏志の一七年令に「勲品・流外は位が卑しいので載せない」とする記載に即して解釈されているためである。この記事に対し、宮崎氏は「恐らく官氏志のこの説明は、この次の後令による官品表につくべきものが間違ってここに置かれた」と解されている(10)。

たしかに宮崎氏のかかる解釈は、流外なる表現がすでに西晋の泰始律令にあることからみても極論とみられるかもしれない。[11] ただ、氏はまったく根拠がないままにこのように推測されているのではなく、一七年令の官品表において、九品全体で五品以上の官が多くの割合を占めていること、普通は九品あるいは流外に置かれるべき書令史が八品に列せられていることなどを理由に、「明らかにこの官品表は、ありとあらゆる官名を盛りこんで、現在官庁において執務している人達全部を満足させようとしたに違いない」[12] と考えられているのである。ことに氏が南北朝期の流内・流外の別を、唐宋以降における官と胥吏の起源としてこのように解されたこと、そして西晋の流外官がただちに後世のそれに結びつかないことを考慮に含めるならば、[13] 氏の指摘はけっして軽視すべきではない。ただ、太和一七年令における従九品下階の下に官職がまったく置かれなかったとも断定できないので、[14] 現段階ではその是非は保留しておくこととする。だが、右の『魏書』劉昶伝に「九品之外、小人之官、復有七等」とあるので、おそくとも太和一九年令の段階では七等の流外が規定されたことは間違いない。

ところで流内と流外が官の清濁にほぼ相当することは基本的にみとめられようが、それを法定のものとみなすにはいささか問題があるように思われる。たしかに、清濁が本源的には人物に対する評価と関連することは事実であり、それが社会的な支配階層と被支配階層である士と庶におおむね対応し、さらに流内・流外として区分された制度的なものであることはみとめるべきであろう。ただし、士と庶として認識される社会的身分の高下は、完全に流内と流外という固定化された制度的な区分に等しいわけではなく、そこには流外から流内への昇進にみられるような一定の流動性もあるのであり、それは北魏だけではなく南朝、および唐代にあっても同様である。[15] また、そもそも士・庶のような社会的な身分と国家によって付与される位階に代表される政治的な身分とは一線が画されるはずであり、[16] よって流内と流外という官制上の区分は、たとえば唐代の良賤制のごとき生来的な身分の区画であり、厳密な意味での国家的身分とは区別する必要があると思われるのである。

かかる点に鑑み、本章では流内と流外の違いを社会的観念上の清濁の、官制上における投影として位置づけ、かりにこれを「広義の官の清濁」と呼ぶこととしたい。

（二）　太和二三年職令佚文にみえる清官の規定について

『太平御覧』および『職官分紀』には、『後魏職令』と称される太和二三年に公布された職令の一部が残されている。以下にそれを提示するが、この両書に記載があるものは字句の異同の少ない方をあげ、なお訂正を必要とする条文については〔　〕内にその旨を注記する。○内の数字は便宜的に付したものである。

①景明の初め、職令を班す。太常少卿は第四品上、第一清、選ぶに禮樂に明るく、天文陰陽を兼ねる者もてこれと爲せ。

景明初、班職令、太常少卿第四品上、第一淸、選明禮樂、兼天文陰陽者爲之。

（『太平御覧』巻二二九・職官部二七・太常少卿条引『後魏書』）

〔『職官分紀』巻一八・太常少卿条により「樂」字を補う〕

②後魏職令、宗正少卿は第四品上、第三清、忠懿清和にして教典を識参する者を選用せよ。先に皇宗を用い、無くんば則ち庶姓を用いよ。

後魏職令、宗正少卿第四品上、第三淸、選用忠懿淸和、識參教典者。先用皇宗、無則用庶姓。

（『職官分紀』巻一八・宗正卿条）

〔もと「宗正卿」につくるが文意により「宗正少卿」にあらためる。『太平御覧』巻二三〇・職官部二八・宗正少卿条引『後魏職令』は「第三清」を「第二請」に、「先用皇宗」を「先盡皇宗」につくり、「忠」字無し〕

③後魏職令、光祿少卿は第四品上、第二清、肅勤明敏にして、兼ねて古典を識る者を用いよ。
後魏職令、光祿少卿第四品上、第二清、用肅勤明敏、兼識古典者。（『職官分紀』巻一八・光禄少卿条）
〔『太平御覧』巻二二九・職官部二七・光禄少卿条引『後魏職令』は「識」を「職」につくる〕
④後魏職令に曰く、廷尉少卿は第四品上、第二請、思理平斷にして、刑に明るく法を識る者を用いよ。
後魏職令曰、廷尉少卿第四品上、第二請《ママ》、用思理平斷、明刑識法者。

（『太平御覧』巻二三一・職官部二九・大理少卿条引『後魏職令』）
⑤後魏職令、衞尉少卿は第四品上、第二清、謙約謹正にして、兼ねて古事を識る者を用いよ。
後魏職令、衞尉少卿第四品上、第二請《ママ》、用謙約謹正、兼識古事者。（『職官分紀』巻一九・衛尉少卿条）
⑥後魏職令、太僕少卿は第四品上、第三清、堅強敏捷にして、事を識る者を用いよ。
後魏職令、太僕少卿第四品上、第三請《ママ》、用堅強敏捷、識事者。（『職官分紀』巻一九・太僕少卿条）
⑦後魏職令、鴻臚少卿は第四品上、第二清、雅學詳富にして、明樞達理なる者を用いよ。
後魏職令、鴻臚少卿第四品上、第二清、用雅學詳富、明樞達理者。（『職官分紀』巻二〇・鴻臚卿条）
〔『太平御覧』巻二三二・職官部三〇・鴻臚少卿条引『後魏職令』は「雅學詳當」につくる〕
⑧後魏職令に曰く、司農少卿は第四品上、第三清、勤に堪えて幹能ある者を用いよ。
後魏職令曰、司農少卿第四品上、第三清、用堪勤有幹能者。

（『太平御覧』巻二三二・職官部三〇・司農少卿条引『後魏職令』）

〔『職官分紀』巻二〇・司農卿条により「第四品上」をおぎなう。また同書は「幹能」を「能幹」につくる〕
⑨後魏職令に曰く、太府少卿は第四品上、士人官上、勤篤にして幹あり、細務に滞り無き者を用いよ。

後魏職令曰、太府少卿第四品上、士人官上、用勤篤有幹細務無滞者。

（『太平御覧』巻二三二・職官部三〇・太府少卿条引『後魏職令』）

右の内容をみると、職令が個々の官職のあとにその官品と「第○清」なる文言、そしてその官職に任ずる際の用人の基準を列挙するという体裁をとっていたことがうかがわれる。この規定の中で、とくに「第○清」なる表現こそが官職の「清」のランクを定めた基準と想像されることから、とくに中国の研究者の注目を集めてきた。

ただし、このような「第○清」なる表現は、『太平御覧』などの後世の類書にのみ存し、それ以前の史料にまったく見られなかったわけではない。たとえば、『魏書』巻七七・辛雄伝には、

上疏して曰く、……けだし陛下を助けて天下を治むる者はただ守令にあり。最も簡置をもとめ、以て國道を康《やす》んじよ。ただ郡縣の選擧、由來ともに輕し。貴遊の儁才はこれに居るを肯んぜず。宜しくその弊を改め、以て官方を定むべし。請うらくは上等の郡縣を第一清と爲し、中等を第二清と爲し、下等を第三清と爲せ。選補の法は才望を妙盡し、もし竝ぶべからざれば、地を後とし才を先とせよ。拘るに停年を以てするを得ざれば、竟には銓革すること無からん。三載の黜陟、稱うる者あらば在京の名官に補し、前代の故事の如く、郡縣を歴さざれば內職と爲るを得ざらしめんことを。すなわち人は自ら勉むるを思い、上下は心を同じくし、枉屈申すべく、強暴は自ら息み、刑政は日々平らかにして、民俗は化を奉らん。……

上疏曰……蓋助陛下治天下者、惟在守令、最須簡置、以康國道。但郡縣選擧、由來共輕、貴遊儁才、莫肯居此。宜改其弊、以定官方。請上等郡縣爲第一清、中等爲第二清、下等爲第三清。選補之法、妙盡才望、如不可竝、後地先才。不得拘以停年、竟無銓革。三載黜陟、有稱者補在京名官、如前代故事、不歷郡縣不得爲內職。則人思自勉、上下同心、枉屈可申、強暴自息、刑政日平、民俗奉化矣。……

とあり、また同書巻八八・良吏・明亮伝には、

給事中より員外常侍を歴す。延昌中（五一二～五一五）、世宗朝堂に臨み、親しく黜陟して（明）亮に勇武將軍を授く。亮 進みて曰く、臣の本官は常侍にしてこれ第三淸なり。今 臣に勇武を授けるも、その號至濁たり。かつ文武また殊にす。請うらくは更に改授せんことをと。世宗曰く、今 勞によりて行賞し、淸濁を論ぜず。卿 何ぞすなわちまた淸濁を以て辭と爲すやと。亮曰く、聖明上にあり、淸濁故に分かたる。臣すでに聖明に屬す。是を以て敢えて啓すと。世宗曰く、九流の內、人みな君子なり。文武の號殊にすと雖も、治を佐くるは一なり。卿何ぞ獨り衆に乖《もと》らんと欲して妄りに淸濁を相るを得んや。請う所未だ可ならず、ただ前授によれ。……

自給事中歷員外常侍。延昌中、世宗臨朝堂、親自黜陟、授（明）亮勇武將軍。亮進曰、臣本官常侍、是第三淸。今授臣勇武、其號至濁。且文武又殊、請更改授。世宗曰、今依勞行賞、不論淸濁、卿何得乃復以淸濁爲辭。亮曰、聖明在上、淸濁故分。臣既屬聖明、是以敢啓。世宗曰、九流之內、人咸君子、雖文武號殊、佐治一也。卿何得獨欲乖衆、妄相淸濁。所請未可、但依前授。……

とあって、北魏の官職における「淸」の等級の存在はつとに知られていた。とくに宮崎市定氏は右の二例、および[17]『魏書』巻一九中・任城王雲伝附澄伝に、

澄また奏して曰く、……竊に聞くに司州牧・高陽王臣雍 奉朝請韓元昭・前門下錄事姚敬賢を栲殺すと。公事によると雖も、理は實に未だ盡くされず。何ぞや。太平の世、草は橫伐せず、行葦の感、事は隆周に驗たり。もし昭等の狀彰らかなれば、死罪は以て定まり、應に都市に刑し、衆とこれを棄つるべし。その疑分らざるに似、情理未だ究まれざるの如きは、宜しく三淸九流の官を以て杖下にて便死せしむべからず。民命を輕絕し、理を傷つけ法を敗らん。往年州 大市において五人を鞭殺し、贓狀を檢するに及び、全く寸尺無し。今また酷害し、一に

此に至る。……

澄又奏曰……竊聞司州牧・高陽王臣雍栲殺奉朝請韓元昭・前門下錄事姚敬賢、雖因公事、理實未盡。何者。太平之世、草不横伐、行葦之感、事驗隆周。若昭等狀彰、死罪以定、應刑於都市、與衆棄之。如其疑似不分、情理未究、不宜以三清九流之官杖下便死、輕絶民命、傷理敗法。往年州於大市鞭殺五人、及檢贓狀、全無寸尺。今復酷害、一至於此。……

とある記載から、「南朝における官の清濁は自然に貴族社会に発達したものであったが、北魏においてはこれを官制と共に制定したらしく、第一清より第三清に至る清官が定められていた」[18]として、員外散騎常侍（正五品上）と奉朝請（従七品下）を第三清にあたる官職と推定されている。[19]

しかしながら、これらの『魏書』にみえる「第○清」が断片的であったのに対し、『太平御覧』等に残った職令にみえる「第○清」は、九少卿に関してのみではあるけれども、ある程度のまとまりをもった史料であるところから、従来知られなかった清官に関するきわめて重要な事柄を我々に伝えてくれる。

第一に指摘すべきは、同一の正四品上である九少卿において、第一清から第三清よりなる「清」に基づく区分と、⑨の太府少卿に「士人官上」とあるように、「清」と「清」以外の別が官品の中に、そして官品とは異なる基準として存在していたことである。[20]以前より、南朝と同様に北魏においても清官が官品とともに官人の地位を示す基準であったことは指摘されていた。たとえば、

神龜中（五一八〜五二〇）、將に國學を立てんとするに、詔して三品已上及び五品清官の子を以て生選を充たさんとす。未だ簡置に及ばずして、なおまた停まりて寝む。

神龜中、將立國學、詔以三品已上及五品清官之子以充生選。未及簡置、仍復停寢。（『魏書』巻八四・儒林伝序）

という国学への入学規定や、

（正光元年（五二〇））十月、粛宗 顕陽殿に臨み、従五品以上の清官・皇宗・藩國使・客等を引きて殿庭に列せしめ、王公以下及び阿那瓌等入り、庭中に就きて北面す。位定まるや、謁者 王公以下を引きて升殿し、阿那瓌 藩王の下に位す。また將命の官及び阿那瓌の弟幷びに二叔を引きて羣官の下に位せしむ。

（正光元年）十月、粛宗臨顯陽殿、引從五品以上清官・皇宗・藩國使客等列於殿庭、王公以下及阿那瓌等入、就庭中北面。位定、謁者引王公以下升殿、阿那瓌位於藩王之下、又引將命之官及阿那瓌弟幷二叔位於羣官之下。

（『魏書』巻一〇三・蠕蠕伝）

という蠕蠕の国主阿那瓌の引見儀礼にみえる清官は、それを証するものである。そしてこのような制度としての清官が、「第〇清」なるランク化された一つの基準に基づいていたことがこの職令佚文から理解されよう。

次に、なによりも重視しなければならないのは、かかる清官の規定が「令」そのものに明記されていた点である。北魏の官の清濁が「令」として国家の法定によるものであったことについては、すでに張旭華氏が魏晋南朝ではみられず、北魏特有の現象であった旨を説かれている。たしかに、西晋泰始令の官職に関する令の佚文にも官の清濁そのものがまったくみられないことと、そもそも官の清濁が社会的な価値基準から生じたところからみて、南朝についてはひとまずおくにせよ、基本的に首肯すべき見解といえよう。ただ、黄恵賢氏は先の太和一九年の「品令」を家格の品とみる関係から、あくまでもこれを「門品」と考え、流内九品における「第一清」以下の「清」と太府少卿の規定に見える「士」を、法定ではない社会的観念としての清官・濁官として位置づけられている。だが、先に述べたように氏が前提とされる太和一九年令が「門品」の規定であるとする理解に問題があることを含めても、かかる解釈は成立しにくいように思われる。右の辛雄伝・明亮伝にみえる「第〇清」の用例から、このことを検証しよう。

まず辛雄の事例からみていきたい。彼は地方官の任用によろしきを得ることが国家安寧の重要なポイントであるという認識から、郡太守・県令の任用が軽んぜられて「貴遊の儁才」がこれらに就かないという弊害を、上等の太守・県令を第一清に、中等を第二清、下等を第三清とすることから是正するよう提言する。ただし、もっとも注意すべきはそれに続く「選補之法、妙盡才望、如不可並、後地先才」という一節であって、地方官の選任には「才」たる行政能力と「望」たる家格を勘案し、それが両立できなければ「地」、すなわち門地を後にして「才」を優先させよ、と辛雄は述べているのである。彼の真意をここに求めるならば、「清」が直接家格に対応するものと解しては、人才を求める改革の意図と微妙にずれが生じるように思われる。

次に明亮の事例であるが、これは明亮自身によって員外散騎常侍が第三清であることが明言され、逆に次に叙された勇武将軍が「至濁」であるとして拒まれたものである。もしこの勇武将軍の叙任が明亮の家格にそぐわないものであったとすると、前任官である員外散騎常侍が第三清であることに言及するよりも、自らの家格を「門品」として提示し、直接に就官拒否の論拠として提示する方が合理的であるように思われるのである[21]。

このように考えるならば、北魏においては官の清濁が律令、ことに令に規定されていたと考える方が妥当であろう[22]。かかる令を根拠とする官の清濁の存在は、西晋から隋唐への律令制の展開を考えるうえでもきわめて注目すべき特徴とみなければならない。本章では、この職令に規定された流内における官の清濁を、先の「広義の官の清濁」に対して「狭義の官の清濁」と呼ぶこととする。

ところで北魏では官の清濁が法的な裏づけを以て定められているところから、閻歩克氏はそれを晋南朝からの影響よりも、清望官・清官として官の清濁が規定されていた唐代の起源として重視されている。だが、氏は台省、すなわち尚書省および御史台の官職のような重要な職務をになうポストが北魏では唐代と同様に清官とされていたことなどを根拠に挙げられているのであるが、そもそものような氏の理解が図式的にすぎ、そしてなによりも北魏と唐代それぞれの時代における律令の分析という角度からはおこなわれていない。律令と清官の関係については、なお考察の余地を多分に残している。

そこで律令制下の官制における清官の位置づけをはかるうえでの比較対象として、次節では唐代における清官について、令との関係を中心に考察する。

第二節　唐代の清官について

（一）　唐代における清官の規定

唐代官制においてどのような官職が清官とされていたのかは、次の『大唐六典』および『旧唐書』の記事から知ることができる。

凡そ京師に常參官、……諸司長官、〔三品已上の長官を謂う。もし敕もて諸司長官及び賜う者を喚ばば、開府儀同三司・特進・光祿大夫・太子賓客・尚書左右丞相・諸司侍郎・中書門下五品已上の官・御史中丞は竝びに長官の例に同じ。もし別に物を賜うに、中書門下の官正三品は二品に準じ、四品は三品に準じ、五品は四品に準ず。同中書門下平章事竝びに同中書門下は正三品なり。〕清望官、〔內外三品已上の官及び中書・黃門侍郎・尚書左右丞・諸司侍郎、竝びに太常少卿・祕書少監・太子少詹事・左右庶子・左右率及び國子司業を謂う。〕四品已下・八品已上の清官あり。〔四品は太子左右論德・左右衛・左右千牛衛中郎將、左右副率、率府中郎將を謂う。五品は御史中丞、諫議大夫、給事中、中書舍人、贊善大夫、太子洗馬、國子博士、諸司郎中、祕書丞、著作郎、太常丞、左右衛郎將、左右率府郎將を謂う。六品は起居郎・舍人、太子司議郎・舍人、諸司員外郎、侍御史、祕書郎、著作佐郎、太學博士、詹事丞、太子文學、國子助教を謂う。七品は左右補闕、殿中侍御史、太常博士、詹事司直、四門博士、太學助教なり。八品は左右拾遺、監察御史、四門助教なり。〕

凡京師有常參官、……諸司長官、〔謂三品已上長官。若敕喚諸司長官及賜者、開府儀同三司・特進・光祿大夫・太子賓客・尚書左右丞相・諸司侍郎・中書門下五品已上官・御史中丞、竝同長官例。若別賜物、中書門下官正三品準二品、四品準三品、五品準四品。同中書門下平章事竝同中書門下正三品。〕清望官、〔謂内外三品已上官及中書・黄門侍郎・尚書左右丞・諸司侍郎、竝太常少卿・祕書少監・太子少詹事・左右庶子・左右率及國子司業。〕四品已下・八品已上清官。〔四品謂太子左右諭德・左右衛・左右千牛衛中郎將、左右副率、率府中郎將。五品謂御史中丞、諫議大夫、給事中、中書舍人、贊善大夫、太子洗馬、國子博士、諸司郎中、祕書丞、著作郎、太常丞、左右衛郎將、左右率府郎將。六品謂起居郎・舍人、太子司議郎・舍人、諸司員外郎、侍御史、祕書郎、著作佐郎、太學博士、詹事丞、太子文學、國子助教。七品、左右補闕、殿中侍御史、太常博士、詹事司直、四門博士、太學助教。八品、左右拾遺、監察御史、四門助教。〕

（『大唐六典』巻二・吏部郎中の条）

職事官の資、すなわち清濁區分し、次を以て補授す。また三品已上の官及び門下中書侍郎・尚書左右丞・諸司侍郎・太常少卿・太子少詹事・左右庶子・祕書少監・國子司業を以て清望官と爲す。太子左右諭德・左右衛左右千牛衛中郎將・太子左右率府左右内率府率及副・太子左右衛率府中郎將・〔已上四品。〕諫議大夫・御史中丞・給事中・中書舍人・太子中允・中舍人・左右贊善大夫・洗馬・國子博士・尚書諸司郎中・祕書丞・著作郎・太常丞・左右衛郎將・左右衛率府郎將・〔已上五品。〕起居郎・起居舍人・太子司議郎・尚書諸司員外郎・太子舍人・侍御史・祕書郎・著作佐郎・太學博士・詹事丞・太子文學・國子助教・〔已上六品。〕左右補闕・殿中侍御史・太常博士・四門博士・詹事司直・太學助教・〔已上七品。〕左右拾遺・監察御史・四門助教〔已上八品。〕を清官と爲す。外よりおのおの資次を以て遷授す。……

職事官資、則清濁區分、以次補授。又以三品已上官、及門下中書侍郎・尙書左右丞・諸司侍郎・太常少卿・太子少詹事・左右庶子・祕書少監・國子司業爲清望官。太子左右諭德・左右衞左右千牛衞中郎將・太子左右率府左右內率府率及副・太子左右衞率府中郎將・〔已上四品。〕諫議大夫・御史中丞・給事中・中書舍人・太子中舍人・左右贊善大夫・洗馬・國子博士・尙書諸司郎中・祕書丞・著作郎・太常丞・左右衞郎將・左右衞率府郎將・〔已上五品。〕起居郎・起居舍人・太子司議郎・尙書諸司員外郎・太子舍人・侍御史・祕書郎・著作佐郎・太學博士・詹事丞・太子文學・國子助教・〔已上六品。〕左右補闕・殿中侍御史・太常博士・四門博士・詹事司直・太學助教・〔已上七品。〕左右拾遺・監察御史・四門助教〔已上八品。〕爲清官。自外各以資次遷授。……

（『旧唐書』巻四二・職官志一）

※〔　〕内は自注。

前者は玄宗の開元年間（七一三〜七四一）、後者は代宗の永泰二年（七六六）を基準とするもので、官職名と官品に若干の相違があるものの、唐代における清官の大体の傾向はこの二史料からうかがうことができよう。なお、この他に清官として規定されていた官職を伝えるものとして、敦煌より出土したP二五〇四、一般に「唐職官表」などと称される文書があげられるが、これについては後にふれることとする。

右の史料によれば、三品以上の諸司の長官と、清望官、清官という三つの階層から唐代では清官が規定されていたことが確認できる。各官職の所属からみると、三品以上の官をひとまず別にすると、尚書・門下・中書の三省の官、秘書省・御史台・太常寺・国子監等の官、左右衛以下の禁軍たる十六衛の一部の武官、そして東宮諸府の官（武官を含む）を中心に清官が定められていたといえよう。

ところで以前より唐代の清官の性格として、官が「清」であることと同時に「要」、すなわち重要な職務をになう

官職たることが求められたことが指摘されている。[23]たしかに、

……（李）素立尋いで憂に丁り、高祖 所司をして奪情せしめ、授けるに七品の清要官を以てす。所司 雍州司戸參軍を擬すに、高祖曰く、この官要なるも清ならずと。また祕書郎を擬すに、高祖曰く、この官清なるも要ならずと。遂に擢して侍御史を授ける。高祖曰く、この官清にしてまた要なりと。

……（李）素立尋丁憂、高祖令所司奪情授以七品清要官、所司擬雍州司戶參軍、高祖曰、此官要而不清。又擬祕書郎、高祖曰、此官清而不要。遂擢授侍御史、高祖曰、此官清而復要。（『旧唐書』巻一八五上・良吏上・李素立伝）

とあるように、唐初の武徳年間（六一八～六二六）よりそのような傾向が存在したことは事実であり、閻氏が北魏の台省の官に唐代の清官の淵源を求められるのも故なきわけではない。だが、右の唐代の清官とされる諸官をみるならば、その系譜を一律に北魏に求めるのは無理があるように思われる。なぜなら、三省の官や御史はともかく、北魏では太子舎人や太子洗馬のような東宮に属する官職をとくに清官とする用例はみられず、むしろそれらは晋南朝で清官としてつよく認識されていた官である。[24]全体的な傾向から判断すると、単純に北魏だけに唐代の清官の起源を求めることはできない。やはり池田温氏がいわれるように「六朝以来の伝統」[25]が色濃く投影されたものとみるべきである。さらに言えば、唐代の清官に対して過分に「要」の要素を求めるのも正確ではない。たとえば先にあげたように清官とされる東宮の諸官は、相対的には中書や門下の官に比べると「閑職」であったはずであり、必ずしも「要」たることが清官の絶対的な条件とはいえない。それはまた右の李素立の事例からもうかがえるように、「要」であればただちに「清」なのではなく、「清」でありかつ「要」たることが望まれたのであって、むしろ「要」は「清」の補完要素としてみるべきであろう。

ところでここで検討しなければならないのは、前掲の清官を列挙した『大唐六典』および『旧唐書』の記載がいか

なる典拠に基づいて記されているのか、という点である。『旧唐書』についてはひとまずおくにせよ、史料としての『大唐六典』の記載は律令格式を中心とした何らかの行政法規に依拠しているはずであるから、清官に関しても同様の史料源を想定することは可能であろう。ただ『大唐六典』そのものは、厳密には律令格式等の法典ではないことに注意しなければならない(26)。そこでかかる清官の規定がどのレベルの法規によるのか、すなわち令に存したのか、あるいはそれ以下の格式等のレベルで定められていたのかについては、なおあきらかにする必要がある。

しかしながら、前節で示した清官を規定する北魏の太和二三年職令を、唐代の律令と同一に論じるには実はいささか問題がある。というのは、北魏ではしばしば律令の制定、ないし改定がおこなわれたが、西晋の泰始律令のごとく律と令が同時に編纂・公布されたのは孝文帝の太和一六年が最後であって、それ以後に公布されたこの二三年職令が、統一的な律令であったと想像される一六年律令とどのような関係にあったのかが明確ではないからである。堀敏一氏がすでに指摘されているように、「この職員令ないし職令（太和一七年職員令と太和二三年職令をさす。筆者注）が現行令典（太和一六年令）とは別個につくられたか、それとも現行令の一部を改訂するものとしてつくられたのかということが問題になる(27)」のである。

たしかに、北魏において律令の改定がどのようにおこなわれたのかは、なお慎重な判断が求められよう。だが、太和一六年から同二三年の間の官職と官僚機構、そしてなによりも官品制度が大きく変化したことはあきらかであり(28)、二三年以前の「令」を残すような方式では、官僚としての職務だけではなく、人事行政においても混乱をきたすように思われる。加えて、実際に二三年職令に基づく官制が宣武帝以降においておこなわれているところからみて、二三年職令はそれ以前のそれに相当する「令」を改訂し、かつそれに置き換えて「律令」の一環として位置づけられたものと考えて、以下の考察を進めることとしたい(29)。

さて、北魏太和二三年職令に対応する唐令としては、それが官職と官品そのものを規定する令であるところよりみて、冒頭におかれる官品令と、それに続く職員令が想定されよう。唐令については周知のごとく、現在では散逸に帰し、仁井田陞氏による『唐令拾遺』、およびそれを補完する池田温氏等の編になる『唐令拾遺補』が、その内容と体裁を考えるうえでの基本的テキストとされるのであるが(30)、実際のところ、清官に関する令の条文はこの二書によるかぎりおさめられておらず、令には存在しなかったかのごとくである(31)。そこで本章ではかかる問題に対してさらに踏み込んだ分析を加えるため、敦煌より出土した律令関係、とくに官品令と職員令に関する文書を題材として若干の考察をおこないたい。まずは官品令から。

a　官品令と清官――「職官表」を手がかりに――

本節でとりあげるいわゆる「職官表」、または「天宝令式表残巻」と称されるP二五〇四文書は、二〇世紀初頭にペリオによって敦煌より発見されたものである(32)。当文書がとくに注目されるのは、一つの表という体裁をとりつつ、玄宗天宝年間の制度として「官品令」と題された部分が文武職事官および散官・勲官・封爵の官職とその官位を列挙し、さらに職事官で清官に該当するものには朱点を付しているためである。先学が指摘されているように、当文書は官府が閲覧のために編集した律令格式の要点を節録するもので(33)、「携帯に便した官人個人用便覧(34)」とみられるが、これもすでに指摘されているように、転写の際にかなりの混乱・誤写があり、その記述の取り扱いには一定の注意を要する。

この「職官表」に載せられる清官と、前掲の『大唐六典』・『旧唐書』にみえる清官を官品ごとにまとめたものが表二である。これに基づき清官に関する部分についてみてみると、三者ともに基本的な部分ではおおむね一致している

表二　唐代清官一覧表

	『大唐六典』	『旧唐書』	「職官表」
正四品上	中書侍郎　黄門侍郎　尚書左丞　吏部侍郎　太常少卿　太子少詹事　太子左庶子　太子左右衛率	門下侍郎　中書侍郎　尚書左丞　吏部侍郎　太常少卿　太子少詹事　太子左庶子	門下侍郎　中書侍郎　吏部侍郎　[尚書]左丞　太常少卿　宗正少卿　太子少詹事　[太子]左庶子
正四品下	尚書右丞　諸司侍郎　太子右庶子　太子左右諭徳　左右衛・左右千牛衛中郎将	尚書右丞　諸司侍郎　太子右庶子　太子左右諭徳　左右衛・左右千牛衛中郎将	[尚書]右丞　兵部・戸部・礼部・刑部等侍郎　[太子]右庶子　[太子]左右諭徳
従四品上	秘書少監　太子左右衛副率　太子左右率府中郎将	秘書少監　太子左右率府・左右内率府副率　太子左右衛率府中郎将	秘書少監　殿中少監
従四品下	国子司業	国子司業	国子司業
正五品上	御史中丞　諫議大夫　給事中　中書舎人　太子左右賛善大夫　国子博士　左右衛[左右]郎将	諫議大夫　御史中丞　給事中　中書舎人　太子中允　太子左右賛善大夫　国子博士　左右衛郎将	諫議大夫　御史中丞　給事中　中書舎人　太子中允　国子博士　[太子]左右賛善大夫
正五品下	左右率府[左右]郎将	太子中舎人　左右衛率府郎将	太子舎人　尚食奉御　尚薬奉御
従五品上	諸司郎中　秘書丞　著作郎　太常丞	太子洗馬　尚書諸司郎中　秘書丞　著作郎	省内諸司郎中　秘書丞　殿中丞　著作郎　太子洗馬　尚食・尚舎・尚輦等奉御
従五品下	太子洗馬	太常丞	太常丞
正六品上	太子司議郎　太子舎人　太学博士　太子詹事丞	太子司議郎　太子舎人　太学博士　詹事丞	太学博士　詹事丞　太子司議郎
正六品下	太子文学	太子文学	
従六品上	起居郎　起居舎人　諸司員外郎　秘書郎　著作佐郎　国子助教	起居郎　起居舎人　尚書諸司員外郎　秘書郎　著作佐郎　国子助教	起居郎　員外郎　城門郎　符宝郎　起居舎人　通事舎人　大理司直　国子助教　秘書郎　著作佐郎
従六品下	侍御史	侍御史	侍御史
正七品上	詹事司直　四門博士	四門博士　詹事司直	四門博士　詹事司直
正七品下			太子通事舎人
従七品上	左右補闕　殿中侍御史　太常博士　太学助教	左右補闕　殿中侍御史　太常博士　太学助教	殿中侍御史　左右補闕[原作闕補]　太常博士　太学助教

従七品下			
正八品上	監察御史	監察御史	監察御史
正八品下			
従八品上	左右拾遺　四門助教	左右拾遺　四門助教	左右拾遺　四門助教
従八品下			大理評事

※ゴシック体は清望官、それ以外は清官を示すが、「職官表」は両者を区別せずに一括して清官とする。官品は各史料に示されるそれに基づく。波線は「職官表」のみが清官とする官。

※「職官表」従五品上に載せる「尚食奉御」は劉俊文氏によると「尚衣奉御」の誤りで、さらに「尚乗奉御」が脱落しているという（劉俊文『敦煌吐魯番唐代法制文書考釈』三八一頁）。

ものの、前掲の『大唐六典』と『旧唐書』の規定では、本来清官であるはずの十六衛以下の武官のすべてと太子文学（正六品下）に朱点が付されず、逆に前掲両史料では清官とはされていない城門郎（従六品上）や符宝郎（同）などの門下省の一部、殿中少監（従四品上）・尚食奉御（正五品下）・尚薬奉御（同）などの殿中省の官、大理司直（従六品上）や大理評事（従八品下）などの大理寺の官職に朱点が付されている。時期的にはこの「職官表」は前掲両史料の間にあたり、十六衛の武官と太子文学等がこの天宝期のみ清官から除外されたと考えるのは不自然であろう。たとえば、劉俊文氏は天宝年間の官制の特殊性としてかかる違いを理解されているが[35]、この時期の清官が特殊であったとみるよりも、規定された清官ではないにも関わらず、官人にとって価値ある官職として好まれる傾向にあった大理寺系統の官職を清官としているところよりみて、この「職官表」に載せられる清官は、なんらかの制度的な裏づけをもった清官と考えるよりも社会的に認知された観念としての清官を指しているとみた方が穏当なように思われる[36]。

ともあれ、当文書が「表」という形態をとっているところからみても、この「官品令」が唐令の官品令そのものの内容を伝えるものではないことはあきらかである。また、仁井田氏が官品令復原の基本史料とされた、『通典』巻四

○・職官典二二・大唐官品の条や『旧唐書』巻四二・職官志一に載せられる各官職の記述様式からみても、官品令には官の清濁は規定されていなかったと考えたい。

b　職員令と清官——敦煌発見永徽東宮諸府職員令残巻を手がかりに——

当文書もまた敦煌において発見され、スタインとペリオによって将来されたもので、「現在までに知られた西域発見唐代法典中書写年次の明らかな最古の写本であり、かつ最大の行数を残しており、内容的重要性も第一級のものである」[37]。出土文書としての概要、および研究史については先学による厖大な論考にゆだねることとし、本章では諸研究による成果を集成した、当文書の最新の録文である『唐令拾遺補』のそれに基づき（三四一～三五五頁）、職員令における清官の規定の有無を確認したい。

幸いなことに、当文書が「東宮諸府職員令」の残巻であったために、以前より知られる清官たる官職のうち東宮府所属の清官の名前をいくつかそこから見出すことができる。**表二**に基づき、以下に清官に該当するはずの官職に関する記載を列挙する。

司經局
洗馬二人〔掌經史圖籍、判局事〕、……
典書坊
右庶子二人〔掌侍從獻替、令書表疏、惣判坊事〕。
中舍人二人〔掌侍從令書表疏、通判坊事〕。
舍人四人〔掌侍從表啓、宣行令旨、分判坊事〕。……

左衛率府……
左衛率一人〔掌領兵宿衛、督攝隊仗、惣判府事〕。
副率二人〔掌貳率事〕。……

※〔 〕内は自注で原文は大字の本文一行に小字・双行で記入され、同一の局・府に属する官職の場合は改行していない。なお、本章では煩を避けるため録文では推定とされる字も一括して正字とし、とくに注記しない。

この職員令は高宗永徽年間（六五〇～六五六）のものであるため、開元および永泰年間では清官であったはずなのに当文書にはみられない官も存在する。たとえば司経局所属の清官である太子文学はこの職員令に載せられていないが、それはこの官が永徽の次の顕慶年間（六五六～六六一）にはじめて置かれたためである（『大唐六典』巻二六注）。だが、このような時間的な相違によって確認できない官職もあるものの、右の諸例からはほぼ正確に職員令の内容を知ることができる。一見してあきらかなように、職員令に規定されるのは、各官庁に属する個々の官職とその定員、そしてその職務内容が中心である。ただし、中には、

諸職事官三品以上、應に府佐を置くべき者、その記室・功曹は自ら訪ねるを聴す。學□人の保任無き者有らば、准擬して名を送り、所司簡試す。その文義に通曉せし者、一中經・一小經以上、及び孝經・論語十條に六以上を得るを試す。その白讀の者、一大經・一小經或いは一中經・一小經を試す。みな兼ねるに孝經・論語をもってす。その經帖を試すは、おのおのおおむね十條に六以上を得よ。……

諸職事官三品以上、應置府佐者、其記室・功曹、聽自訪。有學□人無保任者、准擬送名、所司簡試。其通曉文義者、試一中經・一小經以上、及孝經・論語十條得六以上。其白讀者、試一大經・一小經、或一中經・一小經、皆兼孝經・論語。其試經帖、各率十條得六以上。……(38)

とあるように、特定の官職への任用に関する基準、および任用に際しての試験内容や、

諸府佐國官・親事・帳内、府主の身の薨ぜし者、府佐・親事・帳内は葬を過ぎれば追せよ。〔子無きと雖も、また此に准ず。〕國官は喪を終えるを聴す。もし爵を襲う者あらば、卽ちその事を廻するを聴す。〔□□□人の五品以上の職事無き者、□五品以上の職事を帶びるに准じ、效留す。〕……

諸府佐國官・親事・帳內、府主身薨者、府佐・親事・帳內過葬追。〔雖無子、亦准此。〕國官聽終喪。若有襲爵者、卽聽其廻事。〔□□□人無五品以上職事者、□准帶五品以上職事效留。〕……[39]

とあるような、「職員の任免、転仕等にかかわる規定[40]」のようなものまで含まれている。とくに前者は北魏職令にみえる任用基準と一定の共通性がうかがわれるが、それでもこの残巻の記述の体裁から、各官職の定員と職務内容こそが職員令の規定の中心に置かれていたといえよう。同時にそこには官の清濁に関する記述がまったく存在しないところからみて、少なくとも永徽職員令には清官は規定されなかったと考えられるのである。

ただし、可能性としてはこの永徽令公布以後の令、たとえば開元令などから清官に関する記述が令文に加わったと想定することもできるかもしれない。唐代の清官に関する事例をすべて分析したわけではないので明言はできないけれども、たしかに勅などにみられる清官に関する規定は則天武后期を嚆矢として頻出するようであり、令における存否という点ではかかる推測も完全には否定できない。だが、この永徽職員令残巻だけではなく、たとえば開元二五年令と推測されている、『記纂淵海』巻三〇・職官部・殿中侍御史の条に引かれる「職員令」には[41]、

殿中侍御史は駕の鹵簿内を出るに非違を糾察するを掌る。餘は侍御史と同じ、ただ事を判ぜず。

〔殿中侍御史〕掌駕出於鹵簿內糾察〔非違〕、〔餘〕與侍卿〔御〕〔史〕同、唯不判示〔事〕。

とあるように、現存する他の職員令佚文においても官の清濁は示されていない。この殿中侍御史は『大唐六典』以下

の三史料すべてにおいて清官とされている官職である。この点からみても、やはり唐代を通じて職員令には官の清濁は規定されなかったとみたほうが妥当であろう。そうであるならば、官の清濁を令に設けずに、官品に基づく一元的な位階序列を定めるところにこそ、唐朝の官人支配の本質が存するのであって、それが国家運営の基本的典章である令、とくにその令の大きな部分を占める官品令・職員令[42]に現れているものと解したい[43]。ただし、清濁に関する規定が行政規律でまったく存在しなかったわけではもちろんない。それは後にとりあげる、清官を対象とする多くの用例からみて明白である。もとよりいまだ想像の域を出ないけれども、官の清濁は吏部格、ないしは吏部式に規定されていたと考えたい[44]。

（二）　唐代における清官の意味

それでは唐代では、いかなる理由によって清官が決められ、清官であることがどのような意味をもっていたのであろうか。唐代清官の分析をしめくくるにあたり、この点について確認しておきたい。

中村圭爾氏は、

毎日六品已上の清官兩人を以て、衙に待制せしむ。

毎日以六品已上清官兩人、待制於衙。（『旧唐書』巻四三・職官志二・吏部郎中）

凡そ千牛備身左右及び太子千牛備身、みな三品已上の職事官の子孫、四品清官の子、儀容端正にして武藝稱すべき者を取りて充つ。

凡千牛備身左右及太子千牛備身、皆取三品已上職事官子孫、四品清官子、儀容端正、武藝可稱者充。（同志・兵部郎中）

凡そ齋郎は、太廟に五品以上の子孫及び六品職事幷びに清官の子を以てこれと爲す。

凡齋郎、太廟以五品以上子孫及六品職事幷清官子爲之。（『新唐書』巻四五・選挙志下）

とある清官の用例から、唐代では清官が官品や職事官とともに官人の資格・地位を表現する基準とされていたことを指摘されている(45)。しかし唐代において清官を指標とする事例はけっしてこれにとどまらない。右の諸例は主として人事や待制に関してであるが、

天寶八載（七四九）六月十八日敕すらく、京畿及び諸郡の百姓、先にこれ給使たりて私家にありて驅使せらるる者あらば、勅到るの五日の内に限り、一切内侍省に送付せよ。その中にこれ南口及び契券の分明せし者あらば、おのおの限約を作り、數を定めて驅使せよ。王公の家と雖も、二十人を過ぎるを得ず。その職事官、一品は十二人を過ぎるを得ず、二品は十人を過ぎるを得ず、三品は八人を過ぎるを得ず、四品は六人を過ぎるを得ず、五品は四人を過ぎるを得ず。京の文武清官、六品・七品は二人を過ぎるを得ず、八品・九品は一人を過ぎるを得ず。その嗣郡王・郡主・縣主・國夫人・諸縣君等、おのおの本品に依るを請い、職事及び京清資官と同じく處分せよ。その別に恩賜を承けるあらば、この限にあらず。その蔭の家に父・祖先のある者、おのおの本蔭に依りて減じ、見任の半ばに比せよ。その南口は、蜀蠻及び五溪嶺南夷獠の類を禁ずるを請え。

天寶八載六月十八日敕、京畿及諸郡百姓、有先是給使在私家驅使者、限勅到五日內、一切送付內侍省。其中有是南口及契券分明者、各作限約、定數驅使。雖王公之家、不得過二十人。其職事官、一品不得過十二人、二品不得過十人、三品不得過八人、四品不得過六人、五品不得過四人。京文武清官、六品七品不得過二人、八品九品不得過一人。其嗣郡王郡主縣主國夫人諸縣君等、請各依本品、同職事及京清資官處分。其有別承恩賜、不在此限。其蔭家父祖先有者、各依本蔭職減、比見任之半。其南口請禁蜀蠻及五溪嶺南夷獠之類。（『唐会要』巻八六・奴婢）

とあるのは奴婢の所有の制限についてであるし、
天寶十年（七五一）正月赦文、天子七廟、諸侯五廟、大夫三廟、士一廟なり。今三品以上、乃ち廟を立てるを許す、廣敬を永言し、感を懐に載せり。その京官の正員四品の清望官及び四品五品の清官、竝びに私廟を立てるを許す。

天寶十年正月赦文、天子七廟、諸侯五廟、大夫三廟、士一廟。今三品以上、乃許立廟、永言廣敬、載感於懷。其京官正員四品清望官、及四品五品清官、竝許立私廟。

（『通典』巻四八・礼典八・諸侯大夫士宗廟）

とあるのは私廟の設置許可に関するものであり、
開元二十五年（七三七）、御史大夫李通奏すらく、冬至に至るごとに、大禮に縁るに及び、朝參官幷びに六品清官に應るは、竝びに朱衣を服せ。餘の六品以下、袴褶を通著するを許し有襂の故あるが如くせよ。式に准じて朱衣袴褶を著るに合わざる者、その日入朝せざるを聽す。自餘の應に著るに合すべくして著ざる者、請うらくは一月の俸を奪い、以て不恪を懲らしめよと。制して曰く可と。

開元二十五年、御史大夫李通奏、毎至冬至、及緣大禮、應朝參官、幷六品清官、竝服朱衣。餘六品以下、許通著袴褶、如有襂故。准式不合著朱衣袴褶者、其日聽不入朝。自餘應合著而不著者、請奪一月俸、以懲不恪。制曰、可。

（『唐会要』巻二四・朔望朝参）

とあるのは冬至の朝参における服飾についてである。右の例によれば、清官が基準とされるのは人事だけではなく、幅広い面で官人の資格・権益を示す基準の一つとされていたことが推測されよう。

しかしながら、それにもまして注意すべきは、唐代では清官への就任が出身の違いに基づいて明確に区別され、制度として規定されていたところにある。『大唐六典』巻二・吏部侍郎条には、

凡そ出身の清流に非ざる者、清資の官に注せず。〔流外及び視品より出身せし者を謂う。〕

凡出身非清流者、不注清資之官。〔謂従流外及視品出身者。〕

とある。出身が「清流」でないものは、「清資」の官にはあてられない、と右の『大唐六典』の記載は明言する。これに対し、「清流」なるものとは皇帝の親族、恩蔭、科挙などから出身し、「清資」の官に就任できるものを指す。いうまでもなく、「清資」の官とは清官に他ならない。この規定の典拠と推測される、『通典』巻一五・選挙典三・歴代制下に引かれる神功元年（六九七）の勅は、その内容をより詳しく次のように述べている。

神功元年勅すらく、今より以後、本色の出身は、天文を解する者、官の太史令を過ぎるを得ず。音樂の者、太樂・鼓吹署令を過ぎるを得ず。醫術の者、尙藥奉御を過ぎるを得ず。陰陽卜筮の者、太卜令を過ぎるを得ず。造食を解する者、司膳署令を過ぎるを得ず。勳官・品子・流外・國官・參佐・視品等より出身を有する者、今より以後、京の清要等の官に任ずるを得ず。もし累限の應に三品に至るべきものは進階をもちいず、一階ごとに勳兩轉を酬いよ。

神功元年敕、自今以後、本色出身、解天文者、進官不得過太史令。音樂者、不得過太樂・鼓吹署令。醫術者、不得過尙藥奉御。陰陽卜筮者、不得過太卜令。解造食者、不得過司膳署令。有從勳官・品子・流外・國官・參佐・視品等出身者、自今以後、不得任京清要等官。若累限應至三品、不須進階、每一階酬勳兩轉。(46)

この勅文は二つの部分からなる。前半は天文・音楽・医術などの特殊な技術をもつ官の昇進を、当該官庁下の官職のみに限定するという主旨である。だがそれと関係しながらも、清官との関連でとくに興味深いのは後半部分であって、『大唐六典』にみえる流外と視品に加え、勲官・品子・国官・参佐出身者が清官に就けないものとして挙げられている。勲官は、いうまでもなく軍功によって付与される特殊な官で、当時広く一般庶民層まで付与されていたことはよく知られている。品子とは六品以下の官人の子で、入流以前に官人見習いとして官府の職務に従事するものを指し[47]、前引の永徽職員令にみえる「王公以下府佐国官親事帳内職員」の親事・帳内もこれに該当する。参佐もおそらくは前掲の職員令における「府佐」のことであろう。これらのポストから出身した者は、たとえ労考を積み、階を重ねても、清官への就任、そして「清」である三品以上への昇進は許されなかった[48]。全体的な傾向からみると、これらは基本的に流内の正式な職事官から起家しえない、六品以下の下位の官人層が中心で、社会的な身分である士庶の境界に相当し、かつ庶を含むものとまとめることができよう[49]。右の『大唐六典』で流外と視品のみをあげる理由は今ひとつあきらかではないが、視品は正式な流内の品官ではないため、流外官については、それを入仕の手段とする庶人階級の官界進出が、官人層の膨張の主要な部分を占めていたためではなかろうか[50]。たとえば、『資治通鑑』巻二〇四・唐紀二〇・則天皇后永昌元年（六八九）九月の条には、

初め高宗の世、周興 河陽令を以て召見せらる。上 擢用を加えんと欲するも、或るひと奏するに以為えらく清流に非ずと。これを罷む。

初、高宗之世、周興以河陽令召見、上欲加擢用、或奏以爲非清流、罷之。

とあり、当条の胡注には、「周興發身於尚書都事、流外官也」とある。尚書都事は従七品上（『大唐六典』巻一・尚書都省・都事の条）なので、正確には流外官ではなくまぎれもない流内官である。だがこの尚書都事こそは、魏晋時代より庶人の就任する官として名高い尚書都令史の系譜をひく官なのであった[51]。おそらくは周興も流外から昇進してこの尚書都事に就いたものと思われ、それ故に胡三省もかかる注を付したのであろう[52]。だが、少なくともこの史料から流外＝濁という当時の通念がうかがわれるのであり、「清流」ではない代表的な入流方法として、この流外があげられていると考えたい。

さて、この神功元年の勅を清官就任者の身分を画定する規定とみるならば、唐代における官の清濁の別は、極言すれば流内出身者か流外に出身して流内に昇進をはたす者か、という身分の相違によって基本的に決定するものと考えられる。これを前節で論じた北魏における官の清濁のあり方からみると、それは流内・流外の別である「広義の官の清濁」を、流内の清官と濁官、すなわち「狭義の官の清濁」に対応させ、一つの昇進システムとして一体化したものとみなされよう。そしてその制度としての完成が唐代の清官なのであり、官の清濁の歴史的帰結なのであった。そこには、極力従来の支配階層、すなわち三品・五品以上に昇進しえたいわゆる「貴族」層を以て官人の再生産をはかろうとする唐朝の政治姿勢がうかがわれるのである[53]。

以上で確認した唐代における官の清濁の性格をふまえ、もう一度北魏にたちかえり、あらためてその歴史的意義を検討しよう。

第三節　北魏における官の清濁の意義

前節での分析から、唐代の清官は行政運営のうえでの規範としては厳格に定められていたものの、最高レベルの行政法典であるはずの令には規定されなかったことがあきらかとなった。北魏の諸制度は、以前より唐代の制度の主要な源流とみなされてきた。そのこと自体は事実であり、どれほど強調してもしすぎることはない。官制面からその一例をあげると、九品官制の一品を正従に二分し、四品以下をさらに上下として合計「三十階[54]」とする官品の等級は、もとより北魏を起源とし、北齊を経て唐に継承されたものである。しかしながら、こと律令における清官の規定の有無という点からみた場合、清官を明文化する北魏の職令は、やはり唐代の令とは明確に一線が画されなければならず、同時に魏晋南朝とも異なる北魏特有のものとしてみとめられなければならない。

ところで晋南朝の官の清濁は、本質的には社会自体の価値基準によって決定するものとされ[55]、国家の規定する官品による序列との間で矛盾を生じることさえ珍しくはなかった。南朝梁の武帝による天監の官制改革、とくに十八班制の導入は、このような宋齊時代以来の清濁による官職の序列の混乱を是正するために実施されたもので、具体的には従来の七品以下の官を「不登二品」と称される流外へ切り捨て、流内十八班の各班の筆頭に清官を配置することによって官の清濁と官品秩序の一体化をはかったのである[56]。改革がこのようなかたちで実行されたことを念頭におくならば、流外官の存在をひとまず別にすると、南朝では令の規定として官職そのものに清濁が付されることはなかったと思われる。

では一方の北魏では、官品の他に官人の地位を示す基準として用いられる清濁を、いかなる目的のためにあえて官品とともに令にまで規定する必要があったのか。この点について、官人の昇進と清官との関係を手がかりに考えたい。

『通典』巻一六・選挙典四・雑議論上には、孝明帝期における清河王懌の上表が載せられている。

孝明帝の時、清河王繹 官人失序するを以て上表して曰く、孝文帝は出身の人を制するに、本より門品の高下を以て恆あらしむ。もし資蔭に準ずれば、公卿令僕の子、甲乙丙丁の族より、上はすなわち散騎祕著、下は御史長兼に逮ぶに、みな條例昭然として文に虧没無し。これより或いは身 三事の子に非ざれば公府正佐に解褐す。地の甲乙の類に非ざる者、而れども上宰の行僚を得。これより以降、また多くは乖舛す。且つ參軍事は専ら出身の職に非ざるに、いま必ず釋褐して居る。祕著はもと起家の官たるも、いま或いは遷轉し以て至る。これみな先準を仰失し、明令に違うあり。所謂遺範を式遵し、成規を奉順するに非ざるなり。これ官人の失にして循うことすでに久しと雖も、然れどもその彌漫を推すに、そもそもまた由あり。何ぞや。一人の明を信じ、九流の廣きに當るに、必ず氏族を該鑑し、人倫を辨照せしめるも、才識は限あり、固より審悉するに難し。州に中正の官を置く所以、門冑を清定し、高卑を品藻し、四海もて畫一せしめ、專ら衡石を尸《つら》ね、任は實に輕からず。故に中正を置きてより以來、太和の日に曁ぶや、その人を高擬せざるなく、この選を妙盡す。みな名位の鄕國に重きを須《もと》め、才德を具瞻に允し、然る後に以て州郡を品裁し、人物を綜覈すべし。今の置く所、多くはその人に非ず。乞うらくは明らかに敕制を爲り、官人をして才を選ばしめ、先旨に備依して、能否乖方して才に違いて務を易えしむこと無かれ。幷びに中正を革選すること、一に前軌に依れ。こいねがわくは清源歸すあり、流序允穆ならんことを。靈太后詔し、表に依りて施行せんとするも、而れども終に用いる能わず。

孝明帝時、清河王懌以官人失序、上表曰、孝文帝制出身之人、本以門品高下有恆。若準資蔭[57]、自公卿令僕之子、甲乙丙丁之族、上則散騎祕著、下逮御史長兼、皆條例昭然、文無虧沒。自此或身非三事之子、解褐公府正佐。地非甲乙之類、而得上宰行僚。自茲以降、亦多乖舛。且參軍事、專非出身之職、今必釋褐而居。祕著本爲起家之官、今或遷轉以至。斯皆仰失先準、有違明令。非所謂式遵遺範、奉順成規。此雖官人之失、相循已久、然推其彌漫、抑亦有由。何者。信一人之明、當九流之廣、必令該鑑氏族、辨照人倫、才識有限、固難審悉。所以州置中正之官、清定門冑、品藻高卑、四海畫一、專尸衡石、任實不輕。故自置中正以來、曁於太和之日、莫不高擬其人、妙盡茲選。皆須名位重於鄕國、才德允於具瞻、然後可以品裁州郡、綜覈人物。今之所置、多非其人、乞明爲敕制、使官人選才、備依先旨、無令能否乖方、違才易務。幷革選中正、一依前軌。庶清源有歸、流序允穆。靈太后詔依表施行而終不能用。

清河王懌がここで問題とする「官人失序」とは、端的に言えば、官人の起家官、およびそれ以降の遷転する官職への叙任が適切におこなわれていないことを指し、その原因を直接に人事を統轄する吏部の過失、そして叙任の前提である郷品の付与をつかさどる中正の人選に求め、本来遵守すべき孝文帝期の規定に基づくべきとの旨を述べている。ここでとくに興味深いのは、家格、ないし資蔭に依拠する整然とした起家官の制度が、孝文帝によって規定されたという指摘である。それに加え、起家用ではない、その後の遷転用として用いられる官職までが「明令」として定められていたことも想像される。もしかりに、そのような起家官ごとに特定の官職を結ぶような昇進コースが孝文帝によって規定されたとすると、それが孝文帝親政期の官制改革にともなうものと考えられるところからみて、南朝における人事運用を模して企画されたと考えるのが自然であろう。北魏の官制につよい影響を与えたとされる南朝の官制、とくに官人の遷転については、秘書郎・著作佐郎にはじまり司空にいたる「高流官序」と称される超一流の昇進コースを筆頭に、南朝宋齊時代ではいくつかの分化した官歴が存在し、官の清濁を機軸として形成されたことと、それが梁十八班制の成立を以て班制のなかに解消されたことが中村圭爾氏によって指摘されている(58)。

かかる推測に大過が無ければ、北魏における「第〇清」なる清官の等級もまた、同一の「清」の等級を付された官職を結ぶ官歴を構成することを目的に導入されたと想像されよう。つまり清河王懌のいう「失序」とは、官序の混乱とみなしたいのである。第一節で引用した辛雄の上奏をもう一度想起されたい。彼の提言する地方官人事の刷新は、従来「清」を付されず一流名族が就任を嫌った太守・県令を清官とすることによって改善されるという。また、清河王懌の上奏にいう「散騎秘著」、すなわち諸散騎・秘書郎・著作佐郎などの上級の起家官とされる官職は、南朝においてこれらの官が基本的に清官であったことをふまえると、おそらくは北魏でもトップクラスの清官として定められていたはずである。とするならば、地方官を清官とすることが、これらの清官から起家するはずの「貴遊の雋才」の昇進コースにそれを組み込むこととなり、上記の推測を裏づけることとなろう。ちなみに第一清から第三清、そして「士人官上」以外に「士人官下」、ないし「士人官中」なる等級があったとすると、これらの等級を付された官職をつなぐ昇進コースは五つ、あるいは六つを想定することができるのであるが、これは中村氏が提示される南朝の官序の数にほぼ等しい(59)。

しかしながら、このような「清」の等級に基づく昇進規定が孝文帝没後に厳守されなかったことは想像にかたくない。なぜなら清河王懌の上奏自体、それがおこなわれていなかったことを伝えているのであり、かつ「終不能用」とあって上奏以後も採用されなかったのである。辛雄の上疏もまた「書奏、會肅宗崩」とあって実行されたとはみなしがたい。両者はともに孝明帝期の状況についてであるが、第一節であげた明亮の事例はすでにそれ以前の宣武帝期においてすら「清」が人事において充分に斟酌されていなかったことの明証である。とすると、「清」を軸とするシステマティックな人事の遷転は、孝文帝期はともかく、それ以後の北魏末までほとんど実行されなかった可能性が高い。この点について、「清」の等級が明らかな員外散騎常侍と九少卿を例にみておこう。

表三は、正五品上（太和二三年令）である員外散騎常侍を経歴した官人の中で、それ以後に正四品上の九少卿へ就任したことが確認される事例を示したものである。ただ、分析に入る前に注意しておかなければならない点がいくつかある。第一に、員外散騎常侍を含めた散騎系官職の特性として、加官および兼官として付与されることが多々あることである。廷尉少卿の封軌、太府少卿の高聡・崔長文などはいずれも使者として員外散騎常侍を兼官したものであり、光禄少卿の丘目陵純、衛尉少卿の楊播、鴻臚少卿の王子直などは常侍と少卿を同時に保持する、あるいは保持していた可能性があるところから、加官であったと想像される。このような兼官・加官としての員外散騎常侍を官歴の中に含めることが妥当か否か疑問が残らないわけではないが、本章では便宜的にこの表におさめた。次に、そもそも員外散騎常侍を経た官人が、正四品上に昇進する際に必ずしも九少卿を拝するとは限らないという点である。この正四品上という品位には、九少卿以外の主だったものだけでも二大（大司馬・大将軍）・二公（太尉・司徒）司馬、尚書吏

表三　九少卿就任者で員外散騎常侍を経歴する事例（孝文帝期～孝荘帝期）

	就任者	出典	備考
太常少卿（第一清）			
光禄少卿（第二清）	丘目陵純	金石萃編27孝文弔比干文	同時に二官を有す
衛尉少卿（第二清）	楊播 張慶	魏書58楊播伝・墓誌彙編p86 魏書94張祐伝附	員外常侍が本官で衛尉少卿に 兼衛尉少卿から正除
宗正少卿（第三清）	元昭 元世儁 元瞻	墓誌彙編p144元昭墓誌 魏書19中任城王雲伝附 墓誌彙編p227元瞻墓誌	兼宗正少卿
廷尉少卿（第二清）	封軌 崔孝芬	魏書32封懿伝附 魏書9粛宗紀・同57崔挺伝附	員外常侍は「兼」 少卿就任が先で除名後に常侍
鴻臚少卿（第二清）	王子直	周書39王子直伝	同時に二官？
司農少卿（第三清）	張倫	魏書24張衮伝附	
太僕少卿（第三清）			
太府少卿（士人官上）	高聡 崔長文 谷穎	魏書7下高祖紀下・同68高聡伝 魏書67崔光伝附 魏書33谷渾伝附	常侍・少卿いずれも「兼」 員外常侍は「兼」

※墓誌彙編は趙超著『漢魏南北朝墓誌彙編』（天津古籍出版社、1992年）。宗正少卿は、『太平御覧』は「第二清」につくる。

部郎、給事黄門侍郎、太子中庶子、司空・皇子長史、驍騎・游撃将軍などが名を連ねており、この品位への昇進にあたってはむしろこれらの官が付与される蓋然性の方が高いかもしれない。全体的な事例数がけっして多くないのはそのためであろう。

このような問題を内包するにもかかわらず、本表からは同一の「清」のランクの官職が結びつくとはかぎらないことがうかがわれよう。すなわち、員外散騎常侍と同じ第三清の宗正・司農・太僕の三少卿への就任は絶対的多数を占めているとはいえず、かなり広い幅で諸九少卿と結びついているのである。そのうち第三清に該当する宗正少卿にしても、第二清であった可能性も存するのであり、加えて就任者がいずれも皇族の元氏であるところからみて（それは職令にあるように、「皇宗」を優先的に用いるよう定められているためであるが）、同じ「清」の等級であるためというよりも、皇族の就任が多い散騎系諸官と皇族の任用が規定されていた宗正少卿という、皇族就任官という共通の要素がつよく働いた結果とみるべきであろう[60]。

ともあれ、第一清である太常少卿の事例が確認されないところからみると、ある程度「清」の等級による任官の違いが存在した可能性は否定できないが、それは絶対的なものではなく、かなりゆるやかなものであったようである。窪添慶文氏が言われるように、起家以降の到達する官職、そしてその過程で経歴する官職は偶然の要素が占める率が高くなるので(61)、もともと起家官ほどには厳格に任用しきれない側面も存する。だが、それ以上に、「清」を基準とする個別の官職を結ぶ昇進コースの導入をはばんだ理由として、人事運用のうえでの煩雑さもさることながら、九品官制を軸とする位階秩序が一元化された官品に基づいて貫徹され、官の清濁をその内に含みながらもそれをより相対化させたことが挙げられよう。それはひとえに官品に基づく秩序に対して極力社会的な序列が持ち込まれることを拒み、国家に対する功績を官位の基準とする北魏国家の特性に他ならない。

このことに関連して、明亮の事例にみえる「清」にまつわる宣武帝と明亮の間の衝突が、考課の結果とその後の昇進に端を発するものであったことはきわめて象徴的である。北魏では南朝に比べはるかに官僚の考課が重視され、国初より励行されてきたことはよく知られている(62)。その考課の実施に際し、その対象である官人の黜陟をおこなうには、当然のことながら清濁のような社会的価値観とは無縁でかつ普遍的な官僚制独自の基準――それは基本的に国家に対する功績の多寡として換算される――が求められることはいうまでもない。そしてそのような考課を含めた人事進退の基準として、北魏後期より重視されるようになった単位が「階」なのであった。当時の「階」は唐代のようにそのまま散官、ないしは官品を意味するものではなかったが、官職を得るための資格として、それ以前の晋南朝の「階」に比べきわめて高い普遍性をそなえていた(63)。かかる「階」に基づく人事運用がなされていた北魏の官僚システムにあっては、官の清濁が機能する余地は南朝に比べきわめて小さかったと思われる。

以上の推測が当を得ているとすると、北魏太和二三年職令にみえる清官とその歴史的位置は次のように理解されよう。すなわち、それは本来南朝社会において形成された官職の価値基準――もとよりそれは就任者の社会的身分を反映する標識とされていたのであるが――を基礎に導入がはかられたのであり、孝文帝個人が志向する南朝的な官人の遷転を実現するために設けられたものであった。しかし、それはもともと北魏社会の中で純粋にはぐくまれたものではなかったがために、孝文帝以降の北朝国家では定着することはなかったのである。その最たる理由として、漢人と鮮卑族という、南朝ではそれほど顕在化しない民族問題という北魏独特の要素が存在し、そのために北魏では支配階層を含めた社会的身分の階層分化が、南朝ほどには展開していなかったことが考えられる[64]。逆説的にいえば、そうであったからこそ、孝文帝は清官を等級化して職令の中に規定し、厳密な意味での法制化を強制せざるを得なかったのである。本来官品、ないしは職務内容という官僚制運営に関する規定のみを備えるはずの六朝隋唐期の令のあり方からみても、それはきわめて特異な存在とされなければならない。かつて堀敏一氏は、律令制という体質は本来貴族制社会に内在するものではないか、という興味深い視座を提示された[65]。一面で国家の志向する合理的な人事配置――それが今日的な意味と同一か否かはおくにせよ――まで規制しかねないという点において、太和二三年職令はまさしくそのような意味で貴族制社会に制約される側面をもつ、当該時代の特徴を備えた令として位置づけられよう[66]。このような稀有な律令が、貴族制の発展が南朝ほどには顕著ではなかったとされる北朝で出現をみたのは、歴史の皮肉とみるべきであろうか。

だが、官の清濁が北魏、および北魏以降の北朝において内在的に形成された部分がまったくなかったと考えることも、けっして正しくはない。第一節で引用した『魏書』の蠕蠕伝および儒林伝にあるように、清官は特別な基準として重視される官職であったのであるが、そのような制度的なものではない、個々の官職に対する清濁の感覚が存在したことも明亮の事例からうかがわれる。また、黄恵賢氏は、

（穆豐國の）弟子（穆）弼、風格あり、善く自ら位置す。經史を渉獵し、長孫稚・陸希道等と世に名を齊しくし、己を矜《ほこ》りて物を陵《あなど》り、頗る以て損えり。高祖の初めて氏族を定めるや、弼を以て國子助教と爲さんと欲す。弼辭して曰く、先臣以來、恩を蒙ること累世、ころおい徒流を校するに、實に用いらるるに慚屈すと。高祖曰く、朕冑子を敦厲せんと欲す。故に卿を屈してこれを光らしめんとす。伯玉を泥に投ずるに、あによく相い汚れんやと。弼曰く、すでにして明時に遇うに、泥滓に沈むを耻じれりと。……

（穆豐國）弟子（穆）弼、有風格、善自位置。涉獵經史、與長孫稚・陸希道等齊名於世、矜己陵物、頗以損焉。高祖初定氏族、欲以弼爲國子助教。弼辭曰、先臣以來、蒙恩累世、比校徒流、實用慚屈。高祖曰、朕欲敦厲冑子、故屈卿光之。白玉投泥、豈能相汚。弼曰、既遇明時、耻沈泥滓。……（『魏書』巻二七・穆崇伝附穆弼）

という事例をあげ、清官と目されることの多い文官への就任は、鮮卑族にとっては必ずしも望ましいものではないことを指摘されている[67]。氏の指摘によるならば、必ずしも清濁とは同一視できないまでも、北魏独自の官職に対する価値観が存在したことが察せられるのである。

だが、それ以上に注目すべきは、北魏ではそのような「狭義の清濁」にまして流内・流外の別である「広義の清濁」が厳然として存在し、とくに注目されていたことである。本節のまとめとして、一般に官の清濁が無かったと考えられている[68]北周・隋代の清官について、最後に若干ふれておきたい。

北周・隋では官の清濁がなかったという理解は、おおむね次の『隋書』の記載に基づくものと思われる。

周氏より以降、選に清濁無し。（盧）愷の吏部を攝るに及び、薛道衡・陸彦師等と士流を甄別し、故に黨固の譜に渉り、遂に此に及べり。

自周氏以降、選無清濁、及（盧）愷攝吏部、與薛道衡・陸彦師等甄別士流、故涉黨固之譜、遂及於此。

歳餘にして吏部侍郎に轉ず。隋は周制を承け、官に清濁無し。（陸）彦師の職にあるや、凡そ任ずる所の人、頗る士庶を甄別す。論者これを美とす。（『隋書』巻五六・盧愷伝）

歳餘、轉吏部侍郎。隋承周制、官無清濁、（陸）彦師在職、凡所任人、頗甄別於士庶、論者美之。（同巻七二・孝義・陸彦師伝）

一見するとこれらの「清濁」は、晋南朝のような官職における清濁の区分を意味し、それが隋代では存在しなかったことを伝える用例とみなされるかもしれない。だが、注意しなければならないのは、この記事は個々の官職の清濁について述べているのではなく、あくまでも入流の際の「士流」・「士庶」の甄別が、盧愷・陸彦師・薛道衡らの吏部就任以前では充分になされていなかったことを示していることである。つまり北魏以降の北齊・北周・隋代においても流外官の存在があきらかな以上、その内実が社会的身分と齟齬をきたしていたにせよ、「広義の清濁」が当該時期に存したことは疑いない。一方この時期における「狭義の清濁」の有無であるが、前節で引用した『旧唐書』李素立伝の事例では、唐の高祖によって秘書郎が清官であることが明言されている。この記事を『資治通鑑』は武徳元年（六一八）に繫年するが、それが制度的なものか観念的なものかはさておき、唐の建国後ただちに秘書郎が清官とされたとは考えにくい。それが清官として認識されていたのは、おそらく隋代までさかのぼるであろう。さらに西魏末年、六官制施行後に膳部下大夫（正四命。『通典』巻三九・職官典二一・後周官品）に任ぜられた薛慎は、工部中大夫（正五命。同上）の兄薛善とともに「清顕に居」したことから時人に栄誉とされたという。[69] この膳部下大夫の正四命は九品官制に換算すると正六品に相当し、通常特別視される三品・五品のラインに達していない。とするならば、けっして南朝のように特定の階層が独占するようなものではなかったかもしれないが、西魏北周においてもなんらかの特定の官職

が清官として認識されていたことが想像されるのである。(70)

要するに、通説に反して広義・狭義それぞれの官の清濁が、北魏から唐にいたるまで連綿として存在したことが推測されるのであるが、どちらかといえば、北朝では「広義の清濁」の方が重視される傾向にあったことはみとめなければならないだろう。とはいえ、二つの官の清濁、そして南北両朝の官の清濁は決して無関係に後世に継承されたわけではない。前節で取りあげた唐代における清官の規定をみると、とくに清官たる諸官の内容からは、主としてそれが晋南朝の系譜に連なることが察せられ、一方の流外からの入流者を清官から締め出し特定の官職に限定しようとする志向からは、士庶を清濁、すなわち流内外で分かたんとする北魏以来の政治姿勢がうかがわれる。つまり南北両朝それぞれに顕著な広義・狭義双方の官の清濁が、複合的かつ制度的に一元化された延長線上に、唐代の清官が位置づけられるのである。

結　語

本章で述べてきたことをまとめると、おおむね次のようになる。

北魏の太和二三年職令には、第一清から第三清、および「士人官上」（中・下？）などからなる、清官を基準とする官職の等級が規定されていた。それは国家統治における最高の行政法規たる「令」に明文化されるという点で、六朝隋唐という清官が存在した時期においてきわめて特異な存在としてみとめられる。律令的支配体制の確立期とされる唐の官品令・職員令ですら、そのような清官を定める旨は載せられていない。そのような北魏における清官の等級化・法制化は、南朝的な官僚の人事遷転の導入をはかる孝文帝個人の志向によるものであり、けっしてそれ自体が北魏社会において内在的に形成されたものではなかったため、孝文帝以降の北朝では充分に機能することはなかったと思われる。かかる南朝で顕著な、流内における清濁の別である「狭義の清濁」よりも、北魏では「広義の清濁」である流内・流外の区別の方が相対的には重視され、社会的身分である士庶を甄別する基準として位置づけられていた。そのような南朝的「狭義の清濁」と北朝的「広義の清濁」を統合したところに成立するのが、出身が「清流」でないものは就任を許されない唐代の清官なのであった。

さて、本章では令における規定の有無という観点から、上記のように北魏の官の清濁を理解したわけであるが、孝文帝が南朝的な「清」の等級に基づく人事遷転を志向しながらも、官品を基準とする位階を軽視していたわけではないところからみて、北魏における「狭義の清濁」はあくまでも官品の枠内で機能することを念頭に導入されたものと思われる。おそらくは、唐代の清望官・清官も同様であろう[71]。

では、中村氏が指摘されるような、社会的身分を体現し、官品の序列とは必ずしも一致しない清官の特質は、はたして晋南朝だけの固有のものなのであろうか。また、そもそも北朝隋唐の清官とそれ以前の晋南朝の清官には、なんらかの制度的な裏付け以外に共通する要素は存在しないのであろうか。第一の点については今後の課題としてひとまずおき、次の第二の問題に関して、なお試論の範囲を出るものではないが、最後に若干の推測をこころみたい。

この問題を考えるうえでとくに注目したいのは、官の清濁が存在しないと従来考えられてきた、北周時代の次の事例である。

保定初、驃騎大将軍・開府儀同三司に進む。二年（五六二）、御正中大夫に轉ず。時に近侍は清要にして國華を盛選するを以て、すなわち（李）昶及び安昌公元則・中都公陸逞・臨淄公唐瑾等を以て竝びに納言と爲す。

保定初、進驃騎大将軍・開府儀同三司。二年、轉御正中大夫。時以近侍清要、盛選國華、乃以（李）昶及安昌公

元則・中都公陸逞・臨淄公唐瑾等竝爲納言。……（『周書』巻三八・李昶伝）

北周武帝期に李昶等が拝したこの納言なる官は、保定四年六月に御伯をあらためて置かれた新設のポストであり（『周書』巻五・武帝紀上・同年六月庚寅）、『通典』巻二一・職官典三・門下省侍中の条に、「保定四年、以御伯爲納言、斯侍中之職也」とあるように、侍中に相当する官職であった。おそらくはその職務内容によるものと思われるが、「近侍清要」なるを以て、この納言が清官として重視されているのである。これより清官＝皇帝近侍の官という一つの図式が想定されよう。実はそのような清官を「近」なる要素と結びつける事例は、唐代ではけっして珍しくはないのである。いくつかその具体例をあげよう。

①（貞元）七年（七九一）、學士を罷め、兵部侍郎を正拜し、知貢舉たり。時に崔元翰・梁肅は文藝 時に冠たり。贄心を肅に輸す。肅は元翰と藝實の士を推薦す。升第の日、衆望愜ならずと雖も、然れども一歳の選士は纔かに十に四五なるも、數年の內、臺省の清近に居る者十餘人なり。

（貞元）七年、罷學士、正拜兵部侍郎、知貢舉。時崔元翰・梁肅文藝冠時、贄輸心於肅、肅與元翰推薦藝實之士、升第之日、雖衆望不愜、然一歳選士、纔十四五、數年之內、居臺省清近者十餘人。（『旧唐書』巻一三九・陸贄伝）

②元和十五年（八二〇）十一月卒す。詔して曰く、故金紫光祿大夫・檢校司徒・兼太子少師・上柱國・滎陽郡開國公・食邑二千戶鄭餘慶、始め衣冠禮樂を以て山東に行き、餘は文章に力め、遂に志學を成す。清近に出入し、五十年に盈つ。……

元和十五年十一月卒、詔曰、故金紫光祿大夫・檢校司徒・兼太子少師・上柱國・滎陽郡開國公・食邑二千戶鄭餘慶、始以衣冠禮樂、行於山東、餘力文章、遂成志學。出入清近、盈五十年。……（『旧唐書』巻一五八・鄭余慶伝）

③元和十二年（八一七）九月敕すらく、……隋氏より前代の史官に起居注あるに因りて、故に起居舍人を置き、以

て君の舉を紀す。國朝これに因る。貞觀の初め、郎を置きて舍人を省く。顯慶中、始めて兩にこれを置き、左右の仗下に分侍し、筆を秉り隨いて相い禁殿に入り、命令謨猷、みな詳錄するを得る。もし伏して紫宸の閤內にあらば、則ち香案を夾して殿下に分立し、第二螭首に正直す。和墨濡翰、みな卽ち螭首の坳處なり。これより諺傳に螭頭に水ありと謂う。官は既に密侍にして、號して清美たり。

元和十二年九月敕、……自隋氏因前代史官有起居注、故置起居舍人、以紀君舉、國朝因之。貞觀初、置郎而省舍人。顯慶中、始兩置之、分侍左右仗下、秉筆隨相入禁殿、命令謨猷、皆得詳錄。若伏在紫宸閤內、則夾香案、分立殿下、正直第二螭首。和墨濡翰、皆卽螭首之坳處、由是諺傳謂螭頭有水。官既密侍、號爲清美。

（『唐会要』巻五六・省号下・起居郎起居舍人）

④貞元四年（七八八）正月敕すらく、應に弘文・崇文の學生を補すべくして、員缺けて至少なるも、補を請う者多し。就中商量し、須らく先後あるべし。伏して請うらくは建中三年十一月の敕に准じ、先に皇緦麻已上の親、及び次いで宰輔の子孫を補せ。なお同類の內においては、用いる所の蔭、先に門地の清華、履歷要近なる者を盡くし、その餘は官蔭の高下の類例に據りて處分せよ。……

貞元四年正月敕、應補弘文・崇文學生、員缺至少、請補者多、就中商量、須有先後。伏請准建中三年十一月敕、先補皇緦麻已上親、及次宰輔子孫。仍於同類之內、所用蔭、先盡門地清華、履歷要近者、其餘據官蔭高下類例處分。……

（『唐会要』巻七七・貢挙下・弘文崇文生挙）

⑤司天少監侯昌業上疏するに、その略に曰く、……表の奏さるるや、聖上龍威震怒し、侍臣驚悸す。宣徽使宣して云うに、侯昌業は內侍省に付し、進止を候せよと。翌日午時、また內養の劉季遠 口敕を宣して云うに、侯昌業は寒門より出で、清近に擢居さるるに、脩愼する能はず、妄奏閒詞して萬乘の君王を訕謗し、百辟卿士を毀斥す。

我が彝典にありては、これ容るる能はず。其れ侯昌業は宜しく自盡を賜えよと。

司天少監侯昌業上疏、其略曰……表奏、聖上龍威震怒、侍臣驚悸。宣徽使宣云、侯昌業付内侍省、候進止。翌日午時、又内養劉季遠宣口敕云、侯昌業出自寒門、擢居清近、不能脩慎、妄奏閒詞、訕謗萬乘君王、毀斥百辟卿士、在我彝典、是不能容。其侯昌業宜賜自盡。

（『資治通鑑』巻二五三・唐紀六九・僖宗広明元年（八八〇）資治通鑑考異引『続宝運録』）

⑥敬播は蒲州河東の人なり。貞觀の初、進士の第に擢せらる。時に顏師古・孔穎達隋史を撰次し、播に詔して祕書内省に詣り參纂せしむ。再た著作佐郎に遷り、國史を兼脩す。太宗に從いて高麗を伐ち、而して帝 戰う所の山を名づけて駐蹕と爲す。播 人に謂いて曰く、鑾輿は復た東せず。山の名づける所以は、蓋し天意なり。その後果して然り。太子司議郎に遷る。時に初めてこの官を置くに、尤も清近たり。中書令馬周歎きて曰く、恨むらくは資品妄りに高く、この職を歷するを得ずと。

敬播、蒲州河東人。貞觀初、擢進士第。時顏師古・孔穎達撰次隋史、詔播詣祕書内省參纂。再遷著作佐郎、兼脩國史。從太宗伐高麗、而帝名所戰山爲駐蹕、播謂人曰、鑾輿不復東矣、山所以名、蓋天意也。其後果然。遷太子司議郎。時初置是官、尤清近、中書令馬周歎曰、恨資品妄高、不得歷此職。（『新唐書』巻一九八・儒學上・敬播伝）

順を追ってその用例を検討しよう。①の陸贄伝にいう「台省清近」に居る者とは、御史台と三省の清官就任者のことであろう。②の鄭余慶伝の「出入清近、盈五十年」とは、同伝にみえる彼の官歴が、大暦中に進士に登第、山南節度使厳震に辟召されてその従事に、さらに殿中侍御史、左司・兵部員外郎、庫部郎中、翰林学士を経て工部侍郎・知吏部選事となり、貞元一四年に中書侍郎・平章事となっているところよりみて、おおむね①と同様、御史台・尚書省の清官を指しているものと思われる。③の起居郎・起居舍人は、いうまでもなく皇帝の側にひかえてその言事を記録するために、「密侍」で「清美」と号されるのである。④は弘文・崇文両学生の人選に関してであるが、その入学で適用される蔭は「門地清華」で「履歴要近」なるを尽くせ、とされている。門地が清華であれば、当然第二節で引用した『大唐六典』の記事にも明記されるように「清流」での出身が可能であり、結果的に「履歴」する官は「要近」たる清官ということになる。⑤の僖宗をいさめてその逆鱗にふれた侯昌業の肩書は、右に引用した『続宝運録』では司天少監（従四品上）[72]となっているが、『資治通鑑』の本文、および彼が上疏したことを伝える『北夢瑣言』巻六では左拾遺（従八品上）となっている。「寒門より出で、清近に擢居す」という僖宗の口勅をふまえるならば、「掌供奉諷諫、扈従乗輿」（『大唐六典』巻八・門下省左補闕左拾遺の条）とあるように、皇帝の側にひかえ、諫言をつかさどる清官である左拾遺とするべきであろう。

　これらの①から⑤までは基本的に皇帝に近侍する官を「清近」と称する事例であるが、次の⑥の敬播が就いた太子司議郎なる官は、「職擬給事中」（『大唐六典』巻二六・太子司議郎の条自注）とあるように、その職務内容が清官たる給事中に擬せられるとはいえ、けっして皇帝個人に近しい官とはいえないにもかかわらず「清近」な官職とされている。これはなぜそもそも太子系統の官職が魏晋期より唐代にいたるまで清官とされたのか、という根本的な問題と関わる。結論からいえば、太子系統の官職は、皇帝家、あるいは次代の皇帝に近く、親近なる君臣関係を構築し得るためと考えられる。これに類するものとしては、他に挽郎の制などもその一環としてあげられよう。挽郎とは皇帝、ないし皇后の遺体を山陵に運ぶ轀輬車を引くことをつかさどる者である。それは正式の官職ではないが、すでに後漢時代には確認され[73]、

　任育長（瞻）の年少たりし時、甚だ令名あり。（西晉）武帝崩ずるや、百二十挽郎を選ぶに、一時の秀彦なり。育長もまたその中にあり。……

任育長（瞻）年少時、甚有令名。（西晉）武帝崩、選百二十挽郎、一時之秀彥。育長亦在其中。……

（『世説新語』巻下之下・紕漏第三四）

とあるように、晋代では一流貴族の任ぜられる初任官の一種として位置づけられていた。唐代でもこの制度は入流の一方法として存続する。(74) とくに注目されるのは、この挽郎と清官が密接な関係を有する点である。『北堂書鈔』巻五六・設官部八・童子郎引『晋要事』には、

咸康七年（三四一）、尙書僕射諸葛恢奏すらく、恭皇后いま山陵に當る。舊に依りて公卿の六品清官の子弟を挽郎と爲すは、古に非ざるなり。帝 國士をして牽曳せしめ、これを役夫と爲せり。それ悉くこれを罷めよと。

咸康七年、尙書僕射諸葛恢奏、恭皇后今當山陵、依舊公卿六品清官子弟爲挽郎、非古也。帝牽曳國士、爲之役夫、其悉罷之。

とあり、東晋時代のことであるが、挽郎が六品の清官の子弟から選出されることとなっていた。「舊」とはおそらく西晋以来の規定と思われるが、右の史料より、皇帝の遺体を運ぶことによって生じる官人と皇帝家との特別な関係の存在と、それが清官を介して再生産がはかられていたことをうかがうことができよう。また、下倉渉氏によれば、散騎常侍・散騎侍郎の二官は創設当初（曹魏初年）より外戚就任官という性格を有し、さらに晋代からは宗室就任官としての性格が付加されていくという。(75) いうまでもなく、当時の散騎常侍は黄門侍郎と並び称される代表的清官であった。かりに魏晋以降の散騎諸官がそのような性格を残していたとすると、前述の皇帝に対する距離的な近さに加え、皇帝家に対する血縁的親近度という面においても清官の「近」たる側面を見出すことができよう。

問題は、かかる皇帝に対して「近」であることの清官の特質が、清官の成立期である魏晋時代、および展開期である南北朝時代において該当するか否かということにあるが、前述の太子系統諸官の清官としての評価、および挽郎が

清官と結びつく時期がこの西晋期にはじまるところよりみて、すでにそれが当該時期に内包されていたことが想定されよう。そもそも、清官が皇帝に近い官職であることは、すでに先学によって言及されている。上田早苗氏は、魏晋以降において清官と観念されていた官位を五種類――侍中・散騎常侍以下の門下・散騎省の官、尚書系統の官、中書系統の官、秘書監所属の官、太子系統の官――に分類されたうえで、それらがいずれも天子（または皇太子）親近の官職であったことを指摘されている[76]。ただ、それはあくまでも貴族としての生活理念を体現できる官職であることの延長上において指摘されるにとどまっており、必ずしも皇帝と官僚との関係という点から理解しようとするものではない。

しかしながら、渡辺信一郎氏が指摘されるように、六朝期の士大夫にとっての「清」なるイデオロギーが官界に身を置かなければ体現できないものであったとすると、「清」は行動としては俸禄散施としてあらわれるにせよ、支配階層たる士大夫としての具体的表象は、当然のことながら身分としては官人として、さらに俸禄の根拠でもある官位、ないし官職によってあらわされるはずである。そうであるならば、清官を含めた官職のヒエラルヒーを国家的な身分秩序の頂点に立つ皇帝との関係から理解することも、それ相応の正統性を備えているとみなければならない。この点に関して、第二節でみたように、唐代では三品以上の官が清官として扱われていたことは示唆的である。それは官位の昇進が、一方では皇帝への接近を意味すると同時に、「清」のランクの上昇をもあらわしていたことを示しているのである。

そのような官人にとって「清」の指標でもある官位の昇進は、もとより人事行政のあり方とも無縁ではありえない。北朝を例に、「清」と人事の関係についてみてみよう。筆者は第二章で北魏後期より史料に散見する「階」について分析を加え、「階」を皇帝に対する功績を具体化する基準として理解し、それが次第に特定の官職と結びつくことによって唐代の位階としての散官が成立することを展望した。かかる北魏の「階」がそなえる特質が、皇帝に近しいことを示す清官の性格に酷似していることは偶然ではない。

さらにいえば、のちに位階たる散官制度の一部に組み込まれることとなる北魏の東西省に属する散官――それは散騎系諸官と武官の一部より構成される――は、先に述べたように魏晋時代では代表的な清官であった[77]。その北魏の東西省の散官が、いついかなる理由で設置されたのかについてはなお十分にあきらかにされていないが、おそらくは孝文帝による官制改革を機に廃止された、内朝官の一部がそれに相当するものと思われる。その内朝の官こそは、北魏前期において皇帝の側近官として顧問応対や百官の監察などの重要な職責を担っていたのであった[78]。つまり北魏では必ずしも南朝に類したかたちでは清官は現出しなかったけれども、近侍の官として清官の理念を体現する官が存在したと考えられるのである。

以上はあくまでも今後の展望を含めた試論であり、なお多くの問題を残している。たとえば、清官の特質として注目した皇帝への「近」なる側面は、必ずしも実態として皇帝の身近に居たとは限らない[79]。加えて、皇帝の側近として侍す官のすべてが清官であったわけでもなく、相応の身分、すなわち少なくとも「士」以上と観念される身分であることが求められたはずである。このようにみていくと、清官の「近」たる性格は、多分に観念的、かつ理念的な側面を有していたといえよう。そこには皇帝（天子）を頂点とする公卿・大夫・士という春秋戦国期以来の君臣関係のあり方が、なんらかのかたちで投影されているものと思われる。このような六朝隋唐期における君臣関係の性格と実態を含め、清官の「近」なる性格の実証については今後の課題とせざるをえない。ただ、官人身分が形成されていく六朝期の背景として、従来国家的な位階秩序の貫徹を阻んだ存在とされる清官に、必ずしもそうではない一面も存したこと、逆に位階の形成過程に清官が関与した可能性を、最後に付言しておきたい。

注

（1）晋南朝の清官に関する主な研究としては、宮崎市定『九品官人法の研究――科挙前史――』（初出は一九五六年。宮崎市定全集第六巻所収、岩波書店、一九九二年）、越智重明「南朝の清官と濁官」（『史淵』九八輯、一九六七年）、上田早苗「貴族的官制の成立――清官の由来とその性格――」（中国中世史研究会編『中国中世史研究』所収、東海大学出版会、一九七〇年）、野田俊昭「南朝の官位をめぐる一考察」（『九州大学東洋史論集』一五号、一九八六年）、同「南朝の官位と家格をめぐる諸問題」（『史淵』一二六輯、一九八九年）、同「南朝の郡太守の班位と清濁」（『史淵』一二七輯、一九九〇年）、中村圭爾「九品官制における官歴」（初出は一九七五年。同『六朝貴族制研究』所収、風間書房、一九八七年）、同「清官と濁官」（初出は一九七六年。『六朝貴族制研究』所収）、周一良「南齊書丘霊鞠伝試釈兼論南朝文武官位及清濁」（初出は一九二七年。同『魏晋南北朝史論集』所収、中華書局、一九六三年）などがある。

（2）前者については野田氏の「南朝の官位をめぐる一考察」以下の諸論考、後者については中村氏「清官と濁官」が近年の代表的な研究としてあげられよう。

（3）渡辺信一郎「清――六朝隋唐国家の社会編成論――」（初出は一九七九年。同『中国古代国家の思想構造――専制国家とイデオロギー――』所収、校倉書房、一九九四年）参照。

（4）宮崎市定「孝文帝の新官制」（同『九品官人法の研究』第二編第五章）三二九頁以下および越智重明「晋南北朝の流、職掌、胥について」（『法制史研究』二一号、一九七二年）など。

（5）黄恵賢「《魏書・官氏志》載太和三令初探」（初出は一九九一年。同『魏晋南北朝隋唐史研究与資料』所収、湖北人民出版社、二〇一〇年）。

（6）張旭華「従孝文帝清定流品看北魏官職之清濁」（初出は一九九二年。同『九品中正制略論稿』所収、中州古籍出版社、二〇〇四年）。

（7）閻歩克「南北朝的散官発展与清濁異同」（『北京大学学報』哲学社会科学版二〇〇〇年第二期）。また、この他に東晋南朝と唐代の清官を比較検討する毛漢光「科挙前後（公元六〇〇年±三〇〇）清要官形態之比較研究」（中央研究院国際漢学会議論文集編輯委員会編『歴史考古組』（中央研究院国際漢学会議論文集上冊）所収、中央研究院、一九八一年）も存在するが、北魏の清官に関する言及はほとんどみられない。

(8) 洛陽市第二文物工作隊・李献奇・郭引強編『洛陽新獲墓誌』所収、文物出版社、一九九六年一一頁。

(9) この史料の理解については、廷尉所属の官が北魏では清官であったとする張旭華・閻歩克氏等の見解が一般的なようである。しかし、ここで廷尉評就任が否定されている朱暉が三公曹令史であったこと、それが北魏の流内官に見えず流外官と考えられるところからみて、廷尉評が清官であったと考えるよりも、朱暉の身分が流外出身で、かつ廷尉評がそれにふさわしくないポストであったために物議をかもしたものと思われる。

(10) 宮崎市定「孝文帝の新官制」（同『九品官人法の研究』）三二四頁。

(11) たとえば、『太平御覧』巻六三四・治道部一五・急仮・「范寧啓国子生仮故事」引「仮寧令」には、

又曰、諸文武官若流外已上者、父母在三年給假定三十日。……

とあり、西晋期よりすでに流外なる呼称が存在することが確認される。

(12) 宮崎市定「孝文帝の新官制」（同『九品官人法の研究』）三三三頁。

(13) この点については、越智重明氏も「西晋の流外＝職掌＝吏は後世の職掌、吏、胥吏とは大きく質の違うものとされよう」としてみとめられている。越智重明「晋南北朝の流、職掌、胥について」参照。

(14) 前掲皮演墓誌銘には「高祖首創流品、位置庶官」なる一節がみられるが、この「流品」を創設することが、流外官を置くことを意味するとも考えられる。

(15) 越智重明氏は北魏の九品官を士人の就く官とそうでない官に分け、前者だけを流内とする独自の説をたてられているが、それはかかる事実に基づいているためである。越智重明「晋南北朝の流、職掌、胥について」参照。

(16) 日本古代史の立場からではあるが、石母田正氏の指摘される、「位階の保持は原則的には終身であって世襲ではないから、身分的、族制的な結合から遮断された原理の上に構成されている」という位階の性格を想起されたい。石母田「古代官僚

制」（初出は一九七三年。『日本の古代国家』（石母田正著作集第三巻）所収、岩波書店、一九八九年）三四四頁参照。

(17)　この他、『通典』巻二一・職官典三・門下省侍中の散騎常侍の条には、

後魏・北齊皆爲集書省、掌諷議左右、從容獻納、領諸散騎常侍・侍郎及諫議大夫・給事中等官、兼以出入王命、位在中書之右、……其資叙爲第三清。

とあり、つづけて『魏書』明亮伝の内容を引用する。だが、この杜佑のいう「其資叙爲第三清」が、そもそも北魏の職令に基づくものなのか、それとも単に明亮伝から意を以て解したのかあきらかではない。本書ではひとまず「第〇清」の用例からははずしておきたい。

(18)　宮崎市定「孝文帝の新官制」（同『九品官人法の研究』）三二九頁。

(19)　張旭華氏もまたこの任城王澄伝に基づき、奉朝請に加え門下録事も第三清であったとする。ただ、奉朝請はともかく門下録事については、校書郎から給事中、長兼羽林監をへて門下録事となった孫紹（『魏書』巻七八・孫紹伝）、東宮主書・門下録事から尚書都令史に就いた曹道（『魏書』巻七九・馮元興伝附）の官歴、そして律博士から門下録事を拝した常景（『魏書』巻八二・常景伝）が「顕官に至らず」と述べられているところからみて、「清」の範疇には含まれないように思われる。かかる推測は、⑨にあげた太府少卿のように流内官であっても「第〇清」に入らない官職が存在したことからも証されよう。ちなみに張氏はこの太府少卿が「第〇清」とされずに「士人官上」とされているところを他条から誤って入ったものと解されているが、そのように考える必然性は乏しい。この「三清九流の官」とは「三清」の奉朝請、「九流」に列する門下録事という意味で解するべきである。

(20)　ちなみに『魏書』官氏志の正四品上の叙述では、太常・光禄・衛尉の三少卿を一グループとし、それ以外の六少卿と区別している。これによると職令佚文にみえる「清」の等級とも若干のズレが生ずるのであるが、官氏志の区別が何に基づくのかは現状ではあきらかにしがたい。

(21)　閻歩克氏は、北魏では南朝とは異なり「文清武濁」の考えはないという論旨から、明亮の真意としては、勇武将軍が「濁」だからではなく官位が低すぎるために官の清濁を持ち出して改授の口実としたと考えられているが、牽強付会に過ぎ

る解釈であろう。氏がこのように考えられるのは、おそらく「階」であるはずの将軍号に清濁が関係することはありえないという前提があるためと思われる。閻歩克「南北朝的散官発展与清濁異同」参照。

(22) ちなみに『大唐六典』には「後魏職品令」なる佚文がいくつか引用されている。ただしその内容は、「太和中改定百官、都官尚書管左士郎」(巻四・膳部郎中)、「太和中、吏部管南主客・北主客、祠部管左主客・右主客」(同巻主客郎中)とあって、前述の「職令」とはかなり異なっている。これが前掲の「職令」佚文と同じ「令」とは考えにくいが、それが太和二三年令以前の一九年の「品令」なのか、それともそれ以前、たとえば太和一六年に発布されたという律令の「令」なのかは、現状ではつまびらかにしえない。北魏時代の律令の編纂については、堀敏一「中国における律令法典の形成」(初出は一九八四年。同『律令制と東アジア世界』所収、汲古書院、一九九四年)を参照。

(23) 池田温「律令官制の形成」(『東アジア世界の形成』Ⅱ(『岩波講座世界歴史』第五巻)所収、岩波書店、一九七〇年)二九九頁。

(24) このような南北両朝における東宮官に対するいわば「温度差」の相違は、南朝ではほぼ恒常的に皇太子が置かれたのに対し、北朝では皇太子の在位が南朝に比して格段に短いことと関係があるように思われる。漢六朝期における皇太子のあり方、とくに在位期間については、拙稿「梁簡文帝立太子前夜――南朝皇太子の歴史的位置に関する一考察――」(『史学雑誌』一一八編一号、二〇〇九年)二〇頁を参照のこと。

(25) 池田温「律令官制の形成」二九六頁。

(26) 奥村郁三「大唐六典」(滋賀秀三編『中国法制史――基本資料の研究――』所収、東京大学出版会、一九九三年)二四二頁。

(27) 堀敏一「中国における律令法典の形成」七九頁。ちなみに堀氏は『通典』の記載にしたがい太和二二年とする。

(28) 太和一六年時の律令では、おそらく魏晋以来の正従の区分が無い九品であったと思われる。

(29) ただし、太和一六年のそれが「職令」なる名称であったかどうかはあきらかではない。それは一六年令にかぎらず、北魏における令の篇名が断片的にしか伝えられていないためである。

(30) 仁井田陞『唐令拾遺』（東方文化学院、一九三三年。のち東京大学出版会より一九六四年復刊）、仁井田陞著、池田温編集代表『唐令拾遺補』（東京大学出版会、一九九七年）。

(31) そのほか清官関連の規定が存在した令としては選挙令が考えられるが、もとより選挙令にもそれに該当する条文はあげられていない。ただ、『唐令拾遺補』では参考資料として『唐会要』巻八一・階の、

萬歳通天七月四日制、文武官加階入五品者、竝取出身歴十三考已上無私犯、進階之時、見居六品及七品已上清官者、應入三品、取出身二十五考已上、亦無私犯、進階之時、見居四品者、自外、縦計階應入、竝不在進階限、其奇才異行、別效殊功者、不拘此例。

という制を提示されている。

(32) 当文書の写真と録文はいくつか発表されているが、本書ではTatsuro YAMAMOTO, On IKEDA and Makoto OKANO, ed. *Tun-huang and Turfan Documents Concerning Social Economic History*, Vol.I, Legal Texts（A）（B）, The Toyo Bunko, 1978–1980、および劉俊文『敦煌吐魯番唐代法制文書考釈』（中華書局、一九八九年。録文のみ）を用い、また仁井田陞「唐令拾遺採択資料に就いて」（仁井田陞『唐令拾遺』所収）と池田温・岡野誠「敦煌・吐魯番発見唐代法制文献」（『法制史研究』二七号、一九七八年）に載せる解説を適宜参照した。

(33) 劉俊文『敦煌吐魯番唐代法制文書考釈』三九一頁。

(34) 池田温・岡野誠「敦煌・吐魯番発見唐代法制文献」二一八頁。

(35) 劉俊文『敦煌吐魯番唐代法制文書考釈』四〇〇頁。

(36) とくに大理評事が高い評価を受けるポストであったことは、則天武后時代のこととして『唐語林』巻五にも、

……議者戲云、畿尉有六道。入御史爲佛道、入評事爲仙道、入京尉爲人道、入畿丞爲苦海道、入縣令爲畜生道、入判司爲餓鬼道。

とあって、畿県の県尉からの昇進で二番目に好まれる昇進コースは大理評事への就任であった。また、時代は降るが、『唐会要』巻二六・挙人自代の条に引用される徳宗の建中元年（七八〇）の勅にも、

常參官及節度・觀察・防禦・軍使・城使・都知兵馬使・諸州刺史・少尹・赤令・畿令、幷七品已上清望官、及大理司直評事、授訖三日內、於四方館上表、讓一人以自代。其外官與長吏勾當、附驛聞奏。其表付中書門下、每官缺郎以見擧多者、量而授之。

とあって、清望官（おそらくは清望官だけでなく清官も含むはずであるが）とともに大理司直・大理評事の二官が特別視される官職であったことが知られる。

(37) 池田温・岡野誠「敦煌・吐魯番発見唐代法制文献」二一〇頁。
(38) 『唐令拾遺補』三五二頁。
(39) 『唐令拾遺補』三五三頁。
(40) 池田温「唐令」（滋賀秀三編『中国法制史——基本資料の研究——』所収、東京大学出版会、一九九三年）二二二頁。
(41) この職員令の佚文については、中村裕一「『記纂淵海』所引の職員令逸文」（『小田義久博士還暦記念東洋史論集』所収、龍谷大学東洋史学研究会、一九九五年）および『唐令拾遺補』三三六頁を参照。
(42) たとえば、開元七年令全二七篇のうち官品令と職員令で冒頭の七篇を占める。
(43) 官品令・職員令以外では、清官に関する規定が存した可能性が存するのは、先にも述べたように選挙令であろう。だが、令全体の整合性から考えた場合、やはりそこにも清官を規定する条文は存在しなかったのではなかろうか。
(44) 勅が格に編纂される点については、菊池英夫「唐代史料における令文と詔勅文との関係について」（『北海道大学文学部紀要』二一巻一号、一九七三年）を参照。
(45) 中村圭爾「清官と濁官」三四四頁。
(46) この勅は、これ以外では同書巻一九・職官典一・歴代官制総序、『唐会要』巻六七・伎術官（同年一〇月三日）、『唐大詔令集』巻一〇〇・釐革伎術官制（同年閏一〇月。前半部のみ）、『旧唐書』巻四二・職官志一などにもみられるが、この『通典』の当条がもっとも簡潔でかつ明瞭である。
(47) 『新唐書』巻五五・食貨志五には、

光宅元年、以京官八品・九品俸薄、詔八品歳給庶僕三人、九品二人。文武職事三品以上給親事・帳内。以六品・七品子爲親事、以八品・九品子爲帳內、歲納錢千五百、謂之「品子課錢」。三師・三公・開府儀同三司百三十人。嗣王・郡王百八人。上柱國領二品以上職事九十五人、領三品職事六十九人。柱國領二品以上職事七十三人、領三品職事五十五人。

……

とある。

(48) 渡辺信一郎氏は『唐会要』の記載に基づき、同書が「有從勳官・品子・流外・國官・參佐・親品等出身者」とするところの「參佐・親品」を「參軍・佐史・親事・品子」と解されている（「『臣軌』小論——唐代前半期の国家とイデオロギー——」（初出は一九九三年。同『中国古代国家の思想構造』所収）三三一頁）。だが、「親品」をそのように解すると、品子が二度あげられることになるし、親事も品子の一種であるからやはりこれも重複の感は否めない。『通典』、および『大唐六典』にしたがい、「親品」は「視品」とすべきであろう。「参佐」についても無理に略称として理解するよりも、本文で示したように「府佐」とみても文意は十分通じるように思う。

(49) 高宗顕慶年間に、すでに黄門侍郎の劉祥道は時の吏部による人事の弊害を、「多」と「濫」に求めている（『通典』巻一七・選挙典五・雑議論中）。「多」とは入流者の増加であり、「濫」とは雑色人を甄別せずに官職を与えることを指す。その雑色こそが右の神功元年の勅で列挙される勲官以下の出身者なのであった。

(50) 品子なる表現だけでは上級の昇進コースである千牛などを含む可能性があるために、『大唐六典』では用いられなかったのではなかろうか。

(51) 『大唐六典』の記載によると、尚書都令史は隋の開皇年間に尚書都事に改称されている。

(52) 流内官を流外・胥吏と呼ぶことについては、築山治三郎「唐代の胥吏」（初出は一九六三年。同『唐代政治制度の研究』所収、創元社、一九六七年）四四六頁を参照。

(53) もちろん、唐朝も実際には流外からの昇進をある程度みとめざるをえなかった。渡辺氏はこの唐代前半期における流外官を含めた雑色からの大量の入流を、国家体制の危機として認識されている。渡辺信一郎「『臣軌』小論」三一六頁以下を参照。

(54)　実際は、「三十階」の総計が九品として換算できるわけではない。本書第二章参照。ただし西魏北周での九命官制や隋煬帝期の官制ではこのような「三十階」の区分はなされておらず、唐代における官品体系の確立までは、官品の等級はいまだ流動的であったと思われる。

(55)　制度的にではなく、社会的な価値観によって官の清濁が認識され、しかもそれが社会的階層によって相対化される点は唐代でも同様である。それは前述の大理評事に対する評価、および『唐摭言』巻一二に、

開元中、薛據自恃才名、於吏部參選請受萬年錄事。流外官共見宰執訴云、赤錄事、是某等清要官、今被進士欲奪、則等色人無措手足矣。遂罷。

とあることからも知ることができる。つまり流内官の中ではけっして清要官とはされない赤県の録事参軍も、流外官にとっては清官に他ならないのである。

(56)　宮崎市定「流内十八班」(同『九品官人法の研究』第二編第四章)二六五～二六九頁。

(57)　宮崎氏はここに四字の欠落があるとする。宮崎市定「起家の制」(同『九品官人法の研究』第二編第五章)三七一頁。

(58)　中村圭爾「九品官制における官歴」。

(59)　中村氏は、前述の高流官序に続く昇進コースとして次流官序ⅠおよびⅡ、濁官官序ⅠおよびⅡという合計五つの官序の存在を指摘されている。中村圭爾「九品官制における官歴」参照。

(60)　窪添慶文氏は北魏後期の政治の分析という観点から北魏時代における宗室のあり方に考察を加えられているが、その過程で宗室の起家官についても詳細に分析されている(「北魏の宗室」初出は一九九九年。窪添慶文『魏晋南北朝官僚制研究』所収、汲古書院、二〇〇三年)。それによると、孝文帝にとくに近い血縁にある宗室では、員外散騎侍郎などの散騎系の官職から起家する事例がかなり見受けられる。現在のところでは断言できないが、起家以降の官途においても散騎系官職が宗室の経歴する官としてある程度定められていたのではなかろうか。ちなみに散騎常侍以下の散騎系官職がもうけられた魏晋時代を中心に、その創設の背景を分析された下倉渉氏によると、散騎常侍等が属する散騎省の官は西晋期では宗室就任の官

としての性格が付加されたという（下倉渉「散騎省の成立――曹魏・西晋における外戚について――」『歴史』八六号、一九九六年）。

(61) 窪添慶文「北魏の宗室」一二二頁。

(62) 北魏の考課に関しては、宮崎市定「考課の励行」（同『九品官人法の研究』第二編第五章）参照。その他北魏の考課に関する専論としては、福島繁次郎「北魏前期の考課と地方官」（初出は一九五九年）、同「北魏孝文帝の考課と俸禄制」（初出は一九六二年）、同「北魏孝文帝中期以後の考課」（初出は一九六四年）、同「北魏世宗宣武帝の考課と考格」（初出は一九六四年。以上同『中国南北朝史研究』増訂版所収、名著出版、一九七九年）、長堀武「北魏における考課制度の運営について」（『秋大史学』三〇号、一九八四年）などがある。

(63) 本書第二章参照。

(64) ある意味では北魏では民族問題の存在が、社会を統合するうえでの支配身分を確定する際に「階」と官品を必要とさせたのではなかろうか。また、北朝と南朝の社会的階層分化の相違は、流外官の等級にもその違いが反映されているように思われる。先に述べたように、北魏における流外官の等級は七、ないし九等であったが、南朝、とくに梁武帝の官制改革以降では流外七班の下に三品蘊位、三品勲位がおかれている。このように南朝で流外官の等級が多いのは、北魏に比べ皇帝権力が相対的に弱いこと以外に、北魏よりも社会的な階層分化がいちじるしいことにその理由があるのかもしれない。

(65) 堀敏一「中国における律令制の展開」（『日本律令国家と東アジア』（東アジア世界における日本古代史講座第六巻）、学生社、一九八二年）。

(66) ただ、おそらくはそれ以降の令、たとえば北齊の河清令や隋の開皇・大業令ではもはやこのような「清」の等級は存在しなかったと思われる。

(67) 黄恵賢「《魏書・官氏志》載太和三令初探」参照。

(68) 宮崎市定「隋代の新制度」（同『九品官人法の研究』第二編第四章）四〇七頁。かかる理解はほぼ定説となっているとみてよかろう。

(69)『周書』巻三五・薛善伝附薛愼。
(70) 閻歩克氏はこの膳部下大夫を尚書省の職とみなし、北朝では尚書省の官が清とされたことを強調されている。たしかに唐代の尚書六部下の二十四司に膳部の名はみえるけれども、そもそも北周以後継承されることのなかった六官制の官を、ただちに尚書所属とみなすには問題があるように思われる。閻歩克「南北朝的散官発展与清濁異同」参照。
(71) ただ、表二にみえるように、清望官で従四品上の秘書少監と、清官で正四品下の太子左右論徳ではどちらが「上位」の官職なのか、疑問ものこる。
(72)『旧唐書』巻四三・職官志二には司天少監が二名であることを記し、「本曰太史丞、従七品下。乾元升爲少監、與諸司少監卿同品也」と注している。同書同巻によれば秘書少監などの少監は従四品上となっている。
(73)『北堂書鈔』巻五六・設官部八・童子郎引『続漢書』には、
　百官志、轜車拂挽爲公卿子弟六卿十人挽。兩邊白素幘、委貌冠、都布衣也。
とある。
(74)『通典』巻一五・選挙典三・歴代制下には、諸館学生以外の入流ルートとして文武貢士・応制・輦脚・軍功などとともに挽郎があげられている。
(75) 下倉渉「散騎省の成立」参照。
(76) 上田早苗「貴族的官制の成立」一二七頁。
(77) 北朝における東西省の散官については、閻歩克「西魏北周散官双授制度述論」（初出は一九九八年。同『楽師与史官——伝統政治文化与政治制度論集——』所収、生活・読書・新知三聯書店、二〇〇一年）を参照。
(78) 川本芳昭氏は、孝文帝の改革以後、内朝の中心は侍中以下の門下官僚、舎人に代表される中書官僚、後宮に存在する宦官の三者となったと考えられている。ただ、それはあくまでも職務内容の継承であり、多くの人員を備えていたはずの内朝官に属していた個々の官人は、ある程度は他官への転出というかたちで残されていたと思われる。そのような官人をプールできた官庁としては、員外の官を置くことのできた東西省の諸官を想定することが妥当であろう。川本氏の見解は「監察制度」（初出は一九七七年。同『魏晋南北朝時代の民族問題』所収、汲古書院、一九九八年）による。また、北魏の内朝官については、川本芳昭「内朝制度」（初出は一九七七年、同『魏晋南北朝時代の民族問題』所収）および鄭欽仁『北魏官僚機構研究』（正篇、稲禾出版社、一九九五年。初版は一九七六年）を参照。

(79)　たとえば尚書は漢代では皇帝の近くに侍し、王命の起草などをつかさどっていたが、魏晋南北朝期において行政機構に変質し、宮城の外におかれ、「外朝」化するにいたる。

付　論　書評　閻歩克著『品位与職位 秦漢魏晋南北朝官階制度研究』

著者は遼寧省瀋陽の人、一九五四年生まれ。北京大学歴史学系を卒業、歴史学博士の取得後、北京大学中国中古史研究中心に奉職、現在にいたる。魏晋南北朝史・中国古代政治制度と政治文化史の専家であり、すでに論著・論文は多数。現在の中国における魏晋南北朝史研究を主導する研究者であることは大方のみとめるところであろう。著者は九十年代半ばより、精力的に唐代位階制度の成立過程を主題とする論文を陸続と発表されてきた。著者と同じく位階制度に関心を持つ評者は、氏の論文が公刊されるごとにその都度多くの教示と刺激を蒙ってきたが、本書の公刊によりその所説が通読できるようになったこと、まずは喜びたい(1)。

本書は著者の五冊目の著書である（他に訳書二冊があると聞くが未確認）。これまで発表された著書は、①『察挙制度変遷史稿』（遼寧大学出版社、一九九一。第二版一九九七）、②『士大夫政治演生史稿』（北京大学出版社、一九九六）、③『閻歩克自選集』（広西師範大学出版社、一九九七）、④『楽師与史官　伝統政治文化与政治制度論集』（生活・読書・新知三聯書店、二〇〇一）であるが、このうち①と②は書き下ろし、③と④は既発表の論稿をまとめたものであり、本書は前者と同じく書き下ろしの体裁をとる。ただし、その骨子は実質的にこれまでの研究に基づくものであり、完全な新稿ではない（一書にまとめる際に見解を改めた部分はある）。とくに④は本書のもととなった論稿がほぼ半ばを占め、③にも本書と重複するいくつかの論稿が収められている。本書のみで十分位階制度発展史として編集されているが、氏の所説をより一層理解するためには、③と④も適宜本書とあわせ参照することが望ましい。

本書の構成は、次の通りである

第一章　品位与職位
第二章　爵禄与吏禄
第三章　従稍食到月俸
第四章　漢代禄秩之附麗于職位
第五章　官品的創制
第六章　中正品与勲位
第七章　北魏対蕭梁的官階制反饋
第八章　軍階的演生
第九章　西魏北周軍号散官双授考
第十章　東西官階互動与南北清濁異同
第十一章　隋唐間文武散階制的定型

以下、本書の概要を紹介していきたい。

第一章「品位与職位」は本書の総説にあたり、問題の設定と考察の枠組みおよび本書の概要、そしてそれをふまえた位階制度発展の時代区分がこころみられている。前近代中国における官僚機構の身分構造を把握するうえで、著者は現代行政学の概念を援用し、「品位分等」と「職位分等」なる二つの位階序列の概念を導入する。品位分等とは官僚個人の地位の高低から定められる身分等級、職位分等とは職務の重要性や貢献度から定められる身分等級であり、前者の代表例が唐代の文武散階制度、後者の代表例が秦漢時代の禄秩制度である。そして各時代の位階制度がどちらの色彩を濃厚に備えるかによって時代の傾向、すなわち皇帝権力の相対的強弱や、本来その従順な配下たるべき官僚の「自律性」の程度（貴族化傾向）といった特質が把握できるという。この二つの概念を用いて、著者は①先秦時代（品位分等たる爵禄制）、②秦漢時代（禄秩制）、③魏晋南北朝時代（門品秩序と官品秩序の二つの品位分等）、④唐宋時代（品位分等たる階職分立制）、⑤明清時代（官僚個人よりも職務を重視する簡略化された官階制度）の五つの段階に区分し、第二章以下の先秦～隋唐期における位階制度の具体的検証の導入とする。

第二章「爵禄与吏禄」では、西周春秋期の品位序列たる周代の爵制、および禄秩に基づく「吏禄」等級が検討される。爵禄とは公侯伯子男のいわゆる五等爵と公卿・大夫・士の「内爵」保持者が享受する、封邑からの収入である俸禄であり、その序列は極めて身分的な品位分等の性格を備える。一方の吏禄とは、商鞅変法以降、貴族層にかわり台頭した「吏」階層を対象とする俸禄の区分であり、石数の多寡で表示される。この吏禄享受者の官僚機構総体への拡大（上昇）と、相対的な爵位序列の下落は、「吏」を主体とする官僚政治の進展の一端であった。

第三章「従稍食到月俸」では、周代の爵禄から漢代的な吏禄へという俸禄制の変質を、周代における月決めの俸禄である「稍食」から漢代禄秩の基本的形式である月俸制への発展とその意義から説明する。月俸制の淵源に相当する稍食制は本来下層官僚たる「吏」階層を対象とする俸禄制であるが、春秋秦漢期の年俸から月俸という支給形式の変化と穀物支給から銭支給への比重の増大は、周代的な貴族政治の衰微と百官をすべて「吏」として把握する漢代「文治政治」の確立の証左であるという。

第四章「漢代禄秩之附麗于職位」では、代表的な職位分等の位階序列として著者が位置づける漢代禄秩制の具体的な諸相が分析される。魏晋隋唐期では官職から去った者の身分は「故官の品」に基づき離職後も維持される。しかし漢代における官僚の離職後の再仕官をみるかぎり、漢代ではもとの官秩は保障されていない。これは禄秩等級が個人に付随するものではなく、職位に基づいているために他ならない。一方で、増秩・貶秩といった方法によって官僚の秩石が変動することもあるが、それは秩次と職位が分離しつつある傾向を示すもので、「品位」の性質が秩次に現れはじめていることの証拠である。ただし、禄秩制は完全に職位から独立した品位序列にいたるものではなかった。

第五章「官品的創制」では、曹魏時代に成立し、前近代中国位階制度の一大画期をなす官品の成立時期と来源および特質が考察されている。従来より見解が分かれている官品の成立時期について、著者は『通典』職官典所掲の「魏官品」に基づき、曹魏末と推定する。我が国では郷里社会における秩序に由来するか否かが論点となることが多かった官品の起源であるが、氏は官品を漢代の朝会における席次（班位）から発達したもので、等級が十分ではない禄秩制度にかわり各級の官僚の地位・礼遇を再規定するために設けられた序列とし、郷里社会との関係については否定的である。

第六章「中正品与勲位」では、中正品（郷品）と官品の関係が論じられる。この時代の特徴である門閥制度の影響下に成立した「門品秩序」は士族政治の重要な一部をなし、秦漢時代の官僚等級とは大きく相違する。この中正品・官品の成立の前後関係について、氏は官品が中正品に先んじて成立したと考え、官の等級である官品と「人」の等級である中正品の性質の相違と官品・班位の密接な関係を重視する。また、宋斉時代に出現した勲位・勲品の制度については、それが本来中正品の三～六品の四等に該当するもので、中正制度の副産物とみなす。宮崎市定氏の郷品と起家官品の差が四等であったとする見解が代表的な郷品と官品の対応関係であるが、氏は胡宝国氏の説にしたがい、双方の「品」が直接対応関係にあるのではなく、中正品は個別の具体的な官職に対応するとの立場にたたれている。

第七章「北魏対蕭梁的官階制反饋」では、六世紀前後に相次いで南北朝でおこなわれた官品制度改革の意義について、両朝の改革のいずれが先行するものであったのかという点が考察され、北魏孝文帝による改革が南朝梁の武帝による十八班制導入に影響を与えたとする見解が示される。梁十八班制は通常流内で十八等級とみなされているが、著者は単に九品各品を二分割したのではなく、北魏のいわゆる「太和後令」と同様、正従上下に区分された三〇等級であり、先進的であった北魏の位階制度を模倣した結果であるとする。かかる官品の細分化は、官品と相互に機能する「階次」等の等級に由来するが、南朝に先んじて制度化した孝文帝の改革は単なる魏晋南朝の制度の模倣ではなく、その先進性は逆に南朝にフィードバックされたという。

第八章「軍階的演生」では、唐代における散官制度の完成に主導的な役割を担った将軍号（以下、氏にならい軍号と称す）について、その歴史的展開を南北朝それぞれの違いをふまえて説明し、さらに軍号による階すなわち「軍階」と「官階」という二つの「階」の存在を指摘する。魏晋以降南朝にかけて、濫授によって軍号は軍階として官職から分離し、序列化・階官化の度合いを強めるが、いまだ唐代的な位階にはいたらなかった。一方の北魏では、考課制度と密接に関連する官階と、軍功による昇進の拠り所である軍階という二つの序列が構成され、それぞれが官僚の等級を表示する「品位」機能を備えていたとする。

第九章「西魏北周軍号散官双授考」では、唐代の文武散官の並立の起源となった、西魏北周時代の軍号と文散官の特異な授与の実態が考察される。西魏北周以前では、官僚の本階として相応に発達していた軍号に対し、文散官の方はけっして十分に発達した段階にはなかった。西魏九命制の施行より、各品階上に軍号と散官がそれぞれ均等に配置されるにいたったが、これは位階制度の発達史上画期的な改革であり、唐代の萌芽として位置づけられる。ただし文散官はけっしてそれ自体の必要性から序列化されたのではなく、北魏末以来の軍号と文散官が同時に官僚一個人に付与されるという慣例、すなわち「双授」に基づくものであり、先に官僚の本階として機能していた軍号が文散官と同時に付与されることにより、発達の遅れていた文散官を本階の領域に「拉動」、すなわち引っ張り上げたためであるという。

第十章「東西官階互動与南北清濁異同」では、西魏北周、東魏北齊および南朝梁陳における位階制度の実態、とくに各王朝間における制度の影響という角度から分析したもので、当該時代の官制固有の現象である官の清濁について、南北朝の相違を交えつつ考察する。西魏北周と同様、北魏末の軍号と散官の濫授という事態に直面しながらも、東魏北齊では濫授と双授を「位階化・序列化」の方向に転換した西魏北周とは逆に、濫発された軍号と散官の整理、すなわち定員化と「正常化」がはかられるが、逆にそれが散官の「階官化」を妨げる一因となった。ただし、整理された軍号と散官の序列の形態は、西魏北周の影響によって部分的に参考され、整然と秩序づけられたものであった。一方の南朝では、中正品からなる門品秩序と軍階・官品からなる官品秩序の二つの品位分等が存在したが、北朝とは対照的に前者が優勢であった。それは南朝における文官が清で武官は濁であるとする「文清武濁」の観念が功績主義的な官僚制の理念を超越していたためであり、そのことが散官の階官化への発達を阻んだとする。このような東魏北齊と南朝の実態からみると、隋唐政治制度の源流は従来省みられることの少なかった西魏北周からの影響も軽視できないという。

最後の第十一章「隋唐間文武散階制的定型」では、隋から唐にいたる位階制度の最終的な確立の過程が総括される。隋代では散実官（戎秩）、文散官、軍号の三種類からなる文帝期の散官制度や、煬帝期に諸散官を一本化した九大夫・八尉からなる散職が設定されるが、概して前代の西魏北周に比べ階官としての性格が弱いことから、当該時期は階官発達の一時的な退化、過渡的な形態とみなされる。つづく唐代では、武徳初年の一時的な散実官復活と武徳令に規定される散官制度を経たのち、太宗貞観一一年（六三七）に散官制度が定められるが、文武散官の並置と整然とした形態、そして散官に基づいて職事官がみな本階として「散位を帯びる」制度の成立こそが、散階制度の真の完成として位置づけられる。それは貴族化した士族が形成した門品秩序の克服で、秦漢的官僚政治への回帰と古代文官制度の新成果を示すものに他ならないとして、考察の結果をしめくくる。

以上、大雑把な要約に終始し、著者の真意をどれだけ正確に伝え得たのかはなはだ心もとない。本書の意義は、なにをおいても古代中国における位階制度の体系的・通史的叙述を企図したはじめての専著という点にあり、同時に散官研究の現段階における一つの到達点を示すものでもある。しかし本著は単に無味乾燥ととられやすい位階の説明に終始するものではなく、散官の歴史的な展開を、当時の社会情勢や政治体制の変遷との関わりをふまえつつ著述されており、その内容はけっして官僚制の範疇にとどまらない。この点でほぼ同じ時代を対象とする「魏晋南北朝史」でありながら、「科挙前史」の副題を掲げるためしばしば法制史に分類される宮崎市定氏の名著『九品官人法の研究』を彷彿とさせる。

また、先行研究による広汎な成果の縦横無尽な活用も、本書の特徴の一つとしてあげられる。中国国内にとどまらず、日本の研究への言及もけっして少なくない（レファレンスのないことが惜しまれる）。そしてそれをふまえて膨大な事例を収集し、丁寧な分析をおこなうことから、労多くして功少なしとみられがちな官僚制細部の解明と構造的な把握に取り組まれた成果が本書である。著者の大胆な構想力と無比のバイタリティー、それをとりまとめる構成の手際はまさに独壇場といっても過言ではない。かかる氏の手腕が遺憾なく発揮されている論稿として、第九章をあげたい。北魏後期から西魏北周にかけて、官人が軍号と光禄大夫等の散官を同時に保持し、しかも散官と職務のある官職が別々に昇進していくことは、つとに窪添慶文氏によって指摘されていた(2)。著者もまたほぼ時を同じくしてかかる事実に着目され、膨大な双授の用例の検討から散官に対する軍号の「拉動作用」、それによる文散官の階官化という極めてユニークかつ大胆な図式を導き出されたが、まさに氏ならではというべきである。本稿ではごく一部の紹介しかできないけれども、このような斬新な発想は本書の随所に見受けられ、学ぶべきところ少なくない。

本書の内容、とくに細部の論証や理解に関して、個人的に見解を異にする部分もないわけではない。たとえば、第五章で氏が主張されるように『通典』所掲「魏官品」が曹魏末のものであったとしても、それと官品の成立時期の論証は別の問題のはずであるし、第七章の梁の十八班制が正従上下に区分されていたとする見解も、『大唐六典』の零細な断片的記事のみが根拠であることから、現状では普遍的な賛同を得ることは難しいと思われる。また、加官は免官の対象とならないとする氏の晋律免官規定の解釈（三五五頁）にも、反論は少なくないはずである。[3]そのような個別の問題についてはおくこととし、本稿を終えるにあたり、より一般的立場から読後に抱いた感想を述べたい。

最初に、行政学の概念からモデルを導入してそれを各時代の位階の実態分析にあてはめて考察するという、本書の方法の是非が問われる必要があろうが、残念ながら必ずしも有効とは思われない。枠組みを実態に先んじて適用することが、結果的に歴史事象の認識に制約を与えているように感じられる。それは以下の点とも関係する。まず第一に、斬新な発想とは対照的に論旨の要所で通説的・一般的理解に終始するところがいくつか見受けられる。位階制度の発展の理論化・図式化が本書の目的であるためやむを得ないところでもあるが、その最たる例として南朝官僚制の「文清武濁」という理解があげられよう。かつて周一良氏は南朝における文官を以て武官を領する「帯帖」という制度を考察し、南朝では単独で武官を持つことは一流貴族からは忌避されたが、帯職として武官を有する場合は文官のみを保持する場合よりも格上とみなされたことをあきらかにされた。[4]この周氏の指摘は、南朝では文官が常に武官より優位というステレオタイプな理解に再考をうながすものであったはずである。それが「図式化」を急ぐ本書では有効に生かされなかったことが惜しまれる。

次に「図式化」とも関連するが、西魏北周の制度を継承した唐代の散官制度が、制度発展の必然的な最終型として位置づけられているため、その結論にあわせて論旨が構築されているという、予定調和的な印象をうけた。具体的にいうと、「敗者」たる南朝・東魏北齊の位階制度に積極的な意義が与えられず、地域差や独自性という問題が軽視されているかのごとくである。もちろん、第十章での考察のように、氏も政治的な地域性を無視されているわけではないし、散官制度の表層だけを対象としているのでもないけれども、「進んだ」西魏北周の制度が一方的に「遅れた」方に伝播（ないし模倣）され、唐代への「単系発展」が散官発展史の原則と考えられているようである。しかしながら、政治的支配階級の証したる「位階」が、隋唐統治集団の母体である西魏北周のそれを採用するのはある意味では当然であろうし、唐代の諸制度を一概に「発展の必然的産物」とみなすことにも一抹の躊躇をおぼえる。政治史に基づくイメージをより相対化し、より多元的価値観を内包した存在として、唐代史は認識されるべきと愚考する。

以上、本書に対する感想を述べたわけであるが、紹介しきれなかった点も数多く、また評者の誤解・誤読なども少なくないことを恐れる次第である。いずれにせよ、これまでの成果と今後の課題の所在を示すものとして、この領域で高く評価される研究であることは間違いない。

本書の刊行後、著者は主たる関心を漢代に移し、「二年律令」等の出土資料を用いて、より一層官僚制の分析に力を注いでおられる。(5) 著者の飽くことなき中国古代史への情熱が、今後の官僚制研究をリードしていくことを期待したい。

（二〇〇二年二月、中華書局、北京、A５版、六四九頁）

注

（1）評者の位階制度と官制に関連する論文は、注（3）にあげた「晋南朝の免官について」以外に以下のものがある。「梁陳時代における将軍号の性格に関する一考察——唐代散官との関連から——」（『集刊東洋学』七九号、一九九八年。本書第五章）、「北魏の「階」の再検討」（『集刊東洋学』八三号、二〇〇〇年。本書第二章）、「北魏における官の清濁について」（『大阪市立大学東洋史論叢』一一号、二〇〇〇年。本書第七章）、「魏晋南北朝期の官制における「階」と「資」——「品」との関係を中心に——」（『古代文化』五四巻八号、二〇〇二年。本書第三章）。

（2）窪添慶文「北魏における「光禄大夫」」（初出は一九九二年。同『魏晋南北朝官僚制研究』所収、汲古書院、二〇〇三年）。

（3）晋律免官条の解釈については、越智重明「六朝の免官、削爵、除名」（初出は一九九三年。同『中国古代の政治と社会』所収、中国書店、二〇〇〇年）、佐立治人「北魏の官当制度——唐律の官当規定の淵源をたずねて——」（梅原郁編『前近代中国の刑罰』所収、京都大学人文科学研究所、一九九六年年）、拙稿「晋南朝の免官について——「免所居官」の分析を中心に——」（『東方学』一〇一輯、二〇〇一年。本書第一章）等を参照。

（4）周一良「南齊書丘霊鞠伝試釈兼論南朝文武官位及清濁」（同著『魏晋南北朝史論集』所収、中華書局、一九六三年）。

（5）閻歩克「従《秩律》論戦国秦漢間禄秩序列的縦向伸展」（『歴史研究』二〇〇三年第五期、二〇〇三年）、同「文窮図見王莽保災令所見十二卿及州、部弁疑」（『中国史研究』二〇〇四年第四期、二〇〇四年）など。

終　章　魏晋南北朝期における官人身分制の確立とその意義

前近代中国の官僚制は、世界史上もっとも注目をあつめる歴史現象の一つといえるが、古代におけるその完成は唐代に求められる。それは律令官制と表現される独特の形態を備えるが、なかでもとくに重要であるのは、律令官制自体が内包する位階的組織原理である。それは、官僚組織を外見上は整然とした組織形態として編成し、したがって機能的な運用を保証するものであるかのようにみえて、一方では皇帝を頂点とした一君万民的専制支配体制のなかで、官僚集団が君主に対する官僚集団として一元化されることを阻む要素として認識される。つまり、ここに中国古代官僚制の特質が集約されているとみることができるのである。

中国古代官僚制研究は、従来この枠組みの静態的分析を中心になされるか、またはその運動を担う官僚の任用法を中心におこなわれてきた。しかし、それはこの官僚制の位階的組織原理の本質をつくものとは考えられない。官僚制の位階的原理は、むしろ当時の官僚のもつ身分的特権の表示、あるいは官制上の地位による秩序づけという側面をもち、その点にこそ、律令官制の歴史的意義を求めることができると考えられる。本書はこのような視点から、官人のもつ身分的特権の標識としての位階的官位秩序とその歴史的意義を追求せんとしたものである。

かかる性格を備える官人身分を考察するうえで一つの糸口となるのが、唐代律令官制下において官人の位階を表示するために設けられた散官（階）の存在である。本書は散官に関連する問題のうち、従来等閑視されてきた官品と階、そして散官の相互の関係を中心に、官人身分の歴史的展開を考察したものである。

序章は、このような官人身分を考察する前提として、先行研究における問題点の整理をおこない、本書での分析の視座とその必然性を示した。

第一章では、官人としての身分に対して降格をもたらす処罰である免官を手がかりに、晋南朝から唐代にかけての官人身分のあり方を考察した。南朝期の罪を犯した官人に対する弾劾文、いわゆる奏弾文の中で用いられる「免所居官」という用語は、従来唐律に規定される官人処罰の一つである免所居官として理解されることが多かったが、それは当時の免官を意味する言葉であった。南朝以前の晋代の奏弾文では、免官は「免某官」と称されていたのであり、このような奏弾文の体裁の変更には、実は処罰のあり方以上の意味があった。魏晋時代に成立した官品は、官人身分に付随する諸権益とともに官人身分の重要なメルクマールとして機能していたが、従来官品の枠内でおこなわれていた官人の昇進が次第に官の清濁に起源をもつ班制を軸に運用されるようになり、官品による官職の序列、および官品に基づく身分秩序は相対化されていく傾向にあった。一方で、本来人事の基準であった官資は、官品に代わり官人身分を表示する基準として重要性を増していく。その官資が官品ではなく官職の名称によって表示されるために、免官の際には官人としての身分を示す官を「所居官」と称して、具体的に提示する必要があった。つまり「免所居官」の所居官とは、南朝官僚制における身分表示の転換のあらわれに他ならない。南朝以前の「免所居官」とは、任務に就いている官、すなわち官庁における職務からの解任を意味するのに対し、南朝の奏弾文にみえる「免所居官」とは、官職の名目によって表示される、官人の昇進過程上に位置する官、すなわち職務としてよりも官人の身分を示す官職として理解される。かかる「免所居官」の意味の変化からは、「居る所」と称される官職の「職」の側面から、位階たる「官」の側面へ比重が移りつつあるこの時代の傾向がうかがわれる。このように、南朝では一般の官職、時にそれに加え兼任する官職によって官人の身分表示がはかられたわけであるが、唐代でも貞観令の規定にあるように、散官ではなく職事官によって身分を表示することがありえたことをふまえるならば、この二つの時代の間には、官人身分の表示における一定の共通性が存在するのである。

第二章では、北魏時代を中心に、唐代のそれと同様、位階、官品を意味すると一般に理解されている「階」の用例を分析することから、位階の形成過程、および官品との関係を考察した。北魏時代の史料に散見される「階」は、特定の官職に就く際に必要とされる資格を意味するものであり、その背景には一定の昇進コースに基づく年功序列的な人事運用が存在した。このような人事の基準としての「階」はすでに西晋期から存在し、北朝と同時期の南朝にあっても確認することができる。だが、北魏時代の「階」は晋南朝の「階」とは異なり、官人個人の昇進における単なる段階を示すだけではなく、多様な昇進の際に用いることのできる、より普遍的な昇進の単位として機能するものである。つまり北魏の「階」は昇進の基準としての側面では、唐代の位階と一定の共通性をうかがうことができるのであるが、当時の「階」の用例から判断するかぎり、「階」が官品と同一の基準であったとはみとめがたい。そのことは「階」がただちに官品を意味していた唐代の位階とは決定的に異なるものであったことを示すもので、官品と「階」が同じものであるという通説的理解は訂正されなければならない。このような北魏の「階」には、官人として勤務した期間および成績に相当する「労」的な「階」と、軍功などの功績に対して付与される「階」の、大別して二種類が存在した。兵士や一般の徴兵された農民が、後者の軍功による「階」を与えられる事態があったところからみて、「階」を得る可能性をもつ階層はおおむね良民以上に属するものとみることができるが、「階」本来の意義からすると、その対象の中心は基本的に官人であったと考えられる。要するに、北魏の「階」はあくまでも官職に叙されるための資格であり、それを積み重ねて官職を得ることはあっても、それ自体は官職ではなく、当然無員の官たる「散官」でもなかった。「階」の積み重ねによって得られる官職が特定の官職、すなわち散官を中心に結びつき、さらに「階」と官品との一致がはかられることによって、位階としての散官が形成されていくのである。

第三章では、官品にかわり官人身分の表象として機能するにいたった官資と、官人の昇進の基準として機能していた「階」の形成過程とその特質について、官品および郷品との関係を中心に考察した。魏晋時代に成立した「階」とは官位の段階を示す基準であり、その累積が官資である。「階」――「資」の序列は官職就任のための資格を意味し、官僚としての身分を示す官品とは異なる基準であった。「階」のこのような性格は南朝にも継承されるが、一方で個別の官職は、官品とは別に官界での身分を示す官資として機能するにいたる。梁の武帝による十八班制の導入は、班を軸に「階」「資」と官品という並立した序列の一本化・制度化をはかる措置であったが、一方の官品も廃止されることなく、班とともに存続した。その意味で、南朝では「階」と官品は一致した官人身分の基準とはなりえなかった。一方の北朝では、官資は時に官品として表され、昇進の単位である「階」を積み重ねて官資を獲得し、官職に叙される仕組みとなっていた。官品の面からいえば、北朝は「階」「資」といったきわめて官僚制的な基準により、本来は社会的秩序との関係を備えていた官品を身分の実質から枠組みに形骸化させたのであり、ここに北魏の官品の特徴と「階」「資」の影響力がうかがわれるのである。

第四章では、北魏北齊時代の史料に散見される「職人」なる語の解釈を手がかりに、当該時代における国家による官人身分把握の意図を考察した。北魏北齊期の「職人」は、基本的に官人全般を指す呼称である。官人のなかでも相対的には流内官を指し、流外官もしくは将軍号・散官のみの保持者を意味する語ではない。そのような官人としての「職人」に、北齊時代から百官と対置される兵士としての意味が加わる。北齊において百官とともに兵士がこうむる汎階は、国家からの兵士への厚遇を示すものである。兵士を職人と称して汎階の対象に含めたことは、兵士が階を授与する対象として官人身分に包摂され、将来的に官人としての実質的身分を獲得可能であることを強調するために「職人」と称されたと想像される。すなわち、北齊における「職人」の出現はそのような官人身分の拡大と良賤制における「良」階層の秩序化・再編成を示す歴史的事象として位置づけられるのである。

第五章では、一般に南北朝時代において位階として機能していたと考えられている将軍号が、実際にそのような位階的性質を備えていたか否かを検討した。具体的な考察対象として取りあげたのは、南朝梁の天監七年（五〇八）に武帝によって実行された将軍号改革から陳の滅亡（五八九）に至るまでの約八〇年間における将軍の任用状況のあり方であるが、それはこの改革が将軍号位階化の一つの契機として理解されているためである。そこで得られた結論は以下の如くである。梁武帝による将軍号改革は、本来官品によって秩序づけられているはずの将軍号が混乱をきたしていたために生じた、将軍就任者の昇進の混乱を是正するために実行された措置であり、ほぼ同時期におこなわれた十八班制の導入と軌を一にする政策であった。この改革以後の将軍の任命には、個々の将軍で相当の量的なかたよりがみられ、特定の将軍にある一定の社会的階層の出身者が集中する傾向にあった。すなわち、当時の将軍は就任者の社会的地位を表示することを目的として運用がなされ、しかも個々の将軍の班位（品）よりも特定の将軍号をもつことに、就任者にとって重要性が存在したと結論される。このような将軍の任用は、唐代の散官と比べた場合大きく相違するものとみなければならない。なぜなら唐代の散官、すなわち位階は、その品位の上下関係によって官人としての身分を表示するものであり、官人の社会的出自を捨象した地平に成立する身分秩序の基準であるからである。つまり南朝における将軍号の散官的性格は、位階としての機能ではなく、官品以上にその官職としての名称が重視される点に求められる。特定の官名を重んじるという社会独自の価値基準を、官品に集約される官僚制秩序に一体化させることによって、位階を示す際に官名を用いる唐の散官制度が成立する。だが、当時の社会的な官職の価値基準である官の清濁に影響され、将軍号は普遍的な位階として機能することはなかった。

第六章では、唐代の正従九品三〇階から構成される九品官制の淵源と目される北魏、とくに孝文帝の創建による官品制度の特質解明を目的に、それ以前の道武帝の代王即位から孝文帝の爵制改革までの約一〇〇年を北魏前期と位置づけて考察の対象としたうえで、当該時代の位階制度の特質について爵制と官品の関係から検討した。第一節では北魏前期における爵制について、道武帝天賜元年（四〇四）九月における五等爵から三等爵プラス王爵という爵の等級の変化が、当時の部族解散という北魏初頭の支配体制の再編に伴い鮮卑有力氏族の子弟を直接国家の位階秩序に組込む政策に対応していること、爵の等級の増減、とくに減少が王爵の庶姓への許可とともに臣下と皇帝との距離が近いという事実を示すものであることを述べた。第二節では、その北魏前期の爵位が前代及び南朝とは異なって一品から五品まで等差的に爵位が配置され、官品と一体化した身分表示の基準とされていたことを論じた。このような爵位と官品を融合した官人身分の表示は、北魏前期独特の方式である。だが、実際には当時の官人身分は必ずしも爵位のみで表示されていたのではなく、爵位と官品を中心としながらも、将軍号その他の官職を含めた多元的な基準によって表示されていたのであり、南朝的な官位制度の特徴を参照しつつ官品によって統一をこころみたのが孝文帝の官品制度改革なのであった。

第七章では、魏晋南北朝時代の官僚制における社会的な身分秩序の表現形態として、国家の官品に基づく位階的秩序の貫徹を阻んだ存在とみなされている官の清濁、とくに北魏時代の律令に、「第某清」として規定される清官の等級を考察対象として取りあげ、官の清濁を内包する北魏律令の特質と当時の官制のあり方との関連について考察した。北魏の太和二三年（四九九）職令には、清官を基準とする官職の等級が、官品とは別に規定されていた。それは最高の行政法規である「令」に明文化される点で、六朝隋唐という清官が存在した時期においてきわめて特異なものであった。かかる清官の等級化・法制化は、南朝的な官僚の人事遷転の導入をはかる孝文帝個人の志向によるものであり、北魏社会のなかで形成された価値基準ではなかったため、孝文帝以降の北朝で充分に機能することはなかったのである。しかしながら、一方で北朝および隋唐の清官には、皇帝に対して距離的、および血縁的な意味で皇帝に近しい官職であるという特質も見いだされるのであるが、かかる「近」なる清官の側面は、一部ではあるけれども、すでに清官成立期である魏晋時代にも確認される。そして北朝でその清官の一部が位階としての散官に取り込まれていく傾向に鑑みるならば、従来国家による位階秩序の貫徹を阻んだとされる清官は、逆に位階としての官職を設定するうえで深く関与していたことが推測されるのである。

付論として、秦漢魏晋南北朝期における位階制度を論じた専著である閻歩克氏の『品位与職位——秦漢魏晋南北朝官階制度研究——』の書評をこころみ、氏の位階制度理解の一端を紹介するとともに、その特徴および意義・問題点などについて言及した。

以上の考察で得られた結論のなかでも、まず注目すべきは位階、とくに「階」の功績としての側面である。第二章で述べたように、北魏時代の「階」は、官人階層にとどまらず、農民を中心とする良民階層までもが主として軍功によって得ることができたのであり、それによって官人身分を獲得することがありえたのである。たしかに、西晋期に出現する「階」が昇進の段階を示す基準として成立し、基本的には南北朝を通じて官人層に限定されるものであったとはいえ、「階」がこのように幅広い階層にわたって授与されたことは、それ自体が特定の社会的階層のみを対象とするものではなかったことを示している[1]。その意味で、石母田氏の指摘される「位階の保持は原則的に終身であって世襲ではないから、身分的・族制的な結合から遮断された原理の上に構成されている[2]」という日本律令下における位階の性格は、その母胎となった唐代律令以前の段階から該当するものとみてよいだろう。同様に、閻歩克氏のように、魏晋南北朝、とくに北朝における位階の発展を皇帝に対する功績としての側面から理解しようとする姿勢[3]も、それ相応の根拠を備えているのである。

だが、位階の成立をそのように国家の側からのみ理解することはけっして正確とはいえず、位階の本質の、あくまでも一面にすぎないこともすでにあきらかとなった。第五章、および第七章で言及したように、南朝では位階として理解されてきた将軍号が、その官品以上に特定の将軍であることの方に重要性が存したこと、また、皇帝との近しい関係を構築しうる官職が清官として認識され、その一部が国家という「上」から定められるべき散官として組み込まれたにも関わらず、それが一方では社会独自の価値基準を表現し、社会における支配被支配の身分関係を体現するものとしても機能していたことなどからは、必ずしも国家からの規制のみによって位階的秩序が貫徹するわけではないことを明示しているのである。それと関連して象徴的な点は、位階が曹魏からほぼ一貫して「品」と称されたことである。最後にこの点について付言し、考察をしめくくることとしたい。

周知のように、曹魏にはじまる九品官人法は、在地社会の名望家たる中正によって付与される郷品が、官品とともにその後の昇進まで決定するシステムであるが、郷里社会における人的評価が官吏候補者の人事に直接影響を及ぼすという点で、社会的身分秩序の反映という性格をつよく備えていた。谷川道雄氏が貴族の国家に対する自律性を強調される所以である[4]。問題は、後世の位階の基準となった官品の性格にある。郷品と官品の、いずれが先に成立したのかについては、同時だが官品を前提に郷品が設けられたとする宮崎市定氏、官品におくれて郷品が成立したとする越智重明氏、官品成立の前提に、郷里社会内における人物評価の存在を指摘する岡崎文夫・堀敏一・中村圭爾氏等による諸説が提示されているが[5]、官品なる基準が秦漢以来の秩石制にかわって設けられた必然性を考えるならば、やはり

「人物を九等に次第する法先づ存し、それが次第に拡張せられて官階にまでも応用せらるるに至った」[6]とする岡崎文夫氏以来の見解が、もっとも説得的であろう。なぜなら、北朝はひとまずおくにせよ、魏晋南朝において従前の秩石制が俸禄の基準のみとはいえ存続したにもかかわらず、官品が何故この時期に成立したのかが説明できないからである[7]。このように考えるならば、決して純然とはいえないまでも、官品とは本質的に官職の等級ではなく、魏晋南北朝時代を通じて社会における身分標識としての性格を残し、それと同時に人物、すなわち官人の等級として認識されていたといえよう。『魏書』巻五九・劉昶伝にみえる、北魏の孝文帝の、

我今八族以上、士人品第有九、九品之外、小人之官、復有七等。

我がいま八族以上、士人の品第　九あり。九品の外、小人の官、また七等あり。

という九品官制を説明する言葉は、そのことを端的に示しているのである。

従来、ともすれば官品とは官職の等級として目されることが多かったように思われる。とりわけ唐代律令官制下の職事官は、位階たる散官に対応する職務としての側面が重視され、その官品が職務の等級と認識される傾向にあった。そのこと自体はけっして誤りとはいえないけれども、本書の理解に基づくならば、職事官のもつ官品そのものがもつ身分の等級としての側面も無視できないであろう。かかる職事官がそなえる位階的側面、それに加えて社会的身分標識としての性格が存在したからこそ、散官制度が崩壊し、宋代の寄禄官制度に移行した後にあっても、官職によって身分を表示するという、いわば古代的「伝統」が存続したものとみなければならない[8]。以上の結論をもとに図式化するならば、位階の完成形態を「品階」という言葉に集約した際、「品」たる身分標識としての側面と、「階」という功績としての側面が一体化して成立するのが、唐代律令官制における位階制度なのであり、官人身分の表現形態の特質はかかる二重性にこそ存在する。本書の結論を、この点に求めたい。

注

（1）もちろん、それは良民以上で賤民にはおよばないという限定はつくはずである。本書第四章参照。
（2）石母田正「古代官僚制」（初出は一九七三年。『日本の古代国家』（石母田正著作集第三巻）所収、岩波書店、一九八九年）三四四頁。
（3）閻歩克「南北朝的散官発展与清濁異同」（『北京大学学報』哲学社会科学版二〇〇〇年第二期）。
（4）谷川道雄「六朝貴族制社会の史的性格と律令体制への展開」（初出は一九六六年。同『中国中世社会と共同体』所収、国書刊行会、一九七六年）。
（5）九品官人法の成立に関する学説史については、中村圭爾「六朝貴族制研究に関する若干の問題」（同『六朝貴族制研究』所収、風間書房、一九八七年）、同じく中村圭爾「六朝貴族制論」（初出は一九九三年。同『六朝政治社会史研究』所収、汲古書院、二〇一三年）および川合安「九品官人法創設の背景について」（『古代文化』四七巻六号、一九九五年）などを参照されたい。
（6）岡崎文夫「九品中正考」（初出は一九二二年。同『南北朝に於ける社会経済制度』所収、弘文堂書房、一九三五年）二〇一頁。
（7）九品官制の成立に、『周礼』大宗伯にみえる九命の影響をみる見解もあるが（たとえば、時野谷滋「唐の官品令とわが官位令」、同『律令俸禄制度史の研究』所収、吉川弘文館、一九七七年）、魏晋南北朝の『周礼』の行用、とくに官制構造の側面における直接の影響は南北朝期に求められているとみてよかろう。もとより、官制にとどまらず魏晋南北朝期の社会全般において、『周礼』がきわめて重視されたことはつとに知られている。山田勝芳『中国のユートピアと「均の理念」』（汲古書院、二〇〇一年）、川本芳昭「五胡十六国・北朝史における周礼の受容をめぐって」（初出は一九九一年。同『魏晋南北朝時代の民族問題』所収、汲古書院、一九九八年）などを参照のこと。
（8）宋代の寄禄官、および唐後半期におけるその形成過程については、梅原郁「宋代の文階――寄禄官階をめぐって」（同

『宋代官僚制度研究』所収、同朋舎、一九八五年)、松浦典弘「唐代後半期の人事における幕職官の位置」(『古代文化』五〇巻一一号、一九九八年)、高橋徹「宋初寄禄官淵源考」(『呴沫集』七号、一九九二年)などがある。

参考文献

〔和文〕五十音順

池田　温　一九六七年「中国律令と官人機構」仁井田陞博士追悼論文集編集委員会編『前近代アジアの法と社会』勁草書房

池田　温　一九七〇年「律令官制の形成」『東アジア世界の形成』Ⅱ（『岩波講座世界歴史』第五巻）岩波書店

池田温・岡野誠　一九七八年「敦煌・吐魯番発見唐代法制文献」『法制史研究』二七号

池田　温　一九九三年「唐令」滋賀秀三編『中国法制史――基本資料の研究――』東京大学出版会

池田　温　二〇一四年『唐史論攷――氏族制と均田制――』汲古書院、第一部第一章「唐代の郡望表――九・十世紀の敦煌写本を中心として――」（初出一九五九・一九六〇）

石井　仁　一九八五年「南朝における随府府佐――梁の簡文帝集団を中心として――」『集刊東洋学』第五三号

石井　仁　一九八六年「梁の元帝集団と荊州政権――「随府府佐」再論――」『集刊東洋学』第五六号

石井　仁　一九八八年「参軍事考――六朝軍府僚属の起源をめぐって――」『文化』第五一巻第三・四合併号

石井　仁　一九九二年「都督考」『東洋史研究』第五一巻第三号

石井　仁　一九九三年「四征将軍の成立をめぐって」『古代文化』第四五巻第一〇号

石井　仁　一九九六年「無上将軍と西園軍――後漢霊帝時代の「軍制改革」――」『集刊東洋学』第七六号

石井　仁　一九九七年「征夷大将軍と中国の将軍」『秋田大学教育学部研究紀要』人文科学・社会科学第五二集

石母田正　一九八九年①『日本の古代国家』石母田正著作集第三巻、岩波書店、第二部Ⅰ「古代官僚制」（初出一九七三年）

石母田正　一九八九年②『古代国家論』石母田正著作集第四巻、岩波書店、Ⅲ「古代の身分秩序」（初出一九六三年）

岩本篤志　二〇一五年『唐代の医薬書と敦煌文献』Kadokawa、第一部第一章「「北齊政権の成立と「南士」徐之才」（初出一九九八年）

上田早苗　一九七〇年「貴族的官制の成立――清官の由来とその性格――」中国中世史研究会編『中国中世史研究』、東海大学出版会

内田吟風　一九七五年①『北アジア史研究』鮮卑柔然突厥篇、同朋舎、「北魏封邑制度考」（初出一九五六年）

内田吟風　一九七五年②『北アジア史研究』鮮卑柔然突厥篇、同朋舎、「柔然時代蒙古史年表」（初出一九四四年）

梅原　郁　一九八五年『宋代官僚制度研究』同朋舎

梅原　郁　二〇〇六年『宋代司法制度研究』創文社、第二部第五章「唐宋時代の法典編纂――律令格式と勅令格式――」（初出一九九三年）

海野　洋平　一九九八年「梁の西省について」『歴史』第九〇号

榎本あゆち　一九八五年「梁の中書舎人と南朝賢才主義」『名古屋大学東洋史研究報告』第一〇号

榎本あゆち　一九八七年「姚察・姚思廉の『梁書』編纂について」『名古屋大学東洋史研究報告』第一二号

大隅清陽　二〇一一年『律令官制と礼秩序の研究』第一部第四章「律令官人制と君臣関係――王権の論理・官人の論理――」（初出一九九六年）

大谷勝真　一九三三年「敦煌遺文所見録（一）　唐代国忌諸令式職官表に就いて」『青丘学叢』第一三号

大知聖子　二〇〇一年「北魏の爵制とその実態――民族問題を中心に――」『岡山大学大学院文化科学研究科紀要』一二号

大庭　脩　一九八二年①『秦漢法制史の研究』創文社、第四篇第六章「漢代における功次による昇進」（初出一九五三年）

大庭　脩　一九八二年②『秦漢法制史の研究』創文社、第四篇第一章「前漢の将軍」（初出一九六八年）

大庭　脩　一九八二年③『秦漢法制史の研究』創文社、第四編第二章「後漢の将軍と将軍假節」（初出一九六九年）

大庭　脩　一九九七年『象と法と』大庭脩先生古稀記念祝賀会、同朋舎（発売）、「漢代の貴族」（初出一九九五年）

大庭　脩　二〇〇三年①『唐告身と日本古代の位階制』皇學館出版部、「魏晋南北朝告身雑考――木から紙へ――」（初出一九六四年）

大庭　脩　二〇〇三年②『唐告身と日本古代の位階制』皇學館出版部、「建中元年朱巨川奏授告身と唐の考課」（初出一九五八年～

一九六〇年）
大庭　脩　二〇〇三年③『唐告身と日本古代の位階制』皇學館出版部、「隋唐の位階制と日本」（初出一九九六年）
岡崎文夫　一九三二年『魏晋南北朝通史』弘文堂書房
岡崎文夫　一九三五年『南北朝に於ける社会経済制度』弘文堂書房
尾形　勇　一九七九年『中国古代の「家」と国家』岩波書店
尾形　勇　二〇〇三年「身分と階級」（尾形勇責任編集『身分と共同体』（歴史学事典第一〇巻）弘文堂
岡部毅史　一九九八年「梁陳時代における将軍号の性格に関する一考察――唐代散官との関連から――」『集刊東洋学』第七九号
岡部毅史　二〇〇〇年①「北魏の「階」の再検討」『集刊東洋学』第八三号
岡部毅史　二〇〇〇年②「北魏における官の清濁について」『大阪市立大学東洋史論叢』第一一号
岡部毅史　二〇〇一年「晋南朝の免官について――「免所居官」の分析を中心に――」『東方学』第一〇一輯
岡部毅史　二〇〇二年「魏晋南北朝期の官制における『階』と『資』――『品』との関係を中心に――」『古代文化』第五四号第八号
岡部毅史　二〇〇六年「北魏北齊「職人」考――位階制度研究の視点から――」『史学研究』第二五四号
岡部毅史　二〇〇九年「梁簡文帝立太子前夜――南朝皇太子の歴史的位置に関する一考察――」『史学雑誌』第一一八編第一号
岡部毅史　二〇一二年「北魏前期の位階秩序について――爵と品の分析を中心に――」『東洋学報』第九四巻第一号
奥村郁三　一九九三年「大唐六典」滋賀秀三編『中国法制史――基本資料の研究――』東京大学出版会
愛宕　元　一九七六年「唐代における官蔭入仕について――衛官コースを中心として――」『東洋史研究』第三五巻第二号
越智重明　一九五七年「晋代の都督」『東方学』第一五輯
越智重明　一九六三年『魏晋南朝の政治と社会』吉川弘文館
越智重明　一九六五年①「清議と郷論」『東洋学報』第四八巻第一号
越智重明　一九六五年②「魏晋南朝の最下級官僚層について」『史学雑誌』第七四巻第七号

越智重明　一九六七年①「南朝の清官と濁官」『史淵』第九八輯
越智重明　一九六七年②「魏晋南朝の板授について」『東洋学報』第四九巻第四号
越智重明　一九七三年「晋南北朝の流、職掌、胥について」『法制史研究』第二一号
越智重明　一九八〇年①「北朝の下層身分をめぐって」『九州大学東洋史論集』第八号
越智重明　一九八〇年②「六朝の良・賤をめぐって」『史学雑誌』第八九編第九号
越智重明　一九八二年『魏晋南朝の貴族制』研文出版
越智重明　一九八三年①「魏晋南朝の御史中丞」『史淵』一二〇輯
越智重明　一九八三年②「白衣領職をめぐって」小尾博士古稀記念事業会編『小尾博士古稀記念中国学論集』汲古書院
越智重明　二〇〇〇年①『中国古代の政治と社会――故越智重明教授――』中国書店、下篇「解題の政治と社会」第四章「漢時代の免官、削爵」（初出一九九三年）
越智重明　二〇〇〇年②『中国古代の政治と社会――故越智重明教授――』中国書店、下篇「魏晋南朝の政治と社会」第四章「六朝の免官、削爵、除名」（初出一九九三年）
小尾孟夫　一九八三年「貴族制の成立と性格――その研究史的考察――」今堀誠二編『中国へのアプローチ――その歴史的展開――』勁草書房
小尾孟夫　二〇〇一年①『六朝都督制研究』渓水社、第一部第一章「曹魏における「四征」將軍と州都督」（初出一九七七年）
小尾孟夫　二〇〇一年②『六朝都督制研究』渓水社、第一部第二章「晋代における将軍号と州都督」（初出一九七八年）
小尾孟夫　二〇〇一年③『六朝都督制研究』渓水社、第一部第二章「劉宋における州都督と軍事」（初出一九八七年）
兼田信一郎　一九八五年「晋代の法令について――特に「制」を中心として――」『紀尾井史学』第五号
兼田信一郎　一九八九年「南朝法制小考」『紀尾井史学』第九号
川合　安　一九八四年「桓温の「省官併職」政策とその背景」『集刊東洋学』第五二号
川合　安　一九八八年①「梁の太府創設とその背景」『弘前大学人文学部文経論叢』人文学科篇第二三巻第三号

川合　安　一九八八年②「（批評・紹介）中村圭爾著『六朝貴族制研究』」『東洋史研究』第四六巻第四号
川合　安　一九八八年③「南朝の御史台について」『集刊東洋学』第六〇号
川合　安　一九八九年「北魏・孝文帝の官制改革と南朝の官制」弘前大学人文学部人文学科特定研究事務局『文化における「北」』
川合　安　一九九五年「九品官人法創設の背景について」『古代文化』第四七巻第六号
川合　安　二〇一五年①『南朝貴族制研究』汲古書院、第一章「六朝隋唐の「貴族政治」」（初出一九九九年）
川合　安　二〇一五年②『南朝貴族制研究』汲古書院、第四章「南朝・宋初の「同伍犯法」の論議」（初出一九九二年）
川合　安　二〇一五年③『南朝貴族制研究』汲古書院、第五章「元嘉時代後半の文帝親政」（初出一九八三年）
川合　安　二〇一五年④『南朝貴族制研究』汲古書院、第六章「『宋書』と劉宋政治史」（初出二〇〇二年）
川勝義雄　一九八二年『六朝貴族制社会の研究』岩波書店
川北稔・鈴木正幸編　一九九五年『シンポジウム歴史学と現在』柏書房
川本芳昭　一九九八年①『魏晋南北朝時代の民族問題』汲古書院、第二篇第一章「内朝制度」（初出一九七七年）
川本芳昭　一九九八年②『魏晋南北朝時代の民族問題』汲古書院、第二篇第二章「監察制度」（初出一九七七年）
川本芳昭　一九九八年③『魏晋南北朝時代の民族問題』汲古書院、第二篇第三章「封爵制度」（初出一九七九年）
川本芳昭　一九九八年④『魏晋南北朝時代の民族問題』汲古書院、第二篇第四章「北族社会の変質と孝文帝の改革」（初出一九八一年）
川本芳昭　二〇一五年①『東アジア古代における諸民族と国家』汲古書院、第一篇第一章「北朝国家論」（初出一九九九年）
川本芳昭　二〇一五年②『東アジア古代における諸民族と国家』汲古書院、第一篇第二章「北魏文成帝南巡碑について」（初出二〇〇〇年）
川本芳昭　二〇一五年③『東アジア古代における諸民族と国家』汲古書院、第一篇第五章「北魏内朝再論――比較史の観点から見た――」（初出二〇一一年）

菊池英夫　一九七三年①「唐代史料における令文と詔勅文との関係について」『北海道大学文学部紀要』第二一巻第一号
菊池英夫　一九七三年②「唐令復原研究序説――特に戸令・田令にふれて――」『東洋史研究』第三一巻第四号
窪添慶文　二〇〇三年①『魏晋南北朝官僚制研究』汲古書院、第一部第一章「北魏前期の尚書省について」（初出一九七八年）
窪添慶文　二〇〇三年②『魏晋南北朝官僚制研究』汲古書院、第一部第二章「北魏門下省初稿」（初出一九九〇年）
窪添慶文　二〇〇三年③『魏晋南北朝官僚制研究』汲古書院、第一部第三章「北魏初期の将軍号」（初出一九八〇年）
窪添慶文　二〇〇三年④『魏晋南北朝官僚制研究』汲古書院、第一部第四章「北魏における「光禄大夫」」（初出一九九二年）
窪添慶文　二〇〇三年⑤『魏晋南北朝官僚制研究』汲古書院、第一部第五章「北魏の州の等級について」（初出一九八八年）
窪添慶文　二〇〇三年⑥『魏晋南北朝官僚制研究』汲古書院、第一部第八章「北魏の地方軍（特に州軍）について」（初出一九八四年）
窪添慶文　二〇〇三年⑦『魏晋南北朝官僚制研究』汲古書院、第二部第二章「北魏後期の政争と意志決定」（初出一九九九年）
窪添慶文　二〇〇三年⑧『魏晋南北朝官僚制研究』汲古書院、第三部第二章「北魏の宗室」（初出一九九九年）
窪添慶文　二〇一〇年「北魏服属諸族覚書」『立正大学大学院紀要』第二六号
窪添慶文　二〇一四年「北魏後期における将軍号」『東洋学報』第九六巻第一号
窪添慶文　二〇一五年①「北魏後期の官僚の遷転」伊藤敏雄編『石刻史料と史料批判による魏晋南北朝史研究』（科学研究費補助金（基盤研究A）研究成果報告書、平成二二～二六（二〇一〇～二〇一四）年度）
窪添慶文　二〇一五年②「北魏における品と階」『東方学』第一三〇輯
氣賀澤保規　一九九九年①『府兵制の研究――府兵兵士とその社会――』同朋舎、第一章「前期府兵制研究序説――その成果と論点をめぐって――」（初出一九九三年）
氣賀澤保規　一九九九年②『府兵制の研究――府兵兵士とその社会――』同朋舎、第四章「東魏―北齊政権下の郷兵集団」
氣賀澤保規　一九九九年③『府兵制の研究――府兵兵士とその社会――』同朋舎、第Ⅲ篇「府兵制史再論――府兵と軍府の位置づけをめぐって――」

氣賀澤保規　二〇〇八年「中国唐代の官職・位階とその周辺」日向一雅編『王朝文学と官職・位階』（平安文学と隣接諸学四）竹林舎
古賀昭岑　一九七九年「北朝の行台について　その三」『九州大学東洋史論集』第七号
小島浩之　二〇一〇年「日本における唐代官僚制研究――官制構造と昇進システム（System）を中心として――」『中国史学』第二〇巻
小谷汪之　二〇〇一年「身分制」西川正雄ほか編『角川世界史辞典』角川書店
小林　聡　一九九三年「六朝時代の印綬冠服規定に関する基礎的考察」『史淵』第一三〇輯
小林　聡　一九九六年「晋南朝における冠服制度の変遷と官爵体系――『隋書』礼儀志の規定を素材として――」『東洋学報』第七七巻第三・第四合併号
小林　聡　一九九七年「魏晋南北朝時代の帯剣・簪筆に関する規定について――梁の武帝による着用規定の改変を中心に――」『埼玉大学紀要』教育学部（人文・社会科学Ⅲ）第四六巻第一号
小林　聡　一九九八年「『隋書』に見える梁陳時代の印綬冠服規定の来源について」『埼玉大学紀要』教育学部（人文・社会科学Ⅲ）第四七巻第一号
坂元義種　一九七八年『古代東アジアの日本と朝鮮』吉川弘文館、第五章「五世紀の日本と朝鮮の国際的環境――中国南朝と河南王・河西王・宕昌王・武都王――」（初出一九六九年）
佐川英治　一九九九年①「三長・均田両制の成立過程」『東方学』第九七輯
佐川英治　一九九九年②「北魏の編戸制と徴兵制度」『東洋学報』第八一巻第一号
佐竹保子　一九八二年「文選巻四十「奏弾劉整」中間部分七百余字の由来とその文学性について」『文化』第四五巻第三・第四合併号
佐藤達郎　一九九六年①「漢代察挙制度の位置」『史林』第七九巻第六号
佐藤達郎　一九九六年②「漢代官吏の考課と昇進」『古代文化』第四八巻第九号

佐藤達郎　二〇〇〇年「功次による昇進制度の形成」『東洋史研究』第五八巻第四号
佐立治人　一九九六年「北魏の官当制度」梅原郁編『前近代中国の刑罰』京都大学人文科学研究所
塩沢裕仁　一九九一年「劉宋職官制における一考察――将軍号の除授情況を中心に――」『法政大学大学院紀要』(人文社会科学)第二七号
塩沢裕仁　一九九六年「北魏馮太后第一次臨朝の性格について」『法政史学』第四八号
塩沢裕仁　一九九九年「北魏延興年間の軍事的動向――北魏戒厳事例と延興六年六月の中外戒厳に触れて――」『軍事史学』第三四巻第四号
滋賀秀三　一九五九年「訳注唐律疏議」(二)『国家学会雑誌』第七三巻第三号
滋賀秀三(律令研究会編)　一九七九年　『唐律疏議訳注篇』一(訳注日本律令五)、東京堂出版
滋賀秀三　二〇〇三年①『中国法制史論集――法典と刑罰――』創文社、第十五章第一節「唐制における官職の守・行をめぐって――律令研究会編『唐律疏議訳註篇二』に対する池田温氏の書評への回答――」(初出一九八二年)
滋賀秀三　二〇〇三年②『中国法制史論集――法典と刑罰――』創文社、第十五章第二節「唐の官制における叙任と行・守――槻木正氏に答える――」(初出一九九〇年)
下倉　渉　一九九四年「後漢末における侍中・黄門侍郎の制度改革をめぐって」『集刊東洋学』第七二号
下倉　渉　一九九六年「散騎省の成立――曹魏・西晋における外戚について――」『歴史』第八六輯
下倉　渉　一九九七年「「三公」の政治的地位について」『集刊東洋学』第七八号
杉井一臣　一九九一年「唐代の常選について」『東方学』第八一輯
杉井一臣　一九九二年「唐代前半期の郷望」唐代史研究会編『中国の都市と農村』汲古書院
杉村伸二　二〇〇一年「漢初の郎官」『史泉』第九四号
鈴木正幸[ほか]共編　一九九二年『比較国制史研究序説――文明化と近代化――』柏書房
鈴木　真　一九九七年「礼制改革にみる北魏孝文帝の統治理念」『社会文化史学』第三七号

世良晃志郎　一九七五年　『歴史学方法論の諸問題』二版、木鐸社、Ⅲ「現代歴史学とマルクシズム」
曽我部静雄　一九六八年　『律令を中心とした日中関係史の研究』吉川弘文館、第二章第一節「中国の品階制度と我が位階制度」
十川陽一　二〇一一年　「日唐における「散位」と「散官」」『東方学』第一二一輯
戴　炎輝　一九六三年　「唐律に於ける除免当贖法」『法制史研究』第一三号
高橋　徹　一九九二年　「宋初寄禄官淵源考」『呴沫集』第七号
高橋　徹　一九九三年　「衛官と勲官に関する一試論」『呴沫集』第八号
高橋　徹　一九九五年　「南北朝の将軍号と唐代武散官」『山形大学史学論集』第一五号
谷川道雄　一九七六年①『中国中世社会と共同体』国書刊行会、第二部第三章「六朝貴族制社会の史的性格と律令体制への展開」（初出一九六六年）
谷川道雄　一九七六年②『中国中世社会と共同体』国書刊行会、第三部第二章「西魏「六条詔書」における士大夫倫理」（初出一九六七年）
谷川道雄　一九九八年①『増補隋唐帝国形成史論』筑摩書房、第Ⅲ編第二章「北齊政治史と漢人貴族」（初出一九六二年）
谷川道雄　一九九八年②『増補隋唐帝国形成史論』筑摩書房、補編第三章「府兵制国家と府兵制」（初出一九八六年）
槻木　正　一九八七年　「博学宏詞科・書判抜萃科の実施について――「循資格」を手懸りとして」『関西大学法学論集』第三七巻第四号
槻木　正　一九八九年　「唐名例官当條に関する一試論――官職の守行の理解をめぐって――」『法制史研究』第三八号
築山治三郎　一九六七年　『唐代政治制度の研究』創元社、第四章第五節「唐代の胥吏」（初出一九六三年）
都築晶子　一九八一年　「中国史における貴族制研究に関する覚書」『名古屋大学東洋史研究報告』第七号
藤堂光順　一九八二年　「西魏北周期における「等夷」関係について」『名古屋大学東洋史研究報告』第八号
時野谷滋　一九七七年　『律令俸禄制度史の研究』吉川弘文館、序篇第一章「唐の官品令とわが官位令」（初出一九五三年）
時野谷滋　一九七七年　『律令俸禄制度史の研究』吉川弘文館、序篇第二章「唐の散官及び封爵とわが文位」（初出一九五三年）

鳥谷弘昭　一九八〇年「裴光庭の「循資格」について」『立正史学』第四七号
内藤湖南　一九六九年「東洋文化史研究」（『内藤湖南全集』第八巻）筑摩書房、「概括的唐宋時代観」（初出一九二二年）
長堀　武　一九八二年「北魏の俸禄制施行とその意義」『集刊東洋学』第四七号
長堀　武　一九八四年「北魏における考課制度の運営について」『秋大史学』第三〇号
長堀　武　一九八五年「北魏孝文朝における君権安定策とその背景」『秋大史学』第三二号
中村圭爾　一九八七年①『六朝貴族制研究』風間書房、序章「六朝貴族制研究に関する若干の問題」
中村圭爾　一九八七年②『六朝貴族制研究』風間書房、第一篇第一章「「品」的秩序の形成」（初出一九八四年）
中村圭爾　一九八七年③『六朝貴族制研究』風間書房、第二篇第二章「九品官制における官歴」（初出一九七五年）
中村圭爾　一九八七年④『六朝貴族制研究』風間書房、第三篇第一章「除名について」（初出一九七四年）
中村圭爾　一九八七年⑤『六朝貴族制研究』風間書房、第三篇第二章「清官と濁官」（初出一九七六年）
中村圭爾　一九九〇年「南朝における詔」唐代史研究会編『東アジア古文書の史的研究』刀水書房
中村圭爾　一九九三年「黄紙雑考」『大阪市立大学東洋史論叢』第一〇号
中村圭爾　一九九七年「南朝の公文書「関」の一考察」『東方学会創立五十周年記念東方学論集』東方学会
中村圭爾　一九九七年「晋南北朝における符」『人文研究』第四九巻第六分冊
中村圭爾　一九九九年「三国両晋における文書「啓」の成立と展開」『古代文化』第五一巻第一〇号
中村圭爾　二〇一三年①『六朝政治社会史研究』汲古書院、序章「六朝史研究の視点」
中村圭爾　二〇一三年②『六朝政治社会史研究』汲古書院、第二章「六朝貴族制と官僚制」（初出一九九七年）
中村圭爾　二〇一三年③『六朝政治社会史研究』汲古書院、第四章「初期九品官制における人事」（初出一九八七年）
中村圭爾　二〇一三年④『六朝政治社会史研究』汲古書院、第八章「晋南朝における律令と身分制」（初出一九八六年）
中村圭爾　二〇一三年⑤『六朝政治社会史研究』汲古書院、第九章「晋南朝律令と諸身分構成」（初出一九九五年）
中村圭爾　二〇一三年⑥『六朝政治社会史研究』汲古書院、第一三章「南朝国家論」（初出一九九九年）

中村圭爾　二〇一三年⑦『六朝政治社会史研究』汲古書院、第一六章「六朝貴族制論」（初出一九九三年）
中村裕一　一九九五年①「唐令逸文拾遺――『太平御覧』所引の唐令を中心に――」中国古代の国家と民衆編集委員会編『堀敏一先生古稀記念中国古代の国家と民衆』汲古書院
中村裕一　一九九五年②「『記纂淵海』所引の職員令逸文」『小田義久博士還暦記念東洋史論集』龍谷大学東洋史学研究会
仁井田陞　一九六四年『唐令拾遺』復刻版、東京大学出版会、序説第二「唐令拾遺採択資料に就いて」（初版一九三三年）
仁井田陞著・池田温編集代表一九九七年『唐令拾遺補』東京大学出版会
西嶋定生　一九六一年『中国古代帝国の形成と構造――二十等爵制の研究――』東京大学出版会
西嶋定生　一九六六年『中国経済史研究』東京大学出版会、第二部第三章「北齊河清三年田令について」（初出一九六一年）
西嶋定生　一九八三年『中国古代国家と東アジア世界』東京大学出版会、第一篇第五章「良賤制の性格と系譜」（初出一九七〇年）
西村元佑　一九七八年「唐代前半期における勲官の相対的価値の消長と絶対的価値」『愛知学院大学文学部紀要』第八号
野田俊昭　一九七七年①「東晋南朝における天子の支配権力と尚書省」『九州大学東洋史論集』第五号
野田俊昭　一九七七年②「晋南朝における吏部曹の擬官をめぐって」『九州大学東洋史論集』第六号
野田俊昭　一九八六年「南朝の官位をめぐる一考察」『九州大学東洋史論集』第一五号
野田俊昭　一九八九年「南朝の官位と家格をめぐる諸問題」『史淵』第一二六輯
野田俊昭　一九九〇年「南朝の郡太守の班位と清濁」『史淵』第一二七輯
野田俊昭　一九九四年「南朝における吏部の人事行政と家格」『名古屋大学東洋史研究報告』第一八号
野田俊昭　一九九七年「宋齊時代の参軍起家と梁陳時代の蔭制」『九州大学東洋史論集』第二五号
野田俊昭　一九九八年①「「清議」と士庶区別」『久留米大学文学部紀要』国際文化学科編第一二・一三合併号
野田俊昭　一九九八年②「梁時代、士人の家格意識をめぐって」『東洋史研究』第五七巻第一号
野田俊昭　一九九九年「南朝の「寒士」――その極官とその理解をめぐって――」『東方学』第九七輯

野田俊昭　二〇〇〇年　「免官と家格」『久留米大学文学部紀要』国際文化学科編第一五・一六合併号
野田俊昭　二〇〇〇年　「家格と「清議」」『九州大学東洋史論集』第二八号
濱口重國　一九六六年①『秦漢隋唐史の研究』上巻、東京大学出版会、第一部第三「東魏の兵制」（初出一九三六年）
濱口重國　一九六六年②『秦漢隋唐史の研究』下巻、東京大学出版会、第三部第四「所謂、隋の郷官廃止に就いて」（初出一九四一年）
濱口重國　一九六六年③『唐王朝の賤人制度』東洋史研究会、第五章「官賤人の由来についての研究」（初出一九五七～一九五九年）
速水　大　二〇一五年　『唐代勲官制度の研究』汲古書院
平田陽一郎　二〇〇四年　「突厥他鉢可汗の即位と高紹義亡命政権」『東洋学報』第八六巻第二号
福井重雅　一九八八年　『漢代官吏登用制度の研究』創文社
福島繁次郎　一九七九年①『中国南北朝史研究』（増訂版）名著出版、第二篇第一章「北魏前期の考課と地方官」（初出一九五九年）
福島繁次郎　一九七九年②『中国南北朝史研究』（増訂版）名著出版、附録「北魏孝文帝の考課と俸禄制」（初出一九六二年）
福島繁次郎　一九七九年③『中国南北朝史研究』（増訂版）名著出版、附録「北魏孝文帝中期以後の考課」（初出一九六四年）
福島繁次郎　一九七九年④『中国南北朝史研究』（増訂版）名著出版、附録「北魏世宗宣武帝の考課と考格」（初出一九六四年）
福永善隆　二〇一一年　「前漢における内朝の形成――郎官・大夫の変遷を中心として――」『史学雑誌』第一二〇編第八号
藤井律之　二〇一三年　『魏晋南朝の遷官制度』京都大学学術出版会、第一章「特進の起源と変遷」（初出二〇〇一年）
船越泰次　一九九六年　『唐代両税法研究』汲古書院、第三部第二章「唐代均田制下における佐史・里正」（初出一九六八年）
朴漢済著・尹素英訳　一九九一年　「北魏洛陽社会と胡漢体制――都城区画と住民分布を中心に――」『お茶の水史学』第三四号
堀　敏一　一九六八年　「貴族制社会の成立」小倉芳彦編『文化史』（中国文化叢書八）大修館書店
堀　敏一　一九七〇年　「総説」『東アジア世界の形成』Ⅱ（『岩波講座世界歴史』第五巻）岩波書店

堀　敏一　一九七五年①『均田制の研究』岩波書店、第二篇第四章「均田法体系の変遷と実態」（初出一九六二年）
堀　敏一　一九七五年②『均田制の研究』岩波書店、第三篇第七章「中国古代における良賤制の展開――均田制時代における身分制の成立過程――」（初出一九六七年）
堀　敏一　一九八二年「中国における律令制の展開」井上光貞（ほか）編『日本律令国家と東アジア』（『東アジア世界における日本古代史講座』第六巻）学生社
堀　敏一　一九八七年①『中国古代の身分制――良と賤――』汲古書院、序章「日本における中国古代身分制研究の動向と本書の構成」
堀　敏一　一九八七年②『中国古代の身分制――良と賤――』汲古書院、第七章「北朝雑戸制の再考察」
堀　敏一　一九九四年①『中国古代史の視点』汲古書院、一〇「身分制と中国古代社会――良賤制の見方をめぐって――」（初出一九八〇年）
堀　敏一　一九九四年②『律令制と東アジア世界』汲古書院、三「中国における律令法典の形成――その概要と問題点――」（初出一九八四年）
堀　敏一　二〇〇二年『唐末五代変革期の政治と経済』汲古書院、別章「九品中正制度の成立をめぐって――魏晋の貴族制社会にかんする一考察――」（初出一九六八年）
増淵龍夫　一九九六年『中国古代の社会と国家』新版、岩波書店、第二編第一章「戦国官僚制の一性格」（初出一九五五年）
松浦典弘　一九九八年「唐代後半期の人事における幕職官の位置」『古代文化』第五〇巻第一一号
松下憲一　二〇〇七年①『北魏胡族体制論』北海道大学出版会、第一章「「部族解散」研究史」（初出二〇〇二年）
松下憲一　二〇〇七年②『北魏胡族体制論』北海道大学出版会、第三章「北魏石刻史料に見える内朝官――「北魏文成帝南巡碑」の分析を中心に――」（初出二〇〇〇年）
松永雅生　一九五二年「唐代の勲官について」『西日本史学』第一二号
水林　彪　一九九二年「比較国制史・文明史論対話」鈴木正幸ほか共編『比較国制史研究序説――文明化と近代化――』柏書房

宮崎市定　一九九二①『九品官人法の研究——科挙前史——』（『九品官人法』宮崎市定全集第六巻）岩波書店（初出一九五六年）
宮崎市定　一九九二②「日本の官位令と唐の官品令」（『日中交渉』宮崎市定全集第二二巻）岩波書店（初出一九五九年）
安田二郎　二〇〇三年①『六朝政治史の研究』京都大学学術出版会、第二章「西晋武帝好色攷」（初出一九九八年）
安田二郎　二〇〇三年②『六朝政治史の研究』京都大学学術出版会、第六章「晋安王劉子勛の反乱と豪族・土豪層」（初出一九六七年）
安田二郎　二〇〇三年③『六朝政治史の研究』京都大学学術出版会、第七章「南齊高帝の革命軍団と淮北四州の豪族」（初出一九七〇年）
安田二郎　二〇〇三年④『六朝政治史の研究』京都大学学術出版会、第九章「晋宋革命と雍州の僑民」（初出一九八三年）
安田二郎　二〇〇三年⑤『六朝政治史の研究』京都大学学術出版会、第一二章「王僧虔「誡子書」攷」（初出一九八一年）
八重津洋平　一九六四年「魏晋南北朝の贖刑制度」『法と政治』第一四巻第四号
矢野主税　一九五六年「北魏・北周・隋における封爵制」『古代学』五巻二号
矢野主税　一九六三年「魏晋中正制の性格についての一考察——郷品と起家官品の対応を手掛りとして——」『史学雑誌』第七二編第二号
矢野主税　一九六七年①「状の研究」『史学雑誌』第七六編第二号
矢野主税　一九六七年②「東晋における南北人対立問題——その政治的考察——」『東洋史研究』第二六巻第三号
矢野主税　一九六八年「東晋における南北人対立問題——その社会的考察——」『史学雑誌』第七七編第一〇号
矢野主税　一九六九年「九品の制をめぐる諸問題」『長崎大学教育学部社会科学論叢』第一八号
矢野主税　一九七〇年「南朝における南北人対立問題——南朝の成立——」『長崎大学教育学部社会科学論叢』第一九号
矢野主税　一九七三年「南朝における婚姻関係」『長崎大学教育学部社会科学論叢』第二二号
矢野主税　一九七六年『門閥社会成立史』国書刊行会
山下将司　二〇〇〇年「西魏・恭帝元年「賜姓」政策の再検討」『早稲田大学大学院文学研究科紀要』第四分冊四五輯

山田勝芳　一九九一年「中国古代の士人・庶人関係」寺田隆信編『中国社会における士人庶民関係の総合的研究』（科学研究費補助金総合研究（A）研究成果報告書、平成元年度・平成二年度）

山田勝芳　一九九三年「中国の官僚制――東アジア官僚制比較研究序説――」『東北大学大学院国際文化研究科論集』創刊号

山根清志　二〇一〇年「身分制の特質から見た唐王朝――良賤制支配の基調を中心に見た――」『歴史評論』第七二〇号

吉岡　真　一九八一年「八世紀前半における唐朝官僚機構の人的構成」『史学研究』第一五三号

吉岡　真　一九八二年「隋・唐前期における支配階層」『史学研究』第一五五号

吉岡　真　一九九九年「北朝・隋唐支配層の推移」『中華の分裂と再生――三―一三世紀――』（『岩波講座世界歴史』第九巻）岩波書店

吉川真司　一九九八年『律令官僚制の研究』塙書房、第一部第一章「律令官僚制の基本構造」（初出一九八九年）

葭森健介　一九八一年「中国史における貴族制研究に関する覚書」『名古屋大学東洋史研究報告』第七号

葭森健介　一九八二年「「清簡」と「威恵」――魏晋官僚の一考察――」『名古屋大学東洋史研究報告』第八号

葭森健介　一九八六年「魏晋革命前夜の政界――曹爽政権と州大中正設置問題――」『史学雑誌』第九五編第一号

葭森健介　一九八七年「『山公啓事』の研究」川勝義雄・礪波護編『中国貴族制社会の研究』京都大学人文科学研究所

葭森健介　一九九六年「劉弘と西晋の政界――劉弘墓出土によせて――」『古代文化』第四八巻第一一号

葭森健介　一九九九年「西晋における吏部官僚――西晋期における政治動向と吏部人事――」『名古屋大学東洋史研究報告』第二三号

米田健志　一九九八年「漢代の光禄勲――特に大夫を中心として――」『東洋史研究』第五七巻第二号

渡辺信一郎　一九八四年「六朝史研究の課題――川勝義雄著『六朝貴族制社会の研究』をめぐって――」『東洋史研究』第四三巻第一号

渡辺信一郎　一九八六年『中国古代社会論』青木書店

渡辺信一郎　一九九三年「中国古代専制国家と官人階級」中村哲編『東アジア専制国家の社会・経済――比較史の観点から――』

青木書店
渡辺信一郎 一九九四年① 『中国古代国家の思想構造――専制国家とイデオロギー――』校倉書房、第三章「清――六朝隋唐国家の社会編成論――」（初出一九七九年）
渡辺信一郎 一九九四年② 『中国古代国家の思想構造――専制国家とイデオロギー――』校倉書房、第五章「『孝経』の国家論――秦漢時代の国家とイデオロギー――」（初出一九八六・一九八七年）
渡辺信一郎 一九九四年③ 『中国古代国家の思想構造――専制国家とイデオロギー――』校倉書房、第六章「仁孝――六朝隋唐期の社会救済論と国家――」（初出一九七八年）
渡辺信一郎 一九九四年④ 『中国古代国家の思想構造――専制国家とイデオロギー――』校倉書房、第七章「『臣軌』小論――唐代前半期の国家とイデオロギー――」（初出一九九三年）
渡辺信一郎 一九九五年 「中華帝国・律令法・礼的秩序」川北稔・鈴木正幸編『シンポジウム歴史学と現在』柏書房
渡辺信一郎 一九九六年 『天空の玉座――中国古代帝国の朝政と儀礼――』柏書房
渡辺信一郎 二〇〇二年 『北朝財政史の研究――『魏書』食貨志を中心に――』（科学研究費補助金基盤研究（c）（2）研究成果報告書、平成一一年度〜平成一四年度）
渡辺信一郎 二〇〇八年 「古代中国の支配と身分」廣瀬和雄・仁藤敦史編『支配の古代史』学生社

〔中文〕ピンイン順
安作璋・熊鉄基 二〇〇七年 『秦漢官制史稿』第二版、齊魯書社
陳 長琦 一九九二年 『両晋南朝政治史稿』河南大学出版社、「世族把持下的九品官人法――資品与官品間聯系的考察」
陳 琳国 一九八五年 「北魏前期中央官制述略」『中華文史論叢』一九八五年第二輯
陳 琳国 一九九四年 『魏晋南北朝政治制度研究』文津出版社
陳 蘇鎮 二〇一三年① 『両漢魏晋南北朝史探幽』北京大学出版社、「南朝散号将軍制度考弁」（初出一九八九年）

陳　蘇鎮　二〇一三年②『両漢魏晋南北朝史探幽』北京大学出版社、「北朝隋唐的散官与勲官」（初出一九九一年）
陳　寅恪　一九八二年『隋唐制度淵源略論稿』上海古籍出版社（初版は上海商務印書館　一九四四年刊）
陳　文龍　二〇一三年「唐後期散官的升遷――以文職為中心的討論――」『中国中古史研究――中国中古史青年学者聯誼会会刊――』第三号、中華書局
陳　顧遠　一九三四年『中国法制史』商務印書館
池田　温　一九九八年「唐官品令管窺」《中国古代社会研究》編委会編『中国古代社会研究』廈門大学出版社
戴　炎輝　一九八四年「唐律上除免当贖制之遡源」瀧川博士米寿記念会編『律令制の諸問題』汲古書院
顧　江龍　二〇〇七年①「魏晋宋齊低級軍号的品級変遷――以〝雑号宣威以下〟諸将軍為中心――」『文史』第八一輯
顧　江龍　二〇〇七年②「両晋南北朝与隋唐官僚特権之比較――従贓罪、除免官当的視角――」『史学月刊』二〇〇七年第一二期
顧　江龍　二〇一〇年「周隋勲官的〝本品〟地位」『魏晋南北朝隋唐史資料』第二六輯
何　茲全　一九八二年①『読史集』上海人民出版社、「魏晋的中軍」（初出一九四八年）
何　茲全　一九八二年②『読史集』上海人民出版社、「府兵制前的北朝兵制」（初出一九七九年）
胡　宝華　一九九五年「試論唐代循資制度」『唐史論叢』第四輯、三秦出版社
胡　平生　二〇〇〇年『胡平生簡牘文物論集』蘭臺出版社、「居延漢簡中的「功」与「労」」（初出一九九五年）
黄　恵賢　二〇一〇年『魏晋南北朝隋唐史研究与資料』湖北人民出版社、「《魏書・官氏志》載太和三令初探」（初出一九九一年）
黄　清連　一九八七年「唐代散官試論」『中央研究院歴史語言研究所集刊』第五八本第一分
黄　永年　二〇〇〇年『文史探微――黄永年自選集』中華書局、「論北齊的政治闘争」（初出一九九七年）
黄　正健　一九八九年「唐代散官初論」『中華文史論叢』一九八九年第二期
侯　旭東　二〇一五年『近観中古史――侯旭東自選集――』中西書局、「地方豪右与魏齊政治――従魏末啓立州郡到北齊天保七年并省郡県――」（初出二〇〇四年）
靳生禾・謝鴻喜　一九九四年「北魏《皇帝南巡之頌》碑考察報告」『山西大学学報』哲学社会科学版一九九四年第二期

靳生禾・謝鴻喜 一九九五年「北魏《皇帝南巡之頌》碑考察清理報告」『文物季刊』一九九五年第三期
労 榦 一九四八年「論漢代的内朝与外朝」『中央研究院歴史語言研究所集刊』第一三本
李 錦繡 一九九八年『唐代制度史略論稿』、中国政法大学出版社、「唐代〝散試官〟考」
李 孔懐 一九八三年「漢代郎官述論」『秦漢史論叢』第二輯、陝西人民出版社、一九八三年
廖 伯源 一九九七年①『歴史与制度——漢代政治制度試釈——』香港教育図書、「試論西漢諸将軍之制度及其政治地位」（初出一九八六年）
廖 伯源 一九九七年②『歴史与制度——漢代政治制度試釈——』香港教育図書、「東漢将軍制度之演変」（初出一九八六年）
劉 俊文 一九八九年『敦煌吐魯番唐代法制文書考釈』中華書局
劉 俊文 一九九六年『唐律疏議箋解』中華書局
呂 春盛 一九八七年『北齊政治史研究——北齊衰亡原因之考察——』国立台湾大学出版委員会
洛陽市第二文物工作隊・李献奇・郭引強編著 一九九六年『洛陽新獲墓誌』文物出版社
羅 新 二〇〇九年『中古北族名号研究』北京大学出版社
馬 小紅 一九八五年「試論唐代散官制度」『晋陽学刊』一九八五年第四期
毛 漢光 一九八一年「科挙前後（公元六〇〇年±三〇〇）清要官形態之比較研究」『歴史考古組』上冊（中央研究院国際漢学会議論文集）中央研究院
繆 鉞 一九六三年『読史存稿』生活・読書・新知三聯書店、「東魏北齊政治上漢人与鮮卑之衝突」（初出一九四九年）
牟 発松 一九九一年「六鎮起義前的北魏行台」『魏晋南北朝隋唐史資料』第一一期、武漢大学出版社
山西省考古研究所・霊丘県文物局 一九九七年「山西霊丘北魏文成帝《南巡碑》」『文物』一九九七年第一二期
沈 家本 一九八五年『歴代刑法考』中華書局
孫 正軍 二〇一〇年「従〝五等〟到〝三等〟——北魏道武帝〝制爵三等〟原因鉤沉——」『文史』第九〇輯
唐 長孺 一九五五年『魏晋南北朝史論叢』生活・読書・新知三聯書店

唐　長孺　一九五九年『魏晋南北朝史論叢続編』生活・読書・新知三聯書店、
唐　長孺　一九八三年『魏晋南北朝史論拾遺』中華書局
唐　長孺　一九八九年『山居存稿』中華書局
唐　長孺　一九九二年『魏晋南北朝隋唐史三論――中国封建社会的形成和前期的変化――』武漢大学出版社、第二篇第三章「南北兵制的差異」
陶　新華　二〇〇四年『北魏孝文帝以後北朝官僚管理制度研究』巴蜀書社、第四章「孝文帝以後北朝的清濁官問題和官吏分途問題」（初出二〇〇三年）
窪添慶文　二〇〇六年「文成帝期的胡族与内朝官」張金龍主編『黎虎教授古稀記念中国古代史論叢』世界知識出版社
王　安泰　二〇一三年『再造封建――魏晋南北朝的爵制与政治秩序――』国立台湾大学出版中心、第二章「魏晋南北朝的爵制変化与政治秩序」
王　徳権　一九八九年「唐代律令中的散官与散位――従官人的待遇談起――」『中国歴史学会史学集刊』第二一期
王　徳権　一九九一年「試論唐代散官制度的成立過程」中国唐代学会編輯委員会編『唐代文化研討会論文集』、文史哲出版社
王　永興　一九九三年①『陳門問学叢稿』江西人民出版社、「関于唐代流外官的両点意見――唐流外官制研究之二」（初出一九九〇年）
王　永興　一九九三年②『陳門問学叢稿』江西人民出版社、「通典載唐開元二十五年官品令流外官制校釈――唐流外官制研究之一」（初出一九九二年）
小島浩之　二〇〇七年「唐代泛階考」戴建国主編『唐宋法律史論集』上海辞書出版社
閻　歩克　一九九七年『察挙制度変遷史稿』第二版、遼寧大学出版社
閻　歩克　一九九九年「北魏官階軍階弁」『中国史学』第九巻
閻　歩克　二〇〇〇年①「南北朝的散官発展与清濁異同」『北京大学学報』哲学社会科学版二〇〇〇年第二期
閻　歩克　二〇〇〇年②「魏晋南北朝的軍号散階化進程」（上）・（下）『文史』第五一・五二輯

閻　歩克　二〇〇一年①『楽師与史官――伝統政治文化与政治制度論集――』生活・読書・新知三聯書店、「論漢代禄秩之従属于職位」（初出一九九八年）

閻　歩克　二〇〇一年②『楽師与史官――伝統政治文化与政治制度論集――』生活・読書・新知三聯書店、「北魏北齊〝職人〟初探――附論魏晋的〝王官司徒吏〟」（初出一九九九年）

閻　歩克　二〇〇一年③『楽師与史官――伝統政治文化与政治制度論集――』生活・読書・新知三聯書店、「西魏北周軍号散官双授制度述論」（初出一九九八年）

閻　歩克　二〇〇一年④『楽師与史官――伝統政治文化与政治制度論集――』生活・読書・新知三聯書店、「周齊軍階散官制度異同論」（初出一九九八年）

閻　歩克　二〇〇一年⑤『楽師与史官――伝統政治文化与政治制度論集――』生活・読書・新知三聯書店、「隋代文散官制度補論」（初出一九九九年）

閻　歩克　二〇〇二年『品位与職位――秦漢魏晋南北朝官階制度研究――』中華書局

閻　歩克　二〇〇九年①『従爵本位到官本位――秦漢官僚品位結構研究――』生活・読書・新知三聯書店

閻　歩克　二〇〇九年②『服周之冕――《周礼》六冕礼制的興衰変異――』中華書局

閻　歩克　二〇一〇年『中国古代官階制度引論』北京大学出版社

厳　耕望　一九四八年「北魏尚書制度考」『中央研究院歴史語言研究所集刊』第一八本

厳　耕望　一九五一年「秦漢郎吏制度考」『中央研究院歴史語言研究所集刊』第二三本上冊

厳　耕望　一九九〇年①『秦漢地方行政制度』（中央研究院歴史語言研究所専刊四五A、中国地方行政制度史甲部）

厳　耕望　一九九〇年②『魏晋南北朝地方行政制度』（中央研究院歴史語言研究所専刊四五B、中国地方行政制度史乙部）

厳　耀中　一九九〇年『北魏前期政治制度』吉林教育出版社、第八章「別具一格的封爵制」

楊　光輝　二〇〇二年『漢唐封爵制度』第二版、学苑出版社

楊　耀坤　一九九一年「東魏北齊兵制概論」中国魏晋南北朝史学会編『魏晋南北朝史論文集』齊魯書社

葉　煒　二〇〇九年『南北朝隋唐官吏分途研究』北京大学出版社
張国剛　一九九四年『唐代政治制度研究論集』文津出版社、「唐代階官与職事官的階官化」（初出一九八九年）
張金龍　二〇〇三年『北魏政治与制度論稿』甘粛人民出版社、「北魏〝中散〞諸職考」（初出一九九三年）
張金龍　二〇〇四年①『魏晋南北朝禁衛武官制度研究』中華書局、第七章「西晋禁衛武官制度」
張金龍　二〇〇四年②『魏晋南北朝禁衛武官制度研究』中華書局、第一七章「北魏文成帝《南巡碑》所見北魏禁衛武官制度」
張連城　一九九五年「北魏的弾官与弾文」『文献』一九九五年第二期
張慶捷　二〇一〇年①『民族彙聚与文明互動――北朝社会的考古学観察――』商務印書館、「北魏文成帝《皇帝南巡碑》的内涵与価値」（初出一九九七年）
張慶捷　二〇一〇年②『民族彙聚与文明互動――北朝社会的考古学観察――』商務印書館、「《南巡碑》中的拓跋職官」（初出一九九九年）
張慶捷　二〇一〇年③『民族彙聚与文明互動――北朝社会的考古学観察――』商務印書館、「《南巡碑》中的漢族職官」（初出二〇〇四年）
張旭華　一九九四年「試論北魏的九流三清与官職清濁」『鄭州大学学報』哲学社会科学版　一九九四年第一期
張旭華　二〇〇四年①『九品中正制略論稿』中州古籍出版社、「北魏中央与地方中正組織的分張及其意義」（初出二〇〇四年）
張旭華　二〇〇四年②『九品中正制略論稿』中州古籍出版社、「従孝文帝清定流品看北魏官職之清濁」（初出一九九二年）
張旭華　二〇一一年『魏晋南北朝官制論集』大象出版社
鄭欽仁　一九九五年『北魏官僚機構研究』稲禾出版社（初版　一九七六年）
張兆凱　一九九五年『漢唐門蔭制度研究』岳麓書社
周一良　一九六三年①『魏晋南北朝史論集』中華書局、「南齊書丘霊鞠伝試釈兼論南朝文武官位及清濁」（初出一九二七年）
周一良　一九六三年②『魏晋南北朝史論集』中華書局、「領民酋長与六州都督」（初出一九四八年）
周一良　一九八五年『魏晋南北朝史札記』中華書局

周　一良　一九九一年『魏晋南北朝史論集続編』北京大学出版社

〔欧文〕

Tatsuro Yamamoto, On Ikeda, Makoto Okano (ed.) 1978–1980 Tun-huang and Turfan documents: concerning social and economic history, Vol. I, Legal Texts (A) (B), Toyo Bunko

あとがき

本書は二〇〇一年に大阪市立大学より博士（文学）の学位を授与された、博士論文『魏晋南北朝における位階的官人身分の研究』をもとに、その後の研究成果を含めて加筆・修訂したものである。本書を構成する諸章の初出と原題は以下のとおり。

序　章　官人身分制と魏晋南北朝史研究――本書の課題――（新稿）

第一章　官人身分の成立と展開――晋南朝期の免官を手がかりに――
「晋南朝の免官について――「免所居官」の分析を中心に――」（『東方学』第一〇一輯、二〇〇一）

第二章　北朝における位階制度の形成――北魏の「階」の再検討から――
「北魏の「階」の再検討」（『集刊東洋学』第八三号、二〇〇〇）

第三章　魏晋南北朝期の官制における「階」と「資」――「品」との関係を中心に――
「魏晋南北朝期の官制における『階』と『資』――『品』との関係を中心に――」（『古代文化』第五四巻第八号、二〇〇二）

第四章　北魏北齊「職人」考――位階制度研究の視点から――
「北魏北齊「職人」考――位階制度研究の視点から――」（『史学研究』第二五四号、二〇〇六）

第五章　南朝時代における将軍号の性格に関する一考察――唐代散官との関連から――
「梁陳時代における将軍号の性格に関する一考察――唐代散官との関連から――」（『集刊東洋学』第七九号、一九九八）
第六章　北魏前期の位階秩序について――爵と品の分析を中心に――
「北魏前期の位階秩序について――爵と品の分析を中心に――」（『東洋学報』第九四巻第一号、二〇一二）
第七章　北魏における官の清濁について
「北魏における官の清濁について」（『大阪市立大学東洋史論叢』第一一号、二〇〇〇）
付　論　書評　閻歩克著『品位与職位　秦漢魏晋南北朝官階制度研究』
「批評と紹介　閻歩克著 品位与職位 秦漢魏晋南北朝官階制度研究」（『東洋学報』第八八巻第一号、二〇〇六）
終　章　魏晋南北朝期における官人身分制の確立とその意義（新稿）

諸章はいずれも一書にまとめるにあたり手を加えているが、とくに第一章・第七章は投稿の際の紙幅の都合により縮小していた部分をもとの内容に戻したため、かなり分量を増している。また、第一章・第二章・第五章は全体の整合性をはかるため、タイトルを初出時より変更した。序章および終章も、博士論文の構成・内容を部分的にのこしつつ諮問の際の指摘やその後の研究をふまえ、大きく書きあらためた。

大阪市立大学より課程博士の学位を授与された当初は、学位論文が現在のように刊行ないしインターネットでの全文公開を義務づけられていなかったこともあり、とくに著書として世に問うことはまったく想定していなかった。世間のいわゆる学術書のレベルと自身の些末な研究を比較した際の差を考えると、出版に値するものとは思わなかったからである。というよりも、成果主義全盛の現今の学術界でこそ、学位取得からのすみやかな博士論文の出版は珍しくないものの、筆者の先輩ないし同期の世代では、課程博士の学位を取得した者であってもそれを公刊した例は皆無であり、けっして一般的ではなかった。

そのような状況にありながらも、十年ほど前より諸先生方や同輩、そして後輩の方々から、博士論文を刊行するよう勧められる機会がしばしばあったことがひとつの契機であったように思う。到底その域には及ばないと自嘲しつつも、一方で評価していただける人がいるのであれば、なにがしかのかたちでまとめることもそれなりの意義があるものと考え、刊行を念頭に手を加えなおすことからはじめたのがおおよそ四、五年前からであろうか。もとより、本書になお足らざるところが多々あることは言うまでもない。とくに魏晋南北朝を標榜しながらも、西魏北周から隋唐にかけての位階制度および官人身分についての具体的な検討が十分ではないことは重々承知している。この点については今後筆者に課せられた宿題であり、大方のご了解を願うのみである。

筆者が研究対象として中国史を選んだきっかけは、とくに深い理由があるわけではない。だが、亡き父と老母が大学でそれぞれ中国史を専攻したことは、具体的に強制されたことはなかったとはいえ、なんらかの影響はあったかもしれない。両親は北海道の地でそれぞれ地方公務員および中学校教師として奉職し、結果的に研究者の道を選ぶことはなかったが、筆者が中国史を専攻するにいたったのには、父の師であった故藤岡次郎先生、そして母の師であった故山根幸夫先生の存在も（山根先生にはお目にかかることかなわなかったが）、ひとつの縁としてあったのであろうか。その意味で、したしく教えをいただいたことは皆無であったとはいえ、ここにささやかながらも筆者が著書を世に問うことができたことは、直接的ではないにせよ両先生の学恩に報いることとなったのではないかと思い、少しく安堵している。

ただ、筆者は必ずしも当初から大学で中国史を専攻しようと思っていたわけではなかった。もともとは日本史の専攻を希望していたものの、大学受験の際の様々な「あや」と諸事情によって立命館大学にて東洋史を専攻することとなったため、鬱々と日本史への転専攻もじつは考えていた。それでも、学部での講義や研究会の場で中国史の勉学を積みかさねるにつれ、自身の生きる日本および日本史を客観的・相対的にみつめる視座として東洋史、とくに中国史研究の重要性を痛感するようになったこと、とくに日本古代史を理解するうえで欠くべからざる研究対象として魏晋南北朝の存在があるということを確信し、あらためて当該時代に関心を持つにいたった。今日までその信念が高まることはありこそすれ、疑念をいだいたことは微塵もない。

今になって想起するに、筆者が在籍していた頃の立命館大学文学部東洋史学専攻の雰囲気は、教員より高所から一方的に学問を教授されるようなものというよりも、先輩や同輩等とともに自主的に、かつ自由に意見を提示して学びあうような場であると同時に、そのような学問的環境をフォローする大学の包容力があったように思う。その折に諸先輩から与えられた影響、とくに研究に際しては先学に対して高名・無名を問わず客観的かつ批判的に受けとめるべきとする教えは、今も筆者のなかに息づいている（はずである）。

学部在学中、先輩方が当然のように他大学に進学するさまを目の当たりにし、筆者も大阪市立大学大学院を進学先に選択した。大阪市立大学文学部の東洋史学教室は、コンパクトでありながらも基本的に立命館大学に近しい穏やかな雰囲気を感じたが、公立大学ということで学生数が少ない分、教員と学生の一層の距離の近さを感じることが多かったように思う。しかし大学院には進学したものの何を研究すべきかわからず、当初は途方にくれるばかりであった。そのような焦燥感がピークに達した頃、たしか修士課程一年の冬のことだったと記憶するが、たまたま『梁書』をひもといていた際に、将軍号を複数兼任する事例がしばしば目についたこと、それが何を意味するのかということに疑問を感じたことがあった。このことについて中村圭爾先生に伺ったところ、それは唐代の散官につながる問題ではないか、というアドバイスをいただき、唐代の散官についての学説整理をはじめたことが、最初の一歩であった。このときの梁陳時代の将軍号の検討が修士論文の骨子となり、さらに一九九八年に投稿論文として『集刊東洋学』に掲載され（投稿に際して相談にのっていただいた東北大学の海野洋平氏に深謝申しあげる）、さらに博士論文の一部となり、このたび本書の第五章に収められることとなった。遠く過ぎ去りしかの日々のことを思うと、我ながら学業の進展の遅々たることに嘆息せざるをえない。

あとがきの通例としてこれまでに学恩をこうむった諸先生方に謝辞をささげる必要があろうが、もとより今日の筆者のいまあるは、きわめて多くの方々の援助とはげましによるものであり、とてもそのすべての名前を列挙することはできない。よってここではごく数名の方々のお名前をあげることでその責めをふさぐこととしたい。

まずお世話になった先生として、恩師中村圭爾先生のお名前をあげないわけにはいかない。先生には大学院進学以降、今日にいたるまで親しく指導をたまわり、感謝の言葉もない。そして今回出版元として汲古書院を紹介していただいたのも中村先生のご配慮によるものであり、深く感謝している。

中村先生の筆者に対する指導の特徴は、常に指導教員たる自分を批判する方向で研究せよ、という点にあった。いうなれば仮想敵としての研究者たる中村圭爾と常に対峙することを求められたわけである。これが当時の筆者にとってどれほどの試練となったことか。しかし、そのような先生の指導方針によって緊張感のある師弟関係をえることができたように思うし、筆者が相応の研究を世に問うことができるようになったのは先生の指導があってのものである。学恩に感謝しつつも、先生のご指導にどれほどこたええたかはなはだ心もとなく、申し訳なく思う。

もう一人、直接に教えを受けたことはないけれども、本書を上梓するにあたって大きく影響をうけた先生として、北京大学の閻歩克先生のお名前をあげたい。筆者が博士論文の執筆に右往左往していた九十年代の末から二〇〇〇年代にかけて、閻先生は超人的ペースを以て位階制度に関するすぐれた諸論稿を矢つぎばやに発表されていた。ようやく数本の論文を投稿したにすぎず、博士論文の構想に悪戦苦闘する筆者にとっては、閻先生は常にその動向に意を払わざるをえない存在であった。ただ、閻先生および近年の中国における優秀な研究者による「自国史」のすぐれた研究の前に、自身の研究の意味、つまり中国ないし中国人にとって外国の側からの中国史研究の意義について疑念をいだくこともあった。しかしながら、筆者の研究のような成果でも、中国史を中国の「外」という客観的な立場からみることに貢献しうる点がいくばくかはあるかもしれないと思い、自らをはげまし研究を進めてきた面もあった。その意味で閻先生の存在とその研究は、筆者のなかでけっして小さくない。本書では多くの部分で閻先生の研究に言及し、時には批判を加えることもあったが、その際誤解・曲解がなかったか、ただただ恐縮するばかりである。ご海容を請うほかない。

中村先生以外に大阪市立大学でご指導いただいた先生としては、とくに中国史にかぎれば中国水理史の専家の森田明先生、そしてその後任として東北大学から着任された宋代史の平田茂樹先生のお名前をあげたい。とくに平田先生には在学中はいうまでもなく、今日にいたるまで筆者が研究を続けるうえで非常にお世話になっており、感謝の言葉もない。また、井上徹先生（現大阪市立大学副学長）は筆者の博士課程修了とともに大阪市立大学に着任されたため学生としてご指導いただいたことはなかったけれども、平田先生と同様に研究面においていろいろとアドバイスをいただいた。この場にて感謝申しあげる。

中国史以外では、博士論文の査読の任にあたっていただいた栄原永遠男（日本古代史）・井上浩一（ビザンツ史）の両先生には、今日まで刊行が遅くなったことをおわびしたい。栄原先生には諮問の際に日本古代史の立場から有益なアドバイスをいただいた。井上先生には専門外にもかかわらず、修士論文と博士論文の両方の諮問を担当していただいたが、いずれにおいても筆者の論文に多くの付箋をつけて丁寧に読んでいただいたことは、今でも大変恐縮し、かつ感謝している。中国史以外の研究者で筆者の論文をもっとも真剣に読んでいただいたのは、間違いなく井上先生である。両先生にはあつく御礼申しあげる。

そして、大阪市立大学学術情報総合センターおよび関係部署の各位へ。在学中、筆者が博士論文を執筆するに際しては大変助けられた。現在でも日本の大学図書館屈指の蔵書数と充実したサービスは、まぎれもなく大阪市民の誇りである。そのような蔵書・設備面のみならず、文献複写の取り寄せ等でも非常にお世話になった。もちろんこのたびの拙著の刊行も、同館の存在なくしては望むべくもなかった。ここにあらためて感謝の意を述べておきたい。

また、大阪市立大学医学部附属病院の関連医局の方々へ。筆者は二〇〇四年以降、予期せずして複数の大病をわずらい、同院にて入院・加療することとなったが、その際多くの医師・看護師等の方々の多大なる助けをいただいた。同院の献身的な治療がなければ、嘘いつわりなく生きて本書を上梓することはありえなかった。ただただ深く感謝する次第である。

それから……

大学院以来の畏友佐川英治氏には、公私ともども本当にお世話になった。氏の助けがあってこそ、現在の筆者があるといっても過言ではない。今一度御礼申しあげる。

最後に。家族である妻の幸紀、そして北海道の老母信枝・亡父鐵也、そして弟の正史へ本書をささげる。幸紀には日頃からわがままばかりで迷惑をかけてきた。面映ゆさを感じつつも、ここにあらためて感謝の意を伝えたい。また、父母に対しては、ふるさと北海道を離れて長らく異郷の地にあることをふくめ、苦労と心配をかけつづけている。筆者は九品官人法施行下であれば中正から郷品など付与されることなどおよそありえない親不孝の身であり、まったくもってあわせる顔もないが、本書を以てその埋めあわせの一部としたい。

末尾ではあるが、本書の出版を快諾いただいた汲古書院の三井久人様、そして本書の編集に際して尽力いただいた編集部の柴田聡子様に深謝申しあげる。

二〇一七年葉月　炎暑の大阪にて

岡部毅史

研究者人名索引（国外）

汲 古 叢 書

1	秦漢財政収入の研究	山田　勝芳著	本体 16505円
2	宋代税政史研究	島居　一康著	12621円
3	中国近代製糸業史の研究	曾田　三郎著	12621円
4	明清華北定期市の研究	山根　幸夫著	7282円
5	明清史論集	中山　八郎著	12621円
6	明朝専制支配の史的構造	檀 上　寛著	品　切
7	唐代両税法研究	船越　泰次著	12621円
8	中国小説史研究－水滸伝を中心として－	中鉢　雅量著	品　切
9	唐宋変革期農業社会史研究	大澤　正昭著	8500円
10	中国古代の家と集落	堀　敏 一著	品　切
11	元代江南政治社会史研究	植 松　正著	13000円
12	明代建文朝史の研究	川越　泰博著	13000円
13	司馬遷の研究	佐藤　武敏著	12000円
14	唐の北方問題と国際秩序	石見　清裕著	品　切
15	宋代兵制史の研究	小岩井弘光著	10000円
16	魏晋南北朝時代の民族問題	川本　芳昭著	品　切
17	秦漢税役体系の研究	重近　啓樹著	8000円
18	清代農業商業化の研究	田 尻　利著	9000円
19	明代異国情報の研究	川越　泰博著	5000円
20	明清江南市鎮社会史研究	川 勝　守著	15000円
21	漢魏晋史の研究	多田　狷介著	品　切
22	春秋戦国秦漢時代出土文字資料の研究	江村　治樹著	品　切
23	明王朝中央統治機構の研究	阪倉　篤秀著	7000円
24	漢帝国の成立と劉邦集団	李　開 元著	9000円
25	宋元仏教文化史研究	竺沙　雅章著	品　切
26	アヘン貿易論争－イギリスと中国－	新村　容子著	品　切
27	明末の流賊反乱と地域社会	吉 尾　寛著	10000円
28	宋代の皇帝権力と士大夫政治	王　瑞 来著	12000円
29	明代北辺防衛体制の研究	松本　隆晴著	6500円
30	中国工業合作運動史の研究	菊池　一隆著	15000円
31	漢代都市機構の研究	佐原　康夫著	13000円
32	中国近代江南の地主制研究	夏井　春喜著	20000円
33	中国古代の聚落と地方行政	池田　雄一著	15000円

34	周代国制の研究	松井　嘉徳著	9000円
35	清代財政史研究	山本　進著	7000円
36	明代郷村の紛争と秩序	中島　楽章著	10000円
37	明清時代華南地域史研究	松田　吉郎著	15000円
38	明清官僚制の研究	和田　正広著	22000円
39	唐末五代変革期の政治と経済	堀　敏一著	12000円
40	唐史論攷－氏族制と均田制－	池田　温著	18000円
41	清末日中関係史の研究	菅野　正著	8000円
42	宋代中国の法制と社会	高橋　芳郎著	8000円
43	中華民国期農村土地行政史の研究	笹川　裕史著	8000円
44	五四運動在日本	小野　信爾著	8000円
45	清代徽州地域社会史研究	熊　遠報著	8500円
46	明治前期日中学術交流の研究	陳　捷著	品　切
47	明代軍政史研究	奥山　憲夫著	8000円
48	隋唐王言の研究	中村　裕一著	10000円
49	建国大学の研究	山根　幸夫著	品　切
50	魏晋南北朝官僚制研究	窪添　慶文著	14000円
51	「対支文化事業」の研究	阿部　洋著	22000円
52	華中農村経済と近代化	弁納　才一著	9000円
53	元代知識人と地域社会	森田　憲司著	9000円
54	王権の確立と授受	大原　良通著	品　切
55	北京遷都の研究	新宮　学著	品　切
56	唐令逸文の研究	中村　裕一著	17000円
57	近代中国の地方自治と明治日本	黄　東蘭著	11000円
58	徽州商人の研究	臼井佐知子著	10000円
59	清代中日学術交流の研究	王　宝平著	11000円
60	漢代儒教の史的研究	福井　重雅著	品　切
61	大業雑記の研究	中村　裕一著	14000円
62	中国古代国家と郡県社会	藤田　勝久著	12000円
63	近代中国の農村経済と地主制	小島　淑男著	7000円
64	東アジア世界の形成－中国と周辺国家	堀　敏一著	7000円
65	蒙地奉上－「満州国」の土地政策－	広川　佐保著	8000円
66	西域出土文物の基礎的研究	張　娜麗著	10000円

67	宋代官僚社会史研究	衣川　強著	品　切
68	六朝江南地域史研究	中村　圭爾著	15000円
69	中国古代国家形成史論	太田　幸男著	11000円
70	宋代開封の研究	久保田和男著	10000円
71	四川省と近代中国	今井　駿著	17000円
72	近代中国の革命と秘密結社	孫　江著	15000円
73	近代中国と西洋国際社会	鈴木　智夫著	7000円
74	中国古代国家の形成と青銅兵器	下田　誠著	7500円
75	漢代の地方官吏と地域社会	髙村　武幸著	13000円
76	齊地の思想文化の展開と古代中國の形成	谷中　信一著	13500円
77	近代中国の中央と地方	金子　肇著	11000円
78	中国古代の律令と社会	池田　雄一著	15000円
79	中華世界の国家と民衆　上巻	小林　一美著	12000円
80	中華世界の国家と民衆　下巻	小林　一美著	12000円
81	近代満洲の開発と移民	荒武　達朗著	10000円
82	清代中国南部の社会変容と太平天国	菊池　秀明著	9000円
83	宋代中國科擧社會の研究	近藤　一成著	12000円
84	漢代国家統治の構造と展開	小嶋　茂稔著	品　切
85	中国古代国家と社会システム	藤田　勝久著	13000円
86	清朝支配と貨幣政策	上田　裕之著	11000円
87	清初対モンゴル政策史の研究	楠木　賢道著	8000円
88	秦漢律令研究	廣瀬　薫雄著	11000円
89	宋元郷村社会史論	伊藤　正彦著	10000円
90	清末のキリスト教と国際関係	佐藤　公彦著	12000円
91	中國古代の財政と國家	渡辺信一郎著	14000円
92	中国古代貨幣経済史研究	柿沼　陽平著	品　切
93	戦争と華僑	菊池　一隆著	12000円
94	宋代の水利政策と地域社会	小野　泰著	9000円
95	清代経済政策史の研究	黨　武彦著	11000円
96	春秋戦国時代青銅貨幣の生成と展開	江村　治樹著	15000円
97	孫文・辛亥革命と日本人	久保田文次著	20000円
98	明清食糧騒擾研究	堀地　明著	11000円
99	明清中国の経済構造	足立　啓二著	13000円

100	隋唐長安城の都市社会誌	妹尾　達彦著	未　刊
101	宋代政治構造研究	平田　茂樹著	13000円
102	青春群像－辛亥革命から五四運動へ－	小野　信爾著	13000円
103	近代中国の宗教・結社と権力	孫　　江著	12000円
104	唐令の基礎的研究	中村　裕一著	15000円
105	清朝前期のチベット仏教政策	池尻　陽子著	8000円
106	金田から南京へ－太平天国初期史研究－	菊池　秀明著	10000円
107	六朝政治社會史研究	中村　圭爾著	12000円
108	秦帝國の形成と地域	鶴間　和幸著	13000円
109	唐宋変革期の国家と社会	栗原　益男著	12000円
110	西魏・北周政権史の研究	前島　佳孝著	12000円
111	中華民国期江南地主制研究	夏井　春喜著	16000円
112	「満洲国」博物館事業の研究	大出　尚子著	8000円
113	明代遼東と朝鮮	荷見　守義著	12000円
114	宋代中国の統治と文書	小林　隆道著	14000円
115	第一次世界大戦期の中国民族運動	笠原十九司著	18000円
116	明清史散論	安野　省三著	11000円
117	大唐六典の唐令研究	中村　裕一著	11000円
118	秦漢律と文帝の刑法改革の研究	若江　賢三著	12000円
119	南朝貴族制研究	川合　　安著	10000円
120	秦漢官文書の基礎的研究	鷹取　祐司著	16000円
121	春秋時代の軍事と外交	小林　伸二著	13000円
122	唐代勲官制度の研究	速水　　大著	12000円
123	周代史の研究	豊田　　久著	12000円
124	東アジア古代における諸民族と国家	川本　芳昭著	12000円
125	史記秦漢史の研究	藤田　勝久著	14000円
126	東晉南朝における傳統の創造	戸川　貴行著	6000円
127	中国古代の水利と地域開発	大川　裕子著	9000円
128	秦漢簡牘史料研究	髙村　武幸著	10000円
129	南宋地方官の主張	大澤　正昭著	7500円
130	近代中国における知識人・メディア・ナショナリズム	楊　　韜著	9000円
131	清代文書資料の研究	加藤　直人著	12000円
132	中国古代環境史の研究	村松　弘一著	12000円

133	中国古代国家と情報伝達	藤田　勝久著	15000円
134	中国の教育救国	小林　善文著	10000円
135	漢魏晋南北朝時代の都城と陵墓の研究	村元　健一著	14000円
136	永楽政権成立史の研究	川越　泰博著	7500円
137	北伐と西征—太平天国前期史研究—	菊池　秀明著	12000円
138	宋代南海貿易史の研究	土肥　祐子著	18000円
139	渤海と藩鎮—遼代地方統治の研究—	高井康典行著	13000円
140	東部ユーラシアのソグド人	福島　　恵著	10000円
141	清代台湾移住民社会の研究	林　　淑美著	9000円
142	明清都市商業史の研究	新宮　　学著	11000円
143	睡虎地秦簡と墓葬からみた楚・秦・漢	松崎つね子著	8000円
144	清末政治史の再構成	宮古　文尋著	7000円
145	墓誌を用いた北魏史研究	窪添　慶文著	15000円
146	魏晋南北朝官人身分制研究	岡部　毅史著	10000円
147	漢代史研究	永田　英正著	近　刊
148	中国古代貨幣経済の持続と転換	柿沼　陽平著	近　刊

（表示価格は2017年11月現在の本体価格）

著者略歴

岡部　毅史（おかべ　たけし）

1967年　北海道釧路市生まれ。

1991年　立命館大学文学部卒業。

2001年　大阪市立大学大学院文学研究科修了、博士（文学）取得。

現　在　大阪市立大学都市文化研究センター研究員。

専門分野　中国古代政治制度史。

主要論文に、「梁簡文帝立太子前夜——南朝皇太子の歴史的位置に関する一考察——」（『史学雑誌』第118編第1号、2009年）、「六朝建康東宮攷」（『東洋史研究』第72巻第1号、2013年）、「西晋皇太弟初探」（『東方学』第129輯、2015年）などがある。

魏晋南北朝官人身分制研究

汲古叢書146

平成二十九年十一月一日　発行

著　者　岡　部　毅　史

発行者　三　井　久　人

整　版
印　刷　株式会社理想社

発行所　汲　古　書　院

〒102-0072　東京都千代田区飯田橋二―五―四

電　話〇三（三二六五）九七六四

FAX〇三（三二二二）一八四五

ISBN978-4-7629-6045-1　C3322

A Study of the Status System for Officials in the Wei, Jin, and Northern and Southern Dynasties

OKABE Takeshi

Contents

Summary

This book is a study of the establishment, development, and historical significance of the status system for government officials in China's Wei, Jin, and Northern and Southern Dynasties. The status of officials in ancient China generally manifested in the form of graded ranks, and it is considered that their institutional completion can be seen in the system of ranks prescribed in the *lüling* 律令 system of the Tang period. Whereas there exists a considerable body of research on the realities of the system of ranks in the Tang, there has been little research that examines the formation and historical significance of the status of officials and their ranks in the Wei, Jin, and Northern and Southern Dynasties, which corresponded to the formative and developmental stages of the system of ranks. In light of these circumstances, this book discusses the status of officials and the system of ranks from the perspective of the history of the Wei, Jin, and Northern and Southern Dynasties in particular.

In the Introduction (“The Status System for Officials and the Study of the History of the Wei, Jin, and Northern and Southern Dynasties: The Subject of This Book”), I first survey the current state of research on ancient Japan and the Tang period dealing with the concept of status, especially acquired status typified by the status of officials, and taking into account some of the points raised in this prior research, I then ascertain the current state of research on the status of officials and the system of ranks in the Wei, Jin, and Northern and Southern Dynasties and note some points at issue. The Introduction thus presents the subject matter to be examined in the rest of the book.

In Chapter 1 (“The Establishment and Development of the Status of Officials: With Reference to Dismissal from Office in the Jin and Southern Dynas-

ties"), I examine the expression of official status from the Jin and Southern Dynasties through to the Tang with reference to dismissal from office, a form of punishment that resulted in demotion in status. The phrase "*mian suojuguan* 免所居官" used in writs of impeachment demanding dismissal from office in the Southern Dynasties has in the past been thought to be identical in meaning to the same term prescribed in Tang legal codes, i.e., a form of punishment differing from dismissal from office, but at the time it did in fact signify dismissal from office. This phrase can also be found prior to the Southern Dynasties in sources dealing with the Later Han and Western Jin, but whereas prior to the Southern Dynasties it referred to an official position entailing official duties, i.e., an official post, in writs of impeachment in the Southern Dynasties it referred to an official position indicative of an official's status as expressed by the name of his official position. Behind this change in the meaning of *mian suojuguan* there lay a shift in emphasis in official positions from markers of official duties to ranks indicative of an official's status.

In Chapter 2 ("The Formation of the System of Ranks in the Northern Dynasties: From a Reexamination of *Jie* in the Northern Wei"), focusing on the Northern Wei, I analyze examples of the usage of the term *jie* 階, generally understood to mean "official rank" as it did in the Tang period, and thereby examine the development of the system of ranks from the Wei, Jin, and Northern and Southern Dynasties through to the Tang, especially the original meaning of *jie* and its evolution into the meaning of "rank." The term *jie* found in sources from the Northern Wei signified the qualification deemed necessary to assume a specific official position, and behind its establishment there existed a form of seniority-based personnel management based on a prescribed course of promotion. Broadly speaking, there existed two kinds of *jie* during the Northern Wei, one being a "work"-based *jie* corresponding to the length of time for which an official had been employed and his perfor-

mance, while the other was a *jie* bestowed for meritorious achievements in war and so on. In short, *jie* in the Northern Wei was the qualification necessary for being appointed to an official position and was not in itself equivalent to an official position. It was by positing a correspondence between *jie* and a specific official position and also official rank that there were established the ranks of the Tang known as prestige titles (*sanguan* 散官).

In Chapter 3 ("*Jie* and *Zi* in the Government Organization of the Wei, Jin, and Northern and Southern Dynasties: With a Focus on Their Relationship with *Pin*"), I examine the nature of *jie* and *zi* 資, which were important in the formation of the system of ranks in the Wei, Jin, and Northern and Southern Dynasties. The *jie* established in the Wei-Jin period was a criterion indicative of the grade of an official position, and the accumulation of *jie* corresponded to *zi*. Both were qualifications for assuming an official position and represented criteria that differed from official ranks indicative of official status. During the Southern Dynasties it was impossible for *jie* and official rank to serve as a unified criterion for official status, and this was due to the character of official rank in the Southern Dynasties, which could not be encapsulated in *jie*, based on the scale of an official's achievements in government service, and retained ties with the grades of local talent (*xiangpin* 郷品) indicative of social status. In the Northern Dynasties, on the other hand, unlike in the Southern Dynasties, there was a tendency to transform official ranks into quite bureaucratic criteria in the form of *jie* and *zi*. In other words, the distinctive feature of official rank in the Northern Wei lay in the fact that, while having originally had connections with the social status order, it lost the substance of status and turned into a mere framework through *jie* and *zi*.

In Chapter 4 ("A Study of *Zhiren* in the Northern Wei and Northern Qi: From the Perspective of the Study of the System of Ranks"), I consider the *zhiren* 職人 in the Northern Wei and Northern Qi. *Zhiren* is a term seen in

the Northern Wei and Northern Qi, and until now there have been two theories about its meaning. According to one theory, it signified either an official in a broad sense or, in a narrow sense, a functionary without official status, while according to the other theory, it referred to someone having only the title of general (*jiangjun* 将軍) or a prestige title but having no position with official duties. But following an examination of this term, it has become clear that at the time *zhiren* signified firstly officials in general but tended to refer to those with official status, and from the Northern Qi the meaning of "soldier" was added. This represented a manifestation of a desire on the part of the state to grant soldiers honour and the opportunity for promotion as government officials, thereby incorporating them into the order of ranks and expanding these ranks.

In Chapter 5 ("A Study of the Character of Titles of Generals in the Southern Dynasties: In Connection with Tang Prestige Titles"), I take up the title of general in the Southern Dynasties, which has until now been understood to have functioned as a rank, and I consider whether or not it did actually have this function of rank by analyzing in detail the identities of those who were appointed generals after the reform of this title in Tianjian 天監 7 (508) of the Southern Dynasty of Liang. The reform of the title of general by the emperor Wudi 武帝 of Liang was a measure taken in order to rectify the confusion in the promotion of those appointed generals, which had arisen because the ranking of titles of generals, which ought to have been ranked according to official rank, was in disarray, and it was a policy that went hand in hand with the introduction of the system of eighteen classes (*ban* 班) that was implemented around the same time. In particular, the newly established titles of generals were managed with the aim of indicating the appointee's social position, and greater importance was, moreover, attached to being appointed a specific kind of general rather than to the rank of general. When

this is taken into account, the rank-like quality of the title of general in the Southern Dynasties ought to be sought in the fact that importance was attached not so much to its function as a rank *per se* but rather to its designation as an official position, over and above its official rank.

In Chapter 6 ("On the Order of Ranks in the First Half of the Northern Wei: Focusing on an Analysis of Title and Rank"), aiming to elucidate the distinctive character of the system of official ranks in the Northern Wei, I first equate the one hundred years or so from the accession of Daowudi 道武帝 as king of Dai 代 to Xiaowendi's 孝文帝 reform of the system of titles with the first half of the Northern Wei, and I then examine the distinctive character of the system of ranks during this period with reference to the system of titles and official rank. The changes in the grades of nobility, from five grades to three grades plus the grade of prince, that occurred in the ninth month of Tianci 天賜 1 (404) during the reign of Daowudi were in accord with the policy of directly incorporating the sons of powerful Xianbei 鮮卑 families into the state's order of ranks, a policy that was implemented in conjunction with the reorganization of the system of rule at the start of the Northern Wei that was aimed at breaking up various tribes, and the change in the number of grades of nobility, especially their reduction, indicated, together with the granting of the title of prince to commoners, that subjects were close to the emperor. These grades of nobility in the first half of the Northern Wei were arranged in five ranks, and these were regarded as a criterion indicative of status that had become one with official rank. This indication of official status, in which the ranks of the nobility merged with official ranks, was a method peculiar to the first half of the Northern Wei. But in actual fact official status at the time was not necessarily indicated by noble rank alone, and while it was centred on noble rank and official rank, it was indicated by multiple criteria that included the title of general and other official positions.

Xiaowendi's reform of the system of official ranks was one that took account of the distinctive features of the system of official positions characteristic of the Southern Dynasties and attempted to unify them by means of official ranks.

In Chapter 7 ("On the Purity and Impurity of Offices in the Northern Wei"), I take up the "purity" (*qing* 清) and "impurity" (*zhuo* 濁) of official positions, an expression of the social status order in the bureaucracy of the Wei, Jin, and Northern and Southern Dynasties that is considered to have impeded the state's realization of a rank-based order based on official rank, and I take up in particular the grades of "pure" offices prescribed in the legal codes of the Northern Wei and consider the relationship between the characteristics of the Northern Wei legal codes, which encompassed the "purity" and "impurity" of offices, and the character of contemporary government organization. In the Statutes on Government Offices ("Zhiling" 職令) promulgated in Taihe 太和 23 (499) of the Northern Wei, the grades of official positions based on "purity" and "impurity" were prescribed separately from official ranks, and this was quite unusual in the Six Dynasties, Sui, and Tang, when there existed "pure" offices, in that they were expressly set out in a statute (*ling* 令), the highest level of administrative legislation. The legal codes of the Northern Wei prescribing "pure" offices were based on the Northern Wei emperor Xiaowendi's desire to introduce a form of government organization similar to that of the Southern Dynasties, but because they were not grounded in values intrinsic to Northern Wei society, after Xiaowendi they failed to be carried over by and function as such in the states of the Northern Dynasties.

In the appendix, I present a review of a monograph on the system of ranks in the Qin, Han, Wei, Jin, and Northern and Southern Dynasties by Yan Buke 閻步克 entitled *Pinwei yu zhiwei: Qin Han Wei Jin Nanbeichao guanjie zhidu*

yanjiu 品位与職位　秦漢魏晋南北朝官階制度研究, and I introduce one aspect of the author's understanding of the system of ranks, as well as touching on distinctive features of his understanding, its significance, and some points at issue. Using the twin concepts of "personnel rank classification system," determined by the position of individual officials, and "position classification system," determined by the importance of their official duties, Yan discusses the formation of the system of ranks from the Qin-Han period of ancient China through to the Northern and Southern Dynasties, taking account of trends in each period, and I describe the distinctive features of his book with a focus on its epochal significance.

Lastly, in the final chapter（"The Establishment of the Status System for Officials in the Wei, Jin, and Northern and Southern Dynasties and Its Significance"）, I present my conclusions. When one considers the development of the status system for officials as expressed in terms of rank from the Wei, Jin, and Northern and Southern Dynasties through to the Sui and Tang, and if one encapsulates the final form of ranks in the term *pinjie* 品階, then the system in which the aspects of status markers（*pin* 品）and achievements（*jie* 階）were unified was the system of ranks found in government organization as presented in the Tang legal codes, and the distinctive feature of the expression of official status lay precisely in this duality.

索　　引

本索引は、事項索引・歴史上人名索引・研究者人名索引からなる。対象は本文からのみとし、前言・注および表は対象外とした。

研究者人名索引は、国内（五十音順）と国外（ピンインおよびアルファベット順）に分けた。

事項索引は地名・官名・制度名その他を収めるが、本書で頻出する階・官人・官品・官僚制・散官などの語や王朝名、および『魏書』などのように書名のうち頻繁に史料として引用するものについては採録しなかった。

官職名に付随する「兼」「長兼」「領」「元」「前」「検校」などは省略した。（　）は補足を示す。

事項索引

さ行

た行

ま行

や行

歴史上人名索引

研究者人名索引（国内）